胜战

中国人民志愿军五任司令员

丁晓平 ◎ 著

湖南人民出版社·长沙

本作品中文简体版权由湖南人民出版社所有。
未经许可，不得翻印。

图书在版编目（CIP）数据

胜战：中国人民志愿军五任司令员 / 丁晓平著. —长沙：湖南人民出版社，2023.8（2023.10）
　　ISBN 978-7-5561-3286-7

Ⅰ.①胜… Ⅱ.①丁… Ⅲ.①中国人民志愿军—司令员—列传 Ⅳ.①K825.2

中国国家版本馆CIP数据核字（2023）第140339号

SHENGZHAN ZHONGGUO RENMIN ZHIYUANJUN WU REN SILINGYUAN

胜战：中国人民志愿军五任司令员

著　　者	丁晓平
责任编辑	吴向红　李蔚然　吴韬丽
装帧设计	水玉银设计
责任校对	曾诗玉

出版发行	湖南人民出版社［http://www.hnppp.com］
地　　址	长沙市营盘东路3号
邮　　编	410005
经　　销	湖南省新华书店
印　　刷	长沙超峰印刷有限公司
版　　次	2023年8月第1版
印　　次	2023年10月第2次印刷
开　　本	710 mm × 1000 mm　1/16
印　　张	29.75
字　　数	350千字
书　　号	ISBN 978-7-5561-3286-7
定　　价	88.00 元

营销电话：0731-82221529　　（如发现印装质量问题请与出版社调换）

目录

| 写在前面的话 |

致敬！最可爱的人

第一章

彭德怀：横刀立马，彭大将军

1. **临危受命** _003
   毛泽东对彭德怀说：我们这两块石头，
   一块扔向杜鲁门，一块扔向麦克阿瑟

2. **赴汤蹈火** _017
   身先士卒，志愿军司令员第一个跨过鸭绿江
   会见金日成，"光杆司令"差点儿被敌人俘虏

3. **烽火逶迤** _039
   巧遇邓岳，面授机宜布下口袋，打好出国第一仗
   落脚大榆洞金矿，怒斥"斩马谡的本事还是有的"

4. **星月天阵** _063

"钓鱼"清川江,"关门打狗""三十八军万岁"

突破三八线,"月亮是志愿军的,太阳是美军的"

5. **猎猎寒旌** _106

西顶东反,回京陈词,彭德怀居仁堂拍桌子

轮番作战,美军易帅,转守为攻,全线反击

6. **战士长歌** _135

阵地对峙,钢铁运输线破敌"绞杀战"

以战促和,以打促谈,赢得和平凯旋

第二章

陈赓:请缨杀敌,地下长城

7. **大旆征戎** _163

身在西南,于丛林指导援越抗法

心系东北,主动请缨参加抗美援朝

8. **战鼓声齐** _172

毛泽东菊香书屋召见陈赓,纵论"零敲牛皮糖"

入朝作战,彭德怀说:"你来了,我轻松多了。"

9. **壮岁旌旗** _198

第三次入朝作战,"地下长城"在上甘岭创奇迹

总结对美军作战经验,创办哈尔滨军事工程学院

第三章

邓华：士别三日，当刮目相看

10. 星驰铁骑 _217
悄悄告别海南岛，从天涯海角来到白山黑水
毛泽东称赞邓华："士别三日，当刮目相看。"

11. 阵势纵横 _241
善谋善战，善作善成，正道直行，彰显儒将本色
毛泽东再次召见邓华："劳师远征，辛苦辛苦。"

12. 立身坦荡 _286
彭德怀称赞邓华：出过不少好主意，是个好帮手！
闻鼙鼓而思将帅，毛泽东说："你去了，我放心。"

第四章

杨得志：此人一直是志愿军

13. 枕戈坐甲 _329
率部出征，朱德战前动员，周恩来要"三杨开台"
途中遇险，彭德怀当面交代要准备场场都是恶战

14. 血满弓刀 _346
突破临津江，杨得志既拍案叫好又挥泪斩马谡
铁原阻击战，铁打的英雄汉不让敌人前进半步

15. **红旗直上** _367

在志司指挥作战 400 多天，决战上甘岭，金城大反击

天安门城楼观礼，毛泽东说："此人一直是志愿军。"

第五章

杨勇：斗智斗勇"压台戏"

16. **沙场点兵** _403

毛泽东命令杨勇赴朝，实现周恩来"三杨开台"

老将们争着要打最后一仗，彭德怀说听杨得志的

17. **万鼓雷殷** _418

杀鸡用牛刀，杨勇大胆指挥抗美援朝"压台戏"

邓华来电：敌人被打得哇哇叫，要求签字，就停下来吧

18. **凯旋入梦** _436

爱护一草一木，杨勇用建设北京的心情建设平壤

撤出朝鲜，周恩来说：我们欢迎也不能少于 20 万

结束语

人间正道是沧桑_455

主要参考书目 _464

| 写在前面的话 |

致敬！ 最可爱的人

"雄赳赳，气昂昂，跨过鸭绿江。保和平，卫祖国，就是保家乡。中国好儿女，齐心团结紧。抗美援朝，打败美帝野心狼！"每当我们唱起、每当我们听到这首气壮山河的《中国人民志愿军战歌》，就仿佛看到了那炮火连天、战火纷飞的战争画面，就会想起黄继光、邱少云、罗盛教、杨根思这些英雄的名字，就会想起高喊"向我开炮"的英雄儿女，就会想起上甘岭一个苹果的故事，就会情不自禁地唱起"一条大河波浪宽，风吹稻花香两岸"，唱起"风烟滚滚唱英雄，四面青山侧耳听"，唱起《我和我的祖国》……

2020年10月19日，"铭记伟大胜利 捍卫和平正义——纪念中国人民志愿军抗美援朝出国作战70周年主题展览"在中国人民革命军事博物馆开展。无数的人们怀着无限敬仰之心和敬爱之情，走进了军事博物馆，向"最可爱的人"致敬！一幅幅照片、一帧帧视频、一件件文物、一个个场景，还有那一个个熟悉又陌生的名字，那一个个陌生又熟悉的故事……什么叫以劣胜优（以劣势装备胜优势装备）？什么叫以弱胜强？什么叫英雄气概？什么叫不畏强敌？什么叫制胜强敌？什么叫同仇敌忾？什么叫万众一心？……

——震撼！感动！洗礼！我想，所有来参观展览的人都有着同样的感受。

的确，抗美援朝是一场伟大的胜利之战，这是正义的胜利，是和平的胜利，是人民的胜利！时间已经过去70年，或许我们永远无法还原历史的现场，无法进入革命前辈的灵魂世界，甚至无法抵达英烈们的精神高地，但英雄的红色故事、先辈的红色基因、胜战的红色密码，如同红色的血液，在我们心中流淌，源源不绝。

人们在展览中可以看到这样一块展板，清楚地写着"中国人民志愿军历任领导"，其中"司令员"一栏赫然印着彭德怀、陈赓、邓华、杨得志、杨勇的名字。不用解释，也无须说明，他们的事迹我们耳熟能详。

军之大事，命在于将。在军事博物馆的展览上，我们还可以清楚地看到，五位志愿军司令员在志愿军的任职情况：

彭德怀，湖南湘潭人，1950年10月至1954年9月，任司令员兼政治委员。

陈赓，湖南湘乡人，1952年4月至6月，任代司令员和政治委员。

邓华，湖南郴县（今郴州）人，1950年10月至1954年2月，任第一副司令员兼副政治委员；1952年6月至1954年2月，任代理司令员兼政治委员；1954年9月至10月，任司令员兼政治委员。

杨得志，湖南醴陵人，1952年7月至1954年10月，任副司令员；1954年10月至1955年3月任司令员。

杨勇，湖南浏阳人，1954年2月至1955年4月，任副司令员兼参谋长；1955年4月至1958年10月任司令员。

这不能不说是一个历史的传奇。

这不能不说是一个胜战的传奇。

历时2年9个月的抗美援朝战争，深刻影响和改变了第二次世界大战后亚洲乃至世界的政治格局，无论对中国、对朝鲜半岛、对东方,乃至对整个世界都具有十分重要的意义。这一伟大胜利,打破了美帝国主义不可战胜的神话,打出了新中国的国威和人民军队的军威,极大提高了中国的国际威望,奠定了新中国在亚洲和国际事务中的重要地位;这一伟大胜利,使我国获得了长期和平建设的环境,极大提振了中国人民的民族自信心和自豪感,激发了全民族的爱国热情,凝聚起了建设新中国的无穷力量;这一伟大胜利,锤炼了经过严酷战争洗礼的人民军队,创造了依靠劣势装备打赢现代战争的一系列新经验、新战术、新战法,加速了我军由单一军种向现代诸军兵种合成军队的转变,促进了人民军队现代化建设;这一伟大胜利,极大鼓舞了全世界被压迫民族和人民争取民族独立与人民解放的正义事业,为世界和平与人类进步事业作出了巨大贡献。

对抗美援朝战争,彭德怀元帅1958年1月在《志愿军一日》的《再版序》中曾经这么写道,我们可以看到中华人民志愿军、朝鲜人民军和中、朝人民参加战争、支援战争的巨大热情,"这种热情,只有在正义的战争中才能产生。特别是人民群众真正认识到这种正义性的时候,他们对于自己所担负的任务,就会表现出高度的责任感,无比的勇敢,无穷的智慧,并且能够忍受和克服人间罕有的艰难困苦。见义勇为,本来就是劳动人民的高贵品质,这种品质一经和马克思列宁主义的思想相结合,在共产党的领导下,就化为伟大的爱国主义和国际主义精神。这就是志愿军广大官兵所以能够那样英勇、顽强、机智和吃苦耐劳的政治基础。志愿军和朝鲜人民军虽然在武器装备上自始至终都处于劣势,但是终于打败了敌人,取得了战争的最后胜利,也是由于这个道理"[①]。

对于抗美援朝战争之所以能够赢得胜利,彭德怀饱含深情又富有哲理地说:

[①]《志愿军一日》编辑委员会:《志愿军一日》,人民文学出版社1958年版,第5页。

为正义而战的革命军队，有着共产党的英明领导，有着全体官兵和广大人民的自觉支持，所以总是经常打胜仗，很少打败仗。军队中的指挥员也总是打胜仗的多，打败仗的少。每一支革命军队都可以说是常胜军，也应该是常胜军。有些人不了解这一点，常常把一个战斗、战役的胜利，错误地认为是个别指挥员或者少数英雄人物起了决定的作用，而不看成为包括前线和后方人员、军官和士兵、军队和人民在内的所有参战人员共同努力的结果。当然，指挥员和英雄人物在取得胜利中有着一定的作用，但是这种作用决不应当片面夸大。常常有些指挥员在打了几次胜仗以后就骄傲起来，片面夸耀自己的作用；在其他工作中，也往往有人在做好了一两件事情以后就骄傲起来，把自己看得了不起，都是犯了这个毛病。[①]

说得多好啊！这是用鲜血和生命凝结的真理！

说得多好啊！这是中国人民解放军的胜战密码！

我想，《胜战——中国人民志愿军五任司令员》写作的目的和意义，也都包含在彭德怀元帅这谦虚、朴素、真诚又深刻的话语里了。

抗美援朝战争的伟大胜利，是中国人民志愿军创造的战争奇迹，也是中国共产党带领中国人民创造的人间奇迹。

谨以此书向所有参加过抗美援朝、保家卫国伟大战争的人致敬！你们永远是我们心中最可爱的人！

[①] 《志愿军一日》编辑委员会：《志愿军一日》，人民文学出版社1958年版，第6页。

第一章 彭德怀：横刀立马，彭大将军

1 临危受命

毛泽东对彭德怀说：我们这两块石头，一块扔向杜鲁门，一块扔向麦克阿瑟

1950年10月4日，中南海，颐年堂。中共中央政治局扩大会议正在进行。

会议由毛泽东主持。出席会议的有朱德、刘少奇、周恩来、任弼时、林伯渠、董必武、彭真、陈云、张闻天、高岗。列席会议的有罗荣桓、林彪、邓小平、饶漱石、薄一波、聂荣臻、邓子恢、李富春、胡乔木、杨尚昆。

会议的议题只有一个——中国人民志愿军入朝作战问题。

中国人民志愿军，这个名字取得好，在政治、军事和外交上都完全掌握了主动权和话语权。中国没有派人民解放军出国作战，而是派人民志愿军，其中蕴藏的玄机、策略和政治，是斗争，更是艺术，连美国人也不得不佩服。这就是东方智慧，是中国智慧，是中国共产党人的智慧。

组建中国人民志愿军抗美援朝出国作战，还得从第二次世界大战说起。

我们知道，1895年，朝鲜被日本占领，沦为日本的殖民地半殖民地。1945年2月，美、英、苏三国在雅尔塔举行会议，协商决定，在德国投降及欧战结束后两个月内苏联参加对日作战。5月9日，德国投降。7月17日至8月2日，美、苏、英三国在德国波茨坦举行会议，签订了《波茨坦协定》。其间，中、美、英三国发表了促令日本投降的《波茨坦公告》（苏联于8月8日正式声明加入）。对朝鲜问题和美、苏两军作战区域问题进行了磋商，决定战后朝鲜由中、苏、英、美共同经营。随着太平洋战争接近尾声和苏联参战，美国和苏联仓促同意对朝鲜实施联合占领。美国五角大楼的一位名叫查尔斯·H. 博尼斯蒂尔的陆军上校，武断地选中了北纬三十八度线作为分界线。这不是一条自然的疆界，而是博尼斯蒂尔从地图上找到的，似乎很合理地将朝鲜半岛划分成对等的两部分的一条线。苏联遵守了这条分界线，这年8月，美国获悉日本投降的意愿后，即拟定了关于受降的命令。经美、苏两国商定，在朝鲜境内接受日本投降就以博尼斯蒂尔划定的这条北纬三十八度线（通称三八线）为界。三八线以北的日军由苏军受降，三八线以南的日军由美军受降。从此，三八线像二战时期欧洲战场上分裂德国的柏林墙一样，走进了人类的历史。

作为分界线，三八线长达190英里。这条线截断了12条河流、75条小溪，穿过了118条乡村小路，切断了15条全天候公路。因当时美军尚无力在朝鲜半岛实施登陆作战，所以只划定了苏联和美海空军的作战分界线。8月8日，苏联对日宣战。苏联红军以迅雷不及掩耳之势击溃了日本在中国东北的关东军和在朝鲜北部的日军。8月15日，日本被迫宣布投降。此时，美军尚未进入朝鲜，距离朝鲜最近的美军还远在600英里之外的冲绳。按照美国国务院的主张，"在整个朝鲜的日本部队应由美军受降"。但在苏军已经进入朝鲜北部的情况下，他们不得不匆忙划定以三八线为美苏两军对日本受降和占领区域的分界线。这样，朝鲜就以这种漫不经心的方式被分割了，朝鲜问题导致无休止的动乱冲突，以致爆发了战争。

1945年8月8日苏联对日宣战，在苏军进入朝鲜后，原来在我国长白山一带坚持抗日游击活动的金日成等同志也回到朝鲜。按照美苏达成的协议，9月，美军进入朝鲜南部。1948年8月15日，美国扶植李承晚集团在三八线以南成立大韩民国。随后，9月9日，金日成领导的朝鲜民主主义人民共和国在三八线以北建国。朝鲜半岛从此形成分裂局面。三八线由受降的分界线变成军事分界线。

按照美苏协议，苏军于1948年底全部撤出了北朝鲜。半年后，美军虽也撤出了南朝鲜，但留下了一个庞大的军事顾问团，并继续武装李承晚集团。李承晚在美国的支持下，不断地在三八线附近挑起军事摩擦，扬言要以武力统一南北朝鲜。1950年1月，李承晚集团同美国签订《美韩联防互助协定》，战争大有一触即发之势。在北朝鲜方面，金日成也曾于1948年、1949年两次要求同苏联缔结朝苏友好互助条约，斯大林因怕刺激美国，未予同意。1949年4月，北朝鲜获悉，美军即将撤离南朝鲜，李承晚集团将于美军撤离后向北朝鲜发起进攻。为此，金日成一面要求苏联火速支援武器装备，一面派人到北京，请求在兵员上给以帮助。毛泽东表示，如果李承晚集团敢于挑起战争，我们将给予北朝鲜援助。待我国解放战争结束，完成全国统一大业后，中国军队里的朝鲜族官兵都可以根据自己的意愿考虑编入朝鲜人民军问题。毛泽东还明确指出，要争取实现全朝鲜统一，但从当前的国际形势看，近期内还没有必要采取行动。6月，李承晚集团公开叫嚣，准备给北朝鲜一次毁灭性打击。与此同时，美国国务卿杜勒斯也跑到朝鲜，秘密视察了三八线，并宣称美国将对李承晚集团反对共产主义的行动给予道义上和物质上的支持。朝鲜半岛的局势骤然紧张。

1950年初，美国总统杜鲁门发表关于南朝鲜和台湾不在美国防务圈内的声明，使斯大林解除了顾虑，开始考虑从根本上解决朝鲜问题，加快了武装人民军的步伐。

1950年6月25日，朝鲜战争爆发。第二天，杜鲁门宣布美远东空军、海军参战支持李承晚。27日，杜鲁门发表声明，宣布第七舰队入台湾海峡。7月7日，美又操纵联合国安理会通过决议，授权以美国侵朝军队为主，纠集 16 个国家的军队，组成"联合国军"，入朝支持李承晚集团扩大侵略战争。

战争伊始，朝鲜人民军锐不可当，作战顺利，很快越过三八线。金日成通过广播发布命令，要求人民军在 8 月底前将美军全部赶出南朝鲜，完成统一朝鲜的神圣使命。但是，在人民军长驱直入、欢呼胜利的同时，它的弱点也暴露无遗。人民军的主力部队集中到了第一线，后方空虚，战线过长，补给十分困难。9 月 15 日，"联合国军"在麦克阿瑟的指挥下成功实施仁川登陆；25 日，攻陷汉城，朝鲜人民军部队被拦腰截断，战场形势急剧逆转。

10 月 1 日，麦克阿瑟下令"联合国军"越过三八线，向北推进。同日，斯大林致电毛泽东，建议中国至少派五六个师，迅速进至三八线附近，以掩护朝鲜人民军在后方组织后备力量。与此同时，金日成也派特使朴宪永到北京请求给予军事支援。①

10 月 2 日凌晨，毛泽东急电东北局书记高岗立即来京开会，商讨朝鲜局势。当日下午，毛泽东主持召开中央书记处会议，旗帜鲜明地指出这件事一定要管，否则美国人将得意忘形，更加猖獗。出兵朝鲜，意味着中美交火，可能导致美国正式向中国宣战，把战火直接引向中国。这样，不仅会打乱新中国的经济恢复和建设计划，而且美国是西方世界霸主、头号军事强国，军队装备精良，还拥有核武器，中美一旦直接交火，能否打得赢，没有绝对把握。但是，毛泽东权衡利弊，认为出兵比不出兵更为有利。在这一天，毛泽东还亲笔起草好了给斯大林的长电报，回复斯大林 10 月 1 日要求中国立即出兵的来电，答应"我们决定用志愿军名义派一部分军队至朝鲜境内和美国及其走狗李承晚的军队作战，援助朝鲜同志"。那时，毛泽东在电报中称呼斯大林"菲里波夫同志"。

美国介入朝鲜内战，本在毛泽东的意料之中。战争爆发后，7 月 2 日，周恩来总理约见苏联驻华大使罗申，对朝鲜人民军能否挫败美军的干预表

---

① 苏维民：《杨尚昆谈新中国若干历史问题》，四川人民出版社 2010 年版，第 25—27 页。

示担忧，为预防万一，中国准备在中朝边境集结 9 个师的兵力，美军一旦越过三八线，中国军队即以志愿军名义入朝抗击美国侵略军，希望能得到苏联的空中掩护。7 日、10 日，周总理两次召开军事会议，会议作出《关于保卫东北边防的决定》，立即抽调兵力组成东北边防军。随后，边防军兵力很快达到 26 万人。

现在，是否出兵朝鲜？而要派兵入朝，又由谁挂帅呢？问题严峻而迫切地摆在了毛泽东的面前。

思虑再三，毛泽东决定采用民主集中制，提请中央政治局进行民主讨论，作出集体决策。

10 月 4 日，毛泽东主持召开中央政治局会议。会议一开始，毛泽东就宣布，今天要全天开会，讨论出兵朝鲜问题，上午专门谈应当出兵的理由，下午专门谈不出兵的理由，敞开胸怀，各抒己见，把心中的种种疑虑都拿出来摆一摆。有的说，新中国刚刚结束战争，经济十分困难，亟待恢复；有的说，新解放区的土地改革还没有进行，土匪、特务还没有肃清；有的说，我军的武器装备远远落后于美军，更没有制空权和制海权；有的说，一些部队已经开始大量复转工作，一些干部和战士存在着和平厌战思想；有的说，如果战争长期拖下去，我们负担不起……总之，"不到万不得已，最好不要打这一仗"。①

显然，会议的气氛十分沉闷，甚至有一些压抑。

这天下午，一个引人注目的人物走进了会场。

他是从大西北匆匆忙忙赶来的。

他是周恩来派一架专机接来的。

他甚至对这次会议的议题和内容都一无所知，毫无思想准备。因此，他在会上，只是侧耳倾听，一言未发。

他就是大名鼎鼎的彭德怀。

14 年前，那也是 10 月，中央红军刚刚胜利结束举世闻名的二万五千

---

① 聂荣臻《聂荣臻回忆录》，解放军出版社 1984 年版，第 735 页。

里长征,在陕北吴起镇获得战略转移的落脚点。21日,忽闻马鸿宾、马鸿逵和东北军的骑兵部队又来进犯。彭德怀用步兵追剿骑兵,大获全胜。毛泽东闻讯后,专门为他作诗:"山高路远坑深,大军纵横驰奔。谁敢横刀立马,唯我彭大将军。"彭德怀看到毛泽东的诗作后,遂将末句改为"唯我英勇红军",送还毛泽东。

这一次,请彭德怀来北京参加中央政治局扩大会议,是毛泽东在10月2日下午的中央书记处会议上决定的。不巧,10月3日,华北地区烟雨蒙蒙,云层很低,接彭德怀的小型专机不宜飞行,只好延迟一日。

10月4日这天上午,在西安,彭德怀也在开会。三天前的10月1日,新中国迎来了第一个国庆节。这一天,作为中央人民政府委员、全国政协委员、中国人民政府人民革命军事委员会副主席,彭德怀正式就任西北军政委员会主席。会议室里,他按照中央的要求,正召集西北军政委员会厅局长以上干部,研究大西北三年经济恢复计划,准备赴京向中央汇报。为此,他让负责经济问题的秘书张养吾告诉工业、农业、交通等部门准备材料。

彭德怀

此时此刻,各个部门轮流汇报工作。当汇报到进疆部队的干部情况时,彭德怀插话了,话题转到了民族政策、经济复苏、工业建设等问题,嗓门也越来越大。正在兴头上,他的军事参谋兼秘书杨凤安领着一个陌生男人走了进来,绕到彭德怀的侧后方。见状,彭德怀刹住话头,注视着杨凤安。两人悄悄耳语了几句,彭德怀立即宣布"散会",

赶紧起身离开了会议室。

啥事儿，这么着急？原来，来人是中央办公厅干部，奉命告诉彭德怀："毛主席请您立即乘飞机去北京开会。"

彭德怀一愣，问道："我已接到北京的电话，是原先通知的经济恢复计划汇报会吗？"

"不清楚，周总理交代说，飞机一到西安，就马上接彭老总来，一刻也不能耽误，还要严格保密。"

"那好吧！"彭德怀赶紧把西北局秘书长常黎夫找来，请其分头转告西北局习仲勋等负责同志，连跟妻子浦安修也没来得及打声招呼，就直接向机场奔去。

杨凤安叮嘱说："西北剿匪的资料和文件是否带上？"

彭德怀说："现在还不清楚中央开会要解决什么问题，西北的建设有几个问题也需要中央来定，你让张养吾把西北经济规划方案、调查报告等文件装好，先跟我去北京，你先不要去了。"

就这样，上午11时左右，彭德怀带着熟悉经济工作的秘书张养吾匆匆飞赴北京。这是一架银灰色的里-2型飞机，机舱里除了中央办公厅的两位干部之外，就只有彭德怀和秘书张养吾、警卫员郭洪光三人，空空荡荡。飞机经太原机场短暂检修、加油后，于下午4时05分悄悄地降落在北京西郊机场。

彭德怀快速下了舷梯，中央办公厅前来接他的是警卫处处长李树槐。他报告彭德怀："按照毛主席的交代，请您先到北京饭店休息一会儿，再去中南海开会。"彭德怀说："周总理不是说不能耽搁吗？我们现在就直接去中南海毛主席那里！"

就这样，彭德怀从西安的会议室直接来到了丰泽园颐年堂的会议厅。周恩来赶紧出门迎接，说："会议下午3点就开始了，来不及等你。"

彭德怀快步走上前，满怀敬意地向周恩来敬礼，握手寒暄，步入会场。

见彭德怀走了进来,毛泽东十分高兴,声音似乎更明亮了:"老彭,你来得正好,美军已开始越过三八线了,现在正在讨论出兵朝鲜问题,请你准备谈谈你的看法。"

彭德怀向毛泽东和大家招招手,赶紧坐下来,却发现会议的气氛不同寻常。飞机上,他满脑子想的是如何建设大西北。现在,他只好侧耳静听。一听,他才知道,对支援朝鲜的问题有不同意见,大多数都不主张出兵,或暂不出兵。

在下午的会议上,彭德怀没有发言,但他清楚地听到并记住了毛泽东在会议最后所讲的一段话:"你们说的都有理由,但是别人处于国家危急时刻,我们站在旁边看,不论怎么说,心里也难过。"[①]

一散会,没有发言的彭德怀就来到中央办公厅主任杨尚昆的住处,详细了解会议的情况。杨尚昆向他详细汇报了两次会议的情况和与会人员的分歧。

这天晚上,在北京饭店三楼309房间休息的彭德怀失眠了。他反复念诵着毛泽东的话,心中久久不能平静。若干年后,彭德怀回顾了当时的心情:

1950年10月1日国庆节后,4日午,北京突然派来飞机,令我立即上飞机去北京开会,一分钟也不准停留。当日午后4点左右到达北京中南海,中央正在开会,讨论出兵援朝问题。我刚到,未发言,内心想是应该出兵,救援朝鲜。散会后,中央管理科的同志把我送到北京饭店。当晚怎么也睡不着,我以为是沙发床,此福受不了,搬在地毯上,也睡不着。想着美国占领朝鲜与我隔江相望,威胁我东北;又控制我台湾,威胁我上海、华东。它要发动侵华战争,随时都可以找到借口。老虎是要吃人的,什么时候吃,决定于它的胃口,向它让步是不行的。它既要来侵略,我就要反侵略。不同美帝国主义见个高低,我们要建设社会主义是困难的。

[①] 彭德怀:《彭德怀自述》,人民出版社1981年版,第257页。

我把主席的四句话,反复念了几十遍,体会到这是一个国际主义和爱国主义相结合的指示。

我想到这里,认为出兵援朝是正确的,是必要的,是英明的决策,而且是迫不及待的,我想通了,拥护这一英明决策。①

10月5日上午,邓小平敲开了309的房门。邓小平是受毛泽东的委托亲自来接彭德怀去中南海的。毛泽东想单独和他聊一聊。从井冈山茅坪"安家"到血战湘江,从遵义会议到转战陕北,从抗日战争到解放战争,他们患难与共,生死相依。更重要的是,这两个从湖南湘潭走出来的农村娃,不仅性格都十分刚烈,而且都有着天不怕、地不怕的倔脾气和叛逆精神。在血雨腥风的革命斗争中,他们具有坚定的原则性、革命性、战斗性,而对错误的东西,他们都毫不含糊、决不妥协、斗争到底。共同的信仰和革命追求,加上相似的个性脾气,决定了毛泽东和彭德怀既有合作,又有分歧,既肝胆相照,又惺惺相惜。诚如彭德怀1945年在华北地区的一个会议上所说,他对毛泽东的认识经历了兄长——先生——领袖三个阶段。这三个阶段,不仅说明了彭德怀对毛泽东的认识过程,也表明了他对毛泽东的尊敬与爱戴。

这个时候,毛泽东非常清楚,彭德怀的态度是十分重要的。

在毛泽东的菊香书屋,两人进行了一次倾心畅谈。

毛泽东说:"老彭,昨天你没来得及发言。出不出兵?我们确实存在许多困难,也还有许多有利条件。我想听听你的意见。"

谈到是否出兵,彭德怀直言不讳,表示拥护毛泽东出兵援朝的决策,硬铮铮地说:"老毛,我昨天想了一个晚上,把你讲的话反复思考了几十遍,体会到这是一个国际主义和爱国主义相结合的问题。我赞成你的意见,觉得应该打!"

老彭见到老毛,从来没有客套、没有矫饰、没有虚伪,直来直去,有

---

① 杨凤安、王天成:《彭德怀与麦克阿瑟》,解放军出版社2014年版,第84页。

话就说,有话敢说,坦坦荡荡。

"好啊!还是你老彭有远见,看来你是百分之百地支持我的意见啰!"

彭德怀沉默了一会儿,说:"我们的确有我们的困难,但敌人也有敌人的困难,他们兵力不足,战线太长,从美国本土到朝鲜大约5000多海里。我们应该全面观察问题,如果让敌人占领了全部朝鲜半岛,这对我国威胁很大。过去日本人进攻中国,就是以朝鲜为跳板,首先进攻我国东三省,然后又以东三省为跳板,大举向关内进攻的,这段历史教训不能忽视。这次我们的作战对象,虽然是在武器装备方面占绝对优势的美国侵略军,我们不能轻视敌人,但也不能过低估计自己。"

以劣胜优、集中优势兵力战胜敌人,是人民解放军的光荣传统。谈话中,彭德怀还和毛泽东回顾起1947年在陕北与国民党胡宗南战斗的往事。那时,胡宗南的兵力有24万,有空军支援,武器装备也几乎都是美式的,比解放军的不知好多少倍。彭德怀指挥的部队只有25000人,是敌人的十分之一,武器落后,每支枪平均只有几十发子弹。陕甘宁边区地瘠民贫,人口才100多万,为什么共产党能够打败国民党?一是因为共产党所进行的斗争是正义的战争,是自卫战争;二是边区群众的大力支援;三是靠灵活机动的战略战术。

彭德怀跟毛泽东分析说:"现在我们已经取得了全国政权,有几百万军队,有全国人民的支援,我们有对付优势装备敌人的经验,只要我们在战略战术上不犯重大的错误,我们就有信心打败美国侵略军。"

"如果没有苏联武器支援怎么办?"毛泽东问道。

彭德怀说:"苏联完全洗手,我们装备差得远,只好让朝鲜亡国,是很痛心的。"①

毛泽东听得认真,感觉真是觅得了知音,高兴地拍了拍沙发,说:"你分析得对喽!老彭,看来,我们是想到一起了,现在美军、英军和南朝鲜军队正越过三八线向平壤接近,麦克阿瑟已向朝鲜民主主义人民共和

---

① 《党的文献》,1995年第6期,第87页。

国发出最后通牒，朝鲜处于危急时刻，金日成同志要求我国尽快派兵支援朝鲜人民军作战，当前出兵援朝已是关键时刻，如让敌人前进到鸭绿江边，后果不堪设想啊！"

"老毛，你分析得对，我们现在就是要和敌人抢时间，不能再举棋不定了。"

接着，毛泽东和彭德怀谈起了由谁挂帅出征的问题，朗言直问："你觉得，谁挂帅出征合适呢？"

彭德怀问道："中央不是已经决定派林彪去吗？"

的确，早已集结于鸭绿江北岸的第三十八、第三十九、第四十、第四十二军，都是林彪过去指挥过的第四野战军部队，且林彪在东北工作多年，派林彪率军入朝是比较合适的。

"前些日子，我和恩来、少奇、朱老总商量，一致意见是希望派林彪去，因为他对东北比较熟悉。可是征求他意见时，他说身体不好，每晚失眠，怕光、怕风、怕声音，不想接受这个任务。"毛泽东眉头紧锁，若有所思地说，"现在，这战火眼看着就烧到了家门口，我的意见，这副重担，还是你老彭来挑。我知道，这是一场比转战陕北更艰苦更复杂的战争，你思想上可能还没有这个准备吧？"

其实，早在这年8月27日，毛泽东就曾致电彭德怀。那时，朝鲜人民军进攻顺利，势如破竹，一路南下，胜利一度在望，然而由于战线拉得太长，在美军实施仁川登陆后，形势出现了惊天大逆转。毛泽东在电报中说："为了应付局势，现需要集中十二个军以便机动（已经集中了四个军），但此事可于九月底再做决定，那时请你来京面商。"

听完主席一番话，彭德怀两道剑眉扬起，斩钉截铁地回答："老毛，你知道我这个人的脾气，我服从中央的决定！"

毛泽东深感欣慰，感动地说："这我就放心了。现在美军已分路向三八线冒进，我们要尽快出兵，争取主动。今天下午政治局继续开会，请你摆摆你的看法。"

10月5日下午，在中央政治局扩大会议上，两种意见依然交锋。在别人发完言后，彭德怀表明了自己的态度。他说："出兵援朝是必要的，打烂了，等于解放战争晚胜利几年。可是，如让美军摆在鸭绿江岸和台湾，它要发动侵略战争，随时都可以找到借口。如让美军占领了朝鲜半岛，将来的问题更复杂，所以迟打不如早打。"

接着，毛泽东把中、苏、朝三国比喻为三驾马车，说："这辆车是三匹马拉的，那两匹马执意向前跑，你又有什么办法呢？"正说着，师哲领着科瓦廖夫（时任苏联驻华代表、经济专家组组长）来了，毛泽东就离开会场到丰泽园去见苏联客人。大约20分钟后，毛泽东回到了会场，说："你们看，果不其然，那两匹马一定要拉，我们不拉怎么得了！"①

就这样，会议最后作出决定，由彭德怀率志愿军入朝作战。

临危受命，彭德怀在会上的坚决态度，给聂荣臻留下了深刻印象。晚年，他在回忆录中写道："彭德怀同志历来勇敢果断，中央决定他去指挥志愿军，他表示坚决执行命令。"

有了彭德怀的支持，毛泽东终于下了"打"的决心。1951年2月，彭德怀从抗美援朝前线回来汇报战况的时候，毛泽东风趣地说："你的雅号叫石穿②，我的乳名叫石三伢子，我们是两块石头。"彭德怀谦虚幽默地回答说："主席是块宝石，我彭德怀不过是块顽石罢了。"毛泽东则诙谐地说："我也是一块石头嘛！我们这两块石头，一块扔向杜鲁门，一块扔向麦克阿瑟。"③

毛泽东以乳名和雅号中的"石"字来比喻自己和彭德怀，真是十分形象且颇耐人寻味。同为湖湘文化孕育的历史巨人，他们在接受马克思主义的洗礼之后成长为真正的中国共产党人。他们骨子里与生俱来的质直、刚

---

① 苏维民：《杨尚昆谈新中国若干历史问题》，四川人民出版社2010年版，第28页。
② 石穿是彭德怀青年时代参加湘军后，看到石洞中滴水穿石的现象给自己取的雅号，用以自勉刻苦读书练武。彭德怀1898年10月24日出生于湖南湘潭县乌石乡彭家围子，他父亲根据宗族辈分排行班辈为他起名彭清宗，字怀归，号得华，乳名钟伢子。1922年，他与黄公略、张荣生等一起考入湖南陆军讲武堂，遂改名彭德怀，意为要当一名德才兼备、胸怀祖国、胸怀人民的军人。
③ 丁晓平：《毛泽东家风》，人民出版社2019年版，第26页。

劲的湘人性格以及所表现出来的临危不惧、视死如归的精神，他们血液中流淌的血诚、明强的人格修炼以及所辐射出来的"天下兴亡，匹夫有责"和"当今之世，舍我其谁"的气概，他们行为中所呈现的独立不羁、遁世不闷的品格——这些同样都铸就了淳朴重义、勇敢尚武、经世致用、自强不息的湖湘文化基本精神。毫无疑问，在中共党史和中国人民解放军军史上，湖南贡献了许许多多的政治家、革命家、军事家，但在这些历史人物中，关系最特殊且最复杂、命运最相关且最传奇、性格最鲜明且最相近的、工作中既有大合作又有大分歧的，当属毛泽东和彭德怀。

10月5日下午，中央政治局扩大会议结束时，时间已经很晚了。毛泽东留周恩来、彭德怀、高岗三人在家中共进晚餐，共同商议入朝作战的方案。饭后，毛泽东对彭德怀说，现在朝鲜情况危急，时间紧急，我们必须尽快出兵，以免贻误战机。你和高岗8日先到沈阳去召开东北边防军高干会议，迅速传达中央政治局的决定，督促部队立即做好入朝准备。同时，我把党中央出兵援朝的决定通知金日成。关于入朝的时间，给你十天时间做准备，初步预定在10月15日。关于部队更换苏联武器装备和空军支援问题，恩来同志即可去莫斯科与斯大林商谈，尽快解决。

火烧眉毛，十万火急。彭德怀不慌不忙地说："老毛，你放心，那我就一天按十天甚至二十天的工作量来干。"①

从10月2日至5日，中央开了三天的会议。习惯于上午睡觉，晚上工作的毛泽东，三天三夜没有睡觉。自1941年就在毛泽东身边的胡乔木回忆说：我在毛泽东身边工作二十多年，记得有两件事是毛主席很难下决心的。一件是1946年我们准备同国民党彻底决裂，一件是1950年派志愿军入朝作战。② 对于打不打的问题，毛泽东也是左思右想，思之再三，煞费心血。诚如聂荣臻所说：不是毛泽东好战，问题是美国已经打到我们的国境线上了，不打怎么办？③

---

① 张树德：《毛泽东与彭德怀》，中国青年出版社2008年版，第156页。
② 胡乔木：《胡乔木回忆毛泽东》，人民出版社2003年版，第92页。
③ 聂荣臻：《聂荣臻回忆录》，解放军出版社1984年版，第735页。

开这么多次的会议，足见这是一个多么艰难的抉择，又是一个多么民主的抉择！

10月6日，彭德怀参加了周恩来在中南海居仁堂主持召开的包括各地区负责人在内的党政军高级干部与会的中央军委会议，讨论入朝作战方案和布置有关方面的工作。朱德参加了会议并讲话。

为了保证安全，免遭敌机轰炸，彭德怀指挥所的位置，根据毛泽东的意见，可设置在鸭绿江北岸一个隐蔽的地方。谁知，彭德怀不同意，坚决主张过江入朝，与金日成在一起，以便协调两军，统一指挥作战。这一点，符合彭大将军的性格，他要和他的战士们一起战斗！

10月8日，在美军越过三八线大举北进以后，毛泽东以中国人民革命军事委员会主席的名义发布组成"中国人民志愿军"的命令："为了援助朝鲜人民解放战争，反对美帝国主义及其走狗们的进攻，借以保卫朝鲜人民、中国人民及东方各国人民的利益，着将东北边防军改为中国人民志愿军，迅即向朝鲜境内出动，协同朝鲜同志向侵略者作战并争取光荣的胜利。""任命彭德怀同志为中国人民志愿军司令员兼政治委员。"

再过16天，彭大将军即迎来他52岁的生日。

而他战场的对手，"联合国军"总司令麦克阿瑟的军龄正好也是52岁。

赴汤蹈火

身先士卒，志愿军司令员第一个跨过鸭绿江
会见金日成，"光杆司令"差点儿被敌人俘虏

10月8日上午，彭德怀又起飞了。

这次，他不是飞向大西北，而是飞向大东北。与他同行的除了中央东北局书记、东北军区司令员兼政委高岗之外，还有总参作战部的成普、海鸥、徐亩元、龚杰和秘书张养吾，以及毛泽东的儿子毛岸英。也就在这一天，周恩来和林彪秘密飞往莫斯科，同斯大林商谈抗美援朝和苏联给予军事物资支援，特别是提供空军掩护问题。

夕阳西下，作为东北工业基地之一的沈阳，沐浴在金色的晚霞之中，散发着与其他城市不同的现代工业化的钢铁气息。和平街1号是一座日式小楼，小楼的二层是一个铺着木地板的套间，虽然看上去有些陈旧，但红色的油漆依然显示着厚重的亮色。现在，彭德怀一行就暂时住在这里。因为床铺不够，张养吾和毛岸英等人就打了一溜儿地铺。

黄昏时分，张养吾带着一个瘦高精干的中年男人急匆匆地上了二楼，楼梯随着匆忙的脚步"嘎吱嘎吱"作响。他是彭德怀在沈阳必须要接见的客人，名叫朴一禹，朝鲜劳动党中央常委、内务相。这也是毛泽东和金日成安排好的。

对朴一禹，彭德怀是十分熟悉的了。抗日战争时期，这位朝鲜同志曾经在太行山的辽县、武乡、涉县一带一起打击过日本侵略者，在延安曾应邀参加中共七大。从朴一禹的脸部表情来看，就可以知道朝鲜的战况已经万分紧急了："彭总，敌人已经接近平壤了。美军是机械化部队，推进速度很快……金日成首相已经安排外国驻平壤的使馆一律撤出，他自己也准备撤至德川……"

因为熟悉，自然就少了许多客套话。彭德怀很快就在地图上找到了德川的位置，问道："现在美军和南朝鲜军到哪里了？"

"南朝鲜军已经抵达元山了。"朴一禹焦急地答道，"金首相希望志愿军尽快过江，首先控制咸兴和新安州。"

彭德怀伏在地图上，久久地注视着咸兴和新安州一线地区，忽然狠狠地在桌子上捶了一下，大声地说："好！金首相的建议与毛主席的想法不谋而合，我们志愿军入朝后，首先就在元山、平壤以北的大片山区建立一块根据地，站住脚跟，必须打好出国第一仗。"

没错，这本来就不是一场势均力敌的战争，而是一场不对称的战争，敌人有着强大的现代化兵器，拥有制空权、制海权。一句话，那就是敌强我弱。中美两国的国力相差更是悬殊。1950 年，美国钢产量 8772 万吨，工农业总产值 2800 亿美元。而当年的中国的钢产量是多少呢？只有 60 万吨，工农业总产值只有 100 亿美元。美国还拥有原子弹和世界上最先进的武器装备，具有最强的军工生产能力。就连实力雄厚的苏联，也不愿意因为援助朝鲜而冒险与美国直接冲突。中国出兵会不会导致中美直接开战？美国大举轰炸中国的重工业城市和内地大城市怎么办？

和毛泽东一样，彭德怀当然知道中国的家底，但他更理解并支持毛泽东作出这个一生中最难作出的艰难决策。

第二天上午，彭德怀在志愿军军以上干部会议上，宣布了中央出兵援朝的决定。他说："我们的敌人不是宋襄公①，他不会等到我们摆好阵势才来。敌人是机械化部队，有空军和海军的支援，进攻速度很快，我们要和敌人抢时间。中央派我到这里来，也只是三天前才决定的。"

然而，在会上，各军干部最担心的是出国作战时有无空军支援。彭德怀也无法回答这个问题。于是，在会议进行中，也就是10月9日上午11时，他和高岗急电毛泽东，询问："我军出国作战时，军委能派多少战斗机和轰炸机掩护？何时能出动并由何人负责指挥？"

知己知彼，百战不殆。此时，以美国为首的"联合国军"和南朝鲜军总兵力达40万，拥有各型飞机1000多架，各型军舰300多艘，其先头部队有13万人越过三八线，继而兵分多路，从西、东两侧形成"钳"型向中朝边境推进。麦克阿瑟再次向朝鲜人民军发出最后通牒，要求朝鲜人民军立即放下武器，停止作战。

面对危局，彭德怀心急如焚。为确保初战获胜，他立即与十三兵团司令员邓华、副司令员洪学智等详细研究，制定志愿军入朝部署方案，决定改变原定计划，将志愿军4个军3个炮兵师全部集结于鸭绿江南岸待机歼敌。

彭德怀实在是太累了！

——10月10日，彭德怀在沈阳致电毛泽东，拟于11日渡江赴德川与金日成会面。

——10月11日，彭德怀率临时指挥所成员抵达安东（今丹东）。

——10月12日，彭德怀不顾疲劳，听取汇报，亲临鸭绿江北岸查看渡江地点。晚上，突然接到代总参谋长聂荣臻的电话，因苏联方面表示空军未准备好，暂无法支援中国人民志愿军入朝作战，要他火速回京开会。当夜，他乘火车从安东返回沈阳。

---

① 宋襄公，春秋时期宋国第20位国君。公元前638年，宋襄公讨伐郑国，与救郑的楚兵展开泓水之战。楚兵强大，宋襄公讲究"仁义"，要待楚兵渡河列阵后再战，结果大败受伤，次年伤重而死。

——10月13日中午，彭德怀和高岗抵达北京。下午，毛泽东在颐年堂主持召开中央政治局紧急会议，对出兵和不出兵的利害关系再次展开讨论。会议最后决定，即使没有苏联空军的支援，在美军大举北进的情况下，不论多大困难，必须立即出兵援朝。同日，毛泽东致电在莫斯科的周恩来："我们不出兵，让敌人压至鸭绿江边，国际国内反动气焰增高，则对多方不利，首先是对东北不利，整个东北边防军将被吸住，南满电力将被控制。总之，我们认为应当参战，必须参战，参战利益极大，不参战损害极大。"

——10月14日，彭德怀和毛泽东、高岗一起研究志愿军出国后的作战方案，决定志愿军18日或19日分批渡江。

——10月15日，彭德怀飞回沈阳，接见了金日成的代表、时任朝鲜政府副首相兼外务相朴宪永，朝方要求中方尽快出兵。

——10月16日上午，彭德怀抵达安东，召开志愿军师以上干部大会，宣布中央的决定。严阵以待的志愿军，如箭在弦，只待最高统帅部一声令下，立即跨过鸭绿江。

——10月17日，彭德怀飞回沈阳，与东北局、东北军区领导人研究出国作战的准备工作。谁知，又接到毛泽东下午5时发来的急电，要求他和高岗于18日火速回京，并告"出兵时间以待周（恩来）18日回京向中央报告后确定为宜"。

——10月18日清晨，彭德怀抵达北京。此时，平壤被敌人围困，危在旦夕。当天召开的中央会议听取了周恩来莫斯科之行的报告和他的汇报之后，志愿军入朝作战的出国时间最后敲定下来。

跟随周恩来赴苏谈判的翻译师哲清楚地记得，这天晚上，毛泽东在会上作出了最后的决定："现在敌人已围攻平壤，再过几天敌人就进到鸭绿江了。我们不论有天大的困难，志愿军渡江援朝不能再变，时间也不能再推迟，仍按原计划渡江。"说完，毛泽东要求彭德怀立即替他起草一份电报，以毛泽东的名义，发给第十三兵团司令员兼政治委员邓华，副司令员洪学智、韩先楚，参谋长解方和东北军区副司令员贺晋年。这封特急绝密电报的电文如下：

四个军及三个炮兵师决按预定计划进入朝北作战，自明（十九）晚从安东和辑安线开始渡鸭绿江。为严格保守秘密，渡河部队每日黄昏开始到翌晨4时即停止，5时以前隐蔽完毕，并须切实检查。为取得经验，第一晚（十九日晚）准备渡两个到三个师，第二晚再增加或减少，再行斟酌情形。毛泽东，10月18日21时。

毛泽东审阅后，说："再加上一句：'余由高岗、德怀面告。'"

几天前，彭德怀第一次来安东时，原计划两个军作为第一梯队过江，顶住敌人后再出两个军。但经过考察研究之后，他担心鸭绿江大桥被炸，后续部队不能及时过江，集中优势兵力就会成为一句空话，失去战机。于是，他立即致电毛泽东，决定改变计划，把四个军的部队全部集结江南，以利歼敌。背水一战，置之死地而后生。

毛泽东完全同意彭德怀临时改变的计划，对朱德和聂荣臻说："军委原拟先出两个军的意图，主要考虑能否在朝鲜站稳脚跟。老彭是考虑在运动中以优势兵力歼灭敌人，打击敌人疯狂气焰，掌握战争的主动权。只要能隐蔽得好，先发制人，打他个突然，是能保存自己、消灭敌人的。把消灭敌人放在第一位，才是保存自己最好的手段。"

朱德和聂荣臻对此完全赞同，说："老彭这着棋高明，高明！"

对出兵援朝的决策，彭德怀与毛泽东站在一起，情投意合，配合默契。彭德怀曾做过这样的评价："这个决心不容易定下，这不仅要有非凡的胆略和魄力，最主要的是具有对复杂事物的卓越洞察力和判断力。历史进程证明了毛主席的英明正确。"[1]

可以说，从1950年10月18日晚上9时起，新中国正式进入保家卫国

---

[1] 逄先知、金冲及：《毛泽东传1949—1976》上，中央文献出版社2003年版，第125页。

的战争状态。志愿军第四十军的一名战士写了这样一首《枪杆诗》，或许最能表达当时志愿军指战员被激起的昂扬斗志和保家卫国的意志——

美帝好比一把火
烧了朝鲜烧中国
中国邻居快救火
救朝鲜就是救中国

10月19日，拂晓。几乎彻夜未眠的彭德怀早早地起了床，又出发了。从北京饭店到西郊机场，一路上，他抓紧时间美美地睡了一觉。一下车，他跟高岗开玩笑说："哎嗨，这辆车可帮了我的大忙！"

这天上午9时，彭德怀抵达沈阳，紧急与李富春、贺晋年、李聚奎作了交代和部署。下午，他乘坐的专机里-2在4架米格-15战斗机的护航下飞抵安东。在镇江山下的一座日式小楼里，彭德怀与第十三兵团的领导邓华、洪学智、解方等人见面了，并对渡江方案做了进一步细化。

彭德怀说："昨天晚上我与毛主席详细研究了渡江方案，主席已经下令，从今天晚上开始，在安东、长甸河口和辑安三个渡口，部队利用夜色，秘密过江。"

走出会议室，彭德怀径直向鸭绿江边走去。他一边走一边跟邓华说："入朝第一仗很重要。打好了，我们可以站稳脚跟，稳定朝鲜北部战局，也给友军收容整训的时间。要给各部队打好招呼，必须服从命令，听从指挥。命令什么时间到什么地点，必须严格执行。让穿插到什么部位，不可延误！我们的基本战术仍然是大胆迂回包围，穿插作战，灵活机动，断敌退路，歼灭深入袋形之敌。这就要求各部队都要按照作战方案坚决、勇敢、放胆地深入。如果下面执行命令不坚决，不积极，那么指挥上布置得再好，有什么用？我就惦记着这个问题。"

邓华点点头，说："彭总，你说得对。尤其是第一次出国作战，山大林密，战场不熟悉，这个问题必须高度重视，极为重要。"

彭德怀瞪着大眼睛，严厉地说："到时候军法从事，勿谓言之不预！"

战场无戏言。大家都知道彭德怀的脾气，说话算话。

"要多架浮桥，集中船只，利用一切工具送部队过江。"彭德怀指着江面，对邓华说，"部队过江，要扎扎实实，不动声色，夜间进行，夜行晓宿，隐蔽行动，注意保密，注意防空，不让敌人知道我们的真实情况。"

兵不厌诈。如果军事行动不秘密，不诡诈，不做趋利避害的机动，就不能达到消灭敌人发展自己的目的，就不能赢得战争的胜利。而在一切伟大的军事行动中，决定性的关键就是出其不意，攻其不备。彭德怀要求志愿军部队控制电台，封锁消息，严密伪装，避开大路，向指定作战区域隐蔽开进。严格要求各级组织、成员对志愿军的一切行动，包括部队的番号、指挥官姓名、部队部署、序列、机动等，不对外宣传，严加保密，连亲人都不准告诉。比如，毛泽东之子毛岸英随彭德怀出国作战，就没有告诉新婚的妻子刘思齐。与此同时，对志愿军出国作战前后的新闻报道问题，彭德怀在10月5日临危受命之时，就向毛泽东建议："在战斗打响之前，应绝对保密。打响之后，新华社在报道和广播方面也应注意分寸。要设法转移敌人的视线，使其产生判断上的错觉，以便我军各路部队迅速隐蔽过江，取得战斗的主动权，力争初战的胜利，以提高士气，稳定人心，扭转被动局面。"①

毛泽东接受了彭德怀的建议。

事实证明，彭德怀所采取的这些战时措施和建议，对"联合国军"总司令麦克阿瑟的指挥判断的确产生了不可低估的影响。由于行动非常保密和隐蔽，26万志愿军官兵静悄悄地跨过了鸭绿江，进入朝鲜战场，好像神兵天降，打得美军晕头转向，待第一次战役结束甚至麦克阿瑟被解除职务之时，他都没有搞明白中国出兵参战究竟去了多少人，谁是总司令。

志愿军千军万马过大江，武装到牙齿的敌人竟然丝毫没有察觉，这不

---

① 《彭德怀传》编写组：《彭德怀传》，当代中国出版社2006年版，第237页。

中国人民志愿军跨过鸭绿江，赴朝参战

能不说是创造了世界战争史上的奇迹。

夕阳西下。如血残阳，浩荡江水，宁静的黄昏正在酝酿着难以想象的喧哗与骚动。在天边落日余晖的映照下，鸭绿江南岸朝鲜的土地上滚滚燃烧的浓烟冲天而起，远远望去，仿佛一幅巨大的印象派油画。

天黑了，下雨了。细雨绵绵，寒风嗖嗖。

"把车叫过来吧，我先过江！"彭德怀话音刚落，一辆军绿色苏式嘎斯-69吉普车"突突突"地开过来了。彭德怀一转身，迅速跳上车，双手抱拳，对着车窗向送行的邓华、洪学智、韩先楚、解方、杜平等第十三兵团的领导深情地说："同志们，我在前线等着你们！"

怕死不受命，受命不怕死。彭德怀完全可以按照毛泽东的意见，坐镇安东指挥志愿军作战。志愿军的高级将领们也都已经做好了随时渡过鸭绿江的准备，但大家都知道彭德怀的脾气，包括邓华在内，没有人敢劝他不要第一个过江。

这辆嘎斯-69吉普车里坐着四个人，除彭德怀之外，还有秘书杨凤安和警卫员郭风光、黄有焕，直接向鸭绿江大桥奔去。司机名叫刘祥，东北人，年仅19岁，是从第十三兵团临时调到彭德怀身边工作的。紧跟彭德怀指挥车的只有一辆大卡车，由通信处处长崔伦带领负责电台的李东祥、负责通信的杜牧平和负责器材的苏冶等五六个机要报务员，保障彭德怀的指挥通信。

从10月1日晚毛泽东接到金日成请求中国出兵，到今天晚上中国人民志愿军跨过鸭绿江，仅仅18天。这是毛泽东一生中短暂又漫长的18天。从10月4日乘专机从西安到北京，到10月19日晚上出国指挥作战，彭德怀6次奔波于北京、沈阳、安东之间，仅仅15天。这是彭德怀一生中短暂又漫长的15天。

不开灯，不鸣笛，吉普车很快就驶过大铁桥，抵达朝鲜的新义州。彭德怀让司机停车。打开车门，他下了车，这是他以志愿军司令员的身份第一次踏进异国他乡的土地，他没有想到人生第一次出国竟然是奔赴战场。转身面向江北，他深情地回望着自己的祖国，心中沸腾的热血如鸭绿江滚滚流逝的江水。他知道，从此时此刻开始，为了保家卫国，他将率领在抗日战争和解放战争的战场上久经战火考验的精兵强将，与世界上最强大的敌人去战斗，背负着民族和人民的期望，责任重大啊！

这天晚上，中国人民志愿军部队也开始过江了。第三十九、第四十、第四十二军3个军开始分三路秘密渡过鸭绿江。第三十八军作为第二梯队，紧随第四十二军渡江开进。

在夜色的掩护下，中国人民志愿军的钢铁洪流，浩浩荡荡，如同奔流的地火，静悄悄地把寒冷刺骨的鸭绿江装扮得如此的庄严、肃穆和雄壮。朦胧的月色下，一个个英雄梦如同埋在土地里的种子，正在奋力破土而出，要发芽开花。就在这渡江的队伍中，有一个名叫麻扶摇的年轻人，是志愿军炮兵第一师第二十六团五连指导员，他满怀激情地为自己的连队写下了一篇出征誓词——

雄赳赳，气昂昂，横渡鸭绿江。
保和平，卫祖国，就是保家乡。
中华好儿女，齐心团结紧，
抗美援朝，打败美帝野心狼！

然而，让麻扶摇没有想到的是，他的这篇战斗誓词，被新华社记者陈伯坚写进了报道，发表在11月26日的《人民日报》第一版。也就在这一天，时任文化部艺术局副局长的著名音乐家周巍峙在田汉局长的办公室开会时，从《人民日报》上看到了它，很是欣赏，激动不已。于是，他一边开会，一边轻声吟唱，很快谱成曲，歌名用了词中的一句话"打败美帝野心狼"，同时把词中"横渡"改作"跨过"、把"中华好儿女"改成"中国好儿女"。11月30日，《人民日报》发表了这首歌曲，词作者署名为"志愿军战士"。后来，有《青年》杂志评论这首歌曲，说它是中国人民志愿军的战斗进行曲。受此启发，周巍峙便将歌名改为《中国人民志愿军战歌》。1953年，在全国开展的群众歌曲评奖活动中，这首歌获得一等奖。为了给作者发奖，有关部门辗转查找，才在志愿军炮一师找到了麻扶摇。这是麻扶摇一生中写的第一首歌词，也是唯一的一首。

雄赳赳，气昂昂，跨过鸭绿江。
保和平，卫祖国，就是保家乡。
中国好儿女，齐心团结紧。
抗美援朝，打败美帝野心狼！

10月19日，就在彭德怀跨过鸭绿江的时候，平壤陷落。
这是时间的巧合？还是空间的巧遇？
历史的洪流就这样不以人的意志为转移，滚滚向前，不可阻挡。
在鸭绿江大桥的另一头，朝鲜人民军的两位高级军官正站在那里等候。按照约定，朝鲜政府副首相兼外务相朴宪永在这里迎接彭德怀的到来。

一见面，朴宪永焦急地说："今天敌人占领了平壤，现在金首相已经撤离德川，我正在与金首相联系，请彭司令在此稍候。"

10月17日，麦克阿瑟发出了"'联合国军'第四号作战命令"，集中4个军的部分兵力共13万人（海空军不计），由平壤、元山两地分西、东两线继续向鸭绿江推进。因战局急剧变化，朴宪永与原本在德川附近隧道客车箱里指挥作战的金日成，也失去了联系。听到这样的变化，彭德怀立即让杨凤安把一张朝鲜地图铺在地上，手持蜡烛仔细查看。这张五万分之一地图是杨参谋在接到命令后，走遍北京大大小小的书店好不容易才淘到的。看着地图，彭德怀预感到，根据朝鲜人民军的现状和敌人进攻的速度，估计志愿军过江后，难以抢占平壤到元山一带的原定防线，可能要在德川、宁远线以北和敌人打一场遭遇战。

战火纷飞。如今的新义州在美空军的大轰炸中已是一片火海。两个小时后，朴宪永请彭德怀同去水丰发电站休息，在那里等待联系与金日成具体会面的地点。

细雨变成了小雪。10月20日拂晓，彭德怀到达水丰发电站。半个月来，彭德怀几乎没有睡过一个囫囵觉，面颊消瘦，两眼红肿，疲劳像海蜇皮一样挂在脸上。参谋杨凤安劝他在水电站好好睡一觉，可形势如此严峻，他哪里睡得着呢？他无限感慨地说："我带兵打仗几十年，还没有遇到过像今天这样既不明敌情、又不明友情和地形的被动情况。不过，我已经告诉邓华、洪学智通知各军要有打遭遇战的准备，那时还得要采取运动战大胆穿插分割包围的老办法去歼灭敌人。"

终于联系上金日成了。20日傍晚，彭德怀乘坐的嘎斯-69跟随朴宪永的华沙轿车向平安北道昌城郡之北镇进发。夜黑漆漆的，偶尔有敌人的照明弹在半空中哗然照亮，紧接着就有炸弹爆炸声、敌机的机枪扫射声连成一片，从不太遥远的地方传来。坎坷崎岖的山路上，向北逃难的朝鲜老百姓成群结队，男男女女老老少少川流不息，牛车马车汽车车水马龙，人流车流拥挤不堪，走走停停。

因为司机对路况不熟悉，彭德怀的嘎斯-69很难追赶上朴宪永的华沙轿车。为了尽快见到金日成，彭德怀干脆下车，与朴宪永同坐一辆车急急忙忙地赶路。两台小车速度加快，把跟进的大卡车一下子甩在了后面。崔伦催促大卡车司机奋力直追，无奈交通拥堵，道路险恶，司机使出浑身解数也无法追赶上。不过，即使如此，大卡车里还是充满着革命的乐观主义精神，一位战士唱起了歌谣——

战场上空有一颗星
这星以亲切温柔的光线
接触行军的士兵
这星以惊恐的光亮
闪烁在敌人阵中
这星在黑暗中闪耀
照耀着胜利的前程
……

太阳还没有出山，正是黎明前的黑暗时刻。

10月21日，熹微初开，经过一昼夜的颠簸，彭德怀在朴宪永的引领下来到了金日成指定的会晤地点——位于东仓和北镇之间山沟的一个名叫大洞的小村庄，等待金日成的到来。

在朝鲜，洞和里都是村庄的意思，洞是小村庄，里是大村庄或镇子；郡，相当于中国的县；首，是省。在大洞的一间茅草屋里，彭德怀见到了驻朝大使馆临时代办柴军武。抗日战争时期，柴军武在八路军司令部参谋处工作，两人十分熟悉。看到阔别多年的彭老总身先士卒，单枪匹马地冒着敌人的炮火来到战争前线，柴军武感到十分震惊，油然而生无比的敬佩。这个柴军武就是柴成文。关于他的名字还有一个小插曲。第二年6月，根据工作需要，毛泽东指派时任驻朝鲜使馆公使衔参赞的柴军武为中国人民志愿军联络官，并建议他改名柴成文，寓"武仗文打"之意。

"彭老总，您辛苦了。"柴军武说着，眼圈儿一下子湿润了。

"辛苦啥呀？"彭德怀笑着说，"你这个柴军武，现在当临时代办了，你才辛苦呢！"

"不辛苦，不辛苦！"说着，柴军武找来一个破旧的瓦盆，倒上热水，请彭德怀洗一把手脸。彭德怀用手捧了捧水，洗了一把脸，提提神，就跟柴军武聊了起来，一直谈到天亮。

这天上午8点半左右，金日成派人来请彭德怀。柴军武陪同前往。在田埂上，两人边走边谈，忽然，彭德怀停下了脚步，问道："军武，你身上带小剪刀没有？"说着，抬起手腕，只见两个破了的袖口上挂着长短不一的线头儿。出国前，彭德怀连衣服都忘了换，还是穿着离开西安时那件有些破旧的军大衣。柴军武笑了，顺手从口袋里掏出一把指甲刀，帮助彭德怀修剪起来。看见指甲刀不好使，彭德怀摇摇头说："算了，实在太紧张了，没及时换衣服。我是觉得这个样子见人有点儿不礼貌。不过，反正现在是在打仗，就这样去吧。"

大洞位于一条极为隐秘的山沟沟，离大榆洞金矿很近。山道很窄，只容一辆车单行，留着农民劳动时牛车碾过的辙迹。刚刚爬上山巅的太阳从东边照射过来，像一个孩子的笑脸，红彤彤的。山沟沟两面山坡上，稀稀落落的有五六处茅草屋子，都已人去屋空。

远远地，彭德怀就看见山脚下有一所整洁的朝鲜式房屋，金日成早已站在屋门口等待着他的到来。金日成一身灰色的列宁装，一头浓密的黑发，右额上有一绺卷发，一笑就露出两颗虎牙，身材魁梧，相貌英俊。

没有仪仗，没有鲜花，更没有红地毯，那就把敌人的枪炮声作为欢迎的锣鼓吧！简单的问候，简短的寒暄，紧紧地握手，两人随即进入屋子，开始了第一次会谈。

彭德怀与金日成交流战事

彭德怀向金日成转达了毛主席、周总理的问候，介绍了志愿军的编成和部署方案，以及入朝作战的序列：先头部队共有 4 个军和 3 个炮兵师，此外还有高射炮团、工兵团、汽车团等，共约 25 万余人，已于 19 日晚开始分批自安东、长甸河口、辑安三个方向渡鸭绿江入朝。鉴于敌军兵力装备占绝对优势的情况，已建议毛主席再调 2 个军尽快入朝参战，这样第一批入朝的志愿军将达到 6 个军共约 30 万人。中央军委准备再调两个兵团共 6 个军作为第二批志愿军入朝，以后根据情况还可继续增调。

不用说，听完彭德怀的介绍，金日成心中的石头终于落地。应该说，从 6 月 25 日朝鲜战争爆发，8 月 31 日朝鲜人民军发起釜山战役，一度打到北纬三十五度线，到 9 月 15 日美军 7 万余人在仁川港登陆，28 日占领汉城，切断位于朝鲜半岛南部洛东江边的朝鲜人民军主力的退路，使之腹背受敌，在这短短的 3 个月时间里，朝鲜战局如同坐上了过山车。

其实，早在这一年 7 月中旬、下旬和 9 月上旬，毛泽东就曾经多次提醒金日成要注意战争的持久化，提醒要做好长期作战的思想准备，要他们注意美军有从海上向仁川、汉城前进切断人民军后路的可能，要适时向北面撤退，保存主力，从长期战争中争取胜利。

不幸的是，朝鲜战场的战局，被毛泽东言中。

古人云："凡事预则立，不预则废。"早在7月7日，美国操纵联合国安理会，在苏联缺席的情况下（中国的席位仍被台湾国民党集团占据），通过非法决议，组织"联合国军"司令部，8日任命麦克阿瑟为"联合国军"总司令。几乎在同时，毛泽东和中共中央作出一个决策，调几个军到东北，摆在鸭绿江边，加强东北边防。7月7日和10日，中央军委根据毛泽东的提议，由周恩来主持召开两次会议，研究保卫国防、组建东北边防军问题。13日，中央军委作出《关于保卫东北边防的决定》。8月上旬，驻河南等地的战略预备队第十三兵团（下辖第三十八、第三十九、第四十军），加上第四十二军（原在东北）和炮兵第一、第二、第八师等，共25.5万人，组成东北边防军，在安东、辑安、本溪集结完毕，开始整训。9月6日，第五十军又编入东北边防军。

金日成当然不会忘记，就在10月1日南朝鲜军越过三八线当天的深夜，他紧急约见中国大使倪志亮，向中国政府提出出兵支援的请求。同时，他和朴宪永联名致信毛泽东，请求中国给予军事支援。这一天，是新中国的第一个国庆日，北京城的焰火和礼花还没有熄灭，喜庆的欢呼声还在天安门广场上空回荡。对于金日成的请求，毛泽东尽管已有思想准备，但是要使一个刚从战火中获得新生的人民共和国再次面临血与火的战争考验，同世界头号帝国主义美国决一雌雄，下这个决心需要何等的气魄和胆略！

20年后的1970年10月10日，毛泽东、周恩来会见金日成时，共同回忆了这段曲折、艰难的抉择：

毛泽东："事情总是这么弯弯曲曲的。在那个时候，因为中国动动摇摇，斯大林也就泄了气了，说：算了吧！后头不是总理去了吗？是带了不出兵的意见去的吧?"

周恩来:"两种意见,要他选择。我们出兵就要他的空军支持我们。"

毛泽东:"我们只要他们空军帮忙,但他们不干。"

周恩来:"开始的时候,莫洛托夫赞成了,以后斯大林又给他打电话说,不能用空军支援,空军只能到鸭绿江边。"

毛泽东:"最后才决定了,国内去了电报,不管苏联出不出空军,我们去。我看也还是要感谢苏联,它总帮了我们军火和弹药嘛,算半价。还有汽车队呀。"①

的确,中共中央和毛泽东下定决心作出抗美援朝的重大战略决策,是十分不容易的。

就在几天前,10月15日,美国总统杜鲁门偕同一大批高级军政官员和新闻记者分乘3架飞机降落在太平洋一个名叫威克岛的小岛,会见被国务卿艾奇逊讽刺为"日本和朝鲜的天皇"的麦克阿瑟。这位桀骜不驯、狂妄自大的"联合国军"总司令曾宣布美军在朝鲜的行动将限制在"麦克阿瑟线"(朝鲜蜂腰部以内)。但是,现在他们侥幸侵占平壤后,立即撕下了面具,宣布撤销"麦克阿瑟线",声称"在历史上鸭绿江并不是把中朝两国截然分开的不可逾越的障碍"。

刚愎自用的麦克阿瑟嘴里叼着烟斗,信誓旦旦地向杜鲁门保证,可以在一个月内打到鸭绿江,在感恩节前结束朝鲜战争,让士兵们回家过感恩节。可不是吗?此时此刻,美军第八集团军最前沿的部队已经进抵新义州了。如果中国不出兵,战争的路线图或许正如麦克阿瑟设计的一模一样。

在威克岛,杜鲁门告诉麦克阿瑟:"我最放心不下的是,中国……"面对杜鲁门的担心,麦克阿瑟胸有成竹地说:"中共不是傻瓜,如果中国出兵,会引起美国用一切手段报复,这个道理像白天和黑夜一样明白。中共不会甘冒风险,甘冒自己国内工业基地被轰炸的风险去救别人。"然而,

---

① 逄先知、金冲及:《毛泽东传1949—1976》上,中央文献出版社2003年版,第124—125页。

中国共产党和毛泽东让这位被杜鲁门授予橡叶勋章的五星上将的预言落空了。

彭德怀告诉金日成："我们出兵，第一就是为了能够援助你们歼灭美国侵略者，为合理解决朝鲜问题创造条件；第二我们出国作战，已经准备好了美国宣布与中国进入战争状态，准备它的飞机轰炸东北和沿海重要工业城市。党中央、毛主席下这个决心不容易啊，确实不容易。新中国刚刚成立，百废待兴，百业待举。"

"朝鲜人民不会忘记中国人民在十分困难的情况下，无私地援助我们国家。"金日成满怀感激地对彭德怀说，"我们处在急难之时，真正理解、同情我们的是中国共产党、政府和人民，是毛泽东同志，真正敢于支援我们同最凶恶的军事强国战斗，反对侵略的是你们，朝鲜人民世世代代，永远不会忘记中国人民的恩情。"

"患难识朋友。"彭德怀真诚地说，"这一句话，是列宁在《共产主义运动中的'左派'幼稚病》一文中说的。我们应该像好邻居那样，别人遭欺负，不能袖手旁观，就应该挺身而出，驱赶豺狼。"

"现在美国侵略军很猖狂。这个敌人是武装到牙齿的，飞机、大炮比我们多，还有原子弹。这几天敌人分路北进，进攻的速度很迅猛。东路的敌人占领了咸兴，中路占领了阳德、成川，西路攻占了平坡。我军方面，主力大部分还被分割包围在南方，正在想办法北进途中，恐怕你们很难先期到达你们的防御地区了。"

"你手中可以调动的兵力有多少？"

"这我对别人不说，但我不瞒你彭司令，我现在仅仅有三个师在手上，一个师在德川、宁边以北，一个在肃川，一个坦克师在博川。还有一个工人团和一个坦克团在长津附近。"

听了金日成的介绍，彭德怀内心不禁震惊，形势严峻以火烧眉毛来形容也不过分。他知道，现在依靠朝鲜人民军意义已经不大了。彭德怀实事求是地说："根据现在敌我双方的情况，我志愿军原来设想在平壤至元山以北的龟城、德川一线构筑防御阵地阻敌前进,保持一块歼敌基地,恐怕难以实现了。不过,从麦克阿瑟这个人的性格来看,他占领了平壤后,绝不会到此为止,下一步他会继续向鸭绿江边进犯。我们必须根据新的敌情,改变作战计划。"

就在这时,天空上又有大批美军飞机乌压压地掠过,巨大的轰鸣声如同山洪从山沟呼啸而过,隆隆的炮声从远方传来,越来越近。金日成充满期待地看着彭德怀,点点头说:"同意彭总的意见,现在敌人已经越过了志愿军预定的防御线了。"

彭德怀不慌不忙地说:"现在问题是能否站得住脚,无非三种可能,第一种是站住了脚,歼灭敌人争取和平解决朝鲜问题;第二种是站住了脚,但双方僵持不下;第三种是站不住脚,被打了回去。我们要争取第一种可能。"

为了使朝中两军能够协调作战,彭德怀希望金日成率人民军总司令部和志愿军司令部住在一起,以便随时协商处置重大问题。金日成表示,还有许多问题亟待他去解决,决定派朴一禹作为朝方代表住在志愿军司令部,重大问题可以通过他协助解决。中国人民志愿军的司令部就设在大洞,入朝后的作战行动,则请彭德怀指挥处置。

此时此刻,身处大洞的金日成、彭德怀,二人都因为身边没有电台,未能及时掌握前线战况的重大变化。就是在前一天,10月20日,美军空降兵第一八七团1000余人在平壤以北的肃川、顺川地区实施空降。麦克阿瑟扬言,这一军事行动的目的是要包围从平壤向北撤退的朝鲜人民军士兵和官员。

这个时候,麦克阿瑟根本没有把中国放在眼里,判断"中国出兵的可能性极为微小"。在他看来,"中共军队大部分在长江以南,在满洲只有30个师30万人,在鸭绿江边只有6个师,不会超过10万人。只有五六万人可以越过鸭绿江。他们没有空军。现在我们的空军在朝鲜有基地,如果中国人南下平壤,那一定会遭受极为惨重的伤亡。中国动员江南的部队也来不及。我们可以一个月内打到鸭绿江，结束朝鲜战争"。

可以说，正是因为麦克阿瑟的这个战略误判，导致了中美两军之间的第一次直接交战。

的确，因在第二次世界大战中擅长于两栖登陆作战而闻名的麦克阿瑟，再次醉心于他的两栖登陆作战，力排众议、出其不意地采取了毛泽东已经预见的仁川登陆计划，赢得了他"以5美元赢5000美元的战争赌注"，并因此赢得了本来对他并不放心的杜鲁门总统的信任。杜鲁门为此打破常规，来到威克岛与麦克阿瑟会面。不过，他是带着担心来的，后来他回忆说："我意识到朝鲜局势可能恶化。我也好像看到了未予重视的危险。我们美国军队面前似乎设下了'陷阱'，与世界强国打交道，我们不能干蠢事，尽管麦克阿瑟在仁川打了胜仗，有人对他产生了迷信。我去同他亲自谈谈，防止脑子过热，忘记了我们自己的致命弱点，朝鲜这场战争下一步就难收场。"

在威克岛太平洋热带季风的吹拂下，麦克阿瑟掏出了大雪茄烟斗，得意扬扬地问杜鲁门："总统先生，我可以抽烟吗？"

杜鲁门说："请抽吧，可爱的烟斗会给你智慧的。"

"谢谢总统，烟斗的烟味帮助我思考，战场上的硝烟味振奋我的战斗意志。"

"你不怕别人称你是战争狂人？"

"我只知道如何打赢战争，我不是政治家。"麦克阿瑟自信满满，胸有成竹地说，"如果中国人真的进行战斗，那么我们的空军就会使鸭绿江血流成河！"

杜鲁门随声附和道："中共政治上是强硬的，不过他们军事上目前还是软弱的，结束朝鲜战争的时间看来已经成熟。下午开会我们研究的主题将是朝鲜战后的建设。"

麦克阿瑟说："总统先生，下午我就返回战场部署进攻。"

杜鲁门说："好！我相信你会再次成为东方结束战争的英雄。上帝保佑你为东方带来和平。"

"我将全力以赴!"身着皱巴巴的棕色皮夹克、头戴一顶破旧的镶着金边的军帽,那是麦克阿瑟战功赫赫的证明,只不过今天在他胸前两排军功章里又多了一枚总统代表政府颁发的橡叶勋章。

事后的历史证明,从这年8月份开始,美国中央情报局对中国在朝鲜战争的军队调动情况早有侦察。他们从一位有国民党将军衔的特务情报员手中得到了详尽的情报,基本说明了东北边防军的番号、位置、序列和正在进行的训练。后来,在美国国会追究判断错误的责任时,中央情报局认为他们已经尽到了职责,只是把情报都"送进了聋子的耳朵"。麦克阿瑟还试图否认自己曾经在威克岛同杜鲁门说过的话。谁知,隔墙有耳,只会打仗的将军还是败在了政治家面前,颇有心计的杜鲁门悄悄地派一位名叫安德逊的小姐在隔壁速记了他与麦克阿瑟的谈话。结果,在国会作证时,这份写得歪歪扭扭的记录稿如同一个巨大的巴掌,狠狠地扇了麦克阿瑟的耳光,当众说谎的他从此声誉扫地。

"爱出风头的家伙"总是爱冒险,这完全符合战争的逻辑。仁川登陆后,"联合国军"势如破竹,朝鲜人民军兵败如山倒。麦克阿瑟乘胜追击,命令空军掩护地面机械化部队分东、西两路以最快速度北进。西线南朝鲜的3个师抢先前进到顺川、成川、破邑之线;东线南朝鲜的首都师攻占了志愿军原定进行防御的五老里、洪原等地。而过江入朝的志愿军5个师,距离原定防御地区尚有120公里至170公里。

天上,敌机轰鸣;地上,炮声隆隆。对美军空降和大举北进的消息,正在大洞会谈的金日成和彭德怀并不清楚。金日成未带电台,彭德怀的电台车掉队了。

送走金日成,彭德怀的眉头拧成了一个疙瘩,急得在茅屋内踱来踱去。上不通中央,下不接部队,作为志愿军司令员,此时此刻,包括他自己在内只有五个人——一个司令,一个参谋,一个司机,两个警卫员。

或许,正是因为人少,目标小,也给他们带来了幸运。1968年9月25

日,彭德怀回忆了当时的情景,他写道:"我与金日成会谈时,问了当前敌情,金答:'还在德川附近,离此地约二百里。'其实敌军异常骄横,如入无人之境。当时敌先头部队由德川经熙川窜到我与金会谈的大洞东北方向的桧木洞,已经绕到我们住的大洞后边去了。我志愿军刚过江不远,即与该敌遭遇,我与金(日成)幸免被俘。"[1] 彭德怀在屋子里待不住了,他不管三七二十一,索性向屋外走去,大步流星地跑上山顶。

"彭总,危险啊!"杨凤安参谋企图阻止彭德怀上山。

"什么危险,敌情不明,稀里糊涂,才真正是危险呢!我现在真正成光杆司令了!"

杨凤安知道彭德怀的脾气,这个时候是拦不住他的。干脆,五个人都跟着彭德怀上了山。

深秋季节,秋风瑟瑟,枫叶似火,霜重色愈浓。登上山顶,举目远眺,战争让这片美丽的土地满目疮痍。此时此刻,彭德怀多么希望能够看见他的志愿军部队突然从某一道山口出现,雄赳赳气昂昂地向他奔来。可是,竟然连一个部队的影子也没有,山间的盘山道上、沟谷的乡间小道上,挤满了向北逃亡的朝鲜百姓。

10月21日下午,就在大家情绪有些低落的时候,茅屋外突然传来汽车马达的隆隆声。杨凤安和两个警卫员飞快地跑向屋外。汽车刚刚熄火,只见两眼红肿、疲惫不堪的通信处处长崔伦从电台车里跳了下来。杨凤安跑上前,略有责怪地说:"哎呀,你们总算是来了,得给你处分了!"

"哎呀,杨参谋,你知道,我们大车跟不上你们小车,先是走错了路,后来又走不动,到处是逃离家园的老百姓,道路拥挤不堪。"

"行了,彭老总都急死了。"

这时,彭德怀出来了,一看是崔伦,真是喜出望外,握着崔伦的手说:"你可算来了,你不来,我彭德怀就成了聋子、瞎子了,要误军机大事了。"

---

[1] 《彭德怀传》编写组:《彭德怀传》,当代中国出版社2006年版,第243—244页。

"路上，我……"崔伦想接着解释。

彭德怀赶紧打断他的话，喜笑颜开地说："好了，知道了，不要说了，赶紧开机吧，我马上给毛主席报告。"

电台开机了。彭德怀静下心来，给毛泽东发出了他出国入朝后的第一封电报："邓华并毛泽东、高岗：本日晨九时，在东仓、北镇间之大洞与金日成同志见面。前面情况很混乱。由平壤撤退之部队已三天未联络。"根据战场态势和美军速进的现状，以及志愿军已经不可能进入原定防御地区的情况，彭德怀向毛泽东提出："目前应迅速控制妙香山、杏川洞线及以南构筑工事，保证熙川枢纽，隔离东西敌人联络，异常重要。""我能确实控制熙川、长津两要点，主力即可自由调动，集中绝对优势兵力打击东面或西面之一路。""请邓（华）、洪（学智）、韩（先楚）三同志带必要人员速来我处商筹全局部署。"

电报发走后，彭德怀的心情放松了许多。

兵无常形。战场的动态变化，牵动着战争指挥员的神经。彭德怀灵活机动地改变战术的意见，与毛泽东的意见不谋而合。在10月21日这天凌晨2时，毛泽东在发给彭德怀的电报中同样指出要控制妙香山。只因电台未到，彭德怀没有及时接到这个指示。

10月22日，毛泽东在接到彭德怀的电报后，致电邓华同意彭德怀的意见："敌进甚速，请照彭电立即用汽车运一部分兵力去占领妙香山、杏川洞，先运几个营去也好。"

现在，彭德怀等待着邓华的到来，等待着出国第一仗的到来，等待着胜利的到来……

烽火逶迤

巧遇邓岳，面授机宜布下口袋，打好出国第一仗
落脚大榆洞金矿，怒斥"斩马谡的本事还是有的"

敌进甚速。

敌进甚急。

计划赶不上变化。现在，朝鲜战场的形势完全不像跨过鸭绿江之前的样子了。麦克阿瑟改变了东西对进的计划。美军和南朝鲜军分为东西两路，大举北进，速度甚快，直向中朝边境逼近。原定的阻击方案，即在平壤、元山铁路线以北一线防御六个月以后再进攻的作战部署，已经不适用了。

10月21日凌晨2时30分，毛泽东致电彭德怀，正式下达了第一次战役的部署。远在北京，毛泽东看出了东京的麦克阿瑟在战略判断上犯了一个大错误，即"美伪均未料到我志愿军参战，故敢于分散为东西两路，放胆前进"。因为与彭德怀失去联系，一个小时后，毛泽东又紧急致电邓华等："现在是争取战机问题，是在几天之内完成战役部署以便几天之后开始作战的问题,而不是先有一个时期部署防御然后再谈攻击的问题。"

慎重初战。

初战必胜。

这对于出国作战的志愿军来说,尤其重要。第一仗是政治仗,是士气仗!能不能打胜,将决定志愿军入朝后能不能站稳脚跟。在这些日子里,57岁的毛泽东在他的菊香书屋有半个多月没有出门,睡眠也极少。他每天批阅大量文件材料,有来自前方的电报,有来自各方面的情报,一个接着一个,这些电报和材料都以最快的速度送到毛泽东手中。

在与彭德怀失联的一天时间里,毛泽东就接二连三地发来电报,令邓、洪、韩迅速与彭会合,"在彭领导下决定战役计划并指挥作战"。他还切切电示彭德怀和邓、洪、韩:"此次是歼灭伪军三几个师,争取出国第一个胜仗,开始转变朝鲜战局的极好机会,如何部署望彭、邓精心设计实施之。……彭、邓要住在一起,不要分散。"

10月22日,在仔细分析敌情后,彭德怀给毛泽东发了第二封电报,说:"目前,我无制空权,东西沿海诸城市在敌海、陆、空军和坦克配合攻击下是守不住的,应果断加以放弃,以分散敌人的兵力,减少自己无谓的消耗。当前战役计划一面以一个军钳制敌人,一面集中三个军寻机歼灭南朝鲜军两个师,争取扩大巩固元山至平壤以北山区。"

接到彭德怀的电报,毛泽东非常高兴,认为这个方针是正确的,"我们不做办不到的事"。

10月23日,位于大洞的志愿军指挥所里仍然只有彭德怀和他的一个参谋、一个司机、两个警卫员和崔伦等几名电台工作人员。不过,朴一禹来了,带来了人民军的一个警卫班,有十余人。

屈指一算,从19日夜跨过鸭绿江,今天已经五天了。彭德怀的身边竟然没有可以指挥的部队,还是一个光杆司令。这恐怕在世界战争史上也是少有的事情。

部队在哪里?到哪儿了?到底遇到了什么情况?

出国作战前，彭德怀就曾下命令，为了隐蔽和保密，各军在未抵达指定位置或未与敌人打响之前，所有电台一律不准开机。

第四十军左翼的先头部队是第一一八师。这一天，经过连续五个昼夜的急行军，他们越过新仓，接近了北镇地区。第一一八师师长是一位年轻的"老红军"，名叫邓岳，才32岁。20年前，12岁的他加入了中国工农红军，参加了闻名世界的二万五千里长征，是名副其实的"红小鬼"。长征途中，他曾经患病，班长给他10元大洋让他离队休养，他不干。后来，陈赓发现了这个高烧不退的孩子，把自己的战马让给他，可倔强的邓岳没有骑将军的战马，选择一路上拉着马尾巴，走完了长征最艰苦的路程。现在，这位参加过抗日战争、解放战争而战功赫赫的年轻师长，并不知道自己指挥的部队已经成为志愿军的前锋，也不知道不久后他的部队将成为在异国他乡最早与"联合国军"交火的志愿军之一，更不知道他竟然是第一个在战场上见到志愿军司令员的人、第一个直接接受彭德怀面对面指示的人，也是打赢出国第一仗的人。

抵达北镇附近后，邓岳听到前方炮声隆隆，判断那是从温井方向传来的，但是敌情不明，地形不熟，军纪严明，规定军、师电台不准开机，既无上级指示，又无友军通报，不敢随便战斗，非常着急。就在这时，他发现山沟里有几间茅草屋，就和政委张玉华带着翻译乘坐吉普车向前开进。到了沟口，发现门口站着几位朝鲜人民军的士兵，于是他上前询问敌情。谁知，这几个人民军士兵竟然拒绝回答他的问题。这令邓岳非常气愤，发火了，大声说出了自己的职务。

就在这时，杨凤安从屋里跑出来了，一看，惊喜地发现被拦住的吉普车里坐着的竟然是志愿军，赶紧跑过来，喜不自禁地问道："你们是哪个部队的？"

"我们是一一八师的，我是师长邓岳，"邓岳指着坐在一侧的志愿军说，"他是政委张玉华。"

"你就是邓师长呀！太好了，我们的部队终于开过来了。"杨凤安激动得差点跳起来，赶紧请邓岳、张玉华下车。一边让哨兵放行，一边自我介绍说，"我是彭总的参谋杨凤安，彭总就在这儿。"说完，杨凤安就带着邓岳、张玉华快步走向一幢大窗户房屋去见彭德怀。

没有人怀疑，这样的巧遇是人生最为难忘的回忆了。对邓岳来说，这一次战场的巧遇，也注定让他的姓名载入了朝鲜战争的史册。他回忆说：

我们在门口喊了声"报告"，杨参谋向彭总介绍，彭总马上紧紧握住我们的手，情绪非常激动地说："你们率部队来到这里太好了，太好了。"又问："你们吃饭没有？"然后让我们坐下，亲自给我们倒水喝，我真想不到彭总对下级竟是这样亲热。我向彭总报告说："我们一一八师共有13000多人，现在听到温井方向炮声不断，但前面情况一概不知，请彭总指示我师到那个方向去作战。"彭总非常生气地说："现在敌军正跟踪追击，到处乱窜，情况很危急，你师赶快去温井以北占领有利地形，埋伏起来，形成一个口袋，大胆把敌人放进来，然后猛冲猛打，狠狠煞一下敌人的气焰，掩护我军主力集结展开。这是志愿军出国后的第一仗，你们师是打头阵的，看看你们行不行。"彭总明确而坚定的指示，使我俩增强了信心，立即率领部队迎着炮声朝东南的温井方向跑步前进。①

1984年10月15日，邓岳在接受《彭德怀传》编写组采访时，回忆起34年前与彭德怀在大洞巧遇的经历和处境，无比崇敬地说："敌人是乘坦克和汽车进攻，速度很快，非常猖狂。大洞离温井只有几十公里，真危险啊！虽然几十年过去了，彭老总为党为国身先士卒、大敌当前临危不惧的精神，我仍记得很清楚，那危急的情景真是永远忘不了。"② 在与彭德怀告别的时候，邓岳感觉心中还是不踏实，好像还有一件事没有落实。他十分担心地说："彭总，你这里离战场太近了，太危险了，中路和西路的敌人

---

① 《彭德怀传》编写组：《彭德怀传》，当代中国出版社2006年版，第245页。
② 《彭德怀传》编写组：《彭德怀传》，当代中国出版社2006年版，第245页。

都绕到你身后了。"

彭德怀笑着说："这就叫你中有我，我中有你。敌人跑到我的后边了，你们就跑到敌人后边去打。打乱仗，我们有优势。我们的战士干部打蒋介石的机械化部队，同他拼刺刀，他就投降。我们的士气是天下无敌的。"

"彭总，我们留下一个团，担任您的警卫任务，以防万一。"

"不，前线作战需要部队，我这里安全得很。"

邓岳依然坚持要留下部队才离开，彭德怀见其态度坚决，就答应说："那好吧，就留一个连。"

邓岳见彭老总答应了，说："那好，就把先遣支队留下吧，刚好是一个连，留下作为警卫连。"

送走了邓岳，彭德怀心情大好，信心大增。

这天晚上，彭德怀决定离开大洞，到大榆洞与第十三兵团会合。

大洞与大榆洞不远，翻过一座山就到了。

10月24日晨，彭德怀和朴一禹率指挥所人员由大洞转移到大榆洞金矿。

朝鲜北部山区蕴藏着丰富的金矿、煤矿、铁矿、铜矿。日本侵略者占领朝鲜时，疯狂地掠夺朝鲜资源，开采后留下了许许多多的矿洞。现在，战争爆发了，这些矿洞却成了天然的隐蔽部。大榆洞是一座著名的金矿矿洞，位于平安道北部的北镇西北3公里处，是一条四面环山、杂木丛生、森林覆盖的山沟。现在，已经被一层薄薄的积雪覆盖着。

应该说，把志愿军的总部设在这里，考虑得比较周到。大榆洞山沟周围的山坡上有好多个大大小小的金矿矿洞，矿洞周围还有一些破旧、简陋的平房，其中一幢较宽大的铁皮顶木板工棚，现在成为彭德怀的宿舍和司令部作战室。其他几处工棚，分别做了司令部的宿舍和办公处。成普、杨凤安、张养吾、毛岸英等参谋、秘书们也济济一堂，各就各位。

10月24日中午，原留在安东指挥志愿军渡江的邓华、洪学智、韩先楚及司令部机关人员到达大榆洞。这天下午，彭德怀主持召开了第一次作战会议。

这时，作战处长丁甘如把作战地图打开了，扼要地汇报了战场形势。

彭德怀说："毛主席来电，问我四十军欲先敌赶至熙川，时间上是否来得及？如不可能，则拟在熙川附近地区伏击为宜。现在看，敌人东西两线分兵冒进，对我军毫无防备。这样，有利于我们分割歼敌。俗话说，机不可失，时不再来。敌人前进速度很快，又给我们提供了运动作战、分割歼敌的机会。特别是一线部队都是南朝鲜军，相比美军，他们的武器装备和指挥能力较弱，我们可以先拿南朝鲜军开刀！"

如何部署呢？彭德怀用手指捏起几片茶叶，送进嘴里，津津有味地嚼着，继续说道："具体部署是，以部分兵力钳制东线之敌，集中主力于西线，以迅雷不及掩耳之势，先打西线战斗力较弱的南朝鲜三个师。这部分南朝鲜军位于中央。若能将其全歼或歼其大半，东西两线敌人的老虎屁股就露出来了，我们可以腾出手来，继续歼敌。"

说到这里，彭德怀又停顿了一会儿，皱着眉头说："但是，我们的兵力尚未集中，一口吞他三个师还无把握。只图嘴巴快活、不管肠胃遭罪的事，我们干不得。所以我们先吃伪军第六、第八两个师，然后再集中兵力吃他一两个师。第一口怎么吃法？毛主席来电明确说，要把敌人引到对我们有利的地形上来打！让我们诱敌深入山地然后围歼之。"

邓华喜欢抽烟，听完彭德怀的部署，猛吸了两口，用手指戳着地图，兴奋地说："乘敌人兵力分散，形成不了拳头，把敌人拉长拉宽了更好打。敌人东西两线之间，横着高山峻岭，相互无法联络，中间这个缺口有80多公里呀！这有利于我部队穿插分割包围敌人。我同意彭总的意见，作战不能死守既定计划，要视战场情况，敌变我变，方能争取主动。"

接着，洪学智、韩先楚、解方也各抒己见，一致赞同彭德怀的设想，把作战部署确定下来：西线以第三十九军集结云山地区，第四十军集结于温井以北、北镇以东地域，待机歼灭南朝鲜军第六师，调动南朝鲜军第一师来援，将其歼灭于云山附近；第三十八军并配属第四十二军第一二五师迅速集结于熙川及其以北地区。东线以第四十二军的两个师于长津以南的黄草岭、越战岭地区组织防御，钳制东线之敌，保障西线志愿军主力侧翼安全。同时，命令第六十六军自安东过江，向铁山方向前进，准备阻击英军第二十七旅。

这时，麦克阿瑟指挥的东西两路第一线军队共10个师1个旅又1个空降团，共约13万之众，被朝鲜北部的高山峻岭隔断，在北进中互不联系，中间出现了80多公里的空隙，他也不在意。而伪军为抢先攻到鸭绿江，又各以一两个营为一股放胆而进。根据敌军态势，彭德怀决定集中第三十八、第三十九、第四十军全部及第四十二军的一个师于西线的云山、熙川地区，以优势兵力在运动中围歼敌人；东线山高林密，则由第四十二军军部率两个师在长津以南进行阻击，保障西线各军侧翼安全。会议确定了彭德怀提出的大胆实施战役迂回，以分割包围穿插的战术在运动中寻机歼敌，力求稳定局势，站稳脚跟，然后再反击敌人的战役方针。

彭德怀说："现在美军和伪军兵分两路，中部隔着狼林山脉和赴战岭山脉，东西两路不能联手，无法协同作战。这个麦克阿瑟狂妄自大、目中无人。他们分兵冒进，犯了兵家大忌。我们一定要利用敌人的骄横麻痹，出其不意，打他一个漂亮仗！"

作战会议结束后，彭德怀告诉参谋杨凤安，要找杨迪同志谈一谈。杨迪是第十三兵团作战科长，这个角色在战场上的重要性不言而喻。

一坐下，彭德怀亲切地问道："杨迪同志呀，你是哪里人呀？"

杨迪回答："报告彭总，我是湖南湘潭人。"

"湖南湘潭？"

"是呀。"

"我也是湘潭人呐，咱们是乡里呀！"

"就是乡里嘛。"

"你很年轻呀，"彭德怀和蔼地看着杨迪，十分欣赏地说，"这么年轻就当上了作战科长，干得不错嘛。"

"领导叫干啥就干啥子嘛。"

"你要好好干,年轻,我已经老了。"

"彭总不老,正当年呢!"

"怎么不老?都年过半百了。"彭德怀笑着说,"你在兵团司令部干了多长时间了?"

"好多年了。"

"你跟这几位领导都很熟悉吧?"

"熟着呢!从在东北的时候就和他们在一起,后来平津战役,再渡江战役,然后就是打广东、广西剿匪,再就是解放海南岛,都在一起呢。这不,又到东北,到了朝鲜……"

"你给我谈谈对他们的印象吧。"

"印象很好呀,彭总。"

"你说说看。"

接着,杨迪就一五一十地介绍起来:"邓司令是一方面军的,出身书香门第,是军中儒将,有战略眼光。洪学智副司令是四方面军的,班长、连长出身,是打恶仗、打大仗打出来的。韩副司令也是特能打的,这次出国作战,本来没有他,是他主动请战的……"

"这几位司令都是刚刚从十五兵团过来,与十三兵团这几个军关系怎么样?"

"都是老关系了,没问题,指到哪里,打到哪里!"

"这么灵啊?"彭德怀开心地笑了。

"是的,指到哪里,打到哪里!"

"不过,彭总,我也不能光说好的,我也得提点缺点啊,这三个司令呀,都是急脾气。"

"嗯,我看出来了。"彭德怀更加开心地笑起来,"我也是急脾气嘛。"

杨迪走后,彭德怀一个人沉思默想了一阵子。现在,有了办公处,他当前考虑的是,必须尽快健全志愿军总部的领导班子,要不然,自己一个人还是光杆司令。战争之道，用将第一，彭德怀深知其中的奥妙。尽管自己与第十三兵团的领导人邓华、洪学智、韩先楚、解方、杜平等人的接触时间也不长，但印象很深。再说了，他们也大都是刚刚从第十五兵团调过来的。经过杨迪的介绍，他也感觉，邓华这个人，很有头脑，考虑问题有战略眼光，比较周到；洪学智有能力，有干劲，有点子，办事机敏，雷厉风行，可靠；韩先楚勇敢善战，很有经验，是一个很好的指挥员；解方是一个好参谋长，且善于做外交工作，战争结束后可以推荐给周总理；杜平是老政工了，经验丰富，实干能干。这几个同志参加领导班子，完全是胜任的。于是，他立即向毛泽东和中央军委报告，建议以第十三兵团为主组成精干的志愿军指挥班子。机关各处，以彭德怀带来的人为正，第十三兵团各处长为副。

10月25日，中共中央决定将第十三兵团司令部、政治部改为中国人民志愿军司令部、政治部。以彭德怀为中国人民志愿军司令员兼政治委员，邓华（兼副政治委员）、洪学智、韩先楚为副司令员，解方为参谋长，杜平为政治部主任。以彭德怀为志愿军党委书记，邓华为副书记。自此，正式组成了中国人民志愿军的领导核心。宣布完命令，彭德怀笑着说："鸟无头不飞，千军万马没头不能打仗，现在志愿军统帅部就算确立了。在座诸位都各有专长和丰富的作战经验，'一个篱笆三个桩，一个好汉三个帮'，我还要靠你们八仙过海，各显神通哩！"

浓眉大眼、嘴阔唇厚、膀阔腰圆、魁梧壮实、胆大心细、耿直磊落、襟怀坦荡，这些词语用在彭德怀身上都是很贴切的，在座的志愿军高级将领们也都认可。彭德怀和毛泽东也是乡里，都是湖南湘潭人，而且也都有一个相同的生活嗜好，就是喜欢嚼茶叶。他一边嚼茶叶，一边微笑着说："我老彭的脾气，你们也都听说过，不过没有么子要紧，为了党和人民的事业，只要对工作有利，你们要各抒己见，该争就争，该吵就吵。不过，军人还是那句老话，决议一下，坚决执行命令。今后不管谁在工作中出了纰漏，我老彭是不客气的。"

加强纪律性，革命无不胜。这是中国革命胜利的真理！

骄兵必败。这是人类战争史上颠扑不破的真理！

现在，狂妄自大、自以为如入无人之境的麦克阿瑟送上门来了。"联合国军"以师、团、营为单位分兵冒进，西线的南朝鲜军已进至北纬四十度以北的博川、龙山洞、云山、温井、桧木洞、熙川一线，逼近志愿军第四十军。

歼敌任务，已经是刻不容缓！

这几天，北镇地区忽然下起了雨雪，不大不小，淅淅沥沥，飘飘洒洒，山野之间有寒风呼啸着掠过。温井方向熊熊的火光染红了天空。在大洞接到彭老总的面授机宜之后，第一一八师师长邓岳和政委张玉华率领师指挥部迅速进入北镇，来到两水洞以北 483 高地的山脚下。邓岳把自己的指挥车停在一棵大树下，电台车开下公路，隐蔽在公路的一个涵洞里。

邓岳悄悄地爬上一处高地，拿起望远镜观察地形。温井至北镇是一条长长的低谷凹地，是平壤北上通鸭绿江南岸碧潼和楚山的必经之路。两水洞与丰下洞之间的谷地两侧是高低起伏的冈峦，宽不到一公里，连通温井与楚山的一条公路仿佛一条飘带蜿蜒绵长。公路的南侧是九龙江，北侧紧靠着的就是山峦，山上松树林子密布。邓岳观察了一阵，兴奋地拍着大腿，说："好！就是这儿了！"

这地形，真好像是专门为第一一八师准备的一样。回到指挥所，邓岳跟师指挥部首长们一商量，决定命第三五四团（团长褚传禹、政委陈耶、参谋长刘玉珠）迅速占领丰下洞、富兴洞山地的有利地形，为敌人准备一个口袋。

10 月 25 日零时，雨雪交加，第三五四团指战员带着炒面进入了阵地，潜伏下来。二营在温井以北四公里的公路两侧高地的雪地埋伏下来，三营在富兴洞以北占领高地控制公路要隘，一营在长洞隐蔽待命为预备队。团指挥所就设在长洞，指挥部队伏击通过谷地的敌人。

初冬时节，九龙江水流湍急，奔腾不息，水汽和雾气缠绕在一起，山间也是大雾弥漫，看不见对面的人影。这样的天气，美军的飞机就无法起飞了。

西线的"联合国军"毫无顾忌地分兵多路冒进。7时左右，南朝鲜军第一师先头部队沿云山至温井公路北犯，遭到志愿军第四十军第一二〇师迎头痛击。10时左右，南朝鲜第六师先头部队一个加强营和一个炮兵中队，由温井北进到两水洞地区，正好闯入第一一八师的口袋阵里。这个加强营系该师二团二营，尖刀班乘两辆中型卡车在前面开路，紧跟其后的是满载士兵的7辆10轮大卡车，随后是两路松松垮垮的步兵纵队，最后是由榴弹炮车等组成的20多辆汽车殿后，轰轰隆隆，一副声势浩大的样子。

来了！进来了！潜伏在山头的志愿军战士已经能够清晰地看见敌人了。南朝鲜军的士兵们在车上有说有笑，有的在吃苹果，有的在嚼口香糖，好像一支旅行团。因为摩托化步兵和徒步步兵不是一个行进的节奏，一个营的队伍越走越长，大摇大摆，前后拉开了好几公里。

"我是一一八，我是一一八！"邓岳向志愿军司令部报告，"敌人已经进入我师口袋，敌人已经进入我师口袋！"

参谋长解方立即报告彭德怀。彭总一听，喜上眉梢，说："告诉邓岳，狠狠地打！"接着，他的声音又提高了八度："千万不能让敌人跑掉！"

解方传达了彭德怀的命令，并告诉邓岳："彭总命令你坚决歼灭进入口袋的敌人，要随时报告情况！"

邓岳立即向第三五四团下达了作战命令。团长褚传禹接到师长的命令后，立即向各营下达作战指令。埋伏在高地上的二营指战员眼看着敌人已经进入了自己的伏击圈，心里急得像热锅上的蚂蚁，生怕敌人跑出去了，请示尽快开火。但是团指挥所指示他们不要着急，要把敌人全部放进来再打。结果，敌军的尖刀班的汽车真的开出了预设的口袋，进到了师指挥所的山脚下。敌尖刀班的士兵还真闲不住，胡乱开起枪来，竟然把师部指挥所吉普车的挡风玻璃给打碎了。这一下子惹祸了，隐蔽在附近的师侦察连发现敌人窜到师指挥所了，迫击炮和机关枪一阵猛打猛扫，尖刀班瞬间被全部消灭。

眼见火候已到，邓岳正式下达作战命令："打！"一瞬间，枪声、炮声、手榴弹爆炸声，铺天盖地。从温井、富兴洞到长洞，沿着九龙江一线，枪炮齐鸣。第三五四团指战员如神兵天降，猛虎下山，冲下山头，杀向敌阵，河谷间回荡着"缴枪不杀，优待俘虏"的喊声。敌军阵地大乱，抱头鼠窜。没有击中的汽车立即调转车头逃跑。八连连长立即命令六〇炮班长何易清瞄准第一辆车打，第一炮没有打中，立即调整瞄准器，连发两弹，命中目标，汽车瞬间燃起大火，瘫痪在道路中央，堵住了后面要逃跑的车辆。褚传禹团长见状，立即命令一营和三营发起攻击，歼灭了全部敌人。如今，何易清使用的这门60毫米的迫击炮依然静静地陈列在中国人民革命军事博物馆里，接受着人们好奇又恭敬的目光。

的确，对于南朝鲜军第六师二团先头部队来说，这一天就是世界的末日。当志愿军士兵端着刺刀，喊着他们听不懂的"缴枪不杀"的口号时，他们如惊弓之鸟，公路上、稻田中、山林里、江岸边，四处逃窜，有的惊慌失措地躲到了汽车下面，根本没有能力组织有效抵抗，仅仅20分钟就结束了战斗，一个加强营和一个炮兵中队就这样完蛋了。要知道，20分钟前，他们嘴里还在嚼着口香糖和苹果。

10月25日中午，邓岳向志愿军总部报告："我三五四团在三五三团的配合下，在丰下洞、两水洞之间伏击了南朝鲜第六师二团一个加强营，战斗已经结束，毙敌325名，俘敌161名，缴获汽车38辆、火炮12门、各种枪支163支。"其中，有一名美军顾问被打死，另一名美军顾问格伦·琼斯中尉负伤后被活捉，后来死于战俘营。

听到解方参谋长的报告，彭德怀高兴地说："一一八师打得好！解方，拟一份电报发给毛主席，向他报告我入朝部队首战告捷！"

第一一八师师长邓岳根据彭德怀"千万不要让敌人跑掉"的指示，在两水洞战斗中采取拦头、截尾、斩腰的战法，仅仅20分钟，就将大摇大摆的几百敌人全部歼灭，从而打赢了震惊世界的中国人民抗美援朝战争的第一仗。

几乎与此同时，第四十军右翼的先遣团第一二〇师第三六〇团也与南朝鲜军对打起来了。与第三五四团的伏击战不同，第三六〇团遭遇的是一场艰苦的阻击战。南朝鲜军第一师在猛烈的炮火、大量的坦克和美军战斗机的支援下，把处于前沿的一营三连所坚守的间洞南山变成了一片火海。严峻的时刻，当20多名南朝鲜士兵爬上三连阵地的山岗时，他们发现只有一名破衣烂衫的中国士兵从工事中站了起来，怀里抱着一根爆破筒，两只黑眼睛在漆黑的脸上更加明亮了，射出令人畏惧的怒火。等他们明白将要发生什么的时候，已经晚了，中国士兵已经拉响了爆破筒。这位志愿军战士名叫石宝山，是志愿军第一个与敌人同归于尽的士兵。

就是靠着这样视死如归的战斗精神，第三六〇团以血肉之躯死守阵地三天三夜，锁住了南朝鲜军队前进的咽喉，令急于北进的南朝鲜军精锐部队第一师三天内没有从云山城向北前进一步，从而使云山城后来变成了令敌人魂飞胆丧的地狱。

也就在10月25日这一天，志愿军在西线打响的同时，东线也打响了。这也是一场异常艰难的阻击战，作战地点是黄草岭。黄草岭位于朝鲜北部的盖马高原，是咸兴延伸而来的公路的隘口，也是一个最高的制高点，这里有一个长达40公里的峡谷地带，峡谷两边是巨大的山岭和悬崖，与烟台峰、松茸洞、草芳岭等制高点互为犄角，大有"一夫当关，万夫莫开"之势。从东海岸而来的唯一一条公路经峡谷蜿蜒北上，黄草岭是必经之地。

东线阻敌北进的任务由志愿军第四十二军负责，目的是掩护侧翼的安全，保证西线战役的顺利实施。第四十二军军长吴瑞林将这个艰难的任务派给了第一二四师副师长肖剑飞。接到任务的时候，其先头部队第三七〇团距离黄草岭还有220公里，而即将与他们对阵的南朝鲜军的首都师已经抵达咸兴，距离黄草岭只有120公里。敌人对志愿军参战毫不知情，他们慢慢吞吞地前进，本来机械化行军只需要三四个小时即可到达，却整整用了三天时间。幸运的是，肖剑飞在曾经于中国人民解放军当过连长、现任朝鲜人民军长津湖守备部队司令官金水涣的帮助下，搞到了18辆汽车，由第三七〇团副团长苑世仁带领二营官兵于 24 日夜抢占了黄草岭。

10 月 25 日拂晓，寒冷的盖马高原，气温下降至零下 10 摄氏度，崇山峻岭间白雪皑皑。第三七〇团二营的志愿军官兵在没有吃上一口饭、喝上一口热水的极度疲劳的情况下，修筑好简易的工事，据险坚守，等待着与敌人决一死战。他们誓言要把黄草岭变成敌人的鬼门关，一个敌人也不放过。南朝鲜军队的首都师，是李承晚的"近卫师"。这一天，当志愿军枪炮声响起，遇到突然袭击的他们用鲜血把黄草岭的土地染成了酱紫色，留下了漫山遍野的尸体。

历史记住了这一天——1950 年 10 月 25 日。中国政府后来把这一天确定为中国人民志愿军抗美援朝出国作战纪念日。

是的，对于历史来说，10 月 25 日这一天，是不平凡的，伟大的意义已经不仅仅是一种象征，或者纪念。

这一天，对于在大榆洞金矿志愿军总部的彭德怀来说，可谓是喜忧参半。喜的是，西线的第一仗就取得了胜利，东线的阻击战也十分成功。忧的是，这一天的战斗并没有发生在他所期待的时刻，也没有实现通过战役的突然性一举歼灭南朝鲜军队两三个师的作战目标。相反，由于遭遇战过早地暴露了中国军队参战的秘密，后面的战斗将变得难以预料和无法想象的艰难。

这一天，彭德怀坐在大榆洞的指挥所里，一言不发，连吃饭都在沉思。作为统帅，他比其他将领想得更多一些，他宁愿把事情想得更复杂一些更困难一些。因此当警卫员来叫他吃饭的时候，他竟然罕见地发火了："要去你们去，反正我不去！"不过，令他感到一丝释然又有些疑惑的是，东西两路的敌人除了受到阻击的之外，其他部队竟然依然分兵北进，没有停下来的意思。站在地图前，彭德怀长长地舒了一口气，说："好事多磨，恐怕要改变计划了。"

这一天晚上，彭德怀根据自己的判断，以及敌人兵力分散和尚未判明中国军队是否入朝，决定改变作战计划。他给毛泽东发了一封电报，说：

"敌以坦克数辆和汽车数十辆组成一个支队到处乱窜,我企图一仗聚歼两三个师甚困难,亦再难保守秘密。故决定以军和师分途歼敌之一个团和两个团(今晚已开始),求得在第一战役的数个战斗中歼灭一两个师,停止敌人乱窜,稳定人心……"

翌日,毛泽东复电,完全赞成彭德怀"分途歼敌"的方针。

收到毛泽东的电报,彭德怀和大家一样,心情轻松了许多,要不然没有完成毛泽东要求歼灭两到三个师的任务啊!

历史又在时间上巧合了,也就是在10月25日这一天上午,麦克阿瑟在刚刚占领的平壤举行了阅兵式。在阅兵式上,这位1919年就曾担任西点军校校长、性格桀骜怪癖的美军五星上将,请第一批来参加朝鲜战争的美军士兵"向前走一步"。这时,他才发现走出队列的士兵比他想象的要少得多——他不知道他宠爱的史密斯特遣队的士兵们有的已经躺在裹尸袋里回家了,大部分士兵正躺在日本的医院里。接下来,每一个"向前走一步"的士兵,得到了总司令的"奖赏"——麦克阿瑟亲切地抚摸了一下他们的肩膀。阅兵式结束后,美第八集团军司令沃克将军在回答记者关于朝鲜战局问题的提问时,乐观地说:"一切进展顺利。"显然,他的意思是说,战争马上就要以美军的胜利而结束了。

可是,不到两个小时,前线就传来"遭遇强大抵抗,南朝鲜军队伤亡惨重"的报告,清清楚楚地显示"可能是中国军队参战了"。然而,这并没有引起麦克阿瑟的惊讶,甚至嘲笑情报部门大惊小怪,他觉得这只不过"是北朝鲜士兵谎称自己是中国人,或者是零散的中国志愿人员","估计数量不会超过1000人"。因为情报显示,中国军队选择在这个时候参战没有可以解释的理由,更何况至今也没有发现中国军队实施了大规模机动进入朝鲜的军事行动。

向北!向北!这是麦克阿瑟给"联合国军"下达的唯一的命令。此刻,他对南朝鲜第六师四百多人在温井以北被歼被俘的事情置若罔闻,对李承晚一再吃惊地喊叫"中国军队来了"的呼号也满不在乎,依然命令其一线部队向鸭绿江推进,他要按照他的原定计划在11月23日"感恩节"前占领北朝鲜。后来,担任美军第八集团军司令并继而接替他出任"联合国军"总司令的李奇微,在回忆录中分析了当时东西两线作战的情况,认为:"联合国军在沿着多条不同的路线朝鸭绿江前进时,他们无法相互支援,甚至无法保持地面联络。"时任美国国防部部长的马歇尔事后也沉重地说:"我们认为什么都知道,而实际上什么也不知道。然而,对方却一切都知道。于是,战争开始了。"

是的,战争就这样开始了。

历史超越了现实的想象,以其内在的规律和逻辑的洪流,滚滚向前。只有掌握历史规律的人才能改变历史。

10月26日,下午,彭德怀主持召开了志愿军党委紧急会议,讨论歼敌部署。针对敌人进攻的特点,必须改变策略。彭德怀说:"我军必须依据麦克阿瑟的战役企图,采取相应的对策。现在后梯队第五十军和第六十六军已开始过江向指定路线前进,我们地面兵力已占绝对优势,关键是各军能否抓住战机和敢于大胆穿插围歼敌人。"与会者没有人反对彭德怀的意见,志愿军统帅部的清醒与麦克阿瑟的狂妄形成了鲜明的对比。会议结束后,彭德怀指示参谋长解方,再次电令各军避开主要道路,隐蔽开进,诱敌深入,分散敌人,主力隐蔽展开,占领有利地形待机歼敌。

这个时候,麦克阿瑟命令美第八集团军司令沃克、美第十军军长阿尔蒙德,继续向中朝边境推进,先控制边境要点,堵住中国军队南下,然后再回头消灭朝鲜人民军,实现全面占领朝鲜半岛。10月31日,西线敌军在美第一军军长米尔本指挥下,分路向新义州和朔州方向前进,英军第二十七旅已经抵达南市洞,美军第二十四师已经抵达大馆洞,南朝鲜第六师七团已经抵达楚山,它们距离中朝边境只有30公里,最近的已经只有5公里,而且开始炮击中国领土。东线阿尔蒙德指挥美陆战第一师、步兵第七师指向长津、江界、惠山,南朝鲜首都师指向图们江边。

已经70岁高龄的麦克阿瑟,有着52年从军、4次指挥作战的经历,也算是老奸巨猾之辈。如今，他的如意算盘是按照当前"联合国军"越过三八线的速度，只要三四天的时间就可以占领中朝边境的要津隘口，控制咽喉之地，大功告成之后，他想回美国竞选总统。

这天晚上，参谋杨凤安给彭德怀送来了新的敌情动态，有些焦急，说："彭总，敌人已经到了熙川了。"

"那不挺好嘛！"彭德怀不以为然地说。

杨凤安一愣：彭总好镇定啊！

彭德怀说："你知道不？麦克阿瑟打不赢这一仗。"

杨凤安想不到彭德怀如此自信，如此泰然。

"研究战争，除了研究天时、地形、敌情之外，也还要特别注意研究分析敌人的指挥官，分析他的脾气、秉性。"彭德怀慢条斯理地说着，抬头问杨凤安，"你觉得麦克阿瑟这个人怎么样？"

杨凤安说："据说他崇拜成吉思汗，要用蒙古人的战术征服朝鲜和亚洲大陆。这个人太疯狂了。"

"上知天文地理，下知鸡毛蒜皮。这就对了，军事参谋就应该知道得多些。"

"我看过这方面的资料和报道。"

"好。知己知彼嘛。"彭德怀说，"麦克阿瑟这个人，我看呐，最大的弱点就是骄横跋扈，不可一世。美国参谋长联席会议、美国总统都制约不了他。他现在表现太狂妄了，骄兵必败。他犯了大忌，他能获胜？骄兵必败是硬道理。"

跟随彭德怀已经十多年了，杨凤安深知彭德怀的脾气，始终对他心怀敬意。彭德怀接着说："我们在土地革命战争、抗日战争、解放战争时期就是这样，往往是接连打了几个胜仗之后，接着就打一次败仗。打一次败仗，大家都很痛心，总结经验教训之后，又打胜仗。所以，我们千万要注意，打了胜仗或者接连打了几次胜仗，都不能骄傲。麦克阿瑟就是打了胜仗骄傲了，我们要有意识地利用他的弱点。"

"彭总，你这是经验之谈啊！"

"这是吃过败仗人的肺腑之言！"彭德怀心平气和地说，"由于骄傲，麦克阿瑟产生了轻敌思想，他认为中国不敢出兵，苏联都没有出兵嘛，中国敢跟美国打仗呀？美国是世界老大嘛。在他眼里，即使中国出兵，那也是象征性的，可能在鸭绿江前哨阵地，防止美军过江，只是在江边做做防御而已。这就暴露了他的弱点，我们要利用他的弱点，扩大他的弱点。所以我们要更加隐蔽行踪，做到古人说的'幽深玄远''莫测端倪''事以密成，语以泄败'。我们志愿军务必要推进快，要占先机，先于敌人占领有利地形，还要大胆分割、穿插、包围敌军。怎么样，我给你摆龙门阵了吧？"

彭德怀自嘲地笑了。

"我们都喜欢听彭总摆龙门阵呢。"杨凤安开心地回答。

11月1日15时，彭德怀利用敌人继续分兵冒进之机，迅速抓住战机，发布进攻命令，要志愿军对当面之敌发起围攻。以第三十八军断后，第三十九、第四十军分歼云山、宁边之敌，新入朝的第六十六军钳制美、英军队，对敌分割包围。

彭德怀看中了云山。

云山是个仅有千户人家的小城镇，位于朝鲜平安北道，距离鸭绿江只有55公里，群山连绵，丛林茂密，风景秀丽，号称"王牌军"的美军骑兵第一师第八团冒进北渡清川江到达这里，正在与南朝鲜军第一师第十二团进行换防。

接到彭德怀的命令后，志愿军第三十九军在当日15时30分以为云山之敌有撤退的迹象，军长吴信泉当机立断，将原定于19时30分发起的攻击提前至17时进攻。担任主攻任务的第一一六师（师长汪洋、政委石瑛），与敌展开了制高点的争夺，在配属炮一师第二十六团的火力支援下，经一夜激战，攻占了云山，歼灭美军骑一师第八团大部。第一一七师（师长张竭诚、政委李少元）在云山东北配合第一一六师合击敌人，阻击敌人北援温井。第三四五团又迅速抢占了诸仁桥，切断了敌人的退路。经过猛烈夜战，拂晓时分，第一一六师和第一一七师胜利会合，第三十九军攻克云山城。

美骑一师是美军"开国元勋师"，前身是由华盛顿创建的部队，是北方联邦的主力，在南北战争中参加了屠杀印第安部落的战争和侵略墨西哥的战争。随着机械化时代的到来，离开了战马的骑一师的每一名官兵仍然佩戴着一个令美国人羡慕的马头符号。第二次世界大战中，在麦克阿瑟的指挥下，该师向菲律宾群岛进攻，攻占了吕宋岛、马尼拉，最后进入日本东京。现任师长盖伊曾经担任美国名将巴顿的参谋长。

一个部队有一个部队的脾气，有的擅攻，有的擅守。为了保证云山战斗的胜利，就必须坚决阻击由平壤、博川方向增援云山的敌人。10月30日夜，第三十九军把在博川至云山公路龙头洞的阻击任务交给了第一一五师（师长王良太、政委沈铁兵）。第一一五师交给了第三四三团，团长名叫王扶之。此时，第三四三团临时驻扎的名堂洞距离龙头洞有20多公里。这天凌晨，他们出发了，先是指挥九连先敌一分钟抢占了185.8高地的主峰，接着轻装上阵，又指挥一连在晚上8时30分包围了前来支援云山守敌的美骑一师五团一营一连。骑兵五团团长约翰逊上校被炸死。

彭德怀获悉龙头洞战斗后，立即命令杨迪发出《我一个连歼美一个连传令嘉奖》的通令："各军、师、炮司并报军委、东司：三十九军一一五师三四三团一连，1日在龙头洞（云山西南）歼灭美骑一师第五联队一个连。从此次作战中可以看出，我军指战员的战斗素质与作战精神比敌人强，我以一个连队即能歼灭美军一个连队。特传令嘉奖，并号召志愿军全体同志，学习该连坚持勇敢作战的精神，歼灭更多的美国敌人。"

在第一一六师和第一一七师胜利会合时，第一一五师一部包围了由云山撤退的美骑一师第八团直属队和第三营700余人。2日至3日，敌人在飞机、坦克的支援下，拼命突围，也没有得逞。

云山战斗，志愿军首创以劣势装备歼灭现代化装备之敌的先例，狠刹了一下"王牌军"的威风，结束了它 160 多年来没有失败的历史。这一次战斗，歼灭敌军共 2046 名，其中美军 1840 名，缴获敌机 4 架，击落敌机 1 架，击毁和缴获坦克 28 辆，缴获汽车 116 辆，各种炮 190 门，以及大量枪支弹药。

志愿军与美军的第一次交锋，获得了胜利。美骑一师在云山遭到重创，令美第八集团军司令沃克十分震惊。后来，李奇微在《朝鲜战争》中回忆说："这支中国部队当时就像从地下钻出来一样，以很凶猛的近战，几乎全歼该团。"杜鲁门的女儿回忆说："第八骑兵团几乎溃不成军。"

云山之战，一石三鸟。一是确保了温井围歼南朝鲜军第六师的胜利，二是完成了歼灭云山之敌，三是防止沃克抄袭志愿军的后路。朝鲜战争结束后，云山战斗作为模范战例，被日本陆军自卫队干部学校收入《作战理论入门》。该书评析说："对中国军队来说，云山战役是与美军的初次交战，尽管对美军的战术特点和作战能力并不十分了解，还是取得了圆满的成功，其重要原因是他们忠实地执行了毛泽东的十大军事原则，对孤立分散的美军集中了绝对优势的兵力进行包围，并积极勇敢地实施了夜间白刃战。"

在志愿军各军的突击下，敌人深恐后方交通被切断，遂于 11 月 3 日在大量飞机、火炮、坦克的掩护下，全线撤退。彭德怀即令各军"采取一切办法迅速抓住敌人，不让敌人逃跑"，又命第三十八军迅速插向军隅里、新安州方向切断敌人与后方的联系。但是由于三十八军没有按时到达指定歼敌位置，敌人大部漏网逃走。11 月 4 日，西线敌军除以小部兵力阻止志愿军进攻外，其主力全部撤至清川江以南，靠两条腿奔跑的志愿军无法超越机动能力强的机械化敌军，仅歼灭英军一个榴炮营和美军一个加强连。

知己知彼，清醒是战场指挥员的必备素质。彭德怀根据敌我态势，考虑到歼敌时机已经失去，以及部队所带粮食、弹药已经消耗将尽，如渡江追击，势必陷于不利态势，且敌人主力没有歼灭，敌人有可能发动反击，于是决定部队休整。

11月4日15时,彭德怀致电毛泽东,为保持下一战役的主动,提出结束第一次战役,以利再战。5日1时,毛泽东回复同意,并提出了组织第二次战役的指导思想。

在东线,志愿军第四十二军奉彭德怀之命,在咸兴以北之黄草岭,以两个师的兵力阻击"联合国军"的进攻。在朝鲜人民军的配合下,他们依托野战工事,与敌人连续激战13个昼夜,歼敌2700余人,粉碎了敌人进犯江界的企图,有力地配合了西线作战。彭德怀特电第四十二军第一二四师全体指战员予以嘉奖。由于志愿军主力在西线反击作战已告结束,彭德怀命令东线部队于7日凌晨转入休整,准备再战。至此,中国人民志愿军和以美军为首的"联合国军"之间的第一次战役结束。

第一次战役,从10月25日开始,至11月5日结束,志愿军先后有第三十八、第三十九、第四十、第四十二、第五十、第六十六军和炮兵部队参战。"联合国军"以10个师又1个旅和1个团共13万余人,向中朝边境冒进。志愿军经过13个昼夜艰苦作战,歼敌1.5万余人,把敌人从鸭绿江边赶到清川江以南,初步稳定了朝鲜战局,打破了麦克阿瑟在感恩节前占领朝鲜半岛的计划,志愿军也站稳了脚跟。

中国人民志愿军突然出现在朝鲜战场,给骄进之敌当头一棒,体现了毛泽东的英明决断和彭德怀高超的指挥艺术,也体现了志愿军敢于以劣势装备歼敌的英勇顽强的战斗作风。战争结束后,李奇微评论说:"中国部队很有效地隐蔽了自己的运动。他们采取夜间徒步运动的方式,在昼间则避开公路,利用隧道、矿井、丛林和村落进行隐蔽。每个士兵都能做到自给自足,携带由大米、豆类和玉米面做成的干粮,他们避免做饭的火光暴露自己的位置。因为中国人没有留下一点运动的痕迹,所以统帅部怀疑是否有中国的大部队存在是有一定道理的。"志愿军"迅猛而突然的打击接踵而至,以至于很多部队还未能弄清楚究竟发生了什么事情就被打垮了"[①]。美国战史学家罗伯特莱基在《冲突》一书中评论说:"联合国军在

---

① [美]李奇微:《朝鲜战争》,军事科学出版社1983年版,第66—68页。

同他们接触以前，一直没有发现他们。我们的飞机在上空搜寻时，伪装得十分巧妙的中国军队都隐藏起来了。"

来自战场上的敌人的赞美，毫无疑问是一种真正的赞美，是一种充满尊严的尊重和敬佩。作为后来人，当我们看到这些美国人对志愿军的赞美之词时，也不应该忘记彭德怀当时的自我评价。对与以美军为首的"联合国军"初次交锋的战果，他并不满意。

11月13日，又下雪了，但并不十分寒冷。

这天晚上，彭德怀在大榆洞召开了志愿军第一次党委扩大会议。大榆洞金矿矿洞在微弱的油灯照耀下，似乎更昏暗、更幽深，也更宁静。各军的军政主官各就各位，有的意气风发、喜形于色，有的愁眉苦脸、沉默寡言。

不苟言笑的彭德怀扫视全场，方方正正的脸一直嘟噜着，让人不敢直视。他让邓华先说。邓华把第一次战役进行了复盘，作了《入朝作战第一次战役的基本总结及第二步作战方针》的报告。

彭德怀说："这次战役之所以击溃敌人多（14个营），歼灭敌人少（11个营），客观原因是时间仓促，准备不充分，山大林密、道路不熟、语言不通、散兵难俘等。但主要原因还是我们战术上有缺点，有的部队在敌我相等的情况下，不是采取以小部挡正面，主力从敌后和侧翼攻击；不懂得首先完全断敌退路，把自己的主力插到敌背侧攻击是最有效歼灭敌人的战法。"

会上，彭德怀表扬了担任正面攻击的第三十九、第四十军及时捕捉战机，打得勇猛顽强。第四十二军两个师在东线顶住了敌军多次猛烈进攻，完成了牵制东线之敌的任务。他说："我们志愿军入朝第一次战役，胜利了！此役共计歼敌1.58万人。毛主席很高兴。三十九军在云山打美军骑兵第一师，打得很好！起初我还担心在没有制空权的情况下，和美伪军作战，我们要吃亏。现在看来，这个困难是可以克服的。我们有近战、夜战的法宝，没有飞机，缺少大炮坦克，一样可以打仗，打胜仗！美国军队没有什么了不起，我们不只打了伪军，也打了美国的'王牌师'，是华盛顿开国时组建的美军骑兵第一师嘛！这个美国有名、一直没有吃过败仗的军队，这回吃了败仗嘛，败在我们第三十九军的手下嘛！"

彭德怀接着说："四十军也打得不错，一一八师、一二〇师首战温井、两水洞，吃了敌人一个加强营，打响了志愿军入朝作战的第一枪。毛主席在考虑，要把10月25日四十军在温井、两水洞打第一仗的日子，定为志愿军出国纪念日。这是四十军的光荣！"

然而，对第一次战役没有达到预期目标，彭德怀耿耿于怀。他毫不客气地严厉批评了与会的第三十八军军长梁兴初对敌估计过高，不敢大胆截断敌人退路，拖延了攻击时间，不仅没有歼灭熙川之敌，还延误了向军隅里、新安州猛插的时间，使本可能歼敌两三个整师的战役计划未能完成。说着说着，彭德怀的火气越来越大，脸色发紫，将右手重重地往桌案上一拍，怒吼一声："你梁兴初没有把仗打好，延误战机，按律当斩！"

梁兴初起立站好，胆怯地说："我失职……"

彭德怀又狠狠地拍了桌子，桌子上的墨水瓶、水杯都随之跳了起来，只见他大声地吼道："我彭德怀别的本事没有，斩马谡的本事还是有的！"

彭德怀的怒声震惊全场，顿时鸦雀无声。参加会议的一位指挥员回忆说："彭总的讲话，真有'叱咤则风云变色'的威力。"

稍停，彭德怀的语气缓和下来，说："当然，这次战役打得不理想，我彭德怀也有责任，不能把责任完全推给你们。"

什么叫慈不掌兵？什么叫大将风度？有表扬，有批评和自我批评，不讲情面，实事求是，功过分明。

邓华见彭德怀自己主动承担责任，赶紧给彭老总点了一支香烟，打圆场说："彭老总，我们也有责任，没有当好助手。好在来日方长，以后还有仗打，下一次战役打好就是了。三十八军老底子是平江起义的老部队，是主力，一定会打胜仗的！"

"老部队也好，新部队也好，我这个人向来功过分明，打得不好，我不能说你打得好。"彭德怀狠狠地抽了一口烟，点点头，充满遗憾地说，"这叫大意失荆州啊！我听说你梁兴初说'熙川有一个黑人团'的情报是在路上听说的，志司（志愿军司令部的简称，下同）的通报，你不听，你听路上碰到的熟人的话，这多不应该。再说了，黑人团有什么了不起，三十九军在云山打的还是白人团嘛，黑人团有什么打不得嘛。"

"是呀。"邓华、洪学智、韩先楚、解方、杜平也随声附和着。可是，世界上没有后悔药啊。

最后，对下一步作战，彭德怀说："此役未歼灭敌军主力，敌人也还没有摸清我军的兵力，一定会组织反攻，我军应做好迎敌进攻的准备。在我空军、炮兵、坦克未组成前，我们仍以分散敌人，而后采取运动战、阵地战、游击战相结合，内线和外线相结合的方针，分割包围，各个歼灭敌人。"

雪还在下着，飘飘洒洒，山谷里有些银装素裹的景致了。会议结束后，彭德怀邀邓华到大榆洞外面散步。自从受命担任志愿军司令员以来，他还没有像今天这样的轻松过。抗日战争中，彭德怀是八路军副总司令，邓华是八路军下属的支队指挥员，现在两位湖南乡里，为了保家卫国，来到抗美援朝的战场，并肩共事。两人边走边谈，有说有笑，邓华要彭德怀谈他的战争经验，彭德怀满怀深情地说："我一辈子打仗，没有什么高招，只懂得指挥千军万马打仗，可不是儿戏，必须精心策划，周密部署。指挥员多用一分心血，战士就少流一分鲜血，不能以战士的生命去无谓冒险。要牢记，任何父母，当知道自己的孩子牺牲了，那痛苦和悲伤都是难以忍受的。"

返回司令部的路上，彭德怀语重心长地对邓华说："今后指挥打仗要学更多的科学知识，这主要要靠你们及年轻的同志啊！"

星月天阵 4

"钓鱼"清川江,"关门打狗""三十八军万岁"
突破三八线,"月亮是志愿军的,太阳是美军的"

1950年11月23日,是美国的感恩节,麦克阿瑟为他的前线部队特意准备了一顿丰盛的午宴,包括美国大兵最爱吃的夹馅橄榄、烤火鸡加酸果酱、水果沙拉、水果蛋糕、肉馅饼和咖啡、鸡尾酒。

这天下午2时左右,一架大型斯卡帕式喷气式客机在美军第八集团军设在清川江岸边新安州的指挥部起飞了。这是麦克阿瑟的专机。飞机先是向西海岸飞,然后沿着鸭绿江向北飞去,到了江口又掉头向东,飞行高度大约5000英尺。天气虽然寒冷,但能见度很好,从舷窗中可以清楚地看到白雪皑皑的中国东北大地,"千里冰封,万里雪飘""山舞银蛇,原驰蜡象",真是漂亮极了。可惜,这位"联合国军"总司令无法领悟毛泽东的诗情画意。朝鲜境内的大小公路清晰可辨,没有任何部队行动的踪影。尽管有十多架战斗机护航,但这样的军事行动还是让机舱内的参谋军官们面面相觑,甚是惊恐。他们知道,这样的飞行在战争状态下是极其危险的,甚至担心他们的最高司令官今天是不是在感恩节聚餐时喝酒喝过了头。但是，他们也十分清楚，麦克阿瑟决定的事情，要与他争辩，也是徒劳无益的。

中国人在哪里呢？怎么看不见任何军事目标？看到的是那广阔无垠、十分荒凉的乡野，起伏不平的山丘和张着大口的裂谷。而鸭绿江碧绿的江水被厚厚的冰雪所覆盖了。麦克阿瑟的军事秘书惠特尼看着一片白皑皑的大地，自言自语道："穷乡僻壤，崇山峻岭，裂谷深峡，哪里会有什么大军的行动？"

麦克阿瑟说："中国人的脚印可能被雪覆盖了。严寒干扰我们的机动，但更妨碍中国人的行动。他们没有多少现代化运兵车辆，单靠步兵行军一天能走多远？"

惠特尼说："不乘虚而入，就会失去最后赢得战争的机会。"

麦克阿瑟思考了片刻，问负责西线作战的第八集团军司令沃克："你想过没有，中共军队匆匆撤退，他们想干什么？"

沃克好像早就有了答案，说："据情报分析，第一，退守鸭绿江，建立缓冲据点；第二，怯战败退，等候支援。目前，中共过江部队人数最多六七万人，是象征性的部队，兵力不足以再发动进攻。"

麦克阿瑟稍有迟疑，说："中共军队并非不想乘胜追击，把我们赶到大海中去，只是他们力不从心，或者另有企图。"

沃克说："世界上任何军队在取得胜利时，决不会后撤，而是乘胜前进。目前很清楚，只有后勤补给跟不上，暂时后撤，等待后援再投入战斗。"

麦克阿瑟说："哪里有那么便宜的事情，我们要用空军封锁鸭绿江，阻止他们的后援，同时集中兵力把这六七万人消灭在鸭绿江附近。"

这时，惠特尼插话说："这个战争本来可以在感恩节前结束，现在由于中共军队的出现，现在看来大致可以在圣诞节前结束。"

更重要的是，来自一线的消息更加令这位傲气十足的"联合国军"总司令备受鼓舞。就是在感恩节这一天,沃克向他报告:美军第七师已经抵达鸭绿江边的惠山,第十军军长阿尔蒙德也飞抵那里,来电报告他已经隔江看见了中国,正在与一群高级军官以中国东北为背景照相留念。好消息总是在后头,前线来电,第八集团军当面,中共军队已经与他们脱离接触,仓促后撤了,中共军队的电台也销声匿迹了。还有,在部队前进的道路上,发现了志愿军仓皇丢弃的军用物资。

麦克阿瑟对惠特尼的判断表示十分认同,他拍了拍沃克的肩膀,说:"第八集团军肩负光荣的使命,沃克将军,这是你一生中最具有决定意义的时机。胜利等待着你,战功等待着你。你的命运就是战争的命运,好样的!干吧!我明天就下命令,东西两翼合拢,总攻从明天上午8时开始!"

第二天,麦克阿瑟发表了第12号新闻公报,介绍朝鲜战争形势和他准备在年底结束朝鲜战争的企图,公布了他的"圣诞节回国总攻势"计划。他说:"联合国军在北朝鲜对新投入战斗的赤色军队实施的大规模包围,目前正接近决定性的阶段。我们的各种空军部队在钳形突击中担负着封锁敌人的任务,最近成功地切断了来自北方的敌补给线。东路部队正向前推进,目前已抵达朝鲜中部对敌进行包围的位置。西路部队准备向前推进并完成合围。此举如果成功,将达到结束朝鲜战争的目的。"① 看样子,骄傲自大的麦克阿瑟还没有被志愿军在第一次战役中打痛。

早在11月3日,彭德怀在第一次战役接近尾声的时候,就提出了对战局发展和下一步作战的构想。他致电毛泽东,建议将华东的第九兵团第二十七军开往新义州东北地区隐蔽集合,准备与"联合国军"再战。4日,他还在发给毛泽东的电报中说:"拟采取巩固胜利,准备再战的方针。当前具体工作是消除疲劳,总结经验,加强运输,储存粮食,如敌再进,诱敌深入后歼之。"

此时,麦克阿瑟指挥的一线部队共5个军13个师另3个旅1个空降团,约22万人,飞机1200余架。其部署是,东线以美军第十军为主力经

---

① 杨凤安、王天成:《彭德怀与麦克阿瑟》,解放军出版社2014年版,第152—153页。

长津湖西进，西线以美军第八集团军为主力由清川江北上，计划在江界以南之武坪里衔接，围歼志愿军和朝鲜人民军。

11月7日，被志愿军在第一次战役中击退至清川江以南的敌军，经过重新整顿，以部分兵力试探性对志愿军阵地进攻。与此同时，麦克阿瑟命令他的空军"全部出动，以最大规模的力量摧毁鸭绿江上的所有桥梁和沿江一带北朝鲜的城镇和村庄"。美空军每天出动B-29重型轰炸机等飞机达1000余架次，对鸭绿江大桥和朝鲜边境城市新义州进行毁灭性轰炸。一时间，鸭绿江南岸一片火海，浓烟滚滚，大小城镇基本上变成废墟。

"你打你的，我打我的，你打原子弹，我扔手榴弹，抓住你的弱点，跟着你打，最后打败你。"① 就在美军飞机狂轰滥炸之时，志愿军后续部队第九兵团（辖第二十、第二十六、第二十七军）15万人于11月7日、12日、19日先后巧妙地由辑安、临江秘密渡过鸭绿江，担任东线作战任务。至此，志愿军一线作战部队达到9个军30多个师约40万人，是"联合国军"第一线兵力的1.7倍，东西两线志愿军的地面兵力均占优势。

《孙子兵法》曰："善战者，致人而不致于人。"先给敌人一点甜头尝尝，放他们进来，安心地给他们布下罗网，等鱼上钩。在大榆洞，彭德怀召开志愿军党委会，研究第二次战役的作战方针和部署。他说："第一次战役的胜利，对稳定朝鲜北部人心、我志愿军初步站稳脚跟，是有意义的。但消灭敌人不多，美军主力未受损失，敌人的气焰还没有完全打掉，而且他们对我军的兵力还不清楚，头脑还没有冷静下来，很可能重新组织进攻。现在，我军虽在兵力上占优势，但装备太差，和敌人死拼硬顶，肯定要吃大亏。不如，我们先避其锐气，将计就计，故意示弱，边打边退，迷惑敌人，引诱敌骄兵冒进深入。我们可以撤退30至50公里，以分散敌人，然后在运动中寻机歼敌。"

彭德怀想好了，对邓华、洪学智、韩先楚、解方、杜平等人笑着说："这是我军的拿手战术。我们要在清川江边钓大鱼。"

---

① 逄先知、金冲及：《毛泽东传1949—1976》上，中央文献出版社2003年版，第110页。

邓华笑着说:"这叫关门打狗。"

洪学智说:"也叫牵牛鼻子。"

无论是叫钓鱼也好,是叫打狗也好,还是牵牛鼻子也罢,彭德怀果断命令各部队停止追击,向后撤退,把清川江、大同江以北的宁远、德川、戛日岭、杜日岭、球场之间的地区全部让给敌人,诱敌深入。

彭德怀"钓鱼",是从一个名叫飞虎山的地方开始的。

飞虎山,位于价川东北,是平壤通往鸭绿江南侧重镇球场、江界和满浦的必经之路。从11月6日开始,飞虎山就成了敌我双方争夺的热点。南朝鲜军队第七师和美军一部,在飞机、炮火的支援下,向飞虎山发动了57次冲锋,飞沙走石,大火熊熊,把整个山头的气温硬是增高了十几摄氏度。然而,第三十八军第一一二师第三三五团(团长范天恩)就像一颗钉子一样钉在这里,纹丝不动,毙伤俘敌1800余人。

"舍不得孩子,套不着狼。"彭德怀感觉差不多了,命令第一一二师悄悄撤退。接着,第三十九军第一一五师又放弃了博川。在东线,志愿军又主动放弃了黄草岭、赴战岭。

与此同时,为了迷惑敌人,彭德怀在与邓华、洪学智等人一起商议后决定,要求第一一二师等前线部队在后撤时故意沿路丢弃一些枪弹衣物,制造溃不成军的假象,迷惑敌人,增长敌人的傲气。志愿军主力则转移至敌人的侧翼,进入山林,严密伪装,布置口袋,到时候再来一个拦头、截尾、斩腰的拿手好戏。彭德怀笑着说:"现在,我们就要做样子、发请帖,请君入瓮。"

昼不冒烟,夜不漏光,大地静悄悄的。

果不其然,麦克阿瑟中计了。他和他的情报处长威洛比以为他们实施的空军大轰炸已经奏效,阻断了鸭绿江北岸的支援部队,中共军队依然只是六七万人的公安部队而已,不是一个"不可侮的势力",于是产生了错觉,美第八集团军又开始发动猛攻,向北大踏步前进了。这正是彭德怀想要的结果。

然而，朝鲜方面的领导人却不理解了，苏联驻朝鲜的顾问拉佐瓦耶夫也不满意了，甚至找上门来质问彭德怀。

人高马大的拉佐瓦耶夫，红脸，秃顶，说话也不拐弯抹角："彭德怀司令，志愿军为什么不乘胜追击？反而把夺回来的地盘让给敌人，这是什么道理？"

彭德怀心平气和地说："拉佐瓦耶夫同志，我们的作战方针是经过毛泽东主席批准的。因为装备落后，又没有制空权，不能打阵地战，我军擅长打运动战。如果苏联可以出动空军作战，我们可以试一试打阵地战。"

听了毛岸英的翻译，拉佐瓦耶夫一时语塞，只好悻悻然地说："我要向斯大林同志报告中国军队的表现，你们这是怯战，胆小！"

拉佐瓦耶夫很生气地走了，彭德怀和毛岸英相视一笑，摇了摇头。

"联合国军"自11月7日开始试探性进攻后，一线的指挥官也吸取了第一次战役的教训，既要不折不扣地执行麦克阿瑟的命令，又要知道前面的危险，尽力防备灾难发生，所以前进十分谨慎，稳扎稳打，边进边看，进攻速度十分缓慢。到11月15日，一个星期过去了，他们每天只前进两三公里，迟迟未能进入志愿军的预定歼敌范围——东起宁远、德川，西至云山、纳清亭之间。

11月16日，彭德怀一不做二不休，继续命令部队北撤，一律停止向前进之敌进行反击，以诱敌放胆向预设战场前进。美国合众社随军记者从前线发回报道说：共军对前进的美军未加抵抗，但是零下20摄氏度的严寒几乎和敌人一样厉害，滴水成冰的气候阻碍了现代化装备的运动。大批手指冻伤和口粮不足的军队向北急进。第八集团军从左翼向清川江以北进攻、第十军从右翼向江界进攻，左右两路直奔鸭绿江。

11月17日，为了进一步引诱敌人上钩，彭德怀采纳志愿军政治部主任杜平的建议，要求一线部队挑选一批俘虏放回去。彭德怀的这一决定立即得到了毛泽东的高度肯定，第二天就回电赞扬说："你们释放一批敌俘很好，应赶快放走，今后应随时分批放走，不要请示。"

释放俘虏，这是一着妙棋。志愿军在释放俘虏时，给他们发放了路费，洗了澡，对他们说：我们现在太困难了，缺粮、缺弹药，运输线被你们炸断了，我们不打了，撤回去……在戛日岭、杜日岭、球场地区，志愿军把伤病战俘用担架抬放到公路上，通知美军来领。美军俘虏们感动得热泪盈眶，用英语喊："我们永远不会忘记你们！"18日当天晚上，志愿军第一次释放了100名战俘后，马上在国际上引起强烈反响。11月23日，美联社记者报道说："他们得到和中国军队同样的口粮，中国军队待他们很好，并对受伤者进行治疗。""中国士兵不搜美国士兵的口袋，不拿他们的香烟和手表等日用品。"

匪夷所思的是，志愿军官兵们发现，每一个美军战俘随身都携带着数量不等的朝鲜民族吃凉面的铜碗。在他们看来，这些金黄色的碗，是金子做成的。显然，释放战俘对美军震动很大，在第二次战役中就发生了两起美军士兵共280名主动向志愿军投降的事件，既达到了争取在战斗中被围敌人缴械投降以减少我军不必要伤亡的目的，也在国际上产生了极好的政治和外交影响。

古人云："凡战，权也；斗，勇也；阵，巧也。"

乘势而为，随事而制，给敌人灌上迷魂汤，摆上迷魂阵，来一个"请君入瓮"，自然是一着好棋。

在朝鲜战场过完感恩节，秀了一把亲自空中侦察的把戏，麦克阿瑟就急忙回到日本东京第一大厦的官邸，一边享受着他天皇般优厚的物质生活，一边遥控指挥着"联合国军"。现在，他和他的司令部果断判断志愿军继续后撤是"因兵力不足，装备低劣而怯战败退"，并吹嘘"联合国军对鸭绿江沿岸实施的空军突击，已迫使中共后续支援部队不能进入战场"，遂命令东、西两路部队加快北进速度。

此时，隐蔽在西线的志愿军6个军的主力部队已分别转移至龟城、云山、德川以北地区，东线3个军也全部秘密地到达指定位置，完成了战役集结。西线由韩先楚领导的前进指挥所根据彭德怀的指示，制订了详细的歼敌计划。

11月22日，西线冒进之敌薄弱部位在其右翼的南朝鲜军第七师、第八师暴露出来。而该敌对面，正是志愿军左翼的第三十八军和第四十二军。彭德怀高兴地手拿放大镜在地图上看来看去，认为诱敌上钩之方案确已实现，敌军正向志愿军预定的战场前进，赶快把副司令邓华、洪学智和参谋长解方找来一起研究，认为这次战役就选择在这里开刀，十分恰当。即日，令韩先楚要求第三十八、第四十二军以先切断、后包围的战术，求得全歼德川、宁远地区的南朝鲜军第七、第八两个师。攻击时间仍按21日下达的命令定于25日晚开始。

蒙在鼓里的"联合国军"又如入无人之境，大摇大摆、气势汹汹地急速北进。24日，麦克阿瑟指挥美空军的数百架飞机配合东西两路地面部队，向志愿军发起了全面进攻。面对敌军的攻势，有人对志愿军是否能顶住飞机、坦克加大炮的敌人十分担心。胸有成竹的彭德怀镇定自若地对司令部的工作人员说："要诱鱼上钩，你必须让鱼尝点甜头。麦克阿瑟吹嘘他从来没有打过败仗，我要看看这一次究竟谁能把谁吃掉。"

为进一步造成敌人的错觉，彭德怀再次电令各军仍然以小部队与敌人保持接触，诱其深入，为分散敌人创造有利战机。

11月24日10时，麦克阿瑟在东京高兴地阅读着来自前线的电报："中国人似乎在全线撤退""最后的胜利即将到来"。他得意扬扬地说："联合国军猛烈的钳形攻势已经开始，全面的空中突击均已达到了目的。"因为亲自侦察了朝鲜北部的地形，并没有寻找到志愿军行动的迹象，他向全世界发表公报，宣布"联合国军"已开始发动圣诞节结束朝鲜战争的总攻势。随后，他对他的部队广播说："中国人现在没有参战，战争在两星期之内就会结束，迅速打到鸭绿江，回去过圣诞节。"

11月25日，即麦克阿瑟发表公报的第二天，西线"联合国军"冒进到了各路志愿军引诱的预定战场，侧翼暴露，后方空虚，完全中计。

黄昏时分，彭德怀一声令下，第二次战役打响。彭德怀是怀着十分悲痛、内疚又愤恨的心情下达这份作战命令的。就在这一天上午 11 时，8 架美军轰炸机分两批飞临大榆洞志愿军司令部上空，投下了大量凝固汽油弹，毛岸英和参谋高瑞欣来不及逃出金矿外的作战值班室木板房，壮烈牺牲。

战斗打响之前，彭德怀召集邓华、洪学智、韩先楚、解方在作战室开会。习惯靠前指挥的彭德怀，要求把指挥所前移，自己到前线指挥，邓、洪、韩、解一致反对。这时，他又考虑是不是派一位副司令员到前线去，组成一个临时指挥所。叫指挥也好，叫督战也好，反正就是要保证前方完成司令部确定的作战方案，再不能出现第一次战役时第三十八军那种完不成任务的情况。而且，现在即将发起的战役，是关键之战，如果能够歼灭敌几个师，麦克阿瑟就神气不起来了，志愿军在朝鲜战场就掌握了主动。邓、洪、韩都争着上前线，最后确定韩先楚去比较合适。

来到第三十八军前指降仙洞，韩先楚要求第三十八军认真总结第一次战役的教训，正确对待彭总的批评，打好第二次战役。在团以上干部作战会议上，梁兴初军长没有批评他的部属，自己承担了全部责任，还要求单干，要包打德川，且不要第四十二军配合。韩先楚赶紧向彭德怀报告："三十八要包打德川，四十二就可以同时打宁远。"彭德怀说："梁兴初好大的口气！"梁兴初"噌"地一下抢过话筒，向彭德怀保证说："彭总，我要包第七师的饺子！"彭德怀严肃地说："我要的是歼灭，不是赶羊。你准备多长时间拿下？"梁兴初信誓旦旦地说："时间是从 25 日黄昏发起，到 26 日一天结束战斗！"彭德怀说："军中无戏言！"梁兴初回答："绝无戏言！"韩先楚接过电话，话筒里传来彭德怀肯定的声音："让他干吧！"

11 月 24 日，第三十八军军长梁兴初、政委刘西元开始战斗部署。命令第一一三师（师长江潮、政委于敬山）于 25 日 17 时从现地出发，穿插到德川南侧，切断敌人后路，由南面向德川进攻；第一一二师（师长杨大易、政委李际泰）提前一小时出发，经德川西，穿插到云松里由西面向德川进攻；第一一四师（师长翟仲禹、政委李伟）晚三个小时从正面向德川猛攻。

部署完毕,梁兴初把军部侦察科副科长张魁印叫来,下达了一个特殊的战斗任务,命令他和第一一三师侦察科长周文化带领两个连和两个工兵排,配英、朝语翻译,共 300 余人,组成先遣队,在朝鲜平安道内务署的配合下,秘密潜入德川以南,在 26 日 8 时前,炸毁从德川通往顺川、平壤的武陵桥。张魁印领受任务后,从 24 日黄昏出发,经过一天一夜的急行军,机智地冒险越过大同江,于 26 日清晨 7 时 50 分,提前 10 分钟把武陵桥炸毁,埋葬在深山峡谷,胜利完成了作战任务。1960 年,这个炸桥的故事经过改编被拍成了电影《奇袭》,在当时的中国家喻户晓。

11 月 25 日当晚,恰逢月圆之夜,这是志愿军夜战最理想的天候。按照彭德怀的部署,西线的志愿军第三十八、第四十二军在韩先楚的指挥下,趁敌立足未稳,出其不意地对进犯到德川、宁远地区之南朝鲜军第七、第八师发起猛烈攻击。一夜之间,第三十八军第一一三师从敌右翼涉过大同江,到达德川以南,切断了敌南逃退路。第一一二师从敌左翼进攻,迂回到德川以西,切断了德川与军隅里之敌的联系。从正面进攻的第一一四师则进据德川以北,从而完成了对德川之敌的包围。敌人在大量飞机掩护下,企图向西南突围,均被打退,激战至 26 日黄昏,南朝鲜军第七师 5000 余人大部被歼,美军顾问 7 人全部被俘。

是夜,韩先楚和刘西元乘坐美式吉普车进入德川城,见到美军顾问团团长根波中校,问他有何感想。根波说:"真想不到你们反击组织得如此巧妙,我们简直是在梦中就当了俘虏。"

然而,德川胜利的好消息,并没有让彭德怀高兴起来。为什么?也就是在 11 月 25 日晚,志愿军第四十军主力担任配合第三十八军方向作战,向球场以北之美军第二师一部发动进攻,歼敌数百人,余敌向南溃逃。该军没有完成穿插分割任务,彭德怀坐卧不安,眉头紧锁,在作战室里踱来踱去。他指示参谋长解方立即发电,令第四十二军向第三十八军靠拢,配合堵截南逃之敌。至 26 日拂晓,第四十二军 3 个师与敌人展开激烈战斗后,攻占了宁远城,将南朝鲜军第八师大部歼灭。

占领了德川,攻下了宁远,志愿军在西线终于打开了战役的缺口。在东线,第九兵团为配合西线作战,按预定计划于 27 日晚向当面之敌发起攻击。彭德怀判断,在东线志愿军攻击后,西线之敌可能退向清川江南岸阻止志愿军南进,于是命令西线各部立即开始向当面之敌攻击,并在 28 日晨占领了预定目标。

不出彭德怀所料,整个清川江北面的数万美军见势不妙,企图南逃。美第八集团军司令沃克急忙把预备队骑兵第一师由顺川调往新仓里方向,调土耳其旅由价川向德川方向机动,目的是想堵住这个缺口。

就这样,一个名叫三所里的地方进入了朝鲜战争的历史教科书。

三所里,是美军第八集团军腹地的一个小村庄,南临大同江,北依高山,村西有一条由平壤向北通往价川的公路,是"联合国军"主力部队南撤北援的必经之地,也是志愿军截断敌军南逃的"闸门"。要想"关门打狗",就是要在这里把门关上。因此,彭德怀下了一道死命令,要求第三十八军必须迅速向院里、军隅里方向插下去,一定要占领三所里,堵住"联合国军"的退路!占领三所里,就是胜利!

战斗前夕,彭德怀当着邓华、洪学智、解方、杜平和司令部的参谋们的面,严肃地告诉韩先楚:"向三所里穿插,你们沿途遇到敌人,千万不可恋战,要不顾一切,直插到那里。一定要按我要求的时间,插到底,像钉子一样扎到那儿,你要亲自指挥三十八军行动,如插不到位,别回来见我!"

韩先楚理解彭德怀此时此刻的心情,如果不能按时插到三所里,第二次战役或许就会功亏一篑,第三十八军就会像在第一次战役中一样犯下大错,难以完成毛主席交代的任务。他涨红着脸,说:"彭总,我敢立下军令状,不插到位,不回来见老总!"

彭德怀盯着站在面前的这位黑瘦黑瘦的虎将,似乎还是有些担心:"路上遇到各种困难,或者小股敌人纠缠,你们能避就避,不能避就冲过去。占领三所里后,没有我的命令,不准后退!"

"请彭总放心！"

在彭德怀这里立下军令状后，韩先楚在第三十八军指挥部满怀敬佩地跟梁兴初说："关上铁门打老虎，是彭总的一步好棋啊！从地图上看，从德川到三所里有70多公里，都是山路，要在一个晚上穿插到位，困难很大啊！"

梁兴初说："三十八军保证完成任务！我们决定把这个任务交给一一三师完成。"

刚刚打过德川，已经两天两夜没有合眼了，在接到师长江潮的电话前，第一一三师第三三八团团长朱月华刚刚端起警卫员送来的一碗稀饭，突然栽倒在地，睡着了。江潮告诉朱月华，确定第三三八、第三三七团为师先遣团，由副师长刘海清率领，今夜插到三所里。于是，通知部队实行轻装，换上缴获的美式装备，边出发边吃饭边传达任务。

11月27日傍晚，趁着月色，第一一三师出发了。山路崎岖，沟壑纵横，荆棘丛生。奔走了一个通宵，天亮时抵达大同江，距离三所里还有15公里呢！这里已经插到敌后，没有自己的部队了，有人建议歇一歇。师长、政委一商量，说："不行，我们没有这个权力。误了军机，是掉脑袋的事情，谁吃得消！"走到松洞时，天空突然飞来几十架敌机，在数里长的行军纵队上空飞来飞去，盘旋侦察。白天行军，目标太大，电台关闭，情况紧急，怎么办？副师长刘海清急中生智，当机立断：兵不厌诈，脱去伪装，直接在公路上大摇大摆地行军，迷惑敌人。没想到，因为大批美军和南朝鲜军都在南撤，脱去伪装的志愿军也瞒天过海骗过了美军的空中侦察，一次也没有轰炸。这令第一一三师官兵情绪高涨，忘记了饥饿和疲劳，只是顶着生命的极限向前奔跑。当第三三八团指战员接近三所里的时候，守备三所里的南朝鲜部队还以为是自己的部队下来了，把煮好的咸鱼、米饭端了出来。志愿军冲进镇里，南朝鲜军一个连和美军骑一师先遣队30余人在莫名其妙中被击毙。等控制好制高点，敌人已经乘车赶上来了。正发烧躺在担架上的江潮看看时间，第三三八团比敌人仅仅早到5分钟。

11月28日早晨8时，志愿军司令部电台终于接到了第一一三师的密码电报："我部已到达三所里。"

杨迪翻译出来，赶紧交给解方，然后念给彭德怀听。

听到这个消息，彭德怀瞟了一眼邓华、洪学智、解方和杜平，长长地呼出一口气，说："这一下子，我放心了。"

第一一三师出敌不意出现在三所里，犹如一把利剑，刺进了美第八集团军的心脏。拥挤在西线的美、英、土军几万人瞬间乱成一团，部署在清川江附近的美军3个师和南朝鲜、英、土军1个师2个旅残部全线动摇。

"洪麻子，来！我俩杀一盘吧？"彭德怀眉眼舒展开了，主动邀请洪学智下起了象棋，两天来的郁闷和焦灼一扫而空。那个时候，彭德怀叫洪学智和高岗都是一口一个"洪麻子""高麻子"，亲密无间，心无挂碍。

上午9时，美军骑一师在飞机、大炮、坦克的支援下，向占领三所里的第一一三师阵地发起了猛攻，企图打开一个缺口南逃。韩先楚立即电令第四十二军夹击驻守顺川附近之美军骑一师，以减轻第一一三师的压力；同时电令第一一四师，从东往西侧击三所里、龙源里方向突围的敌人。参谋长解方受彭德怀的委托，当天3次用无线电话激励第一一三师，要不惜一切代价，截断敌人的退路，配合主力在大会战中歼灭敌人。第三三八团前仆后继，不负重托，守住了阵地。

沃克这次终于着急了，三所里久攻不下，再坚持下去肯定是死路一条，于是命令美军迅速占领龙源里。

龙源里在三所里西边，也可以通往顺川。杨迪立即报告邓华，邓华立即报告彭德怀。彭德怀要求杨迪立即用密语电报向第一一三师发出命令："令你师立即派一个团，于29日晨抢占龙源里，断敌逃路。"接到命令，第一一三师立即派第三三七团连夜奔袭，准时抢占了龙源里，截断了敌人的另一条退路。

此时，第一一三师孤军奋战，深入敌后80公里，靠劣势装备，紧紧卡在"联合国军"的脖子上。但是敌人实在是太强大了，天上有飞机，地上有坦克，武装到了牙齿，第一一三师能否真的卡住强大的敌人的脖子，彭德怀心中没有底儿。11月29日13时，他一个电话直接打到了第一一三师前指。接电话的是师政委于敬山。

"我是彭德怀！你们那里的情况怎么样？现在南逃的敌人已全拥向你们那里去了，你们到底卡得住卡不住？"

于敬山一听是彭德怀，吃了一惊，大声报告说："报告彭总，我们虽然伤亡很大，但完全有信心把敌人卡在这里！"

彭德怀高兴地说："很好！要告诉战士们，你们打得蛮好！我们的主力部队正在向你们那边靠拢，你们要加把劲，继续把美国人卡住，不让敌人跑掉！"

放下电话，于敬山就把彭德怀的鼓励，传达到硝烟滚滚的战壕里。统帅和战士们的心，始终紧紧地联系在一起。

的确如彭德怀电话中所说，现在"联合国军"蜂拥而至，向南突围，平壤附近的英军第二十九旅，沿公路向北接应。南逃之敌，为打开通路，以数百辆汽车组成庞大的车队，在飞机和坦克的掩护和引导下，向第三三七团龙源里阵地连续突击。放心不下的彭德怀，先后3次电令第三十八军军长梁兴初、政委刘西元指挥主力迅速向第一一三师靠拢，又电令第四十二军迅速向顺川、肃川方向进攻。他指示说："能否乘敌撤退混乱中消灭敌人主力，关键在于能否先占领肃川，断敌退路。"

彭德怀的命令很快落实到战场上，西线志愿军6个军在西起安州，东至军隅里，南至龙源里、三所里地域内，展开了围歼敌人的大规模战斗。

11月30日，是第二次战役战斗最激烈的一天。被围困在价川、安州以南，三所里、龙源里以北狭小盆地内几个师的敌人四处乱窜，拼死突围，垂死挣扎。这时，彭德怀再次电令第一一三师坚决堵住敌人，同时要求志愿军各部队从北、东、西三面向三所里、龙源里地区合围，逐渐紧缩口袋。麦克阿瑟见势不妙，在空中、地面同时进行火力支援，集中100多架飞机、400多门大炮，对志愿军各路战斗部队狂轰滥炸，以坦克为前导，以波涛式的集团冲击实施突围。但是，无论敌人的火力如何凶猛，第一一三师就像一颗钢钉钉在了三所里和龙源里的阵地上，坚持了50多个小时，切断了他们南逃的两条道路，使得南突北援之敌，在双方相距不到1公里的地方，始终可望而不可即，无法会合，写下了现代战争史上的传奇。

当麦克阿瑟在东京第一大厦里听到军事秘书惠特尼的报告时，简直不相信自己的耳朵，焦急地吼道："命令骑一师、英二十九旅向北迅速支援他们突围。"

惠特尼说："他们被阻于大同江附近，仅仅前进了数公里，距离北面的第二师部队不到1公里，被中共军队割开，无法靠拢。"

麦克阿瑟厉声问道："什么！相距仅1公里？"

惠特尼说："是，仅仅1公里。"

麦克阿瑟暴跳如雷："笨蛋！什么'开国元勋师'，给美国丢脸！"

惠特尼说："他们打得很英勇，只是……"

"第二师向南突围情况怎么样？"

"他们更困难，遇到了强大的敌人，伤亡严重，战斗力已丧失……"

"目前判断中共有多少部队参战？"

"至少20万，甚至可能50万……"

炮声隆隆，浓烟滚滚，枪声不绝，杀声震天。经过一天的血腥鏖战，"联合国军"突围不成，丢盔弃甲，仍然试图沿公路两侧南逃。是夜，韩先楚在前指根据彭德怀的命令，指示各军对被围之敌再次发起猛烈围歼。刘西元在战后回忆了当时的战场情景："在十几公里长的战线上，敌人丢弃了几千辆汽车、炮车和被炸毁的坦克。在公路的两侧还有上万桶的汽油，近万吨的军用物资，被美军的猛烈炮火击中，炸声如雷，烟柱冲天，火光染红了天空和山峦，漫天灰烬飘落在战场周围十几里的田野里。这场浓烟烈火，一直到第二天傍晚才渐渐熄灭。"

溃不成军的"联合国军"在100多架飞机的掩护下，转向三所里以西经安州方向突围南逃。面对如此狼狈的大溃败，美国军方自己也不得不承认:"我们有的被包围,有的被渗透到背后的中国人截断了退路……在这里已分不清哪里是前线,好像到处都有中国人。"

12月1日凌晨,已经6个昼夜没有合眼的彭德怀,获悉第三十八军围歼敌人的消息,兴奋不已。20多天前,因为没有完成穿插任务,贻误战机,他曾经毫不客气地批评了第三十八军军长梁兴初,但这一次他们英勇顽强,非常漂亮地完成了战斗任务,立下了大功,为赢得整个战役起了关键作用。的确,此时西线战场形成了敌我犬牙交错的战争奇观——从整个战场态势来看,"联合国军"处于志愿军南北夹击之中;但在三所里、龙源里的局部战场,志愿军又处于敌军的南北夹击之中,情况十分险峻。如果三所里、龙源里失守,第二次战役的歼敌目标便会竹篮打水一场空。

坐在作战室里,彭德怀翻看着韩先楚从前线发来的作战报告,看着可歌可泣的英雄战绩,睡意全无,既激动,又感动。他叫来军事秘书杨凤安,亲笔以志司领导人彭、邓、洪、韩、解、杜的名义,起草了一份嘉奖令通报全军。就在杨凤安准备发出电报之时,彭德怀又把他叫回来,破例在祝捷电报底稿下端的空隙处加上了一句话:"中国人民志愿军万岁!三十八军万岁!"有人劝道:"在我军历史上还没喊哪个部队万岁的,这样写不好吧?"彭德怀说:"这次战役胜利,三十八军起了关键作用,打得好,就可以喊万岁嘛!"从此,"万岁军"传为历史佳话。

12月2日,彭德怀电令西线各主力部队就地集结,休整补充。

12月5日,"联合国军"退出平壤,继续向南溃退了260公里。这次围歼战,给参加过八国联军的老牌侵略军美军第二师以毁灭性打击,重创美军第二十五师和美骑兵第一师,歼灭土耳其旅大部,令敌人心战胆寒。李奇微在他的回忆录中说:"美第二师在清川江一带受损严重,11月底已宣布失去战斗力。"

12月6日,志愿军和朝鲜人民军收复平壤。而后,又乘胜追击抵达三八线附近,于16日把西线之敌全部赶到三八线以南。

与此同时,西线的志愿军第九兵团在宋时轮的率领下,冒着零下30摄氏度的严寒,在冻死冻伤严重减员的情况下,于11月27日晚向进犯到长津湖以南之敌发起突然袭击,在12月17日占领咸兴,24日收复兴南。至此,除东部沿海的襄阳外,"联合国军"全部被赶到三八线以南。

第二次战役,从11月6日开始到12月24日结束,志愿军有第三十八、第三十九、第四十、第四十二、第五十、第六十六军和第九兵团第二十、第二十六、第二十七军及炮兵部队参战,予美军参战7个师中的3个师以歼灭性打击,重创其另外

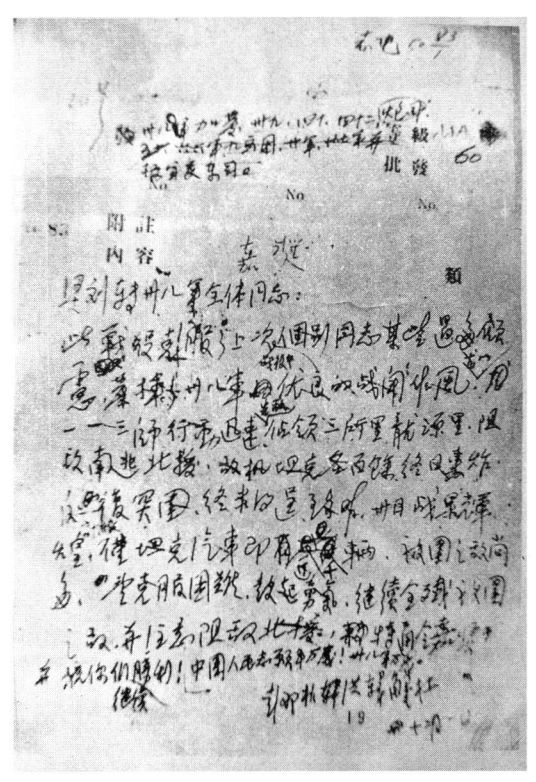

1950年12月,彭德怀亲笔撰写的"中国人民志愿军万岁!三十八军万岁"嘉奖电报

2个师,共歼敌3.6万余人,其中美军2.4万余人,迫使"联合国军"转入战略防御,扭转了朝鲜战局,志愿军和朝鲜人民军取得由防御转入进攻的主动权。

第二次战役的胜利,震惊了西方世界。美国学者在谈到第二次战役的影响时,认为志愿军在清川江对美军实施大穿插、迂回、包围,从远程插入美军大后方,拦腰切断美军退路,这就是美军现代作战理论中强调的大纵深作战,创造了世界战争史的奇迹。"中共军队使美军遭到灾难性惨败,使美国威信扫地,也使麦克阿瑟从此一蹶不振。他是美军中任指挥职务最长的名将,但在朝鲜战争中,由于他骄傲放纵、恃强凌弱、轻敌自负、极度虚荣,造成指挥上严重失误,使美军遭到惨败。"美国学者罗伯特·奥

古斯德在《有限战争》一书中评论说:"朝鲜灾难引起的影响远远超过麦克阿瑟在朝鲜战场上的失败。不仅联合国军统一朝鲜的希望破灭了,而且当中华人民共和国变成第一个在重要战役中取得打败西方军队的胜利的国家时,似乎一夜工夫,中国便跃进世界强国之列。"① 12月5日,《纽约先驱论坛报》评论说:"这是美国陆军历史上最大的失败。"美联社惊呼:"这是美国建军史上最丢脸的失败。"

也就在同一天,新华社广播了毛泽东亲自起草的新闻稿,第一次公开透露了中国人民志愿军在彭德怀将军的指挥下,与朝鲜人民军并肩作战向平壤进攻的消息。这一新闻播出后,慰问信、慰问电和各种慰问品源源不断地寄到了朝鲜战场,慰问志愿军和亲临朝鲜指挥的彭老总。时任中共湖南省委书记黄克诚,在信中亲切地写道:

敬爱的彭总:每当哪里最危险,哪里最艰苦,哪里最困难,你就在哪里出现,你真不愧为伟大的共产主义战士,我党的优秀党员,中华民族的英雄儿子……

战争比的是实力,也比的是智慧,同时比的还有统帅的人格魅力。现在,曾经被他的下级军官称作"麦帅"的麦克阿瑟,包括陆战第一师师长史密斯在内的高级将领们送给他一个新的外号,叫"超龄的屎壳郎",对他产生了不信任和厌恶。曾经狂妄得不可一世的麦克阿瑟,如今像一个泄了气的皮球。

12月3日,麦克阿瑟在给参谋长联席会议的报告中说:"如果没有最大数量地面部队的支援,本军不是被迫节节后退,抵抗力量不断削弱,就是被迫固守滩头阵地。""胜利的希望是渺茫的。而实力不断地消耗,以致最后全军覆没,那是可以预期的。"他甚至找到了从大陆败退到台湾岛的蒋介石,乞求他的这位一年前就败给毛泽东和人民解放军的老朋友伸出援

---

① 杨凤安、王天成:《彭德怀与麦克阿瑟》,解放军出版社2014年版,第196—197页。

助之手。尽管得到了老蒋的支持，但却被总统杜鲁门拒绝了，因为这样将会引发一场与中国的全面战争。

华盛顿的政要及其华尔街的幕后支持者们，也像热锅上的蚂蚁，炸锅了，会议一个接着一个，陷入了罕见的困惑和困扰之中。美国前总统胡佛说："美国在朝鲜被共产党中国击败了。世界上没有任何部队足以击退中国人。"总统杜鲁门也不得不承认，朝鲜局势的发展使美国"面临一次严重的危机"，"我们可能要节节败退"。但他们对新中国和共产党有了新认识，且对朝鲜战争的估计也获得了共识，那就是现在已"在完全新的情况下和一个具有强大军事力量的、完全新的强国进行一次完全新的战争"。

完全可以想到，麦克阿瑟失宠了，遭到了美国国内各界的严厉抨击，要求解除他"联合国军"总司令的职务，说他发动的"圣诞节总攻势"几乎"把我们引向灾难的深渊"。[①] 华盛顿的焦虑很快传染给了欧洲，英、法等国深表忧虑，他们害怕美国陷入朝鲜战争的泥沼，从而削弱在欧洲的力量，担心朝鲜战争会"把全世界拉进一场世界大战"。

不过，杜鲁门还没有就此放下屠刀、收兵回朝的意思，仍然坚持侵略政策和全球战略，"不打算放弃在朝鲜的使命"。他打算从三个方面应付新的局面：一是坚持朝鲜战争，二是加强西欧防务，三是加强美国的军事力量。另外，他还扬言美国政府"一直在积极地考虑"在朝鲜使用原子弹。这最后的一点想法，与麦克阿瑟曾经提交的一份"迟滞目标"清单不谋而合。一份战后解密的美国陆军档案资料证明，麦克阿瑟企图在朝鲜战争中使用26颗原子弹进行核袭击。还有消息说，在1950年12月，未装配好的原子弹已经悄悄地运到了停泊在朝鲜半岛附近的美国航母上。

然而，让杜鲁门没有想到的是，此言一出，没有吓唬到中国和朝鲜人民，倒是把他的欧洲盟友们给吓坏了。英国100名工党议员联名致信首相艾德礼，对杜鲁门的狂言表示抗议。已经能够生产原子弹的苏联，通过舆论也表示强烈抗议："炸弹也可以用炸弹回敬。"艾德礼不得不匆匆飞往华

---

① [美] 李奇微：《朝鲜战争》，军事科学出版社1983年版，第152页。

盛顿，与杜鲁门交换意见。这位世界历史上迄今为止唯一下令使用原子弹的国家领导人，不得不收回言论，说"并没有这种打算"。但双方一致表示"决不自动撤出朝鲜，但也不同意扩大战争范围"。

美英政客的这一态度，与彭德怀早已估计的"朝鲜战争仍是长期的，艰苦的，甚至是残酷的，在其主力部队未被消灭之前，决不会轻易撤出朝鲜半岛"是相符的。

战争是政治的继续。

政治是不流血的战争。

在发起第二次战役的同时，中国政府在联合国安理会，同美国展开了一场针锋相对的政治斗争。11月28日，中国特派代表伍修权，在联合国安理会讨论美国武装侵略台湾案的会议上，提出了三项建议：一、严厉制裁美国侵略中国领土台湾和武装干涉朝鲜的罪行；二、使美国政府自台湾完全撤出它的武装侵略力量；三、使美国及其他外国军队一律撤出朝鲜。

同样是在12月3日，毛泽东在北京会见金日成时就提出："敌人有可能要求停战，我们认为必须敌人承认撤出朝鲜，而首先撤至三八线以南，方能谈判停战。最好我们不仅拿下平壤，而且拿下汉城，主要是消灭敌人首先是全歼伪军，对促进美帝撤兵会更有力量。"

金日成的这次北京之行，中朝领导人还作出了一项决定，双方一致同意组成中朝两军联合司令部，推荐彭德怀担任中朝军队司令员兼政治委员，朝方由金雄担任副司令员，朴一禹担任副政委。其实，在第一次与金日成会谈时，彭德怀就曾提出中朝两军应实行统一领导和统一指挥的问题，但那时没有得到金日成的支持。现在，获得两次战役的胜利，朝鲜人民军重新组建了第一、第二、第三、第五军团等4个军团，金日成同意了。

12月7日，金日成秘密访问北京归来后，来到大榆洞，会见了彭德怀，宣布中朝军队司令部正式成立，但不对外公布。这天晚上，彭德怀致电毛泽东，建议便于今后指挥，志司须南进机动至价川或德川以南。

现代战争，统帅一般都是远程指挥，依靠现代化的通信设备传递信息和命令。麦克阿瑟平时就在日本东京遥控着"联合国军"。但彭德怀与众不同,在战场上,他一贯身先士卒,习惯于靠前指挥,不允许自己的指挥位置距离第一线太远。

现在,中朝军队司令部成立了,彭德怀再也坐不住了,着急让志司前移。他把参谋长解方找过来,催问道:"部队已经向前推进到三八线,我们仍在原地不动,志司距一线越来越远了。这怎么行?要尽快向前转移。"

解方说:"我已派作战处长丁甘如率先遣人员带电台到蜂腰部的中央新成川地区选择合适位置,目前还没有回音。"

隆冬时节,大雪纷飞,北风呼啸,天寒地冻。藏在深山中的大榆洞,并没有给志愿军统帅部的高级指挥员带来多少暖意。

12月8日,志愿军党委召开会议,讨论第三次战役如何打和何时打的问题。邓华副司令员在参加第三十八军作战经验现场会回来的路上,因遭遇敌机轰炸扫射,司机紧急处置时撞伤了脑袋,回沈阳治病去了。彭德怀就和洪学智、解方等一起商量。

志愿军战士在前线一把炒面一把雪

解方说:"联合国军"在三八线附近部署了13个师约20万兵力,实力不可低估。

洪学智说:现在,每天出动近千架次飞机对志愿军的后勤补给线轮番轰炸,大量汽车、物资被炸,粮、弹、被、服只能靠夜间突击抢运,有时难以供应。

解方说:两次战役,连续作战,志愿军减员以及非战斗减员达4万余人。西线的运输车辆不过300辆,而运输线却要比第一、第二次战役延长近两倍。东线九兵团也出现大批冻饿减员。

兵马未动,粮草先行。

"一把炒面一把雪。"一句话,写尽志愿军的艰难和艰苦、坚韧和坚强。

志愿军的吃喝拉撒等后勤保障始终是彭德怀脑海中的头等大事。现代化战争也是打后勤。因为敌机一缕炊烟都不放过,白天就不能生火做饭。怎么办?战争的前方和后方就这样逼出了一种"方便面"——70%小麦加上30%大豆、高粱或玉米,制成易于携带、储存的炒面。在第一次战役结束的时候,东北军区后勤部把炒面的样品送过来征求意见,彭德怀看后,尝了尝,很是满意。他让负责后勤的洪学智给后方的李聚奎发电报:"送来干粮样子,磨成面放盐好。炒时要先洗一下,要大量前送。"

关于炒面,有这样一组数字值得记录:沈阳市党政军各系统各单位每日炒面的任务最低为13.8万斤;二次战役前送到前线405万斤。12月18日,东北局又召开了"炒面煮肉会议",要求在一个月内,制作650万斤炒面和52万斤熟肉,送往前线。然而,按照前方的意见,东北军区后勤部按每人每月定量的三分之一供应,东北地区也完成不了,必须发动全国人民共同完成。周恩来总理就亲自同北京市机关干部、人民群众一起为志愿军炒面。听到这些消息,在前线的志愿军情不自禁地在战壕里高呼:"炒面万岁!"

彭德怀皱着眉头,在军事地图前踱步。战争是残酷的,没有商量的余地。他分析说：现在战场形势发生了变化，敌人由进攻转入防御，战线自然缩短了，正面狭小，兵力集中，纵深加强，易守难攻。不少战士还没有穿上御寒的棉大衣和棉鞋，部队亟须休整。

解方说：现在的战场对敌人的联合作战有利，我们运输困难，天气寒冷，由运动战转为阵地攻坚战，我们还缺乏足够的准备。

洪学智说：我军的长处是集中优势兵力，分割包围敌人，予以各个击破。第一、第二次战役的胜利，说明这个原则是正确的。我同意彭总的意见。

12月8日，经过商量决定，彭德怀当天就致电毛泽东，建议志愿军在三八线以北数十里休整补充，让敌人占三八线，以便明春再战时歼灭敌主力。在电报中，彭德怀还提出此役结束后，共需补充新兵6.5万人，请高岗加紧抽调；特别强调了目前部队粮弹油盐鞋均不能按时补充的问题，为争取对敌下一次决战的胜利，要求中央军委速派空军掩护后方运输线。

12月9日黄昏，彭德怀决定把他的司令部前移至一个叫君子里的地方。它位于平壤东北的江东与成川之间，是一个四通八达的金矿矿洞。这个矿洞比大榆洞的面积还要大，分为好几层，中间还有一个小广场大的平地。周围还有很多弯弯曲曲的小洞。

寒冷似乎给夜晚穿上了一件更冷酷更静谧的衣裳。这天夜里，借着满天星光，彭德怀乘坐一辆崭新的美军吉普车，高高兴兴地出发了。这是第三十八军在前线缴获的战利品，军长梁兴初亲自派人送来的。看得出来，彭总今天的心情不错，一股暖流在大家心里涌动着。

12月10日早晨，彭德怀率领志司总部到达妙香山。由东北向西南走向的妙香山，海拔1900多米，北邻熙川，南连德川，松柏成林，风景秀丽，是毛泽东和彭德怀都十分注目的战略要地，在第一次战役的电报中曾数次提及。麦克阿瑟指挥"联合国军"东、西两线作战，中间留出了一个80多公里的缺口，妙香山就是这个缺口中的一道屏障。一个月前，第四十二军第一二五师配合第三十八军，以夜行180公里的强行军，抢占了妙香山。毛泽东获悉战报后，曾经挥毫写下了一首《浣溪沙·和柳亚子先生》。词曰："颜斶齐王各命前，多年矛盾廓无边，而今一扫纪新元。最喜诗人高唱至，正和前线捷音联，妙香山上战旗妍。"

就在这时，印度等亚非13个国家向联合国安理会提出了一项建议："先在三八线停战，然后举行有关各大国参加的会议，就和平解决朝鲜问题进行协商。"在没有中国代表参加讨论的情况下，美国操纵联合国非法通过"朝鲜停战三人委员会"的决议，要求"立即停火"。周恩来总理就此发表声明，揭露美国政府在其侵略军遭到失败的今天，提出先停战后谈判，"显然是为着美国可以取得喘息时间，准备再战，至少可以保持现有侵略阵地，准备再战"。"因此，在没有一切外国军队撤出朝鲜及朝鲜内政由朝鲜人民自己解决作基础，来讨论停战谈判，都将是虚伪的，都将适合美国政府的意图，而不可能达到世界爱好和平人民的善良愿望。"[①]

对美国人玩弄"先停火再谈判、以利于争取时间再战"的把戏，毛泽东心知肚明。

12月13日，联合国通过"停火决议"的前一天，毛泽东复电彭德怀："目前美英各国正要求我军停止于三八线以北，以利其整军再战。因此，我军必须越过三八线。如到三八线以北即停止，将给政治上以很大的不利。""此次南进希望在开城南北地区即汉城不远的一带地区，寻歼几部分敌人……如果敌人放弃汉城，则我西线6个军在平壤、汉城间休整一个时期。"

经过与洪学智、韩先楚、解方、杜平彻夜商量，彭德怀最后决定，军事必须服从政治，执行毛泽东南进的指示，放弃原定过冬休整的计划，不予敌人以喘息的机会。

12月15日，彭德怀致电毛泽东、金日成："决以六个军向开城、涟川、金化线攻击前进，求得在汉城、原州线以北歼灭一部美伪军，得手后再看情况而定。"

---

① 1950年12月23日《人民日报》。

志愿军连续打了两个大胜仗，朝鲜党政军民胜战的情绪受中国人民志愿军的影响大为提高，但有些人头脑里速胜思想有所滋长，认为美军将速逃，要志愿军速进。对朝鲜战局的发展前途应当怎样估量？是速胜，还是持久，这是毛泽东，也是彭德怀都必须做出回答的问题。

君子里矿洞的内部结构很像一个深宅大院，既隐蔽又安全。现在，大家再也不用整天为彭德怀的防空问题提心吊胆了，开始遵照毛泽东的意见，一心一意地部署第三次战役。按工作分工，洪学智谈了后勤保障，韩先楚和解方谈了军事工作，杜平谈了政治工作。彭德怀偶尔插话，没有表态，他在集思广益，看来自己也还没有找到答案。但他对大家的思考建议表示了欢迎，充满着一种难得的自信。

在每次战役决策之前，彭德怀都要给自己留一个独立思考的时间。天气越来越冷了。大雪纷飞，山野的积雪已经没过膝盖。秘书杨凤安把火盆送到他的身边，又把金日成赠送的苹果放在他的桌子上，悄悄地退到室外。吃完苹果，他习惯于把苹果皮扔进火盆里，一股苹果清香瞬间弥漫在小屋里，沁人心脾。这种味道也是他喜欢的。这几天，他又抽起烟来了，饭后下棋的唯一嗜好也取消了。大家尽可能地不去打扰他。

到了第四天，12月19日晚上，彭德怀饭碗一放，主动找洪学智要"杀"一盘。大家高兴，就都来观战。韩先楚也是一个急性子，看到彭老总今天下棋不慌不忙，好像换了一个人似的，就催他快一点。

彭德怀笑着说："这叫稳进方针。"

说完，彭德怀把棋盘一掀，谈起了自己对第三次战役的"稳进方针"——专打南朝鲜军，目标缩小，能吃就吃，适时收兵。

夜已经很深了，矿洞里能够听到鼾声此起彼伏。昏黄的烛光下，彭德怀在奋笔疾书，他要给毛泽东发一封电报，再次表明自己对第三次战役和朝鲜战局发展的态度。电文中，他这么写道："据我看，朝鲜战争仍是相当长期的，艰苦的。敌人由进攻转入防御，战线缩短，兵力集中，纵深加强，对联合兵种作战有利。美伪军士气虽较前低落，现在还有26万多兵力。从政治上看,敌人马上放弃朝鲜,对其阵营是很不利。如再被消灭两三个师,可能退守几个桥头阵地,也不会马上全部撤出朝鲜。我军目前仍应采取稳进,对部队不要太伤元气。现已开始战役接敌运动,此役除运输困难、气候寒冷、相当疲劳外,特别是由山地运动战转为对阵地攻坚战,还没有进行很好的普遍的教育。因为上述种种原因,我8日给你的电报中,提到暂不越三八线作战,以便充分准备来年开春再战。得你13日复电后,现已遵示越三八线作战。如无意外变故,打败仗是不会有的,但攻击受阻或胜利不大的可能性是存在的。为避免意外过失,拟集中四个军(第五十、第六十六军在两翼牵制敌人)首先歼灭伪一师后,相机打伪六师,如果战役发展顺利,再打春川之伪三军团,如不顺畅,即适时收兵。能否控制三八线,亦须看当时具体情况再行决定。上述各项妥否,盼示。"

12月21日,毛泽东复电彭德怀,认为彭德怀对敌情的估计是正确的,

毛泽东主席始终关注朝鲜战局的进展。图为毛主席在中南海菊香书屋批阅有关朝鲜战争问题的电文

必须作长期打算。"主动权在我手里，可以从容不迫地作战，不使部队过于疲劳。""在打法上完全同意你的意见。""如不顺利，则适时收兵休整再战。"

12月22日，美军第八集团军司令员沃克带领他的队伍匆匆南撤，到达了开城以南地区。这天早上，他急急忙忙地来到了司令部普通军官食堂，要来一盘三明治和一瓶威士忌，和司机痛饮。随后，他们开车前往美军第二步兵师的一个连队，颁发嘉奖令。然而，沃克不会想到，这竟是他在朝鲜战场的最后一顿早餐，也是他人生的最后一顿早餐。

到达驻地后，沃克授予上尉连长一枚银星勋章，非常高兴地说："我是来给你嘉奖的，祝贺你带领全连在撤退时安全抵达目的地。"

上尉颓丧地回答说："谈不上安全到达，我保全性命是上帝的恩赐。我们连被中国人凶猛的进攻打得晕头转向。他们一次接一次地顽强进攻，用步枪和机关枪猛烈射击，扔出了看来是永远也扔不完的手榴弹，他们冲上阵地，用刺刀将我们的士兵刺死在散兵坑里。20分钟我们连就有70多人被打死。"

听完连长的回答，沃克愤怒了："你是被中国人吓破了胆。美国军人应该在战场上视死如归……"

谁知，上尉毫不畏惧地回敬了他的司令官："你为什么提出要撤退到汉城地区进行防御？为什么要撤退？"

"混蛋，你懂什么?!"沃克愤怒地吼道，说完转身登上他的吉普车扬长而去，因为他还要去给英第二十七旅颁奖。

与沃克顶嘴的上尉连长，名叫萨姆·沃克，不是一名普通的军官，而是沃克的儿子。不幸的是，几个小时后，萨姆就收到了父亲战地阵亡的噩耗——沃克的吉普车混杂在向南狼狈撤退的"联合国军"队伍中，因为车速过快，在弯道超车时被斜穿而来的南朝鲜军大卡车撞入山沟，起火爆炸，当场死亡。

第八集团军是美军二战中的主力部队，也是美军驻日本的主要力量。

自 1948 年以来，沃尔顿·沃克中将一直是该军的指挥官。体态壮实、凶猛强悍、嗜酒成癖的沃克，素有"美国陆军最优秀的将军之一"的盛名。他崇拜巴顿。巴顿也欣赏他，时常称他是"我那个最棒的杂种小子"。然而，当他坠落山谷的时候，一幕奇怪的场景发生了——公路上的"联合国军"士兵们开始起哄了，有的高喊"OK"，有的说"上帝在召唤他"，有的说"他是沃克将军，他急着逃跑抢路，该死！"当然，也有美国士兵表情恐怖，不停地在胸口画着十字。

沃克之死，再次震惊美国，震惊世界。在东京，面对记者，麦克阿瑟对死去的沃克赞誉备至："沃克英勇善战，是当代巴顿式的将军。不久前，我曾提出提升他为四星上将。可惜他离开了人世。"而当记者问及是否已经向国防部提出时，麦克阿瑟却回答说："还没来得及……"引起记者一阵哄笑。实际上，在沃克活着的时候，麦克阿瑟常常指责沃克指挥笨拙，不照他的办法干，应该撤掉他的职务。对此，杜鲁门说了一句公道话：麦克阿瑟总是抢功推过，在失败时怨上怨下，是一个不负责任的将军。

大家或许还记得，在感恩节那一天，麦克阿瑟曾经对沃克说过："你的命运就是战争的命运。"不幸的是，事实被他言中。对麦克阿瑟来说，沃克阵亡的命运既是他在朝鲜战场失败的命运的前兆，也是结果。

接替沃克担任第八集团军司令的，也是一位美军著名将领，名叫李奇微。他是在这天晚上与老战友晚餐聚会时接到命令的。当时，他的一杯鸡尾酒刚刚喝了一半。

现年 55 岁的李奇微，出身于一个炮兵上校家庭，1917 年考入西点军校，自己能够驾驶飞机，二战中曾率领第八十二空降旅参加诺曼底登陆，1949 年被任命为五角大楼陆军副参谋长。李奇微长相彪悍，因为爱训斥人，他的部属称他是"一个爱踢人屁股的人"。不过，最引人注目的还是他经常在上衣胸前挂着一颗手雷。

美国将军们的性格中大都有"老子天下第一"的美国基因，骄傲、狂妄、好战。但相比较而言，新上任的李奇微比他的总司令麦克阿瑟更有政治头脑些,也更冷静清醒一些,这是以布莱德雷为主席的美军参谋长联席会议的将军们喜欢的。新官上任后,李奇微接受了第二次战役中挨打的教训,在兵力部署上有了新的特点:将战斗力较弱的南朝鲜军8个师和土耳其旅部署在第一线,把战斗力较强的美、英军部署在第二线,集结在汉城周围及汉江沿岸的交通要道上。在东西全线摆出了能守则守、不能守则随时按计划撤退的姿态。

兵无常势,水无常形。远在北京的毛泽东始终关注朝鲜战场态势,也非常体谅前线的困难,实事求是,通情达理。他和彭德怀上下一气,珠联璧合。

新年马上就要到来了,彭德怀向北京发去了这样一封电报:

毛主席、朱总司令:

在您的英明领导之下,取得了两次战役的伟大胜利,现正继续努力,争取再打胜仗,作为新年献礼。谨祝健康!

中国人民志愿军全体指战员

12月26日,毛泽东再次致电彭德怀,指出:"南朝鲜军和美军已在北纬三十七度线至三八线之间站住脚跟,组成防线。志愿军和人民军不用走很远的路便能寻敌作战。这就应该改变原先和人民军商定的以人民军第二、第五军团深入敌后,分散敌人的计划。因为南朝鲜军集中于我有利,分散则于我不利。如果人民军第二、第五军团插入朝鲜南部,威胁敌人后方,就有分散敌人,使敌人变更部署,不敢在北纬三十七度线以北建立防线的可能,而汉城美军则有放弃汉城,集中大田、大邱一带的可能。那样,将使志愿军和人民军作战出现很大困难,不易各个歼灭敌人。因此,不但应建议人民军第二、第五军团不要深入南部,而且志愿军主力还应在战役后后退几十公里进行休整,以使美军和南朝鲜军感到安全,恢复其防线,以利志愿军和人民军而后的春季歼敌作战。"

在这种情况下,彭德怀根据毛泽东继续南进的指示,与洪学智、韩先楚、解方仔细研究作战方案,决定把志愿军6个军组成左、右两路纵队,在朝鲜人民军三个军的协同下,实施突击进攻,两路在兵力上均占敌人优势。

"战役的发起时间,你们想好了没有?"彭德怀一边问,一边看着日历表。

洪学智说:"我看选在12月31日比较好,辞旧迎新,正是敌人度假时间,容易麻痹。"

彭德怀点点头。

韩先楚指着日历表说:"阳历12月底,正好是阴历十一月中旬,是月圆期。"

"12月31日,正好是月圆的后几天,错过这个时间,到明年1月上旬,就是月亏期了。"解方分析说,"我看啊,选择31日再好不过了。"

彭德怀的脸上露出了愉悦的笑容,高兴地说:"好,那就定在12月31日,今年的最后一天,打一个漂亮仗迎接新年,你们还有什么意见没有?"

大家异口同声地说:"没有意见了。"

"那好,我看进攻时间就定在17时。现在就报党中央、毛主席。"彭德怀说着,就让杨迪赶紧起草电报。

那时候,志愿军没有制空权,敌机白天轰炸,只能靠晚上打仗。从第一次、第二次战役的经验来看,在有月亮照耀的晚上,更能发挥我军夜战的优势,所以打仗最好选在月圆期。但发起攻击的时间,不能选在月亮正圆的时候。为什么?选在月亮正圆的时候打仗,越打月亮就越小、越暗。因此,最好选在月亮最圆的前几天,这样,打到战役高潮(受后勤保障影响,志愿军的战役一般是七天),月亮正好最圆、最亮。因此,志愿军也就有了一种非常诗意、非常形象的表达:"月亮是志愿军的,太阳是美军的。"

12月28日,彭德怀致电毛泽东并高岗:"前电示此役后,三八线仍让敌占领。但须看此役结果。如能歼灭伪军两三个师及美军一部,估计敌人不仅不要三八线,还有可能放弃汉城,退守南汉江。此役在部队中动员,强调越过三八线的政治意义(实际上政治意义不大),而占领三八线后,又不要三八线还须做一番解释。我意既已占领了,如无其他特别原因就占领之,不去威胁汉城,让敌占领。如敌像平壤一样,自动放弃汉城,即令人民军一军团前往占领,志愿军撤至三八线以北,就粮整补等。妥否盼示。"

12月29日,毛泽东复电彭德怀:"同意你的计划。如我军能照你们目前部署,于1月上半月打一个胜仗,争取歼灭南朝鲜军几个师及美军一部,然后休整两个月,准备春季攻势,则对民主阵营及资本主义各国人民大众影响甚好,对帝国主义则给以新的一击,加重其悲观失败情绪。"

彭德怀司令员在朝鲜前线

战斗打响之前，彭德怀还是习惯性地到前线去看一看，走一走。在三八线附近的一个阵地上，他和洪学智、韩先楚、解方等人登上一个山头，举着望远镜观察前方的状况。

嘀嗒，嘀嗒，嘀嗒……

时针向攻击的时间走近，第三次战役即将打响……

新年的钟声，也即将敲响……

风雪交加，寒风凛冽，天地之间，白茫茫一片。

12月31日17时，志愿军准时发起了攻击。中朝军队30多万人分左、右两个纵队，向西起临津江、沿汉滩川及三八线一带展开的"联合国军"阵地发起猛烈进攻。战斗伊始，志愿军先以7个炮兵团加上各部队的伴随炮兵的火力，在预先设定了射击诸元的条件下，突然猛烈开炮袭击。这是志愿军入朝参战后第一次集中使用这么多的炮兵部队。一时间，炮声震天动地，响彻山谷。依然沉浸在新年酒会的香槟、葡萄酒和咖啡美味中的敌人，被打得狼奔豕突，叫苦连天。

正在平壤附近举行新年招待会的金日成获悉战场消息后，当即举杯预祝战役胜利，与会者报以热烈的掌声，并向中国驻朝使节敬酒祝贺。

这天夜里，风狂雪大，气温骤降。中朝军队根据彭德怀预定的攻击目标英勇突击。战士冒着敌人的猛烈炮火，徒涉冰水迅速突破临津江，登上滩头，抢占了"联合国军"的炮兵阵地，敌人顿时慌乱一团，不战而逃。这次战役是中朝军队向预有防御准备的"联合国军"发起的大规模进攻战役。一夜之间，右纵队的第三十九军突入敌人防御纵深10公里，第四十军突入12公里，第三十八军至元旦中午突入敌人纵深20公里。左纵队的第四十二、第六十六军攻占了敌方阵地。中朝军队大胆穿插分割，英勇突击，将"联合国军"整个防御部署打乱。敌军十几万人拥挤在汉江北岸背水作战，生怕再陷于被歼之命运，1月2日开始全线撤退，溃不成军。

彭德怀当即命令左右两路纵队乘胜转入追击。什么叫兵败如山倒？1976年韩国出版的《韩国战争史》对美、英等国军队的溃退作了淋漓尽致的描述:"联合国军士兵扔掉所有重炮、机枪等支援火器,爬上卡车向南疾驶。车上的人挤得简直连个小孩子都不能再挤上去了,甚至携带步枪的人也寥寥无几,他们只有一个念头,把那可怕的敌人甩掉几英里!拼命跑呀!控制不住的'后退狂'迅速蔓延开了。"中朝军队消灭了拼命南逃的南朝鲜第一、第二、第五、第六师和美军第二十四、第二十五师,英军第二十九旅等零散士兵各一部。

对这一次战役,作为前线指挥官的李奇微,在战后回忆当年向南溃退的情景时,毫不隐讳地写道:"元旦上午,我驱车由北面出了汉城,结果见到了一幅令人沮丧的景象。南朝鲜士兵乘着一辆辆卡车,正川流不息地向南奔去。他们没有秩序,没有武器,没有上级,完全是在全面败退。有些士兵是依靠步行,或乘着各种征用的车辆逃到这里来的。他们只有一个念头——逃呀!逃得离中国军队愈远愈好。他们扔掉了自己的步枪和手枪,丢弃了所有的火炮、迫击炮、机枪以及数人操作的武器。我知道要想制止这些吓破了胆的士兵大规模溃逃,那是枉费心机的。"①

1月3日,李奇微通知南朝鲜总统李承晚,他已下令于当天下午3时开始自汉城撤退,并由他自己亲临汉江大桥桥头指挥。他竟给第八集团军官兵下令:如果南朝鲜难民争夺汉江大桥,影响其撤退,就开枪射击。

这天下午,志愿军司令部的情报参谋跑来向彭德怀报告说:"刚才收听到美国无线电报话机里传出要撤离汉城的对话。"

彭德怀立即果断下令,向汉城进击!

1月4日中午,志愿军第三十九军第一一六师和人民军第一军团占领了汉城。为防止敌人向汉城反攻,彭德怀决定一鼓作气,逼退汉江南岸之敌,下令以人民军一个师留守汉城,主力于5日渡过汉江。志愿军第五十军一部控制汉江桥,主力抢占了汉江南岸滩头阵地。

这时,彭德怀考虑不能追击过远,即电令中朝军队如敌继续南逃,则尾追至三七线即停止待命。中朝军队于1月5日到8日相继攻占金浦、横

---

① [美]李奇微:《朝鲜战争》,军事科学出版社1983年版,第109页。

城、原州、骊州、水原、利川和西海岸的仁川港,一直将"联合国军"和南朝鲜军驱赶到三七线附近。

第三次战役,从1950年12月31日开始,至1951年1月8日结束,志愿军有第三十八、第三十九、第四十、第四十二、第五十、第六十六军和炮兵部队参战。中朝军队共9个军30余万人,冒着狂风大雪和零下20摄氏度的严寒,在冰天雪地里,忍饥挨饿,连续八昼夜迅猛追击,向南推进了80公里至110公里,占领汉城,将战线推进至三七线附近地区。因敌军主力不战而退,只歼敌1.9万余人。

拥有坚固的防线,李奇微为何不固守?

战争的目的是消灭战争。战场指挥员最忌被胜利冲昏了头脑。

1月7日傍晚,雪停了,寒风呼啸着,凌厉得像脱缰的野马,没有停下来的意思。穿上大衣,戴上棉帽,彭德怀带着警卫员走出金矿矿洞,来到洞口山脚下的小溪旁散步。他深深地吸了一口山野的新鲜空气,依稀能够听见小溪在冻冰之下潺潺的流水声。夕阳照在对面银装素裹的山坡上,不禁让他想起毛泽东在长征胜利抵达陕北后写的《沁园春·雪》。是啊!"江山如此多娇,引无数英雄竞折腰。"

邓华回国了,韩先楚带杨迪去前线还没有回来,君子里的领导就剩下彭德怀、洪学智、解方和杜平。彭德怀一个人沉思默想:这80个日日夜夜,每时每刻都有志愿军指战员在流血,在牺牲。虽然恢复了朝鲜民主主义人民共和国的全部国土,取得了震惊中外的伟大战绩,使帝国主义阵营内部矛盾重重,争吵不休,可是,现在我们自己的阵营也开始吵吵起来了,一些外国大使散布美国可能要放弃朝鲜的言论,轻敌速胜、盲目乐观的思想抬头了,这是极其危险的。韩先楚从四十军军部给他发来电报:这次战役打仗靠的都是老骨干,前面作战的部队十分疲劳,三八线以南沿途群众都跑光了,敌人把房屋烧光了,粮食抢光了,部队吃饭、休息都很困难,体力大大减弱,后勤如果跟不上,新的兵力没有补充,再发动大的攻势是不可行的。彭德怀相信韩先楚的判断是实事求是的。

回到作战室,彭德怀让杨凤安把洪、解、杜三位叫过来,想听听大家的意见。他瞅了瞅,习惯性地用手抹了一把脸,说:"现在有人说美国要撤出朝鲜了,你们怎么看?"

洪学智一听,也用手抹了一把脸,肯定地说:"我看不可能,美国人是非常爱面子的。"

"解方,你的英语好,说说你的看法。"

解方慢条斯理地说:"第三次战役后,美国朝野议论纷纷,有的主张坚决打下去,有的主张撤退,但以杜鲁门为代表的主流派是要打下去的。杜鲁门现在撤退,对他的选民交代不了。"

听了大家的发言,彭德怀站起来了,双手背在身后,来回踱步,一边踱一边说:"有人建议我要乘胜追击,我说,乘胜追击要慎重。第一,美军的主力还在,没有受到大的损失嘛,我军还没有成建制消灭他们一个师,他们的后备力量还很强,技术装备仍然占很大优势嘛,他们的火力是我们的30倍。第二,三八线上敌军既然设有坚固的工事,为什么不顽强防守?有的部队还未与我军接触就后撤了,为什么?第三,我军现在已是在严重减员的情况下的疲劳作战,是靠政治素质、靠指战员的革命觉悟,在顽强地坚持战斗。我军第一线6个军已经减少到了21万人,我军入朝时,十三兵团4个军就26万人嘛:两个多师的兵力打没了。大多数战斗连队的员额多者为原来的三分之二,少者不足一半,还有更少者,一个连剩下一个排、一个班的兵力了。第四,我军战线逐次南下,运输线延长到550公里到700公里,敌机对我军运输线封锁严重,物资运送更加困难,前沿阵地战士吃不上饭,营养不良,疾病严重。打得苦啊!我这样的老头子死也就死了,可战士们都还是孩子啊!"

说到这里,彭德怀说不下去了,停顿了下来。大家都默默地看着他,沉默不语。

"所以,我军同美军决战的时机未到,李奇微这个将军有头脑,他主动放弃汉城,还要后撤,为什么?"彭德怀来回踱了两步,冷静地分析道,

"李奇微显然是企图诱我南下,造成中朝军队后方供应困难,侧翼暴露,以便其利用海空优势,重演仁川登陆。我军历来的作战方针不在一城一地的得失。目前,我们无力防守汉城,也不能死守汉城,不能为一座城市损兵折将。醉翁之意不在酒!"

洪学智说:"彭老总,您分析得对,这里面有诈。"

解方说:"咱们打了这么多年仗,还看不出李奇微这点鬼名堂?"

杜平说:"李奇微这个人比麦克阿瑟头脑冷静,狡猾,我看他的撤退是另有企图的。"

听了大家的意见,彭德怀回到桌边坐了下来,饱含感情地说:"作战必须要主观与客观相符合,求胜心切是要付出代价的。战争不是赌博,我们不能拿志愿军的生命当儿戏!也不能拿国家的大局开玩笑。"

说完,彭德怀一巴掌拍在桌子上,说:"就这么定了,错了,我负责。解方,你给各部队下达停止追击的命令!"

1951年1月7日深夜,彭德怀断然下令,左右纵队各军自8日起停止追击,占领有利地形,严阵以待,防敌反扑。

第三次战役以胜利宣告结束。

一连串胜利的消息,通过新华社传遍了全世界,回荡在祖国的千山万水,中朝两国人民走上街头,热烈欢呼。1月5日,《人民日报》以头版头条大字标题《朝中军队发起新攻势,光复汉城向南急进》报道了抗美援朝的最新消息,同时刊载通讯《午夜的欢声——记北京大学同学庆祝汉城光复大游行》和社论《祝汉城光复》。紧接着,《人民日报》在1月6日、7日,接连在第一版报道了中国各民主党派和全国各地人民欢庆汉城解放的报道。

身为中朝军队统帅的彭德怀,从收音机里听到国内人民欢庆胜利的消息后,却感到寝食不安,又喜又愁。喜的是,祖国人民为志愿军取得的胜利如此高兴,这是对志愿军指战员极大的鼓舞;愁的是,国内的普通人民群众对志愿军在朝鲜前线面临的严重困难并不了解。他对政治部的工作人员说:"新华社不应该这样大张旗鼓地宣传报道光复汉城,因为敌我力量并没起明显的变化,这次我军虽然前进了一百多公里,但未能大量歼灭敌主力部队,我们是一军(陆军)对敌人三军(陆、海、空军),敌人的武器装备占绝对优势,放弃汉城不过是应急措施,肯定还会反攻的,目前我军并无力防守,如果敌军重占汉城,我们可怎么向祖国人民交代呢?"

后来,彭德怀曾就他当时为什么决定中朝军队停止追击一事这么写道:我军将敌驱至三七线后,敌改变计划,从日本和国内抽调新生兵力共约4个师,又从欧洲抽调老兵补充部队,集结在洛东江的预备防线。从东线战场方面撤退之兵力,亦集结于洛东江。总之,敌军一切一切都在诱我南进攻坚,待我军疲劳,消耗殆尽,再从正面反击,从侧翼登陆截击,以断我军归路。志愿军入朝后,不到三个月,连续经过三次大战役,又值严冬,全无空军掩护,也未曾休息一天,疲劳之甚可以想见。战斗的和非战斗的减员已接近部队的半数,急需休整补充,准备再战。① 彭德怀果断地命令部队停止追击,但苏联和朝鲜方面都有人表示不解。他们看到敌人南逃,认为只要中朝军队继续向南追击,美军很快就会退出朝鲜半岛。而此时,在中朝两军内部轻敌速胜的观点也在迅速增长,一些人议论"美军要速逃,美军要撤退""由北向南,一推就完""快打,快胜,快回国",等等。

定谋贵决。这是一个军事家的素质、气质,也体现他的本事、本领。

为驳斥速胜论,彭德怀没有少发脾气。的确,自1950年10月19日来到朝鲜,已经80个日日夜夜了。这80天,好像过了80年,彭德怀的神经系统天天都像是上了发条似的,紧绷着,脸上的表情多是严肃、紧张、凝重、坚毅,轻轻松松绽开笑脸的时候很少很少。

1月10日,夜已经很深了,大雪又纷纷扬扬地下起来了。金日成在朴宪永和柴成文的陪同下,来到了君子里志愿军总部,他要和彭德怀亲自商量一下继续向南追击敌军的问题。跟他们一起来的还有苏联驻朝鲜大使拉佐瓦耶夫中将。

---

① 彭德怀:《彭德怀自述》,人民出版社1981年版,第260—261页。

见金日成匆匆来访，彭德怀明白这将是一次并不轻松的会谈。他让杨凤安把洪学智副司令员叫过来。

都是老朋友了，待大家落座后，彭德怀亲自从铁炉上拎起热水壶，用白色搪瓷缸给金日成泡上了一杯茶。搪瓷缸上印着"赠给最可爱的人"。

"金首相，喝吧，这是我老家湖南的好茶叶，是乡亲们给我捎来的，让我老汉好好打美国鬼子。"彭德怀一边说，一边闻闻自己的搪瓷缸的茶叶香味，"我一闻到这家乡茶的味道，就想到乡亲们的重托，不敢稍有疏忽呀！"

金日成端起搪瓷缸，也闻了闻，说："闻到了，好茶，好茶，很香。感谢湖南人民的好意。"

"我家乡的茶叶比龙井还好喝哩！"彭德怀笑着说。

金日成笑了："彭老总，这茶里面有你的乡情嘛。"

言归正传。金日成喝了一口热茶后，客气地说："我这次来是向彭老总祝贺的，接连取得了三次战役的胜利，解放了汉城，我代表朝鲜人民表示衷心的感谢！"

彭德怀笑着说："金首相指挥有方，人民军恢复休整快，在第三次战役中作战勇敢，打得好！"

"都是按彭老总部署打的，是老总部署得好。"金日成在寒暄之后，话题一转，"关于下一步作战部署，我想亲自听听老总的意见。"

彭德怀喝了一口茶，说："金首相你都看到了，志愿军入朝两个多月，经过三次战役，已将敌军从鸭绿江边驱退至三十七度线以南，但志愿军伤亡已达5万余人，另因病和冻伤约4万人，各战斗单位人员体力削弱，很不充实。尤其是运输线拉长，运输极度困难，后勤未来得及补充。敌军虽然遭受我们三次打击，但主力损失不大，且保持着海空优势。现在，敌人有20多万人在平泽、安城、堤川、三陟一线布防就绪。我们在这一线歼灭敌人，要比把敌人压到釜山狭小地带打较为有利。我们应该在这一线充分准备，求得在这一线歼灭更多敌人的有生力量。"

性格急躁的拉佐瓦耶夫说："要抓住当前有利战机，想方设法克服困难,向南乘胜追击,对敌军实施最大的军事压制,不给敌人喘息的机会,这样才能迫使美军撤出朝鲜半岛。只要志愿军继续南进,美军就一定会退出朝鲜。我们苏军的战斗条令中,没有进攻胜利后停止进攻的。"

彭德怀看见来者不善,压着火气说:"我打了一辈子仗,怎么会不懂得乘胜追击的道理?我军历来都是主张在作战中要猛打猛冲,对击溃了的敌人应乘胜追击,最后歼灭敌人。但是,朝鲜战场有他的特殊性,半岛地形,大的运动战受到限制。我军不能大踏步后退,也不能大踏步迂回。我个人看法,不消灭敌军七八万人,敌人是不会退出朝鲜半岛的。美军主力还没有遭受到根本的削弱,敌军主动从汉城撤退,是有计划的,是引诱我们南进。李奇微有意引诱我们南下釜山,是想把我们的后方拉长,然后再来一个仁川登陆的好戏。所以,他不战而退,是一个阴谋。"

朴宪永说:"拉佐瓦耶夫大使说,若不乘胜追击,那要错失良机。"

彭德怀有些生气地说:"我不知道苏联顾问们在卫国战争中是怎么打仗的。如果连李奇微诱我南下的阴谋都看不出来,我就怀疑他们懂不懂军事了。"

拉佐瓦耶夫说:"彭司令员,达瓦里希,你发表的是奇谈怪论,朝鲜人民统一祖国,既是社会主义阵营的事业,也是中国的事业。要咬紧牙关打到釜山去,把惨败的美军赶下大海去!不能错失良机!停止追击不符合无产阶级国际主义精神,不符合苏军兵团作战要领,在朝鲜战场上不能当大傻瓜!"

过去就曾领教过这位苏联大使的脾气,彭德怀毫不示弱地说:"苏联红军也有责任有义务支援朝鲜人民作战嘛!如果苏联红军参加朝鲜战争,你们也可以指挥红军乘胜追击美军到釜山嘛!"

朴宪永说:"美军要找个借口退出朝鲜,如果我们不追,美军就不会退。反正不乘胜追击是不对的。"

彭德怀不客气地回答说:"既然你们认为只要我军向南进攻,美军就一定会退,我提议由仁川至襄阳以北的全部海岸线警戒和后方维护交通线,由中国人民志愿军担任。人民军第一、第二、第三、第五军等军团共约12万人已经休整了两个月,归你们自己指挥,照你们的愿望可继续向南前进。你们把美军赶入大海,我庆祝朝鲜解放万岁。"

听彭德怀这么说,朴宪永沉默不语了。

拉佐瓦耶夫抢过来回答:"人民军尚未恢复元气,不能单独向南前进。"

彭德怀不温不火地说:"你们去试验试验,经验教训也是很宝贵的嘛!"

拉佐瓦耶夫说:"这不是好玩的,一试验就要付出好多万人的代价。"

会谈到这里,性格率直刚烈的彭德怀终于压不住心中的怒火了:"战争不是儿戏,不能拿我们志愿军几十万战士的生命去赌博,就这样定了,不南进追击,错了我负责,杀我的头……"

听到彭德怀语气坚硬,拉佐瓦耶夫情绪失控了,怒不可遏地大声训斥:"彭德怀!哪有打了胜仗不追击敌人的道理,哪有你这样的司令官?你赶快下令继续追击敌人,一气呵成,一直打到釜山,一气呵成,把美军赶入大海!"

这时,洪学智拉了拉彭德怀的袖子。彭德怀强压住了怒火,保持着一个大国统帅的风度,斩钉截铁地说:"我根据朝鲜战场的实际情况,已经下令中朝军队停止追击,结束了第三次战役,这是唯一的正确选择!"

见彭德怀根本不买账,拉佐瓦耶夫气得面红脖子粗,暴跳如雷地大喊起来:"好!彭德怀!你竟敢不追击敌军,你竟敢放纵敌人,我要向斯大林同志报告,让斯大林同志来教训你!"说完,摔门而去。

这时,朴宪永语气也软下来了,说:"歼灭不了敌人,我们多占领一些地方也是好的。"

彭德怀语重心长地说:"把战争寄托在侥幸,那很可能把战争引向失败。大使先生要求我们一鼓作气进军釜山,把美军一举赶下大海,是不现实的,是军事上的主观主义。我们不能听他的,我们都是唯物主义者,打仗，主客观要一致。从目前各方面的情况来看，不再歼灭美军及其仆从七八万人，如无重大政治情况的变化，敌军是不会退出朝鲜的。"

朴宪永以外交辞令说："我们认为拉佐瓦耶夫的意见应该考虑。"

"是他个人意见，还是斯大林同志的意见？"

"不清楚，他没有说。"

"兵者，国之大事。"彭德怀言辞谆谆地说，"这样的大事情，是不能乱说一气的。我也不能听他的，我要听听国内的指示。外相同志，毛主席委托我指挥志愿军，我要为志愿军负责，我不能被美军诱至釜山，不能上美军的当，使他们重演仁川登陆，再从后方把我们志愿军赶回鸭绿江。那样的话，我老汉就真的无颜见江东父老了。我怎么回国呀？外相同志，你想象到此种情形没有？"

金日成一边喝茶，一边听他们的谈话，沉思着。这时，他说话了："看来，彭总的意见是对的。我们应该停止向南追击敌人。部队需要休整，但不知道需要休整多长时间？"

彭德怀说："金首相，你应该看出来了，现在气温零下30多摄氏度，我们的部队缺医少药，紧咬牙关，战斗力大减，犹如强弩之末。部队休整，重点是要坚决打好春季战役。"

金日成说："彭总的想法是对的。不过，部队休整的时间不宜过长，有一个月时间就可以了。休息时间过长，稻田、河川会化冻，部队运动起来就困难了。"

彭德怀思考了一下，说："我们再开会研究一下。不过，休整的时候，我们还要抓紧整训，做好随时战斗的准备。"

这天晚上，金日成和彭德怀取得了一致的意见，双方决定军队就地休整补充，召开中朝两军高干会总结经验以利再战。

送走金日成一行，彭德怀脸色铁青，倒背着手在会议室里转圈，不住地喘着粗气，一个人不停地嘟囔着："能一气呵成吗？能一气呵成吗？"

从此，这个从拉佐瓦耶夫大使嘴里冒出的"一气呵成"就成为志愿军司令部的一句笑话，经常被人拿来开玩笑、逗闷子。

洪学智知道彭德怀还在生苏联大使的气，就劝道："老总，消消气，不要跟这老毛子斗气。"

虽然压力大、责任重、困难多，但来朝鲜后彭德怀还从来没有生过这么大的气。他掏心窝子说："我打了一辈子仗，在井冈山，在长征路上，在陕北，特别是转战陕北那一段，都是惊险的恶战，两万多兵力，同胡宗南斗，害怕过吗？从来没有害怕过，可当志愿军打过三八线，我害怕了。不是考虑我个人的安危，是眼看几十万志愿军在美军空军、坦克、大炮和步兵强大的攻势下，异国作战，南下五六百公里，真是害怕了。"

洪学智说："彭总，我也害怕。怕我军悬在朝南，断粮断炊啊！那种情景真是令人害怕！"

彭德怀说："是呀！你说的是大实话。我这几天几夜睡不好，总想如何摆脱这个困境。"

"彭总，我军不能再南进了。后勤供应有大问题，没有粮，没有弹，怎么打仗？"

"是啊，是啊！拉佐瓦耶夫来把我教训一顿，要我一气呵成，能一气呵成吗？不能！"

"拉佐瓦耶夫他懂什么，战争是前方与后方的结合体。他们指挥失败了一次，还想让我们再失败一次？"

这时，秘书杨凤安端来茶水，说："喝口水吧！"

彭德怀把搪瓷缸一推，说："喝什么喝！"

杨凤安说："不要同他生气，不值得！什么狗屁大使，一点马克思主义者的味道都没有！"

"可他代表苏联政府啊！"彭德怀顶了一句。

杨凤安说："他这种水平，像过去的白俄大力士。我看他未必能代表斯大林。斯大林指挥卫国战争打败了德国法西斯，能听他的？"

这些日子，彭德怀明显消瘦了许多，眼睛红红的，布满了血丝。此刻,他的内心也是翻江倒海。这让他想起了在江西中央苏区的日子,想起了红军的德国顾问李德,想起了广昌战役的一败涂地,想起了第五次反"围剿"失败后被迫长征,真是"崽卖爷田不心疼"啊!这个拉佐瓦耶夫活脱脱又是一个李德!

当夜,彭德怀把金日成来访和拉佐瓦耶夫"一气呵成"的意见如实报告了毛泽东,而且在电报的结尾明确写上:"目前朝鲜战场形势,志愿军不能乘胜南进追击,错了我负责!"电报发出后,他的心也一直悬着,不知道毛泽东是否同意自己的意见。

收到彭德怀的电报后,毛泽东很快回电,不仅赞成彭德怀的意见,还把朝鲜战场的实际情况和拉佐瓦耶夫的意见向斯大林做了通报。

谁知,拉佐瓦耶夫在得知金日成和彭德怀会谈的结果后,也向克里姆林宫作了报告,向斯大林告状,指责彭德怀"右倾保守,按兵不动,不乘胜追击"。

收到毛泽东的电报,斯大林很惊讶,觉得拉佐瓦耶夫言行粗鲁愚蠢,给他捅了篓子,因为他和苏联政府并没有授权他这么干。他立即发电报给拉佐瓦耶夫,批评了这位不知轻重的大使,说:"彭德怀是久经考验的统帅,是当代天才的军事家。今后一切听彭的指挥。"同时,斯大林复电毛泽东,称赞志愿军作战勇敢,以那样的劣势装备打败了世界上最强大的美帝国主义,了不起。他说:"彭德怀的意见是对的,已严厉批评了拉佐瓦耶夫,不准他今后再乱发言,准备把他调回苏联,不让他再在朝鲜给彭德怀捣乱了。"

5 猎猎寒旌

西顶东反，回京陈词，彭德怀居仁堂拍桌子
轮番作战，美军易帅，转守为攻，全线反击

果不其然，美国人不仅没有撤退，而且很快就发起了反攻。

1月25日，中朝两军高级干部会议正在中朝军队司令部君子里举行，金日成率朝鲜劳动党中央政治局其他负责人来了，中共中央也特派东北人民政府主席、东北军区司令员兼政委高岗从沈阳赶过来了。这是中朝两军高级干部第一次相聚交流经验的会议，也是庆祝第一、第二、第三次战役胜利的大会。

彭德怀正在主持会议，秘书送来了电报，"联合国军"在大量空军的支援下，以步兵、坦克组成的多路纵队，对中朝军队阵地进行大规模反攻。一时间，美军海盗式、佩刀式、雷电式、野马式、女妖式等各种轰炸机飞来了，在空中耀武扬威，狂轰滥炸，蓝色的天空成了侵略者的屠杀场。

敌人的反攻，是彭德怀意料之中的事情，一点儿也不感到意外，但敌人由溃退到反攻，如此之快之早，多少还是出乎他的意料。由此，想想如果按照苏联大使拉佐瓦耶夫乘胜追击的逻辑，后果不堪设想。

原来，因为彭德怀果断停止追击结束了第三次战役，导致李奇微的"诱敌深入"策略失败，他立即调整部署，将其第一线地面部队增至25万人。为了查明中朝军队阵地情况，李奇微乘AH-6老式教练机深入志愿军纵深20英里范围内进行空中侦察，发现中朝军队前进到三七线后，运输线延长，物资补给更加困难，由此认为："中共部队已不能有效地进行作战，短时间内不可能发动进攻。""中国士兵虽有英勇顽强的斗志，但他们致命的弱点是没有飞机、没有重炮、没有后方供应的保障，每个士兵随身携带的干粮，只能吃五至七天，不可能连续作战。"于是，他决定发起大规模反攻，目的是夺回汉城，将中朝军队再压回三八线以北。

李奇微为这次反攻取了一个名字，叫"霹雳攻势"。那意思很明白，就像闪电一样，要又快又狠。在1月25日初露锋芒之后，他继续增加兵力，攻占了水原、金良场里、利川、原州等地区，然后由西向东在200公里的志愿军防御正面发动了全线攻击。美军第八集团军的军部在大邱，但李奇微与他坐在东京第一大厦里指挥作战的上司麦克阿瑟明显不同，他大部分时间都与米尔本的第一军前指在一起。在反攻开始的时候，他甚至把自己的指挥所别出心裁地设在了骊州一座光秃秃的山崖的绝壁之上。他也不喜欢出风头，不喜欢上纽约报纸的头条，他喜欢在自己的帐篷里总结麦克阿瑟三次失败的教训，也总结志愿军的战略战术。

的确，这是一个精明的家伙。李奇微发现了志愿军的"软肋"，那就是他的参谋长艾伦所说的："一战云山，二战清川江，三战汉城，中共军队都因粮弹供应不足，进攻只能维持一周，我们掌握这个规律后，将军就可乘机攻击取胜。"他在帐篷里计算了一下，还真是这么回事儿。因为后勤补给的困难，志愿军指战员在战斗时随身携带的粮食、弹药的确只能维持一周左右。因此，他给志愿军的进攻命名为"礼拜攻势"。

不得不承认，敌人是聪明和狡猾的。彭德怀知道，这个对手不好对付。李奇微的部署改变了，在战略方向上将主力集中于西线，以汉城为主要突击方向，东线为辅助突击方向；在战术上不再采用美军和南朝鲜军混编，而是用美军打头阵，将兵力分为四路，采取齐头并进、稳扎稳打、各路互相支援的战术。

怎么办？志司立即对战场形势进行了分析。彭德怀认为中朝军队极需要休整补充，以利再战。1月27日，根据1951年1月11日"联合国朝鲜停火三人委员会"的决议，彭德怀密电毛泽东："为增加帝国主义阵营矛盾，可否以中朝两军拥护限期停战为由，发布人民军与志愿军从乌山、太平里、丹邱里线北撤15公里至30公里的消息，如同意请由北京播出。"

1月28日，毛泽东迅速复电。让彭德怀没有想到的是，毛泽东要求"我军必须立即发起第四次战役，以歼灭两万至三万美李军，占领大田、安东之线以北区域为目标"；"中朝两军北撤15公里至30公里，发表拥护有限期停战的新闻是不适宜的，敌人正希望我军撤退一段地区，封锁汉川，然后停战"；"我军没有补兵，弹药也不足，确有很大困难。但集中主力向原州、荣州打下去，歼灭几部分美军及四五个南朝鲜师的力量还是有的。请你在此次高干会上进行说明"。

彭德怀当即决定中朝军队停止休整，立即部署第四次战役。

1月29日，中朝两军高干会议提前结束，彭德怀在会上做了紧急作战动员，决定采取"西顶东反"（亦作"西顶东放"）的作战方针。

彭德怀立即向毛泽东报告了"西顶东反"。

毛泽东复电："部署甚好，预祝胜利。"

何谓"西顶东反"？即西线在汉江两岸顶住敌人，东线将敌人有计划放进来，在运动中寻机反击歼敌。具体部署是：西线，由韩先楚副司令员带领第一二四师参谋长肖剑飞、侦察参谋崔醒农、两个警卫员、两个译电员和一部电台组成"韩指"，指挥朝鲜人民军第一军团、志愿军第五十、第三十八军展开金浦、仁川、野牧里至骊州以北组织防御，抗击侵略军向汉城方向的攻击。朝鲜人民军第一军团位于金浦、仁川、永登浦、汉城地区,担任海岸防御及汉城守备任务。东线,由邓华副司令员带领作战处副处长杨迪、两个警卫员、两个译电员、两个报务员和一部电台组成"邓指",指挥志愿军第三十九、第四十、第四十二、第六十六军于龙头里、阳德院里、洪川及横城以北地区集结,准备向原州、横城方向反击;由朝鲜人民军前线司令官金雄指挥人民军第二、第三、第五军团展开于三巨里、大美洞、宝来洞以北地区,掩护邓华集团集结,并准备以其第三、第五军团在邓华集团左翼向横城东南实施反击。

这时,彭德怀要继续靠前指挥,与参谋长解方一起,把志愿军司令部向金化地区的上甘岭进行转移,那里既靠前又适中,而且松林茂密,十分隐蔽。

"邓指"和"韩指"领受任务之后,立即出发了。雪不紧不慢地下着,风不紧不慢地刮着,世界好像什么事儿也没有发生一样。

刚刚出门没多久,韩先楚掉头回来了,风风火火地推开了彭德怀的门,说:"彭总,不对啊?"

"怎么了?韩先楚,你怎么回来了?"

"彭总啊,西线是美军的进攻重点,李奇微这家伙集中了十万兵力,我们打防御才两个军一个师,势不均力不敌啊!一旦顶不住,影响全局啊!"

"哎呀,这个我已经想到了,我也是不得已而为之啊!"

韩先楚作战勇猛,快人快语:"邓华那边只有5万敌军,而且是南朝鲜军,配备邓华的兵力有4个军,是敌人的3倍啊,他用不了那么多,能不能匀一个给我?"

彭德怀摇摇头:"不行!"

"为什么?"

"兵不厌诈啊!这是布置的一步险棋。"

"险棋?"

"你听说过田忌赛马的故事吗?"

韩先楚明白过来了，挠挠头，笑着说："彭总，您真行！以你的下马对李奇微的上马呀！"

彭德怀表情凝重，拍了拍韩先楚的肩膀，充满信任地说："这个比喻不完全恰当。李奇微以为我军主力在西线，把西线作为主要作战方向。我就干脆以较少的兵力对付他的主力。你那里确实困难很大，但我们这是劣势对强势，险中求胜。我们要集中力量破一路，动摇李奇微的防线。所以选择破敌人较弱的东线。"

"我明白了。"韩先楚笑嘻嘻地说。

彭德怀心情沉重地嘱咐道："你那里打得会很艰难，会有很大伤亡，我也是不得已而为之啊！你不要怨我厚此薄彼呀。"

韩先楚，立正站好，给彭德怀庄重地敬了一个军礼！

一个军礼，除了致敬之外，还有彼此的信任、托付、承诺，一切尽在不言中。

冒着纷纷扬扬的大雪和敌机轰炸的危险，韩先楚玩命儿地抵达了西线前指，见到了梁兴初、刘西元、曾泽生、徐文烈和朝鲜人民军师以上干部。

在作战室，韩先楚让肖剑飞给大家念了一遍总部的作战方案，然后扫视了他的军长和师长们，响亮地说："我已经给彭总立下了军令状，从水原至汉城30公里的地段，我保证坚守20天的时间，每天只能让李奇微前进1公里，但他要每天把1000个美军官兵给我摆到阵地上，我才让他离开。就是说，他要拿1000个美军官兵的生命为代价，看美国人民答不答应你李奇微。"

浴血奋战的将军们没有听说过这样的"军令状"，赶紧把脑袋埋进地图里，要看一看这到底是一条什么样的防线。

"你们都看好了？"

"看好了。"

韩先楚一脸严肃地说："我这个人，个子矮，就是浑身是铁，也打不了几个钉子。我给彭总立了一个军令状，你们也给我立一个吧！"

军长、师长们都笑了。

梁兴初说："韩司令，三十八军人在阵地在，坚决完成任务！"

曾泽生说："韩司令放心，五十军就是战斗到最后一个兵，也要完成汉江以南的坚守任务！"

经过八天的激烈战斗，志愿军坚守了主要阵地，但敌人在飞机、坦克的支援下，攻势猛烈，志愿军第五十、第三十八军伤亡严重，从而被迫节节抗击，阻止敌人前进。

1月31日，彭德怀致电毛泽东："第三次战役即带着若干勉强性（疲劳），此次战役则带着更大的勉强性。如主力出击受阻，朝鲜战局有暂时转入被动的可能。"

凭借少量小型火炮和步兵武器抗击敌人的狂轰滥炸，情况危急！彭德怀接连不断地接到中朝军队从前线发回的电报和电话，心中焦急万分，只能紧急致电中央军委迅速调第十九兵团入朝，并希望尽快设法解决志愿军的后方供应和空中掩护问题。

前线告急！

2月4日，金日成亲自到联司（中国人民志愿军与朝鲜人民军合组之联合司令部）前指与彭德怀会谈，同意目前力争阻止敌人前进，并从各方面加紧准备，仍做长期打算的方针。

前线告急！

"联合国军"在占领志愿军一线阵地后，继续猛烈进攻。此时，汉江在敌人的狂轰滥炸中已经开始解冻。2月7日，为避免背水作战，彭德怀命令朝鲜人民军第一军团和志愿军第五十军主力撤至汉江北岸组织防御，第三十八军仍留在汉江南岸掩护主力向横城方向集结。

前线告急！

2月7日，中央军委根据毛泽东的意见，决定部队轮番入朝作战。也就是将过去从国内部队抽调老兵补充志愿军的做法，改为以军为单位成建制地由国内调往朝鲜战场,轮番作战。轮番作战是中国人民志愿军在抗美援朝战争中的一个新创造。

2月8日,"联合国军"向汉江逼近;10日,占领仁川港,并以数师兵力进攻第三十八军阵地。在战斗空前激烈、伤亡惨重的情况下,第三十八军在既无坚固工事、又无炮火支援的情况下,前仆后继,不畏牺牲,守住了阵地,歼灭了大量敌人。

在东线,"联合国军"被志愿军阻止在砥平里和横城以北地区,形成了突出态势,造成了志愿军从其侧翼反击的有利战机。彭德怀遂决定对横城和砥平里之敌实施反击。2月11日晚,志愿军邓华集团和人民军金雄集团共7个军,根据彭德怀的指示,发起了横城反击战。经过两夜一天的战斗,围歼了向北猛攻的敌人。后来,李奇微回忆说:"在中共军队进攻面前,美二师遭受重大损失,尤其是火炮的损失更为严重,这些损失是由于南朝鲜第八师仓皇撤退造成的,该师在敌人的一次夜间进攻面前彻底崩溃,实际上是全军覆没。"① 横城反击战获胜后,为扩大战果,阻止敌军的攻势,彭德怀决定以机动兵力于2月13日晚向砥平里之敌发起反击。因对敌情判断有误,当晚未能解决战斗,至15日,美、英军又有大批援军逼近,彭德怀不得不命令停止进攻,撤出战斗,向北转移,转入防御。至此,第四次战役的第一阶段结束。

危机四伏。

入朝作战100天了,彭德怀从来没有像现在这样焦急!

经过23天作战,中朝军队歼敌2.2万余人,但志愿军部队伤亡比以前都要大。而此时,应补充的新兵和增调入朝的后续部队第三、第十九兵团尚未赶到。彭德怀考虑,如"联合国军"乘势突入三八线及其以北地区,中朝军队将陷入十分不利的地位。经过联司领导人讨论,决定中朝军队全线转入运动防御,采取"积极防御,纵深设防,利用良好地形节节抗击,迟滞和杀伤敌人,赢得时间,改善交通运输,屯集作战物资,以待后续作

---

① [美]李奇微:《朝鲜战争》,军事科学出版社1983年版,第121页。

战部队到来进行战役反击"的作战方针。

在作战指挥上,彭德怀根据敌我态势,灵活多变地指示各军:"在敌优势火力下,不应死守一地不动,也不应在一个阵地堆很多部队,以避免过多过早消耗自己的力量为原则。各部可依据情况,分成数个梯队,轮番阻击,换班整补。只要我们能争取两个月的时间,后续部队即可赶到前线,新兵亦可补充到部队,作战物资也可屯集起来。第二批轮番兵团即可接替第一番兵团连续作战。"

2月16日,根据彭德怀的指示,第三十八军向北撤至汉江北岸。李奇微立即命令美、英军主力,向中朝军队阵地步步进逼,攻势更加猛烈。针对敌人进攻的特点,彭德怀再次指示各军灵活机动地"采取重点设防,梯次配置,扼守要点,以点制面的部署,各级实行兵力前轻后重,火力前重后轻的原则"。

如何才能以劣胜优、以少胜多呢?彭德怀更是足智多谋。在兵力部署上,他将多数兵力分散隐蔽在阵地两侧或稍后,把火炮配置适当靠前,有层次地分散隐蔽配置,以避开敌人攻击前的炮火袭击。当敌人步兵、坦克发起攻击时,志愿军各种火炮突然集中开火,支援部队反冲击,与敌人展开近战。这样,既可有效地减少自己的伤亡,又可发挥志愿军近战的特长。在争取到一定时间或已无力防守时,即利用夜间主动转移阵地。彭德怀的这一战术,在减少部队伤亡的同时,使敌人每前进1公里都要付出惨重的代价。连敌人也不得不承认:"中共志愿军是一支纪律严明,训练有素,指挥有方,堪称世界上第一流的军队。"[①] 然而,中朝军队第一线兵团连续作战,大量减员,第二批轮番兵团还远在鸭绿江边,前线部队衣鞋粮弹均未补充,青黄不接,很多战士赤脚作战,这使彭德怀对当前的严重局势和中朝军队的严峻处境愈加焦虑和担忧。经与志司其他领导人研究后,彭德怀果断决定:全线转入运动防御,节节阻击,迟滞和杀伤敌人,争取两个月的时间,等待第二批轮番兵团的到达。具体的防御部署是:全军分

---

① 《彭德怀传》编写组:《彭德怀传》,当代中国出版社2006年版,第265页。

为两个梯队,第一梯队展开8个军,防御正面为150公里,西起汉江口,沿汉江北岸,经杨平、中元山、横城、烽火山至下珍富里。第一线防御纵深约25公里至30公里,抗击时间约一个月。第二梯队为三个军另一个师,任务是一边构筑工事,一边休整,准备接替第一梯队,再抗击一个月。

彭德怀向各军部署任务后,还特别要杜平为志愿军党委起草一份给各军党委的指示,要求各军党委立即召开师以上干部会,传达和讨论如何执行上述决定。彭德怀在审批此指示时,加了一段很重要的话:"总之,争取两个月时间,对我们是迫切需要的。时间就是胜利。望各级干部党员深体此意,坚决完成这一艰巨任务。"

2月16日,彭德怀思前想后,深感战场情况用电报说不清楚,觉得朝鲜战局的作战指导已经到了一个转折点,他必须紧急回国向毛泽东当面汇报。于是,在深思熟虑之后决定致电毛泽东:"我拟乘此间隙,利用黑夜

1951年,彭德怀与金日成会见志愿军首次归国代表

回中央一次，面报各项，如同意我拟21日晨到安东，为争取时间，请聂总备机在安东等我，以便当日即可到京，如何？盼复。"毛泽东很快复电同意。

2月18日，回国之前，彭德怀先赴平壤附近，与金日成商谈，拟定了中朝军队在三八线以南的作战方案：西线汉城方面，力争沿汉江北岸抗击时间越久越好；东线横城方面，集中第三十九、第四十军力争在运动中歼灭南朝鲜两个师和美军一部，以推迟敌人进到三八线的时间。

2月19日，彭德怀回志司，电请邓华速回志司主持全面工作。

2月20日晚，彭德怀带杨凤安等两名秘书、两名警卫员，乘两辆吉普车，冒着敌机的轰炸，连夜向北疾驰。

漆黑的夜，漆黑的原野，漆黑的山林，漆黑的道路，偶尔有敌机夜间侦察，投下炸弹或者照明弹，随着火红的亮光照亮夜空，爆炸声也由远及近地传来。坐在吉普车里，彭德怀望着星星闪烁的夜空，陷入了沉思……此情此景，让杨凤安忽然想起了爱国名将岳飞的著名诗词《满江红》。为了活跃情绪，他就轻轻地在车里吟诵起来——

怒发冲冠，凭栏处，潇潇雨歇。抬望眼，仰天长啸，壮怀激烈。三十功名尘与土，八千里路云和月。莫等闲，白了少年头，空悲切。

靖康耻，犹未雪。臣子恨，何时灭？驾长车，踏破贺兰山缺。壮志饥餐胡虏肉，笑谈渴饮匈奴血。待从头，收拾旧山河，朝天阙。

杨凤安说："毛主席特别喜欢岳飞的这首词。"

彭德怀的沉思被打断了，称赞道："岳飞抗金报国，披星戴月，转战千里，一代忠良。"

杨凤安感叹道："国家没有忠臣良将，即使有千军万马，也不能巩固安全啊！"

2月21日晨，彭德怀到达安东。聂荣臻派来的专机伊尔-14已在机场等候。11时,专机在4架米格-15喷气式战斗机护航下,降落在沈阳机场加油。时任东北军区司令部办公室主任的郭瑞乐看到彭总很疲劳,就请他在机场休息室休息一会儿。彭德怀说:"我不累,你们别管我!"不进休息室,既不吃饭,也不喝水,彭德怀就一直站在飞机旁,等飞机加完油,即刻登机向北京飞去。

2月21日午后,彭德怀在北京西郊机场下了飞机,乘车立即赶赴中南海。不巧的是,毛泽东当时住在北京西郊的新六所。彭德怀又命司机折返西郊玉泉山。当他急急忙忙地进入毛泽东的住处静明园时,习惯于晚上工作的毛泽东还没有起床。秘书和警卫人员劝彭德怀等一等,谁知他把脸拉了下来,严肃地大声说道:"我有急事要向毛主席汇报!"说完,不顾警卫的拦阻,他推门而进,直接叫醒了毛泽东。

见彭德怀站在自己的面前,毛泽东吃了一惊,赶紧起床,一边穿衣一边用湖南话打趣地说:"只有你老彭才会在人家睡觉的时候闯进来提意见。"

得知彭德怀还没有吃午饭,毛泽东劝他:先吃,再谈。

彭德怀说:不吃,先谈。

毛泽东坚持说:不吃,不谈。

两个拗脾气的湘潭人,又拗起来了。

毛泽东又劝道:"老彭,你必须先吃饭,你若不吃,我就不听汇报。"

无奈,彭德怀只好到食堂匆匆吃了几口,即回来向毛泽东详细汇报战场情况,说明从敌我形势分析,朝鲜战争不能速胜。他有理有据地说:"我军现在是出国作战,与在国内作战突出的不同之处有四点:一是兵员补充不能取之于敌。抓到的敌人俘虏不能补充自己,也不能就地动员朝鲜青年参加志愿军。志愿军伤亡很大,得不到及时补充,战斗力已越来越削弱。二是敌机轰炸,道路、车辆毁坏严重,物资得不到及时补充。即使缴获了敌人的先进装备,因缺乏技术人员,不能使用,几乎全部被敌机炸毁。三是部队越过三八线作战,正是严冬季节,朝鲜东西两面是海,寒风袭人，东线更冷，战士衣服单薄破烂，有的连鞋袜都没有，大量生病和冻伤。四是几十万志愿军既得不到充足的粮食供应，更得不到新鲜蔬菜，断炊现象经常发生，指战员靠的是一把炒面一把雪坚持作战，营养不良，体力下降，许多人得夜盲症，严重影响作战行动。我们现在一无空军掩护，二无足够的高射火炮，运输车辆大部分被中途炸毁。第一次和第二次战役，一个多月共损失汽车780多辆，真正能够送到前方的物资粮食为数很少。我们如不能有效地保障后方的交通运输，是无法坚持长期作战的。"[1]

听了彭德怀的汇报，毛泽东沉思了一会儿，说："中央对志愿军在朝鲜前线作战的处境和困难很关心，一般是了解的。但没有你在前线了解得这样具体、这样深刻。朝鲜这个地方不能打大的歼灭战，地域狭长，不易大部队迂回。当地筹粮困难，运输送不上去。李奇微是动了脑子的。他看到我军是靠战士肩扛手提运送补给，打光了用光了，就难打下去了。他就用空中封锁，想在我弹尽粮绝时，把我军打垮。他发明了'磁性战术'，像磁石一样，把我军吸引住，把我军吸引到他的纵深，远离我军后方，然后相机歼灭我军。他还指挥美军坚持'主力靠拢''等齐发展'，有点像在苏区时蒋介石步步为营的战术。李奇微不像麦克阿瑟，打点胜仗就忘乎所以。你老彭不去洛东江，不上他的当。你比麦克阿瑟高明得多喽！"

彭德怀说："都是靠主席指导，我在前线具体办。"

毛泽东说："根据现在的情况来看，朝鲜战争能速胜则速胜，不能速胜则缓胜，不要急于求成。我们是唯物主义者，不能打超出我军能力的仗嘛。"

"主席呀，有你这句话，我就放心了。"

彭德怀内心有了石头落地的感觉，抗美援朝战争就有了一个机动而又明确的方针。这个方针，同毛泽东在第三次战役结束不久后的乐观估计是不同的。毛泽东认真听取彭德怀的陈述，及时调整方针，作出正确决断，这是英明的。

---

[1] 《彭德怀传》编写组：《彭德怀传》，当代中国出版社2006年版，第265页。

最后，彭德怀十分不安地向毛泽东详细汇报了毛岸英牺牲的经过，以十分内疚的心情检讨说："主席，你让岸英随我到朝鲜前线后，他工作很积极。可我对你和恩来几次督促志司注意防空的指示不重视，致岸英和高参谋不幸牺牲，我应承担责任，我和志司的同志们至今还很悲痛。"他清楚地记得，当天给中央军委写报告时，短短的一封电报，竟然写了一个多小时。

毛泽东听罢，一时沉默无语。少顷，他望着内心不安的彭德怀，宽慰他说："打仗总是要死人的嘛！中国人民志愿军已经献出了那么多指战员的生命，他们的牺牲是光荣的。岸英是一个普通的战士，不要因为是我的儿子，就当成一件大事。"并叮嘱说："现在美国在朝鲜战场上使用的各型飞机一千多架，你们千万不能疏忽大意，要采取一切措施保证司令部的安全。"

2月24日，根据毛泽东的指示，中央军委副主席周恩来和彭德怀、聂荣臻一起召集军委各总部负责人在中南海居仁堂开会，讨论各大军区部队轮番入朝作战和如何保障物资供应的问题。参加会议的高级将领，不是彭德怀的老战友，就是他的老部下，一见面都有一种久违了的感觉，高兴地过来握手问好，嘘寒问暖，好不亲切。

会上，彭德怀详细介绍了志愿军面临的严重困难。他说：第一批入朝的9个军，经过3个多月的连续作战，各个主力部队都已经伤亡过半，达到四五万人。敌人的钢铁多，志愿军阵地每平方米要落一两颗炸弹。现在志愿军在三八线以南至三七线一段区域内作战，因为原来是敌占区，形成了300里无粮区，就地几斤粮食都筹措不到。

说到这里，彭德怀想起前线阵地战士饿着肚子、赤脚作战的情景，喉咙哽咽，说不下去了。

周恩来神色凝重。代总参谋长聂荣臻插话说：现在"小米加步枪，仓库在前方"的时代过去了。李奇微实行空中封锁，专打我军的弱点，卡我们后勤运输的脖子，关键在运输。

彭德怀喝了几口茶,用双手抹了一把脸,接着说:李奇微看准了我们的弱点,对我后方实行"绞杀战"。敌军的飞机由1100多架增加到1700多架,重点轰炸我们的运输线,大量使用照明弹、定时弹、凝固汽油弹、四爪钉、蝴蝶弹,破坏性极大。我们晚上修,他们白天炸,炸了修,修了炸,千里江山,一片焦土。重磅炸弹的弹坑,一下雨,像小湖。战士们几天未进一粒米,衣服破烂得像乞丐,依然坚守阵地,追击敌人!

周恩来听了,动情地说:前线的情况,比我们在国内了解的还要差啊!

彭德怀接着说:现在部队有三怕,一怕没饭吃,二怕无子弹打,三怕负伤后在阵地上没人管。为什么没人管呢?因为连队其他战友都牺牲了,所以战士们要留一颗手榴弹,最后与敌人同归于尽。

听了彭德怀的汇报,将军们都啧啧咂嘴,赞叹不已。

在讨论到具体问题时,彭德怀要求国内各方面想办法大力支援前线,各部门也确实没有想到这场战争越打越困难。听了彭德怀的介绍,有人说新中国刚刚成立,各条战线各种机构刚刚建立,国家财力有限;有人说我们机构还不健全,人手不够,许多问题恐怕难以落实……

"啪!"

这时,只听一声响亮的拍桌子的声音,将军们一脸愕然,面面相觑。

定神一看,原来是彭德怀拍了桌子。只见他猛地站了起来,把桌子一拍,恼怒地说:"都是秦桧的腔调!这也困难,那也困难,就是你们爱国,难道志愿军不爱国!你们去前线看看,战士吃的是什么,穿的是什么!伤亡那么多人,他们为谁牺牲?现在既没有飞机,火炮又很少,后方运输根本没保障,粮食服装运不上去,又饿死、冻死了很多战士,难道国内就不能克服困难吗?!谁说这样的话,就让谁上前线,到前线阵地坚守一个星期看看!"

彭德怀本来就为前线的供应不继焦急不满,会前与苏联驻中国总顾问沙特哈诺夫大将会谈时,着重请求苏联老大哥给予空军支持,却遭一口回绝，这令他十分失望，心中早就憋着一肚子火了。因为怒火造成血压上升，他瘦削发黑的脸变成了朱砂色。

周恩来见状，站起来拉彭德怀坐下，说："老彭，老彭，别发火，别发火，坐下讲，坐下讲。"

彭德怀满嘴嘟噜着，气呼呼地坐下来了。

周恩来也是面带愠色，很不高兴地说："今天会议是根据主席的指示，专门研究解决志愿军的困难的，各部门应该全力以赴，能给前线解决什么困难就解决什么，不要强调自己的困难。有什么困难，可以另外开会研究嘛！"

听周恩来打了圆场，彭德怀心情平静下来，知道自己错了，面带愧色地道歉："对不起，总理，我脾气不好。"

周恩来摆摆手，说："老彭，你有话尽管说，有火你就发。"

"我这个人，就是这个脾气，大家原谅吧！朝鲜前线比长征的时候还艰苦，我是代表几十万志愿军指战员回国的，来求大家了。"说完，彭德怀站起来给大家鞠了一个躬。

彭德怀火冒三丈，会场气氛骤然紧张。主持会议的周恩来，虽大度维持，会议还是不欢而散。

2月25日，周恩来连续主持召开中央军委会议，对加强志愿军第一线兵力和后方供应做出了一系列重要决定，即凡国内的部队，都要轮番到朝鲜作战。一则替换第一线部队休整，二则锻炼部队，提高全军现代化作战指挥能力。会议决定，将刚刚改装的空军和高射炮部队调到朝鲜北部掩护后方交通线，再向苏联购买几十个师的武器装备；调用国内各种物资大力支援前线，由几个大城市为志愿军制作炒面和罐头食品；号召国内各行各业增产节约和捐款购买飞机大炮。这些措施对减少志愿军的困难，增强战斗力起到了巨大作用。

就在这一天，杨得志为司令员的第十九兵团作为第二批轮番兵力入团朝参战。3月18日，陈赓为司令员的第三兵团，也入朝参战。

3月1日，彭德怀没有接受毛泽东挽留他多休息几天的好意，结束了日夜奔忙的回京陈词之旅，急匆匆地赶回朝鲜前线。当天，毛泽东就致电斯大林，说明志愿军在朝鲜战争中的严重困难，要求苏联方面尽快派空军掩护中朝军队后方运输线。3月5日，斯大林复电同意派苏联空军1个驱逐机师和3个高炮师参战，掩护中朝军队后方，并同意给中国增供6000辆汽车的合同。

3月9日早晨，彭德怀回到上甘岭志愿军司令部，还没来得及脱大衣吃早饭，邓华、朴一禹、解方等就来报告："联合国军"集中20万兵力，在几百架飞机的支援下，自7日开始向中朝军队发起了"撕裂者行动"的攻势，并于当晚分两路强渡汉江。

彭德怀一手拿着警卫员送来的烤馒头片，一手端着茶水，站在地图前，边听边看。他分析，这次"联合国军"是企图从中朝军队阵地中间突破，迂回包围，重占汉城，进而向三八线以北推进。彭德怀当即决定，不要计较于一城一地的得失，各军于3月10日开始后撤，等待后续部队，诱敌深入，择机再实施反攻。

3月13日，中朝军队主动撤出汉城。

到3月底，战线逐渐推移到三八线以北。"联合国军"进到西起汉江口，沿临津江经三八线以北向东直至襄阳一线。

第四次战役，从1951年1月25日开始，至4月21日结束，历时87天，志愿军主要有第三十八、第三十九、第四十、第四十二、第五十、第六十六、第二十六军和炮兵部队参战。"联合国军"集中地面部队16个师又3个旅和1个团共25万人，在空军支援下，采取"磁性战术"发动全线反扑，由三七线北进到三八线附近，平均每天前进1.3公里，付出900多人的代价。志愿军和朝鲜人民军采取"西顶东反"的方针，把"联合国军"阻止在三八线附近，歼敌7.8万余人（其中志愿军歼敌5.3万余人），歼敌人数超过了前三次战役的总和。志愿军伤亡4.2万余人。

就在这个时候，彭德怀再次果断下达命令，中朝军队必须坚守阵地，不准再后退一步！以争取时间，掩护第二批轮番兵团向进攻地区集结，准备对敌发起反击。李奇微十分狡猾，当他发现志愿军第二批轮番兵团已经抵达朝鲜后，遂命令进攻部队停止攻击，迅速构筑工事，准备抗击中朝军队的进攻。至此，长达两个多月的第四次战役以"联合国军"停止进攻而结束。

当然，对李奇微来说，在第四次战役还没有结束的时候，也迎来了加官晋级的大喜事，美国总统杜鲁门任命他接替麦克阿瑟出任"联合国军"总司令。

因为"联合国军"在朝鲜战场上的接连失利，现在又被阻在三八线附近无法前进，再次引发西方帝国主义阵营的争论。对于是否再次越过三八线以及用何种方式结束朝鲜战争，美国与英、法等国爆发了口水战。欧洲人认为，此时是结束朝鲜战争的有利时机，提出在三八线建立"事实上的停火"，谋求同中、朝通过谈判，结束朝鲜战争。在美国国内，也有人认为国家的战略应该是"欧洲第一，亚洲第二"。杜鲁门总统也主张在朝鲜战场上如恢复到战前双方的态势，可以通过谈判来解决问题。

然而，此前，"联合国军"总司令麦克阿瑟自恃拥有绝对优势的武器装备和海、空军支援，坚持以武力建立"统一的朝鲜"。3月24日，他发表了一项违背五角大楼原则的声明，声称："如果联合国决定改变把战争限制在朝鲜境内而作的容忍的努力，而把我们的军事行动扩展到中国的沿海地区与内陆基地的话，肯定会使赤色中国在军事上面临迅速崩溃的危险。"麦克阿瑟还主张派遣空军轰炸中国沿海城市和内陆工业基地，鼓励台湾蒋介石反攻大陆。

麦克阿瑟的这一声明，再一次加剧了他与杜鲁门之间的矛盾。杜鲁门听到后，大为恼火，认为麦克阿瑟擅自发表声明的举动"逼得我无可选择，我再也无法容忍他的抗上行为了。我认识到我本人除了解除这位国家的最高战场指挥官职务外，没有别的选择"。于是，他紧急召集白宫高级顾问马歇尔、艾奇逊等幕僚开会，决定以非正常的手段立刻解除麦克阿瑟的职务。

4月11日，凌晨1时，白宫新闻秘书肖特召见白宫记者团，散发了杜鲁门总统致麦克阿瑟的一份非同寻常的文件："我以总统和美军最高统帅名义，非常遗憾地免去阁下驻日盟军总司令、联合国军总司令、远东美军总司令、远东美国陆军总司令的职务。请阁下将指挥权移交给李奇微将军并立即生效。"

当日本的广播以特急新闻播出这则消息的时候，麦克阿瑟正在东京第一大厦的官邸招待客人共进午餐。秘书锡德·赫夫获悉后，满脸愁容眼泪汪汪地把这个消息告诉了他的夫人珍妮。贤惠的妻子轻轻地拍了拍丈夫的肩膀，俯下身子跟他悄悄地耳语。随后，这位名扬天下的"常胜将军"一下子呆滞在那里，像石雕一样目瞪口呆，然后抬起头看着妻子。妻子的手依然扶在他的肩膀上，他以一种温柔的嗓音平静地说道："珍妮，我们终于要回家了。"

杜鲁门以异乎寻常的程序和方式撤了麦克阿瑟的职，连李奇微也觉得是以一种"粗暴"的方式对"将军自尊心的不必要的冒犯"。麦克阿瑟也自嘲说这是"在陆军服役52年后受到了公开的侮辱"。

4月19日凌晨，麦克阿瑟的专机飞抵华盛顿机场，马歇尔以下的军队高官和各界近万人欢迎他们的英雄归来，其中也有杜鲁门的特使沃恩。但是，当麦克阿瑟见到沃恩时，脸沉了下来，视而不见，不握手，不打招呼，昂首而过，决不向总统低下他高贵的头颅！后来，他在自己的回忆录中埋怨说，"司令官历来都是经常调换的，但没有哪一次比对我所采取的手段更加粗暴了"，"即使是办公室的一个勤杂工，一个打杂的女佣或者随便什么仆人，也不会被这样绝情地打发走人"。

到了1951年4月初，中国人民志愿军第二批轮番入朝作战部队第十九兵团和第三兵团共6个军先后到达朝鲜战场，加上原在朝鲜作战的9个军（包括人民军在内），共有15个军约100万兵力（含后勤保障部队）。

100万！这个数字是惊人的！

不过,"联合国军"的兵力总数也接近100万。

在第四次战役期间,还没有担任"联合国军"总司令的李奇微,就策划在朝鲜半岛东西距离最短的蜂腰处建立新的防线,企图在中朝军队侧后登陆,配合它的正面部队,妄图南北夹击,将中朝军队赶到蜂腰以北。

春天来了,花儿开了,大地绿了,曾经被炮火燃烧的山山水水好像又焕发了生机,真是"野火烧不尽,春风吹又生"。大自然有着多么神奇的伟力啊!

第五次战役该如何打呢?在上甘岭,彭德怀召集邓华、洪学智、解方、杜平等人商量。司令部的杨凤安、杨迪、成普、崔醒农列席。

从北京陈词归来后,彭德怀的心情好多了,语气也平和了,脾气也发得少了。一坐下来,他习惯性地用手抹了一把脸,然后顺手抓了一小撮茶叶放进嘴里,笑着说:"下一次战役怎么打,我让司令部搞了一个方案,我看搞得不错。你们看了没有?"

邓华说:"看过了。"

大家也都齐声回答看过了。

"那今天大家都说说自己的意见。我先说说毛主席的想法。他的意见是在美军地面兵力占优势的情况下,我军暂不进行战役性的出击。如果敌逼我应战,拟让敌人进至三八线南北地区。在我批轮番志愿军部队6个军到齐后,再进行有力的新战役。毛主席估计,敌占领三八线以后的行动有三种可能:第一,趁我疲劳继续北进;第二,暂时停止于三八线大约10天至20天;第三,较长时间,大约两三个月,停止于三八线,进行永久筑城,待阵地大部巩固后再进。这三种可能,以前两种可能为多。但敌发现我有大量援兵到达时,第三种可能不仅存在,而且可能发生另一种情况,即变为长期相持于三八线。毛主席认为我应力求避免这种情况。我军应在第二批轮番部队入朝后,乘敌进至三八线及其以南地区立足未稳时,在4月15日至6月底,两个半月内实施战役反击,在三八线南北地区消灭美、李军建制部队几万人,然后向汉江以南地区推进,最为有利。"

听了彭德怀的介绍，参谋长解方接下话题说："我们得到极为重要的情报，敌海军加强了对我元山、新浦、清津诸港的炮击。敌人在加紧准备登陆。登陆地点可能在东线，东岸的通川、元山地区，以配合其陆上进攻，企图打到三八线以北，避免我军由东面山区向其出击。"

洪学智抹了一把脸，说："彭总，我谈一点意见吧？"

"你谈嘛，我们开的就是诸葛亮会嘛。"

洪学智说："我主张把敌人让到铁原、金化地区再打。如果在铁原、金化南面打，可能我们一出击，敌人就缩回去了，不容易达到毛主席说的成建制地消灭敌人的目的。把敌人放进来好一些，我们可以拦腰一截，容易解决问题。同时，刚入朝的部队也可以逸待劳、多些准备时间。"

洪学智刚说完，彭德怀脸一嘟噜，马上说："我军不能再退了，把敌人放到这一线来，坏处很多。铁原以北是平康大平原，是一个很大的开阔地，敌人坦克进来，对付起来很困难。另外，让敌人打进来，你想过没有？物开里那儿还储存了很多物资、粮食，怎么办？不行，不能把敌人放进来，还是得在金化、铁原以南打！"

彭德怀不同意洪学智的意见，就问邓华："邓华同志，你的意见呢？"

邓华笑笑，说："彭总，我倒是同意洪副司令的意见，应该把敌人放进来打。眼下，第三和十九兵团才进来，第九兵团也刚刚往前开进，地形都不熟悉，行动也很仓促。把敌人放进来，一是我们可以准备得更充分些，可以以逸待劳，另外也可以进一步把地形摸熟。"

彭德怀脸色沉下去了，问道："那么物开里的物资怎么办？"

洪学智马上回答："好办，我保证两夜之内把它们全部安全转移走。"

"解方，你的意见呢？"

"彭总，我也觉得放进来好。"

"杜平呢？"

"放进来好一些。"杜平说。

见大家都不赞成他的意见，彭德怀有些不高兴了，问大家："这个仗你们到底想不想打了？"

洪学智说："彭总，打还是要打的，我们是做你的参谋的。参谋的责任是提建议，意见是供你下决心参考的。老总是战场统帅，最后的决心还是老总下。"

邓华说："彭总，你不是让我们提看法吗？我们就是这么看，采纳不采纳由老总定。老总定了的，我们坚决执行。"

彭德怀没吱声，谁也没看，起身走了。

洪学智眨眨眼，左右看看，觉得坏事了，惹彭老总生气了。

邓华轻轻地说："老洪，你瞧！是你先开的头，我们都是跟着你说的，你是肇事者，你去劝劝彭总。"

"你是副书记、副政委，这个思想工作应该你去做。"洪学智说。

"我看呐，不用劝，彭总可能想起什么事儿了，"杜平一边说，一边示意杨凤安，"小杨，你去看看彭总。"

杨凤安跑过去了，不一会儿，又跑回来，笑着说："首长们，散会吧，彭总在起草电报呢！"

大家一阵开怀大笑。

吃中午饭时，洪学智陪着彭德怀吃饭，借机申述自己的意见："彭总，上午可是你让我们提意见的，我们说了，你又生气。"

彭德怀眼睛一瞪，说："洪麻子，谁生你的气了？"

"我们都看你是生气了。"

"我是去给毛主席起草电报去了。还生你的气，我可没有那闲工夫。"

"彭总啊，当参谋的，有三次建议权，我已经向你提了两次了，不管提几次，最后由你决定……"

彭德怀听了，沉思良久，叹了一口气说："你的意见也有道理，如果是在国内战争，我很痛快地接受你的意见了。现在，我就是考虑朝鲜战场太狭窄，部队运动不开，把敌人的坦克放进来不好办呀！我之所以没有采纳你们的意见，是担心时间拖长了，敌人有从我侧后登陆的危险。你考虑过吗？我军几十万大军已开进三八线地区，往回掉头就那么容易？时间不允许我们往回调部队。上来的部队没打仗就往回返，部队的情绪会怎样？现代战争不允许我们像在国内革命战争那样大踏步后退啊！"

时间就是军队，时间就是战争，时间就是胜利。

洪学智听后，感觉彭德怀分析得很有道理。再说，这个李奇微可不是麦克阿瑟，头脑冷静，诡计多端，对付我军很有招数。

人间芳菲四月天。然而，战争阴霾笼罩的春天，战火纷飞的人间，哪里有芳菲呢？

4月6日，彭德怀在上甘岭主持召开志愿军第五次党委扩大会，讨论部署第五次战役。会场就在矿洞里，用十几个炮弹箱码成了一张长方形的大会议桌，摆在中央。这次参加会议的人除了先期入朝的9个军领导人之外，增加了新入朝的第三兵团和第十九兵团各军的领导人，同时邀请了朝鲜人民军前线指挥员金雄、金一等列席会议。

济济一堂，群英荟萃。彭德怀环视坐在两旁的熟悉或不熟悉的面孔，春风扑面，笑容像云朵一样堆在脸上，说："美帝国主义纠集十几个国家的军队号称'联合国军'。其实我们志愿军也可称得上'联合国军'，我们为了抗美援朝、保家卫国，汇集到朝鲜战场上来。有来自东北地区的，有来自华北地区的，有来自华东、华南、西南、西北地区的。我们一个兵团驻扎的地区比它们当中的一个国家还大。"

谈起前四次战役的经验教训，彭德怀说：在打第三次战役时，曾考虑是否过三八线，现在看来当时不急于打过三八线也没什么不利。如加以准备，可以伤亡小些，胜利更大些。在分析了当前敌我情况后，他告诫所有指挥员，不能用过去的眼光看今天的战争，我们的战士是用两条腿来和敌人的摩托化部队比赛，你跑得再快，也是追不上的。所以，被包围住的敌人往往又乘车逃跑了。彭德怀坦率地说："我们现在是被迫后撤，下次战役我们要根据毛主席的指示，消灭敌人几个师，粉碎其登陆计划，夺回战场主动权。"

1951年，彭德怀在前沿阵地视察

在这一次会议上，彭德怀提出了第五次战役的指导思想。他说："这次战役，必须采取战役分割和战术分割相结合的办法。我们必须从金化至加平线劈开一个缺口，将敌人东西分割；如不能分割敌人，我们就要失败。战术分割是小块小块地分割，大的包围迂回同小的迂回包围必须密切结合。""要有完全的主动权，要有绝对的优势，不管敌人有何变化都能行。"彭德怀还特别强调了后勤工作的重要性。他说：这次打胜了，全体指战员的功劳算一半，后勤工作算一半。

就在这一天，美军的飞机又光临了。它们不停地在上甘岭上空盘旋、轰炸，不时还有隆隆的炮声传来。夜晚，敌机发射的照明弹照亮了上甘岭的夜空。负责总部安全的洪学智素来以机敏著称，他立即警觉地与邓华、韩先楚、解方交换意见，建议志司尽快转移。的确，这个时候，美军的库尔特第九军的先头部队正在向北进攻，已经逼近金化，距离志司所在的金矿洞只有15公里了。

情况已经十分紧急。按照洪学智的安排，志司分四批转移，彭德怀第一批走，洪学智第二批，邓华第三批，其余人员第四批。

4月9日，会议一结束，夜幕已经降临了。吃过晚饭，第一批人员就要出发了,伪装好的吉普车已经发动了引擎。彭德怀从矿洞信步走来,他没有急于登车,而是点上一支烟,爬上旁边的一个小山坡,眯着眼睛瞭望着这里的一草一木、远处的山川河流。

作战处长丁甘如有些着急了,催促道:"彭总,美军的先头部队已经离这里很近了,邓、洪副司令考虑你的安全,请您快走。"

彭德怀的拗脾气又上来了,瞪了丁甘如一眼:"急么子呦,叫他们先走。"

"彭总,计划是让您第一批走的嘛,他们后走。您不走,他们也不会走的。再说,敌人的夜航机很猖狂的,大家担心您的安全嘛。"

"夜航机能认识我彭德怀,它跟我打过照面?"

"彭总,志司机关都有了转移的安排,向空寺洞转移,前线还有许多电报需要您处理呢!我们不能在这里待久了,会影响前线作战的。"

丁甘如的这句话戳到了彭德怀的心上,彭德怀瞟了一眼,说:"好吧,既然被你们说成这样,那就走吧。我们这是第四次转移驻地了吧?"

"嗯,第四次了。"杨凤安点点头。

彭德怀一边走一边说:"第一次是大榆洞,第二次是君子里,第三次是上甘岭,这第四次是空寺洞。前三次都是向南,这一次,我们却是向北啊!"

听彭德怀这么一说,丁甘如才恍然大悟,原来彭总之所以不愿意转移,因为这是向后撤啊!想到这里,他赶紧接上话茬说:"志司向前向后转移,都是根据作战指挥的需要,所以有时候向南,有时候向北,这次向北,下一次可能就向南了。"

彭德怀登上吉普车,说:"好!那就向空寺洞转移!"

夜幕下,吉普车冲出了上甘岭,向北边的伊川郡奔驰。

空寺洞也是一个金矿矿洞,但环境和面积都比不上君子里和上甘岭。因为滴水严重,洞内无法悬挂作战地图,因此彭德怀就住在了山脚下的一座平房里。

第二天拂晓，或许因为转移过程中车辆太多，被美机侦察发现，很快就有两架轰炸机来袭。

早上，彭德怀刚刚起床，远远地就听见飞机的轰鸣声。很快，一架敌机俯冲下来，火箭炮、子弹射向了他所住的平房周围。警卫员赶紧跑过来，拽着彭德怀的胳膊就跑。紧接着，第二架飞机又射下一串火箭炮和燃烧弹，平房中弹瞬间起火。此时，彭德怀被警卫人员拖着趴在山坡上的一个临时防空洞内。他急得大喊："不要管我！赶快去寻找邓副司令、洪副司令！"

敌机飞走后，大家返回平房，看到不仅门窗墙壁中弹起火，连电话机和脸盆也中了弹，彭德怀的行军床被打穿4个洞，被子烧焦了，还在冒烟。大家又气愤又庆幸，不知是谁喊了一句："彭老总真是命大呀！这次又平安无事哟！"

彭德怀幽默地说："美国飞贼的炮口打得还真准，不过他并不认得我姓彭的。"

这天下午，彭德怀在空寺洞一个阴暗潮湿的矿洞内，召开作战会议。

洞内太黑了，阴森森的，参谋们就点上几根蜡烛照明。烛光闪烁，把人们的背影投到洞壁上，身影更加高大魁梧了，好像一个个金刚。弹药箱上铺满了地图，邓华、洪学智、韩先楚、解方等志司领导人围坐在一起，他们的周围又坐着司令部作战、情报、通信、机要等各处的处长。

一进会场，彭德怀就批评人了："这蜡烛点得也太多了吧！"

大家面面相觑，不敢搭腔。作战处长丁甘如赶紧吹灭了几支蜡烛。

彭德怀一坐下，会议就开始了。彭德怀先讲，他说："第五次战役，志愿军将有11个军33个师和炮兵、高射炮兵、工程兵等部队约70多万人，及朝鲜人民军3个军团约8万多人，加上后勤部队、兵站、医院等共约100万人参加。一场大恶战即将开始，我们必须遵照毛主席的指示，消灭敌人几个师，打几个大胜仗，夺回战场的主动权。"

4月12日，彭德怀电告毛泽东并下令各军准备于20日左右开始出击，如敌停止不进，则于5月上旬再行出击，以便有充分时间进行休整补充。4月13日，毛泽东复电同意彭德怀对敌情的判断和下一战役的部署方案。

鉴于"联合国军"主要兵力部署在西线，彭德怀将志愿军主力集中于西线实施突击，东线由人民军担任牵制美军的任务。在西线，他把志愿军又分为左、中、右3个突击集团，各配属一部炮兵支援作战。

4月22日17时，中朝军队在西线以12个军的优势兵力，突然向"联合国军"全线发起猛烈的反突击。各兵团、各军根据中朝军队司令部21日的命令，向敌防御纵深连续突击，发动进攻。左翼第九兵团（辖第二十、第二十六、第二十七、第三十九、第四十军）迅速突破敌人防御，于23日午夜突入敌纵深30多公里，突击到三八线以南地区，完成了战役分割任务。担任中央突击集团的第三兵团（辖第十二、第十五、第六十军）从国内到达出发阵地才10天时间，还没有和美军作战的经验，在突破敌人纵深后，遭敌顽强抵抗，几经激战歼灭美第三师一部。担任右翼突击集团的十九兵团（辖第六十三、第六十四、第六十五军）和人民军第一军团发起进攻后，于23日凌晨突破临津江，攻占了江南几处要点。人民军第一军团攻占了开城和长湍。担任东线作战的朝鲜人民军第三、第五军团为配合西线作战，分别向杨口、元通里一线南朝鲜军发起进攻，先后歼灭其第五、第七师各一部。

4月24日，西线中朝军队全线向南发展进攻，全部抵达或越过三八线。

4月26日，中朝军队继续向敌纵深发动进攻。28日，"联合国军"主力被迫撤至汉城及北汉江、昭阳江以南，继续防御。这时，新任美军第八集团军司令范弗里特将美骑一师调到汉城，组成密集火力网，诱我攻城。

范弗里特不会想到，他的这一点小伎俩，立即被彭德怀看破。分析利害，彭德怀认为在汉江以北歼敌的战机已经失去，立即命令西线的主力停止进攻，只派一部兵力逼近汉城，一部逼近汉江，一部渡过昭阳江，与敌保持接触，以掩护主力部队转移到东线作战。

至此，第五次战役第一阶段结束。中朝军队连续进攻7天，歼敌2.3万人。因为武器装备太差，新入朝的部队经验不足，致使敌人被围后大部逃走，依然没有完成消灭美军一个整团的战例。

瞒天过海，暗度陈仓。从5月初开始，彭德怀以部分兵力隐蔽掩护志愿军主力，成功地实现了向东转移。5月16日傍晚，志愿军第三、第九兵团的6个军及朝鲜人民军3个军团，突然出现在东线战场上，以优势兵力，乘敌不备，向被围于县里地区的南朝鲜军第三、第九两个师迂回，实施钳击合围。经过三天激战，惊慌失措的南朝鲜军无处可逃，大部被歼灭，志愿军缴获了这两个师的全部重装备。中朝军队还击溃了南朝鲜第五、第七师的残部，共歼敌1.7万余人。与此同时，中路的志愿军第三兵团也歼灭了美军两个营和法国营大部及南朝鲜军一部，牵制了美军第七师，使其无法东援。

直至5月20日，范弗里特才发觉志愿军主力已经东移，大呼上当，急令西线美军3个师及3个旅于当日向西线志愿军十九兵团阵地猛烈攻击。十九兵团遂逐步转入防御。同时，美军第十军主力、第三师和南朝鲜军第八师均迅速东援集结，凭借其摩托化优势，一天之内全部完成布防，堵塞了中朝军队的战役缺口，又形成了东、西相结合的完整防线，再次阻挡了中朝军队的攻势。

5月21日，彭德怀致电毛泽东："以前各役携带5天粮食可以打7天仗，因就地可筹借部分补充之。现在携带7天粮食，只能打5天仗，因在战斗中消耗，就地不能筹补。现洪川之敌顽抗不退，使我东线作战部队无法运输接济，而美第三师东调后堵塞了洪川、江陵间缺口。我军第五次战役西线出击伤亡3万，东线出击伤亡万余。一月之内进行了东、西两次作战，部队有些疲劳，需休整总结经验。现第一线运输极端困难，且雨季已近，江河湖沼尽在我军之后，一旦山洪暴发，交通全断，顾虑甚大。此役未消灭美军的师、团建制，敌还有北犯可能。根据上述，我军继续前进，不易消灭敌人，徒增困难，不如后撤，使主力休整，以逸待劳，寻机歼敌。妥否盼示。"

5月22日，毛泽东复电："根据目前情况，收兵休整，准备再战，这个处置是正确的。"同日，中朝军队遂停止对敌攻击，结束了第二阶段战役。

这一天，为防止在后撤时敌人尾追，彭德怀规定各兵团后撤时要留1个师至1个军的兵力监视敌人，节节阻击，掩护主力转移。在规定了各兵团撤退路线及休整集结地区后，他仍不放心，电示各兵团各军，要警惕敌人再利用"磁性战术"消耗疲劳我军，明确规定"北撤时中朝军队的最后抵抗线"，以"第五次战役反攻发起时的阵地为限"。

李奇微的确太狡猾了，他利用他发现的"礼拜攻势"，以其强大的先进机械化装备、炮兵和掌握制空权的优势，紧紧抓住志愿军的"软肋"不放，给志愿军造成巨大杀伤。从4月21日至29日，美军空军就执行了7420次任务。更重要的是，这个李奇微爱动脑筋，还善于从战争中学习战争。在他发现中朝军队撤退后，立即集中4个军13个师的兵力，以摩托化、坦克、炮兵组成"特遣队"为先导，向中朝军队实施多路反扑，跟踪追击，乘隙而入，穿插阻隔，导致志愿军第三兵团第六十军所属第一八〇师在5月26日被其三面包围。

彭德怀是在给第三兵团副司令王近山（时任代司令）打电话时得知这一消息的，心情十分沉重。洪学智回忆说："彭德怀只穿一条短裤，急得满头大汗，他一夜未睡，睁开发红的双眼对我说：'一八〇师的电台联络不上了，从来没有过的事情都出现了。'"

彭德怀下达的转移命令本已明确规定了防敌追击的措施，竟然出现了这种痛心的事件。彭德怀怒斥该军的指挥员说："这是志愿军的耻辱！"为此，毛泽东专门来电，要求王近山马上回京面报第一八〇师的情况。后来，第一八〇师正、副师长因此受到军纪处分，彭德怀在志愿军党委会上和其他会议上也多次公开检讨，主动承担责任。

5月27日，为稳定局势，阻击敌人跟踪追击，彭德怀果断下令，停止后撤，立即转入防御，重点部署，封锁敌军主要进攻路线。在中朝军队的英勇阻击下，"联合国军"很快停止了进攻，整个战线逐渐稳定下来。在这20天的转移和阻击战中，歼灭敌人3.6万余人。战斗到6月10日，将敌人阻止在三八线附近的汶山、铁原、金化、杨口、明波里一线。至此，战斗敌我双方都转入防御，第五次战役全部结束。

第五次战役，从1951年4月22日开始，至6月10日结束，志愿军主要有第三兵团第十二、第十五、第六十军，第九兵团第二十、第二十六、第二十七和第三十九、第四十军，第十九兵团第六十三、第六十四、第六十五军以及炮兵部队参战。中朝军队以百万之师，连续奋战50多天，共歼敌8.2万余人，粉碎了"联合国军"以正面进攻配合侧后登陆、在朝鲜蜂腰部建立新防线的企图，摆脱了第四次战役中所处的被动局面，但志愿军也付出了伤亡7.5万人的代价。

第五次战役的较量，迫使美国五角大楼的将军们开始对中朝军队的力量进行重新评估，认识到想要占领朝鲜民主主义人民共和国是根本不可能的。从此，朝鲜战争进入相持阶段。

战士长歌

阵地对峙，钢铁运输线破敌"绞杀战"
以战促和，以打促谈，赢得和平凯旋

6月，朝鲜半岛进入了闷热的梅雨季节。就在这炎热的雨季，太平洋的东海岸吹来了和平鸽的哨音。

6月1日，联合国秘书长赖伊发表谈话，只要为朝鲜半岛带来和平，那么，大致沿三八线停火就将达到联合国的目的。美国国务卿艾奇逊也在参谋长联席会议上表示愿意在三八线解决争端。

美国为什么在这个时候释放出和平的信息呢？

事实胜于雄辩，也胜于飞机加大炮。通过五次战役的较量，"联合国军"已经付出了23万余人的生命代价，要想推进到鸭绿江进而吞并朝鲜并把战火烧到中国大陆，简直是黄粱美梦。为了维持朝鲜战争，美国一年要消耗兵力10余万人，并且已付出了8.8万人伤亡的代价，财政消耗要占100亿美元，每个月消耗战争物资85万吨，同比超过了第二次世界大战一倍多，每一个美国人平均要负担军费开支307美元。一直被人们誉为头脑清醒且具有远见卓识的美国国防部部长马歇尔将军不得不承认："要想突破三八线向北长驱直入发动进攻已无能为力。"另一位在抗战时期中国人并不陌生的前驻华美军司令魏德迈说得更加悲观："看来朝鲜战争是一个无底洞，看不到美国有胜利的希望。"正因此，美国参谋长联席会议主席布莱德雷提出："朝鲜战争单凭军事手段是不能按美国条件得到解决的，必须暂时放弃战争计划，谋求政治妥协。"

美国的政客和他的欧洲盟友们更加清楚，美国的战略重点在欧洲，在朝鲜战场上打持久战不符合美国的战略利益。更重要的是，朝鲜战争打到现在，他们的主要对手苏联，竟然未派一兵一卒，始终以一个旁观者的身份成为战争的最大受益者。

杜鲁门着急了。

艾奇逊焦急了。

从5月开始，美国就通过德国、法国、中国香港和联合国代表团等渠道四处沟通，均没有回音。无奈之下，他们求助美国国务院顾问、前驻苏联大使凯南。

5月31日，凯南非正式地拜会了苏联驻联合国代表马立克。会见是在马立克位于纽约长岛格伦克福庄园的家中进行的。凯南表示美国政府准备与中国讨论结束朝鲜战争问题，愿意恢复战前状态。

毛泽东敏锐地把握了这个机会，为即将到来的停战谈判做好多方面的准备。

6月3日，毛泽东会见了从朝鲜前线专程来京的金日成，同他商谈应对可能到来的停战谈判的方针和方案。5日，他致电斯大林，建议金日成偕同高岗飞赴莫斯科与他商量。

6月11日，在第五次战役结束的第二天，毛泽东就致电彭德怀："六、七两个月内如不发生意外变化（即登陆），我们必须完成下列各事：甲、以积极防御的方法坚持铁原、平康、伊川三道防线，不使敌人超过伊川线；乙、迅速补充三兵团及十九兵团至每军四万五千人，并有相当训练；

丙、十三兵团各军休整完毕；丁、加强各军师火力，特别是反坦克反空军炮火；戊、迅速修通熙川至宁远至德川的公路至少一条，最好有两条，并于熙川、德川、孟山地区屯积相当数量的粮食，以备万一之用。"

这时，在毛泽东的面前，即将出现两条战线——军事战线和政治战线，一个是打，一个是谈。到6月中旬，一种新的指导方针在毛泽东的头脑里酝酿成熟，就是："充分准备持久作战和争取和谈，达到结束战争。"在军事上进一步概括出"持久作战、积极防御"的方针。利用朝鲜的有利地形，构筑坚固的防御阵地，一面以积极防御的手段大量杀伤敌人有生力量，一面积极改善装备和加强训练，不断地壮大自己的力量，逐步改变敌我力量对比，最后战胜敌人，或迫敌知难而退。

在这两条战线上，毛泽东各有一位最主要、最得力的助手，在政治上（指导谈判）是周恩来，在军事上是彭德怀。

止戈为武，以战争制止战争。中华民族悠久的历史文化中不仅赋予我们古老的智慧，也蕴藏着人类顶级的哲学。继承和发扬祖先的光荣传统和先进文化，中国共产党人更是游刃有余。

6月23日，苏联驻联合国代表马立克提出和平解决朝鲜问题的建议，主张交战双方谈判停火与休战，把军队撤离三八线。

6月30日上午8时，"联合国军"总司令李奇微奉美国政府之命通过广播发表声明："本人以联合国军总司令的资格，奉命通知贵军下列事项：我得知贵方可能希望举行一次停战会议，讨论停止朝鲜的一切敌对行为及武装行动，并充分保证停战协议的实施。在接到贵方愿意举行这样一个会议的消息之后，我将派出我方代表，并将在那时提出一个日期，以便与贵方代表会晤。我提议此会议可在元山港内的一艘丹麦医疗船上举行。"

7月1日，金日成和彭德怀联名复电李奇微，声明同意举行停战谈判，并建议以三八线以南的开城为谈判地点。

当时，美国方面对谈判的态度是，谈判不意味着立即休战，在停战协定签订以前，将不停止对抗行动。美国政府还授权李奇微，在停战谈判期间，可以进行陆地、两栖、空中、空降和海上作战，以支持谈判。对美国的这一手，毛泽东是有充分准备的。为了防止"联合国军"借停战谈判的机会举行反攻，他于7月2日致电彭德怀等，对中朝军队在三八线的防线及时作出重要部署：一方面加强正面防御阵地第一线的兵力，防止敌军大规模进攻；另一方面加强侧后方的兵力，防止敌人从朝鲜半岛的蜂腰部东西两岸突然登陆。这是为准备谈判非采取不可的一个重大步骤。

与此同时，毛泽东和周恩来投入紧张的谈判准备工作。首先决定由邓华、解方作为彭德怀的代表出席谈判会议。同时决定，从国内派出由外交部副部长李克农率领、包括乔冠华等在内的停战谈判工作组立即赴朝，协助指导谈判工作。

7月10日，朝鲜停战谈判双方代表终于在三八线附近的开城举行第一次会议，这标志着朝鲜战争进入了新的时期。

能战，方能言和。停战谈判开始前，毛泽东来电指示部队要"极力提高警惕，第一线各军必须准备应付敌军可能的攻击和空降，迫我订立城下之盟"。彭德怀亦预计到停战谈判不会是一帆风顺的，向部队提出要求："打的坚决打，谈的耐心谈，必须树立持久作战和积极防御的思想，绝不能对敌人停战谈判抱有幻想。"他命令第一线部队利用朝鲜有利地形，构筑坚固的防御阵地，相应提出"以运动防御与反击相结合的拉锯战形式，即积极防御与短促出击相结合的作战形式，以求大量杀伤敌人，配合谈判"。

到了7月下旬，朝鲜半岛连降暴雨。朝鲜北部的天好像漏了底的锅，大雨倾盆，连绵不绝，山洪暴发，河水暴涨，泛滥成灾。这场40年未见的特大洪水，所到之处一片汪洋。河流水位涨幅最高达11米，水流速度最高达7米/秒。交通中断，房屋倒塌，堤防溃决，大量公路和桥梁被冲毁了。

特大洪水不仅使中朝军队物资供应又处于十分困难的境况，而且前沿阵地的工事也被冲垮坍塌，到处都是烂泥和积水。志愿军主要物资集散地三登周围成了一片泽国，仓库、医院、车站和高炮阵地全部被洪水淹没。

后方的道路有205座公路桥梁全部被冲毁。在空寺洞志愿军总部,因为大雨倾盆,雨水从岩缝中渗透流淌出来,就连彭德怀的办公室也不停地滴水。杨凤安和警卫员只好拿雨衣钉在上面,下面用脸盆接水。

面对大雨,彭德怀站在洞口,望着天空,浓黑的眉毛愁在一起了。他跟杨凤安说:"大自然也找麻烦来了,我们不得不面对敌人和自然灾害带来的特大困难,千方百计保障前方战士不缺粮不缺弹啊!"

时任志愿军副司令员兼后方勤务司令部司令员的洪学智在朝鲜战场

洪水成为拥有现代化装备的敌人的帮凶,助长了敌人的嚣张气焰。

李奇微感到机会来了。自以为掌握了战场主动权的他,也开始变得有些狂妄了,声称:"不用人说话,要用飞机大炮说话。"

8月初,他命令美国空军倾巢出动,对志愿军的后方交通线实施全面轰炸封锁,清川江、肃川江、秃鲁江、德池川、沸流江上未被洪水冲垮的桥梁,成为美军反复轰炸的目标,导致德池川桥中断通车45天、秃鲁江桥中断13天。洪水的肆虐和敌人的轰炸,造成志愿军一线部队的13个军的存粮仅能供3天至6天,二线部队的4个军存粮最多的也只能保证13天。

大雨倾盆,电话不断,驻扎在成川香枫山的志愿军后方勤务司令部真是比打仗还要忙,电话铃声此起彼伏。洪学智夜以继日,更是忙坏了。电话无非就是催粮、要粮。面对特大洪水的破坏，美帝趁机又发动现代化立体战争的"绞杀战"，真是雪上加霜、难上加难，使得后方处于最困难、最危急的境地。彭德怀、陈赓和洪学智一起，商量对策，寝食不安，夜不能寐，心急如焚。要知道，这个时候，志愿军每月运到清川江以南的物资最低限度为2500车厢。到了8月底，前方部队已经出现了粮荒，许多二线部队开始靠野菜充饥。

这天，彭德怀一个电话把洪学智叫到了志司新的驻地桧仓。

一进门，彭德怀就说："洪麻子，我正等着你商量一下今后的一个重大对策。如何对付敌人发动的空中封锁战役。"

洪学智还没有坐下来，就坚定地说："彭老总您放心，有什么事您交代，我来办。"

彭德怀站起来了，倒背着手，若有所思地说："李奇微有一点自知之明。他深知美军同我军作战，他们的地面部队虽有空中支援，武器装备也占有很大优势。但地面作战对他们来说不是优势。现在想了新办法，就是发挥他们空中力量的优势，从空中打击我们的后方。"

洪学智不慌不忙地说："敌人要打他们的优势，他打他的优势，我们打我们的优势。我军士气高，发动群众击破美军的'天门阵'。他对我们无非是空中封锁。我们要建立打不断、炸不乱的钢铁运输线，保证前方物资补给。"

"好！看来你洪麻子已经成竹在胸了。"彭德怀高兴地说，"毛主席和中央军委已判明：敌人对我铁路公路轰炸的加强是作为战略企图来打算盘的，窥其企图，一是为在军事上造成我持久作战的困难；二是为配合开城谈判对我施加压力。能不能解决运输问题，保证部队有饭吃、有弹打，这是志愿军能否坚持作战的重大战略问题。"

洪学智说："美军要卡我军的脖子，不让我们吃饭。他们这一手也是够绝的。邓小平同志过去曾说过，打仗没有弹药毫无办法。没有粮食更是关系部队的生存问题。"

彭德怀激动地说："《孙子兵法》说：'军无辎重则亡，无粮食则亡，无委积则亡。'现代战争如果没有后方补充的物资保证，是不可能进行的。后方有充分物资，如果没有强有力的后勤组织工作，以保证第一线的充分供应，是不能取得胜利的。所以，现代战争也是打物资战，打钢战，打粮战。当前，一线部队开始缺粮，要首先组织运粮食上前线。"

"彭老总，我已组织后勤制订了抢运粮食的计划。"

"据情报说，敌人把这场战役称为'绞杀战'战役，从空中'绞杀'我们的后方运输。敌人要把战争转到我们后方了。这是一场破坏与反破坏、'绞杀'与反'绞杀'的残酷斗争。前方是我的，后方是你的。你一定要千方百计打赢这场战役。情况随时向我报告。"

"请彭老总放心，中央军委和你的指示很明确，我都清楚理解了，一定照办。"

"好，后方就看你的了！"彭德怀非常满意。

接着，洪学智向彭德怀汇报了志愿军后方勤务司令部的作战预案。这时，彭德怀的秘书杨凤安在旁边插话说："常言道：请将不如激将。彭老总有办法，把后勤工作在当前的重大责任交给洪副司令。现在该吃饭了，今天做了两个湖南家乡菜，请彭老总和洪副司令吃饭去吧……"

彭德怀笑着说："你安排得很周到，工作要做，饭也要吃。"

吃完饭，领受任务的洪学智急忙赶回成川香枫山，紧急部署组织反"绞杀战"。他意识到这是志愿军后方铁道部队、工程部队、运输部队、公安部队、高射炮兵、航空兵和兵站仓库、医院诸兵种联合作战，与敌人针锋相对地打一场大规模的反"空中封锁"战役，是一场大规模的空袭与反空袭、一场现代化立体的联合战争，任务十分艰巨，只能胜利，不可失败！因此，洪学智也被大伙儿誉为"反'绞杀战'司令"。

8月18日，李奇微知道在西线与志愿军作战占不上什么便宜，于是便命令"联合国军"向朝鲜人民军第二、第三、第五军团防御阵地发动了"夏季攻势"，以大批空军对中朝军队后方交通线进行猛烈轰炸，意欲夺取东线由朝鲜人民军防守的突出部阵地。结果,"联合国军"的进攻遭到朝鲜人民军的英勇抗击,以损兵折将4.6万余人告终。

"联合国军"在东线发动"夏季攻势"后,彭德怀立即命令西线的志愿军配合东线人民军作战,对敌第一线部队开展战术反击,攻占了对方许多制高点和前沿阵地,改善了中朝军队中部战线平康地区的防御态势。自8月18日至9月18日,东西两线共毙伤俘敌7.8万余人(其中包括美军2.2万余人),"联合国军"在东线突入中朝军队阵地2公里至8公里,占据了179平方公里土地。

"夏季攻势"结束后,彭德怀认为,敌人不会善罢甘休,还会利用山洪暴发等自然灾害给中朝军队带来的供应困难,依靠其空中和地面炮火的优势,继续发动进攻。他立即要求各军指战员要学会阵地攻坚和阵地防御战。他说:在防御中应是积极防御、节节抗击,对每一阵地进行反复争夺,用不断的阵地反突击杀伤敌人;在阵地攻坚中,应对突出部之敌,进行小型攻坚战,稳扎稳打,求得每次歼灭美军1个连至1个营。这也就是被毛泽东形容为"零敲牛皮糖"的著名战术。

在第五次战役中,双方兵力都在百万左右,但"联合国军"在武器装备方面占有优势,不仅有技术精良的装甲兵、炮兵,而且有制空权,机动性很强。志愿军对美军一个团左右的兵力曾经多次进行合围,却始终不能消灭它,至多消灭一个营。这与国内战争特别是解放战争后期的情况大不相同,那时人民解放军常常是整师整旅地乃至几个师几个旅地消灭敌人。这种反复出现的情况,引起志愿军统帅部彭德怀等人的注意,也引起毛泽东的注意。

这年5月26日,毛泽东曾给彭德怀发了一个电报,指示说:"历次战役证明我军实行战略或战役性的大迂回,一次包围美军几个师,或一个整师,甚至一个整团,都难达到歼灭任务。这是因为美军在现时还有颇强的战斗意志和自信心。为了打落敌人的这种自信心以达最后大围歼的目的,似宜每次作战野心不要太大,只要求我军每一个军在一次作战中,歼灭美、英、土军一个整营,至多两个整营,也就够了。"毛泽东在电报中要求,目前打美英军只实行战术的小包围,打小歼灭战,经过打小歼灭战进到大歼灭战。第二天,毛泽东在会见志愿军参谋长解方和第三兵团司令员陈赓时重申了这个方针,把它叫作"零敲牛皮糖","每军一次以彻底干脆歼敌一个营为目标"。毛泽东还叮嘱说,要将朝鲜战局的长期性、艰苦性讲清,使全体干部和战士有充分认识与思想准备。

9月29日,在遭到中朝军队反击后,李奇微为压迫中朝方面在谈判中让步,又集中兵力向西线的志愿军发动了"秋季攻势"。这一次,狡猾的李奇微又改变了战术,采取"逐步进攻,逐步推进"的办法,企图夺取位于三八线以南的开城地区。坐在东京遥控指挥的李奇微,依然心存幻想,不相信战胜不了中国人。

从群众中来,到群众中去。打仗也要依靠群众路线。此时,志愿军第一线阵地已经开始挖掘坑道式的掩蔽部,抗击敌人空中"绞杀"和坦克掩护的多梯队轮番攻击,给敌人以巨大杀伤。在敌人飞机和大炮的强大火力下,坑道成为保存自己杀伤敌人的"法宝"。彭德怀在第一时间发现坑道工事的优越性后,立即指示志司在全军推广。由战士开始挖掘单人的放炮洞,逐渐连接成有通风口的坑道体系。于是,彭德怀又根据抗日战争时期八路军地道战的经验,指示各军设法解决坑道通气、伪装、防毒、防炸、防淹、防困的种种问题,打造"地下长城"。对朝鲜战场上志愿军建成的坑道防御体系,彭德怀倍加赞赏,说:"这是革命军队优良传统的政治素质和军事素质相结合的表现,为持久阵地战创造了极为有利的条件。"

针对李奇微的新战术,彭德怀指导中朝军队采取"坚守防御,节节抗击,反复争夺,歼灭敌人"的作战原则,利用坑道与进犯之敌进行了激烈战斗。双方激战至10月底,中朝军队终于顶住了"联合国军"的"秋季攻势"。

令李奇微没有想到的是,他发动的"秋季攻势"才7天,美英军就伤亡1万人,其中苏格兰皇家边防团一营被全歼,1740人被毙伤或俘获!从

10月13日至15日的三天时间内，平均每天伤亡6000人，创造了朝鲜战争每日伤亡的最高纪录。英国路透社记者发自前线的报道说："中国军队的战斗技术与效率已经有了显著的改进……联合国军要付出重大代价，才能取得一点点进展。"

经过一个月的激战，"联合国军"在250公里的战线上，平均向北推进不到2公里，共被中朝军队歼灭7.9万余人。

无论是"夏季攻势"，还是"秋季攻势"，李奇微指挥的"联合国军"都没有占到任何便宜，但是他依然没有停止他的空中"绞杀战"。这时，美军在朝鲜战场上的战机一直保持在1000架，最多时达2400多架，分别从南朝鲜、日本、冲绳岛或航空母舰上起飞，轮番轰炸。

然而，刚愎自用的李奇微没有想到，他发动的任何侵略战争在中国共产党人领导和指挥的人民战争的汪洋大海中，都必定失败。按照彭德怀"我管前方，你管后方"的指示，洪学智深入后方一线，哪里最关键，他就出现在哪里。交通枢纽、渡口、机场、敌机封锁地带，都留下了他的身影。他经常到著名的"三角地区"（即清川江至大同江的铁路、公路交通枢纽）、元山敌机封锁线，抢运和抢修关键设施。这些日子，彭德怀尤其关心后勤保障工作，他性格坦率直爽，常常为查问和催办这些事找洪学智。

自1951年5月中央军委决定成立志愿军后方勤务司令部开始，洪学智就一直负责后勤工作。这年8月，中朝联合铁路运输司令部成立，建成了"打不烂、炸不断的钢铁运输线"。志愿军后勤部队增至18万人，汽车增至3700多辆，后勤建设由单一陆军后勤转变为各军兵种合成军队的后勤。抗美援朝战争期间，志愿军后勤共运往前线物资260多万吨，补充枪械48万多支（挺）、火炮1.3万多门，汽车2.1万多辆，救治伤员38万多人次、病员45万多人次，新建公路2500多公里，加修公路8100多公里。

有一次，洪学智对彭德怀说："你大概对副手批评最多的就是我了。"

彭德怀一本正经地说："你只记批评次数不对，我表扬你的次数也是最多的呀！"① 洪学智抓抓脑袋，嘿嘿地笑了。

从 1951 年 9 月开始，为争夺制空权，志愿军空军也参加了反"绞杀战"的作战。志愿军空军的任务主要是保护平壤以北主要交通线。至 12 月底，共出动 5 个师、飞机 3526 架次，击落敌机 70 架，击伤 25 架，迫使美军战斗轰炸机的空域缩小至清川江以南，B-29 型轰炸机从 10 月起转入夜间活动。在高射炮兵的配合下，志愿军空军夺取了清川江以北一定区域（美国人称之为"米格走廊"）的制空权。至朝鲜战争胜利结束，志愿军空军先后有歼击机航空兵 10 个师又 1 个团、轰炸机航空兵 3 个大队参战，实战 366 批 4872 架次，击落美军飞机 330 架，击伤美机 95 架，自身损失 231 架。至 1953 年底，人民空军发展到 28 个师 70 个团，拥有各型飞机 3000 余架。

李奇微企图用飞机大炮发言，以"绞杀战"威慑志愿军，结果是损兵折将，碰了大钉子，既没有使志愿军后方的钢铁运输线瘫痪，也没有迫使中朝方面在停战谈判中让步。更有意思的是，美第八集团军司令范弗里特指使他的谈判代表提出了停战谈判以外的一个问题——他有个儿子是美军中校飞行员，一天夜晚驾驶 B-26 飞机到朝鲜物开里地区执行轰炸任务，被志愿军击落——他让谈判代表请中国人民志愿军寻找他的儿子。于是，邓华赶紧给洪学智打电话请求帮助寻找。洪学智答应了，发动后方勤务司令部所属三分部在飞机击落地，一个地方一个地方地寻找，终究没有发现任何线索。洪学智告诉邓华：确实打下了一架 B-26，但没有抓到飞行员，可能是在飞机爆炸后烧死了。邓华把这个情况通报了美方，范弗里特十分失望和悲伤。后来，范弗里特在汉城召开的记者会上承认："虽然联军的空军和海军尽了一切力量企图阻断共产党的供应，然而共产党仍然以难以置信的顽强毅力，把物资送达前线，创造了惊人的奇迹。"

范弗里特的儿子死在了朝鲜战场上，这不禁让人想起他的前任之前任沃克将军之死。作为两任美军第八集团军的司令，两对父子，一个是父

---

① 杨凤安、王天成：《彭德怀与麦克阿瑟》，解放军出版社 2014 年版，第 335 页。

亲,一个是儿子,在侵略战争中把生命留在了异国他乡,家破人亡,重演着活生生的人生惨剧。

在英勇的志愿军面前,李奇微的"绞杀战"彻底失败。布莱德雷说:"用这种战法,李奇微至少要用20年的时间才能到达鸭绿江边。"《星期日泰晤士报》直言不讳地说:"美国谈判代表愈来愈明白,联军真的不能再用继续作战的办法来获得进一步的利益了。"

10月25日,是中国人民志愿军抗美援朝出国作战一周年的日子,美国不得不重新回到谈判桌上来。从8月18日至10月22日,因美军发动"夏季攻势"和"秋季攻势"被迫终止的谈判,在停止了60多天之后重新开启。谈判的地点改在位于开城东南8公里的板门店。

时间过得真快,转眼又是一年。

毛泽东不会忘记1950年的国庆节,他过得并不轻松,曾经三天三夜没有睡觉,也曾经接连半个月时间躺在床上办公,没有走出菊香书屋半步。如今,一年过去了,他对彭德怀指挥的抗美援朝战争非常满意。

10月14日,就在志愿军顽强抗击美军来势汹汹的"秋季攻势"时,毛泽东为中共中央起草了一份电报。他在电报中写道:

志愿军党委亲爱的同志们:

……中央对于志愿军全体同志在志愿军党委和彭德怀同志的领导下进行了一个整年的英勇奋斗,取得了很大的胜利,表示欣慰与慰劳。目前的任务,是用一切努力争取最后胜利。目前国内情况很好,全党及全国人民热烈支援你们。国际形势也于我们有利,敌人困难甚多。我们也有困难,有些是很大的困难,但是可能克服的。只要同志们继续努力,并和朝鲜同志始终团结一致,最后胜利是可以取得的。①

10月23日,毛泽东在中国人民政治协商会议第一届第三次会议上说:

---

① 逄先知、金冲及:《毛泽东传 1949—1976》上,中央文献出版社2003年版,第169页。

"抗美援朝的伟大斗争现在还在继续进行，并且必须进行到美国政府愿意和平解决的时候为止……"

也就在同一天，朝鲜民主主义人民共和国最高人民会议常任委员会为庆祝中国人民志愿军入朝作战一周年，决定将最高级别的一级国旗勋章授予彭德怀。

彭德怀获悉后，表示拒绝。他说："我有什么功劳值得授勋的，我不过在后方做了些具体工作，这个勋章应该授给那些战斗英雄，我哪能比得上他们的功劳大？"

为了表明自己的态度，彭德怀专门致电中央军委，提出他不愿接受授勋的意见。中央军委复电，命令他尊重朝鲜党和政府的决定。

10月25日，朝鲜政府代表团来到桧仓志愿军总部驻地，在当晚举行了隆重的有各军战斗英雄参加的授勋大会。金科奉委员长代表朝鲜最高人民会议常任委员会和政府对中国政府和毛泽东主席、对彭德怀将军率领的中国人民志愿军全体指战员表示感谢和慰问。然后，他将最高级别的一级国旗勋章佩戴在彭德怀的胸前。

对于授勋，彭德怀内心始终感到不安。会后，他托着金光闪闪的勋章，诚心诚意地说："这勋章授给我不合适，第一应该授给高麻子（指高岗），第二应该授给洪麻子（指洪学智），如果没有他们两人昼夜想尽办法支援志愿军粮弹物资，志愿军是打不了胜仗的。"

因为夏季雨水多，1951年秋天的脚步似乎走得太快了，寒冷的北风呼呼地卷地而起。进入11月，深秋的田野一片金黄，菊花开了，枫叶红了，层林尽染，大地又换装了。

有了空军和高射炮兵的掩护，志愿军的天空也安全多了。更重要的是，所有的指战员换上了崭新的棉衣、棉裤和大绒帽，脚上也穿上了大头鞋。看到战士们吃得饱、穿得暖，彭德怀发自内心地笑了。一天，他发自肺腑地跟洪学智说："仗打胜了，前线战士的功劳算一半，后勤工作算一半，没有可靠的后勤保障，再好的指挥员，再好的战士也打不了胜仗。"

11月28日下午,洪学智特地来到志司驻地桧仓,把杨凤安悄悄地叫过来说:"杨大个儿,你是志司办公室副主任,今天晚上我请你安排一顿湖南饭菜,有贵宾来咱们这里。"

杨凤安好奇地问道:"是谁来呀,还劳驾你洪副司令亲自布置。"

"这个你暂时别管这么细。你安排好了,到时自然就知道了。"洪学智还神秘地小声叮嘱道:"这事,你也先别惊动彭老总,客人还在路上呢。"

这天下午,彭德怀一直在作战室研究重要阵地建立隧道式据点以抵御敌人炮击的问题。晚饭的时间到了,杨凤安来到作战室,对彭德怀说:"彭总,开饭了。洪副司令请你们到办公室,说有紧要的事,一边吃饭一边商量。"

彭德怀就带着大家离开作战室,向办公室走去。像往常一样,彭德怀反背着手走进来了。一进门,见陈赓、邓华、洪学智、甘泗淇都在屋里,

1951年,彭德怀司令员(右三)在朝鲜成川郡桧仓与邓华(右一)、陈赓(右二)、甘泗淇(右五)、王正柱(右七)等合影

再看看桌上还多摆了好几道湖南菜，有腊肉、辣子鱼等，就好奇地问："怎么？今天有什么喜事？改善生活了，还是请客吃饭？"

洪学智满面笑容地说："彭总，今天有贵宾来。"

"洪麻子，你又开玩笑了，我怎么事先不知道，哪里来的贵宾？"

洪学智哈哈笑了，说："你一见面就会知道，还是你很熟悉的贵宾呢！"

说着，陈赓、邓华、甘泗淇也都笑得合不上嘴。

见大家都笑了，蒙在鼓里的彭德怀更是摸不着头脑了，不当一回事儿地说："哪里来的贵宾？你洪麻子为咱改善生活，这都是咱湖南家乡菜，好吃，大家请坐，别客气，请我的客，大家一起共享。"

彭德怀招呼大家坐下，自己也高高兴兴地坐下了。

话音未落，杨凤安来了，引着一个身穿棉布大衣、身材高挑、眉清目秀的"贵宾"走了进来。只不过，这位客人的头上还包扎着一圈白纱布，额头处依稀可以看见有红殷殷的血色洇出。

"彭总，贵宾到了！"洪学智笑着说。

彭德怀抬头一看，愣了，原来站在面前的是自己的妻子浦安修。

浦安修并不是专程来朝鲜看望丈夫彭德怀的。那时，她正在陕西省棉纺厂做调研，10月中旬奉命参加西北工业参观团到东北参观学习。即将结束时，参观团的领导人习仲勋对浦安修说："这里离朝鲜很近了，你到朝鲜去看看彭总吧。"自从1950年10月4日彭德怀突然被专机接到北京，夫妻俩快一年没有见过面了，她也听说丈夫几次因敌机轰炸而险些遇难，早就盼望着能够相见，自然同意。就这样，他们很快通过代总长聂荣臻联系到了志愿军驻安东留守处。留守处的陈乙斋主任就给志司值班室打来了电话，请求派人来接。志司值班员知道彭德怀的脾气，赶快去向洪学智报告。洪学智把值班室的几个人找过来，嘱咐说："这事儿要保密，不能让彭总知道。"随后，就派一辆吉普车和一个警卫员前往安东迎接。谁知，道路本来就崎岖不平，坑坑洼洼，偏偏又遭遇敌机轰炸，司机一个急刹车，浦安修的头一下子撞在了挡风玻璃上，划了一道口子，顿时鲜血直流。为了赶路，就这样一直带伤前进，终于在晚饭前赶到了桧仓。

"哎呀！原来是你来了。"见到妻子，彭德怀既惊讶又高兴，"真没想到贵宾是你，我先坐下这不是喧宾夺主嘛……"

这时，看到彭德怀吃惊又诚恳的样子，大家都开心地笑起来了。

"你怎么来了，这里是战场呀，是前线。"彭德怀关心地说。

"彭总，怎么，不欢迎吗？抗美援朝上战场，我也有份儿，就许你出生入死，在战场冲杀呀？"浦安修充满敬重地说，"你有勇气来朝鲜，我也有勇气来。"

彭德怀笑着说："好，谁敢说女儿不如男孩。"

这时，洪学智插话说："请贵宾入座，我们好多天也没吃一顿有荤菜的饭了。今天，一是欢迎志愿军的客人，祖国来的亲人。浦安修同志从西北、东北，一路上风风雨雨，征途万里，昨天进入朝鲜后还遇到敌机轰炸，真是冲破空中封锁线来到这里的，我们为你接风洗尘。"

幽默的陈赓，马上接过话茬说："二是我们也是来打牙祭的。对吧？"

洪学智说："对，对！"

说着，大家都开心地笑了。

邓华说："老洪说的，都代表大家的心意了，请入座吧。"

"这是你洪麻子的安排，你这么关心我们。"彭德怀不爱说客气话，谁知他话锋一转，"我不用太多的关心，多关心前线的战士，让他们吃饱吃好。"

甘泗淇说："现在的后勤补给解决了不少问题，彭老总你放心，前线战士生活也有改善。有祖国人民的支援，肉罐头、大米、白面都吃上了。"

洪学智说："祖国人民大力支援前线，我们的日子好过多了。"

"现在，全国掀起了捐献飞机大炮运动，许多群众节衣缩食，积极捐款。甘肃省玉门油矿的职工，在8天内用增产所得捐献了一架'石油工人号'战斗机。"浦安修给大家介绍起国内开展的抗美援朝保家卫国运动，

"彭老总，在你们老家，湖南省湘潭县有一位76岁的勤杂工，名叫谭楚云，每月只有8元的收入，从中国人民抗美援朝总会发出捐献飞机大炮运动之日起，就做了一个竹筒，上面钻了一个小孔，每天工余挑三五担水，把卖水的钱装进去，竹筒上写着'抗美援朝生产捐献集金筒'几个字。"

"你介绍的这些情况，听了蛮受鼓舞的。"彭德怀听了介绍，感到十分欣慰，转过头来对浦安修说，"很多干部的家属都没有来过，安修，你在这里住两天就回去吧。"

浦安修点点头，对彭德怀说："我也是顺道来看看你的。"

"我怎么总是在战场上碰见你，真没想到。"看着妻子受伤的样子，彭德怀心疼地说，"你也是命大咯，没炸着。"

战地相逢，生死与共。晚饭后，彭德怀领着浦安修到桧仓金矿洞的山间散步。落日的霞光洒在他们并肩漫步的背影上，在高山峡谷的巍巍辉映之中，忽然增添了一些浪漫和沧桑。

那也是一个深秋。1938年，在延安，经时任中共中央组织部副部长李富春穿针引线，彭德怀和浦安修结婚了。那时，毕业于北平师范大学的浦安修，才21岁，但已经有了3年的党龄。他一眼就看中了这位眉清目秀、仪态端庄、一身才气的姑娘。随后，井冈山时期的老战友滕代远拿出自己一个月的津贴费5元钱，办了一桌婚宴，和几个消息灵通的老战友热闹了一番。几天后，彭德怀和妻子又奔赴敌后共度烽火岁月。抗日战争战场上，在一次突围中，浦安修所在的队伍被日本鬼子冲散。他以为瘦弱的妻子可能牺牲了，伤心落泪。惊喜的是，几天后，大家在农家小屋内找到了已经饿晕的浦安修。解放战争战场上，在西北的西府战役中，彭德怀看见战壕中有一个拿着手枪、挂着几颗手榴弹的女人，走近一看才发现是自己的妻子。现在，妻子不远千里跨过鸭绿江来到朝鲜战场，路途要经过敌人"绞杀战"重点封锁区"铁三角"，他真心佩服这个小女子的勇气。所以，彭德怀总爱跟妻子说："我怎么总是在战场碰见你，真没想到。"

过了一个星期，浦安修要回国了。来之前，黄克诚委托她代表家乡人民给彭德怀送来了一些湖南土特产和一匹夏布。彭德怀让杨凤安把湖南的土特产分成若干份,分给司令部作战、机要、通信等机关部门的同志。剩下的一匹夏布,彭德怀用它做了盖地图的帐子,还剩下一点儿,杨凤安请浦安修带走了。彭德怀知道后,叮嘱杨凤安给浦安修打电话,让她到北京后把带回的夏布交给总后勤部部长杨立三。

戎马一生,久经沙场,彭德怀早就患有肠胃病和痔疮。到朝鲜后,长期居住在寒冷、阴暗、潮湿的矿洞里,饮食、睡眠无常,精神极度紧张。尽管指挥过百万大军,叱咤国际战场,雄风尤胜当年。但岁月不饶人,身体也不饶人了,彭德怀旧病不断发作,经常大便出血,大家都为他的健康担心。

1951年8月,彭德怀的前额左眉上方长了一个小肿瘤。到1952年初,肿瘤越来越痛。正在这时,美国违背国际公约用飞机把大量带有各种细菌的老鼠、苍蝇、跳蚤、蜘蛛、蚊虫等活物,大批撒在中朝军队的阵地,发动灭绝人性的细菌战。接到疫情报告后,彭德怀既震惊又气愤,立即通报全军紧急防疫。中央得报后,很快成立了防疫委员会,由周恩来亲自主持,先后组织了大批医学专家和百多个防疫大队来到朝鲜,及时控制了疫情。

1952年3月,彭德怀的肿瘤愈加严重。医生怀疑是癌,劝他立即回国割除。他总是说:"没关系,死不了!"陈赓、邓华、洪学智都劝他赶紧回国治疗,他总是坚持说:"我要等李德全(冯玉祥夫人,时任政务院卫生部部长)的调查团来,把美帝国主义这滔天罪行弄清楚,好把真相向全世界公布。"

就在这时,邓华又病倒了,不得不回沈阳治疗,彭德怀更无法脱身了。

3月19日,在志司所有领导同志劝说无效的情况下,他们集体给中央军委和毛泽东连发两次电报,说:"经昨日戴正华、吴之理及史书翰等(医学专家)会诊结果为瘤子,估计是挨着骨头生长""大家认为不能轻易地进行手术，但彭说'你们割开一个口子一挤就行了，若是你们害怕，我签字负责'等语""为慎重起见，最好回国治疗"。

周恩来接到电报后，向毛泽东建议派人替换彭德怀回京治疗。毛泽东即派陈赓前去朝鲜代彭德怀主持志司工作。

3月31日，陈赓奉毛主席之命由北京到达朝鲜。他在当天的日记中写道："黄昏时到达志司，与彭谈，告以主席意见及我来意，促其归国休养。但彭未表示意见。谈约两小时。"

4月1日，陈赓在无可奈何的情况下，和副司令员宋时轮、副政委甘泗淇3人联名给毛泽东并军委发来急电报，说："彭总经周校长、史书翰共同诊查后，认为愈早手术愈好，但这里无X光照相检查，因此大家提议他马上回国治疗，决不能再拖延，彭总意见认为最近还需去金首相处一谈，我们同意这一意见。但这要推迟到五月份才回国治疗，据医生意见似不甚妥，究应如何，请中央决定。"

4月2日，经请示毛泽东同意，周恩来以中共中央的名义给彭德怀并陈赓等人回电："德怀同志即应按照大家提议，马上回国治疗，绝对不能推到5月。"电报同意彭德怀去与金日成一谈，但规定"动身时间不要迟过4月上旬。至要。"

陈赓拿着中央的电报去找彭德怀，半认真半开玩笑地说："中央来电催你马上回国治疗，我看你还敢违抗中央的命令吗？"

彭德怀沉默不语。

4月4日，中央再来电催促。

4月7日，彭德怀离开了战斗一年半的朝鲜前线，在平壤会晤金日成后，乘吉普车踏上了归国的旅程。志愿军司令员的工作由陈赓代理。

4月12日，彭德怀回到北京。周恩来亲自到北京饭店看望他。随后，为了保密，他化名"农业大学王校长"住进北京医院，接受手术治疗。经检查确诊，彭德怀额上的肿瘤为脂肪瘤。4月下旬，由外科主任王历畊为他做了切除手术。

5月5日,彭德怀康复出院。这时,朝鲜战局已经基本稳定,经周恩来提议,中央决定彭德怀留北京接替周恩来主持军委日常工作,调陈赓回国创办军事工程学院,命令邓华为中国人民志愿军代司令员。

8月31日至9月16日,彭德怀同金日成一起,作为斯大林的客人前往莫斯科访问。其间,在克里姆林宫与斯大林进行了两次会谈。

回国后,彭德怀根据毛泽东关于"志愿军应从肯定敌人要从西海岸清川江至汉川江登陆这一基点出发,来确定行动方针"的指示,召开了一系列军事会议进行部署。

身在北京,心系战场。在志愿军粉碎"联合国军"新任司令员马克·克拉克①的"摊牌行动"、反登陆准备、构筑"地下长城"、停战谈判、交换战俘以及华东地区防御作战准备上,彭德怀殚精竭虑,竭忠尽智。

又是一年芳草绿。

1953年6月19日,彭德怀奉命再次前往朝鲜。

这一次,他的任务变了,不再是指挥作战,而是参加停战签字,收获和平。

6月20日,彭德怀抵达平壤,与金日成会谈,主张再打一仗,以打击李承晚破坏停战谈判的行径。当晚22时,他致电毛泽东,建议推迟停战签字时间,准备"再给李军以严重打击,再消灭李军15000人"。毛泽东复电同意。这样,志愿军又组织了最后的金城反击战。

随后,彭德怀回到了桧仓志愿军司令部。故地重游,他发现志司的环境大为改观,他原来住过的大矿洞旁边,新挖了一个马蹄形的坑道,坑道四壁还凿出了4个石窟,不再漏水了,坚硬且干燥。彭德怀就住在其中的一个石窟里。

7月13日,志司下达了金城反击战总攻的命令。当晚,天气阴沉,闷热异常。彭德怀刻意不去作战室,主动把自己摆在"二线",由邓华指挥。

---

① 1952年4月28日,美国总统宣布命令,由马克·克拉克接替李奇微任"联合国军"总司令,李奇微接替艾森豪威尔任北大西洋公约组织总司令。

战斗打响后,他悄悄地走出石窟,独自在坑道外缓缓地散步,静静地等待着胜利的消息。显然,在这样关键的时刻,即使像他这样久经沙场的老帅,内心也难以平静下来。一个小时后,前线的报告到了:"全线突破。"彭德怀面带笑容,疾步回到石窟,祝贺胜利。

7月27日,金城战役结束,歼灭敌人7.8万余人,收复土地178平方公里,迫使李承晚接受了停战协议。

至此,燃烧三年多的朝鲜战争的战火终于熄灭了。这时,"今日得宽余"的彭德怀,破例观看了前来慰问的京剧团演出的《三打祝家庄》。是夜,兴之所至,彭德怀还亲自点了一出讽刺喜剧《葛麻》。当戏中聪明的小长工百般作弄想赖婚的地主,最终和自己的心上人喜结良缘时,彭德怀和大家一起使劲地鼓掌欢笑。

那一刻,和他一起在朝鲜战场并肩战斗的人们,才第一次发现彭德怀

1953年7月28日上午9时30分,彭德怀司令员于开城在《朝鲜停战协定》及其临时补充协议上正式签字

也是一个爱说爱笑又亲切和蔼的人,而且笑得那么开心,那么天真,那么平易近人。

7月28日,上午9时30分,彭德怀来到开城来凤庄,走进中国人民志愿军谈判代表团的驻地,在中、朝、英3种文字的停战协定及其临时补充协议共18件文本上,郑重又潇洒地签署了自己的名字。李克农、杜平、丁国钰、柴成文等参加了签字仪式。当彭德怀把笔放下,从椅子上站起来的时候,室内响起了一片热烈的掌声。面对签字文本,彭德怀对在场的将军们发自肺腑地说:"我签字时心中在想,我方战场组织,刚告就绪,未充分利用它给敌人以更大的打击,似有一些可惜啊。但是,实现和平,这对人民来说,是高兴的。"① 在停战协定签字后,作为"联合国军"总司令、美军上将克拉克面对记者的提问时,只得自嘲地说:"在我执行我政府的训令中,我获得了一项不值得羡慕的荣誉,那就是我成了美国历史上第一个在没有取得胜利的停战协定上签字的司令官。我感到一种失望的痛苦。我想,我的前任,麦克阿瑟和李奇微两位将军一定具有同感。"

这天下午,彭德怀来到开城附近志愿军第四十六军的前线,视察最前沿敌我双方对峙的阵地。24小时前,这里还是战火纷飞,被炸毁的山林里烧焦的树木还在冒烟,不见禾苗,不见野草,只见遍地弹坑,烟尘弥漫。看到有志愿军战士在打扫战场,有许多担架抬着战友的遗体从前沿阵地走下来,彭德怀翻开覆盖的白布,眼含泪花,沉痛地说:"只差那么十几个小时,这些年轻的战士就没能看到最后的胜利,我们活着的人应当永远怀念他们!"

走到一个山头侧面的反斜面,彭德怀发现了一处坑道。他不顾陪同人员的劝阻,猫着腰钻了进去。走了5米远,眼前就一片漆黑了,脚下是一片泥泞,潮湿的霉味混合着汗水的馊臭味、炮火的硝烟味,呛鼻难闻,令人窒闷。彭德怀知道,昨天还有战士在这里浴血战斗……他一步一步,一步一个脚印,走了10多分钟。当彭德怀走出坑道时,一位营长走到他的面

---

① 杨凤安、王天成:《彭德怀与麦克阿瑟》,解放军出版社2014年版,第406页。

前,手里拿着一双筷子,拘谨地说:"这是战士们在战斗间隙利用敌机残骸制作的铝骨筷子,大家希望送给中央首长。"彭德怀双手接过筷子,郑重地说:"我一定替你们带到北京,转给毛主席和其他领导同志。"

太阳落山了,踏着夕阳的余晖,彭德怀回到军部。他和前线的指战员拥挤地坐在一个很小的会议室里谈心,他言辞谆谆地说:"停战以后,部队需要做的工作还很多,我们要敲好收场锣鼓,首先要把新阵地搞好,在阵地上要修建一些简易棚子,让战士搬出坑道来住。大家还须严阵以待,敌人如果来袭击,要坚决消灭,使他们不敢再来。"接着,他又谈到干部的思想和生活问题。"战争停下来了,个人的小算盘就会多了,要使大家认识到,只有国家大事解决好了,才能解决好个人的问题,我彭德怀已是五十多岁的人了,共产主义社会是肯定看不到的,我们所做的一切还不都是为了后代!"

第二天晚上,志愿军总部机关在桧仓的地下矿洞礼堂举行了盛大的舞会。组织者把机关的女同志和附近部队的女同志都叫来了,还破例把志愿军文工团的女同志请来伴舞。志愿军总部的将领们和参谋人员也都到场了,连一向不喜欢跳舞的彭德怀也高高兴兴地来了。音乐一响起,喜欢跳舞的人们就跳了起来。彭德怀就催邓华他们:"你们也去呀!"邓华、杨得志、李志民等将领就各找舞伴进入舞池跳起来了。

彭德怀静静地坐在那里,双目炯炯有神,但眼睑下垂得更厉害了。已经戒了烟的他,一边喝茶,一边看着这热闹又欢乐的场景,陷入了沉思。灯光照在他的身上,一头板寸已白得发亮,战争催人老呀!细心的洪学智知道彭德怀不会跳舞,也不爱跳舞,就陪着他看。过了一会儿,彭德怀好像想起来什么似的,说:"麻子,你也去呀。你看,来了这么多女同志,还有没有舞伴的呢。"在彭总几次催促下,洪学智也跳了起来。洪学智瘦高的个儿,与女文工团员跳起舞来很和谐,舞姿也很优美。彭德怀笑着说:"哎,洪麻子也会跳嘛!"

这时,有胆大的女文工团员走到彭德怀面前,伸出手,说:"彭总,请您跳一个舞！"彭德怀说："你们跳，你们跳。我不会跳，我看你们跳。"大家都以为彭德怀是客气，紧接着又有不少女同志来邀请，他依然微笑着婉拒。他说："我只能看，我是土包子，不会跳。你们找邓华、杨得志、李志民跳，我看他们跳得好。"他还打趣说："这些土包子们，什么时候学会的？"

跳了几曲之后，一位满脸稚气的小女兵走到彭德怀面前，甜甜地说："彭爷爷，我请你跳一个舞，行吗？"小女兵来自公安一师，刚刚16岁。

彭德怀笑着说："小同志，你这么小小年纪，怎么就来朝鲜了？"

小女兵说："是我要求来的。"

"你不怕战争呀？"

"我不怕。敌机轰炸，我还去抢救伤员呢！"

"按理说，我应该跟你跳一支舞，只可惜，我不会跳。这样，我给你找一个舞伴跳吧。"说着，彭德怀伸着脖子找机关的杨凤安、丁甘如、杨迪、成普、杜鉴三、崔醒农、崔伦、罗长波、卫继烈、张仲三等处长，可看了半天也没有找见他们。

这时，小女兵说："彭爷爷，我就想跟你跳！"

看到小女兵如此天真和恳切，彭德怀想起了自己的侄儿侄女，最大的也就她这般年纪，内心顿时感到温暖又难过，如果拒绝似乎有些不近人情了。实在不好推辞，彭德怀说："孩子，你来朝鲜参加抗美援朝战争，保家卫国，不容易！我不会跳舞，但我接受你的邀请，我就拉着你，在这舞场周围，走一圈儿吧！"

"好！"小女兵开心地伸出手牵住了彭德怀的手。

说着，彭德怀站起来了，就这样大手拉着小手，围着舞场的外围走一圈。

这时候，洪学智看见了，邓华看见了，杨得志看见了，在场所有的人都看见了，看见有些微微驼背的彭总，看见这位横刀立马的大将军，拉着一个小女兵的手，就像一位爷爷牵着他的孙女赶路一样，走着，走着……

那一刻，舞场所有的人都停住了舞步，情不自禁地鼓起掌来，用他们发自心底的掌声向他们的统帅致敬……①那一刻，那一幕，多么温情，多么温馨，洪学智一辈子都没有忘记。现场，许多人都热泪盈眶，是激动，也是感动……

一生转战三千里，一身曾当百万师。

将军立身何坦荡，英雄犹能挽硬弓。

这一年，彭德怀才55岁，应该说，还不算老。

7月31日晚上，朝鲜民主主义人民共和国最高人民会议常任委员会在平壤隆重举行授勋典礼，金科奉委员长再次把一枚朝鲜最高勋章——一级国旗勋章佩戴在彭德怀的胸前，并宣布授予彭德怀"朝鲜民主主义人民共和国英雄"的称号。典礼后，金日成举行晚宴，感谢志愿军，感谢彭总，感谢中国东木（同志）。

中朝统帅觥筹交错，一醉方休。

8月1日，彭德怀乘汽车离开平壤返回祖国。这一天，是建军节。

到沈阳后，彭德怀特地在东北逗留了几天，他时刻担心美帝国主义变脸。一旦朝鲜前线情况有变，他就以最快的速度返回战场，继续战斗。

8月10日，彭德怀从沈阳乘火车回京。车至锦西，传来周恩来总理办公室电话，请他在中途停车休息几个小时，换乘专列，在明天早晨8时以后到达北京。那一刻，他知道，鞠躬尽瘁的总理真是用心良苦，细致周到。

8月11日上午9时，彭德怀的专列缓缓驶入北京站。只见站台上彩旗飘飘，气球飞扬，"欢迎中国人民志愿军彭德怀司令员胜利归国大会"的横幅高高地悬挂在前方，邓小平、林伯渠、郭沫若及首都各界数千人来到站台迎接。人们挥舞着彩旗和鲜花，向彭德怀热情致意，掌声、欢呼声和胜利的锣鼓声响彻整个车站，汇聚成一片欢乐的海洋。

9月12日，中南海怀仁堂座无虚席，中央人民政府委员会扩大会议在

---

① 王波：《彭德怀入朝作战纪实》，中国社会科学出版社2018年版，第613—614页。

这里隆重举行。会议由毛泽东亲自主持，听取彭德怀《关于中国人民志愿军抗美援朝工作的报告》。彭德怀抑制不住内心的激动，声如洪钟，庄严向世界宣告："在三年激战之后，资本主义世界最大工业强国的第一流军队被限制在他们原来发动侵略的地方，不仅不能越雷池一步，而且陷入日益不利的困境。这是一个具有重大国际意义的教训。它雄辩地证明：西方侵略者几百年来只要在东方一个海岸上架起几尊大炮就可霸占一个国家的时代是一去不复返了，今天的任何帝国主义的侵略都是可以依靠人民的力量击败的。它雄辩地证明：一个觉醒了的、敢于为祖国光荣、独立和安全而奋起战斗的民族是不可战胜的！"

彭德怀的报告，赢得了毛泽东和与会代表的掌声。

这热烈的掌声，也是热爱和平的中国人民的心声。

第二章 陈赓：请缨杀敌，地下长城

大筛征戎 7

身在西南，于丛林指导援越抗法
心系东北，主动请缨参加抗美援朝

陈赓是解放军高级将领中一位极富传奇色彩的角色。从 1949 年 10 月至 1950 年 2 月，他率领第四兵团执行大迂回、大包围、大歼灭的作战任务，4 个月行程 4000 公里，进行了广东作战、广西作战和滇南战役，歼敌 15 万人，俘虏将校级军官 1000 多人。

1949 年 12 月 17 日凌晨，陈赓率领第四兵团兵团部从沙面登船，向广西梧州进发，于 30 日到达南宁市。1 月 31 日，进入贵州，于 2 月 14 日进入云南。2 月 20 日，进驻昆明。

1950 年 6 月，在胡志明的请求下，中共中央与毛泽东决定援越抗法。7 月上旬，陈赓从昆明启程前往援越抗法前线。

就在陈赓从昆明出发援越抗法的这一天，美国操纵联合国安理会通过组成以美国为首的"联合国军"的决议，进行武装干涉朝鲜，扩大侵略战争。新生的人民共和国在西南和东北，都面临着战争的威胁，陈赓的心中很不平静。

7月8日，也就是在奔赴越南途中的第二天，喜欢写日记的陈赓在日记中写道：

朝鲜人民军继续南进，突破汉江以南防线，歼灭美军一部，余狼狈南窜。呜呼！美军可怜也。自觉越南行动，信心更高，配合朝鲜，两翼钳击，亚洲胜利，一定属于亚洲人民。①

8月30日，陈赓又在日记中谈及朝鲜战争。他说：

朝鲜与台湾问题的发展，特别是周外长的声明，美帝腔调已经是非常柔弱，它们对中国陈师鸭绿江边，非常恐慌。安理会已通过下星期讨论中国问题。美帝外强中干，害怕战争，由此可见。

9月7日，陈赓在越军参谋部为说服越军将领积极作攻打东溪法军据点的计划，提出作战方案，说得口干舌燥，颇受越军将领重视，甚感兴奋。当时，有法军飞机8架，先后两次在陈赓头顶的天空盘旋。在这样的危险境地，陈赓的心中却还依然想着朝鲜战争。他在《日记》中写道：

朝鲜这次发动进攻，已攻占浦项，大邱非常危险，有指日可下之势。这次是采取正面压缩，两翼钳击，有将釜山完全包围之势。虽然节节胜利，但仍有一场或两场的艰苦恶战，敌人是不会轻易放弃对朝鲜的侵略的。只有凭着我们的力量，将它赶出去。

这个时候，在陈赓的指导下，越军夺取了东溪敌据点，打响了第一

---

① 陈赓：《陈赓日记》，解放军出版社2003年版，第291页。本书以下有关日记的内容均摘录自该书。

炮，创造了越军歼灭战的第一次胜利，全军振奋。同时，法军开始向七溪集结，企图夺回东溪，并乘机"扫荡"越北。于是，陈赓决定停止七溪行动，打击北进之敌。就在这个时候，9月22日至26日，陈赓患上了疟疾。他在日记中自嘲说："早几天写信给涯①，说什么'疟疾无法侵入我身'，话未数日，牛皮一吹即破，好笑。"

9月28日，陈赓就越军攻打七溪的作战方案，专门向中央军委发电报，陈述理由。同日，刚刚治好疟疾的他，心中还是挂念着朝鲜战争，在日记中写道：

朝鲜战争可能受到挫折（指美军9月15日在仁川登陆），甚至于是大挫折，半月来我即担心此事。朝战一起，毛主席即说有两个可能，一个是速胜，一个是持久，并须做持久准备。新华社评论也如此说。但不管怎样，朝鲜战争将有最后胜利之日。此役是完全揭穿了美帝是纸老虎，美帝并不是可怕的东西。

11月1日，陈赓离开越南，胜利回国。这个时候，朝鲜战争从6月25日爆发，已经过去了4个多月，距彭德怀10月19日率领志愿军秘密跨过鸭绿江也已经过去13天了。

11月2日下午2时，陈赓冒雨回到广西龙州，于4日下午4时抵达省会南宁。张云逸、李天佑、陈漫远等来交际处慰问，"甚赞此次越北胜利"。

11月5日，应广西省委书记张云逸邀请，到他家吃午饭。午宴中，陈赓从张云逸处才听说彭德怀率领志愿军出国作战，甚为兴奋，并为之失眠。他在日记中这么写道：

闻悉我出兵北朝鲜，我认为是斯、毛最明智之举。战争始终不可避

---

① 涯，即陈赓的妻子傅涯，引者注。

免，迟打不如早打，早打可以打一个美国无准备，也许还可求得有利于我之和平。我甚兴奋，昨晚为之失眠。

"平生报国愤，日夜角弓鸣。" 11月6日，陈赓在日记中继续写道：

昨晚失眠，总是思考着朝鲜战事。……工作是艰苦与残酷的，我准备贡献我的一切。

11月9日，在回程的轮船上，陈赓通宵难眠。在船上，他翻阅近日出版的《南方日报》，其中有一篇《在中国义勇军支援下朝鲜战争胜利发展》的报道，公布了近10日战况及战果。这引起了他的注意，当晚，他在日记中这么写道：

估计美国将又在联合国名义下，对我采取行动，但目前至多是轰炸。中国已成为破碎之躯，索性让其轰炸，战斗后再建设，没有什么了不起。

"愿将腰下剑，直为斩楼兰。" 身在大西南，心系大东北。刚刚从援越抗法战场胜利归来的将军，心里已经做好了走上抗美援朝战场的准备，在想着该如何打赢美国侵略者，并决心"我准备贡献我的一切"。

戎马倥偬，赤胆忠心。一抵达北京，身体已隐藏着病症的陈赓，立即向中共中央请缨赴朝作战。当时，与陈赓同时申请的还有他的亲密战友陈锡联。

陈赓跟陈锡联争辩说："你已是炮兵司令员了，建设炮兵很重要，你要走，还得交代工作。我刚从越南回来，国内工作还没接手，不存在交代工作问题，自然我去更合适。"

拗不过陈赓，陈锡联就听他的了。

"感时思报国，拔剑起蒿莱。" 天天关心朝鲜战局的陈赓，听说志愿军总部即将召开中朝高级干部联席会议，做战役总结，立即向中央报告，希望前往朝鲜参加这次总结大会。毛泽东同意陈赓先到朝鲜战场了解情况。

1951年1月25日，在北京家中没有跟妻儿团聚几天，陈赓就马不停蹄地跨过鸭绿江，奔赴朝鲜战场，准时在君子里参加了中朝军队高干联席会议。

会上，陈赓认真听取了彭德怀的总结讲话和金日成的讲话，听取了邓华、洪学智、韩先楚等各位副司令的发言，还听了第三十八、第三十九军两位副师长和方虎山军团长指挥部队作战情况的汇报。他与邓华、洪学智、韩先楚、解方、杜平促膝交谈，对朝鲜战争的全局有了更加深入的全面的了解和掌握。

不过，这一次，陈赓走到哪里，都多了一条"腿"——拐杖。从越南回国以后，他的身体似乎比以前更差了，尤其是他的腿脚没有那么灵便了，关节有时候不太听使唤。但乐观的他，并不把这些放在心上，拄着拐杖，到各位领导的房间去串门。他不拘小节，喜欢开玩笑，走到哪里就把笑声带到哪里。

在阴暗潮湿的矿洞里，在土地革命、抗日战争、解放战争期间和在蒋介石监狱里留下的伤病和疾患，现在时常侵袭着陈赓的身体。但他依然带病坚持在矿洞里工作。白天，他听会、谈话、聊天；晚上，他抓紧时间看资料、看战报，一边思考、一边研判、一边总结，形成了自己的看法。在他看来，虽然美军有着装备和空中优势，但我军步兵强，只要依靠灵活的指挥和战术，只要充分发挥步兵的优势，把军事指挥员的指挥艺术与战士不怕牺牲、勇猛作战的精神结合起来，我军是能够取得胜利的，美军不可能占领整个朝鲜半岛。在战术上，我军应该充分发挥在国内战争中近战、夜战的特长，敢于大胆地向敌军阵地迂回穿插，分割敌人，包抄敌人，歼灭敌人。各部队可以组织精悍勇敢的小分队向敌军纵深和后方渗透，犹如抗日战争时期我军在各个战场的游击战，主要袭击美军的炮兵阵地、前沿指挥所，搅乱敌军的部署和指挥，使敌官兵产生恐惧心理，从军事和精神上打击敌人的士气。但是由于朝鲜半岛狭长的地形和我军武器装备落后,因此不宜大穿插、大迁回、大包围,打大歼灭战。由于美军装备的优势和掌握制空权,我军想一次战役围歼美军几个师是困难的①。陈赓的分析和判断是实事求是的,也是准确的,体现了一个军事家的品质和素养。在君子里,陈赓毫不隐讳地把自己的意见,坦诚地报告了彭德怀。

对陈赓这个湘潭乡里,彭德怀也是喜欢的。想当年,陈赓在湖南郴州湘军当兵的时候,彭德怀已经是一营一连的连长。一天,陈赓在野地里捡红薯时,碰到了彭德怀。彭德怀就问他:"你怎么不去考长沙军官讲武堂?"陈赓指指领子上的士兵符号,丧气地说:"卡脖子了。"彭德怀说:"你都当了四年兵了,怎么还不升军官?你们那个'西红柿'连长只会吃喝嫖赌,不干正事!"在彭德怀的鼓励和指导下,陈赓勇敢地站起来公开与"喝兵血"的连长进行了"闹饷"斗争,告别旧军阀,从此走上了革命的道路②。听了陈赓的汇报,彭德怀笑眯眯地盯着他,递过来一支烟,非常赞赏地说:"你也要多与他们交换交换看法,也要多给部队讲一讲。"彭德怀所讲的"他们",是指志愿军总部的邓华、洪学智、韩先楚、解方和杜平。因为在过去的革命战争年代,这几位将领在不同时期或不同战区、不同部队,都曾经当过陈赓的部下,都对他十分尊重,个人关系也都十分融洽。对老首长认真负责的精神和提出的真知灼见,大家都十分认可。

陈赓拄着拐棍一瘸一拐地深入前线,视察阵地,看望部队,了解基层官兵作战现场情况,比如,在阵地上是如何对付美军空军和炮兵轰炸的,怎么样才能保存自己,怎么样才能打击敌人,等等。在东线的第九兵团调研时,当他了解到在长津湖作战中出现大批冻伤非战斗减员的情况后,心情很沉重。为了保家卫国,为了和平,我军付出了极大的代价,成千上万的年轻的志愿军战士献出了自己宝贵的生命,他感到十分难过。

在朝鲜战场实地调研摸底之后,陈赓回到北京。他知道朝鲜战争是人

---

① 王波:《彭德怀入朝作战纪实》,中国社会科学出版社2018年版,第582—583页。
② 尹家民:《传奇大将陈赓》,当代中国出版社2015年版,第16页。

民志愿军面临的一场全新的战争，我们必须要勇敢面对全新的敌人。他毫无畏惧，初心不改，毅然决然地再次向中央提出要率兵赴朝作战。鉴于在朝鲜战场的第一批轮番作战部队十分疲劳，在战地又难以休息，中央军委决定组织第二批轮番作战部队，由西南军区和华北军区各组织一个兵团入朝作战。

1951年2月，中央军委决定以云南军区机关为基础，组建志愿军第三兵团。接到命令后，陈赓马上坐飞机前往昆明，从军区亲自挑选了一批干部搭建领导班子。鉴于他多年领导的第十三、第十四军都奉命在中越、中缅边境担负任务，不能入朝，就在原第四兵团的部队中抽出第十五军（欠第四十三师），连同原来不归他指挥的第十二、第六十军合组一个兵团。3月，中央军委正式任命陈赓为志愿军第三兵团司令员兼政治委员，率领第十二、第十五、第六十军入朝作战。他亲自抽调了军、政、后勤工作干部，组成第三兵团的领导机关。同时，他还特地到南京，邀请王蕴瑞当他的参谋长。

由于交通不便，第十二、第十五军和第六十军从西南出发调运，靠水路、公路再转铁路运输，用了两个月时间，才到达朝鲜前线。然而，就在一切准备就绪，准备去朝鲜的时候，由于几个月的连续奔波，陈赓的左小腿突然剧烈肿痛，不能行走了。这是积劳成疾的结果。显然，越南雨林中风里来雨里去的战斗生活和翻山越岭、徒涉江河的野外生存所带来的后遗症终于爆发出来了。这是他没有想到的。他急得团团转，巴不得医生能在几天之内就把他的腿治好，甚至只要能拄着棍子走路就可以。经过医生会诊，确诊为左踝关节创伤性关节炎，必须治好才能行动。无奈之下，他只得暂时停下出国作战的脚步，在北京接受治疗。直到这年6月志愿军发动的第五次战役结束之时，他依然未能成行。

这一年的4月下旬，第三兵团在朝鲜参加了第五次战役，由兵团副司令员王近山代理指挥。

6月1日，中央军委任命陈赓为志愿军第二副司令员，同时仍担任第三兵团司令员。等腿疾稍有好转后,他马上带着家人赶到沈阳,做好第二次入朝的准备。

6月中旬,陈赓对自己不能尽快前往朝鲜前线非常焦急,便转移到大连老虎滩工人疗养院,继续治疗。其实,这个时候,他身上还隐藏着更严重的病情。早在这年3月初,在乘飞机从昆明到重庆的途中,他曾对身边的戴其萼说:

你常在我身边,深知一打起仗来,我就几昼夜不睡觉,因为我反复思考,预想了各种可能发生的情况及处置的对策,所以从表面看来,我指挥作战从容不迫,胸有成竹,处置临时发生的情况迅速果断。可是从战斗打响之前直至战斗结束,我的思想一直处于紧张状态,因为我担任主要指挥任务,身系战斗、战役的成败和部队的安危,稍一疏忽,就会招致作战损失,增大部队伤亡,责任重大,所以内心处于长时间的紧张之中。几十年的战争生活,当然会对身体有影响。人们都说我是个乐观主义者,无忧无虑,成天高高兴兴。从战略方面说是这样的,我坚信革命必胜,不怕任何艰险,不计个人安危。但在战斗中我不是盲目乐天派,总担心考虑不周,招致作战损失,总怕发生意外情况,思想上一直保持高度紧张,而不能有任何松弛。①

对自己身体患病的状况,陈赓是清楚的。他常常感到胸闷、呼吸不顺畅,但他很少想到自己,心中装着的是工作,是战斗,是一个革命者的勇敢、坚强、无私和无畏。谁没有一点儿头疼脑热?谁没有生过病呢?他总觉得扛一扛,挺一挺,忍一忍,也就过去了,怎能退缩不前呢?

战争年代,陈赓和家人聚少离多,转战13个省,真正是"八千里路云和月",直到进军云南前夕,妻子傅涯才随军。可没有团聚几日,他又去了越南。刚刚从越南回来,几乎没有喘一口气,又要准备赴朝作战了。

---

① 《陈赓传》编写组:《陈赓传》,当代中国出版社2007年版,第397页。

家庭的天伦之乐只能在战争的缝隙中才能抓住。因为要到大连治疗腿疾，一家人终于可以短暂地享受一下家庭生活的甜蜜和温馨。

关于陈赓请缨赴朝作战的事儿，毛泽东在和金日成的一次会谈中曾十分幽默地谈起过。毛泽东告诉金日成："陈赓从越南回到北京，向我汇报援越抗法的事情。他提出要求，想去朝鲜。我说，你陈赓就是好战。刚听说和美帝打，他就有了精神，病也好了一半。我说，那你要感谢杜鲁门喽！"[1] 就这样，陈赓成为中国唯一的既参加抗美援朝又参加援越抗法的高级将领。

---

[1] 《陈赓传》编写组：《陈赓传》，当代中国出版社2007年版，第396页。

战鼓声齐

毛泽东菊香书屋召见陈赓,纵论"零敲牛皮糖"
入朝作战,彭德怀说:"你来了,我轻松多了。"

1951年5月27日,也就是中央军委任命陈赓出任志愿军第二副司令员的前三天,他接到了毛泽东召见的电话。

会见地点自然也是老地方,毛泽东的住地中南海丰泽园的菊香书屋。

不过,这次会见,陈赓只是一位陪客。

这一天,毛泽东的主要客人是解方。

解方原名解如川,字沛然,毕业于日本陆军士官学校,有文化,懂外语,对军事谋略颇有研究,在朝鲜战场上被彭德怀戏称为"小诸葛亮"。像邓华一样,是一个瘦子,也刚刚参加完解放海南岛战役,到武汉休养。解方出生于吉林辽源,是土生土长的东北人。朝鲜战争一爆发,时任第四野战军第十二兵团参谋长的他,深知祖国东北将面临战争的威胁,立即请缨北上保家卫国。申请获准后,他来不及告别妻儿,立即打上背包就出发,匆匆奔赴朝鲜,出国作战,担任志愿军参谋长。

因为第五次战役规模很大，志愿军和朝鲜人民军在第一线动用了70多万兵力，却因敌军装备上的绝对优势，经两个阶段的激战后未能达到预定歼敌目标。毛泽东为了解前线情况，才电召解方和四位军长回京，亲自询问新战场新对手的作战特点，以确定下一步的作战方针。

5月的北京，已经进入夏天，十分炎热。中南海碧波荡漾，丰泽园绿柳成荫，本来就特别安静的地方因为知了不厌其烦地鸣叫，显得更加静谧。

见到解方和陈赓进来了，毛泽东高兴地走过来，一边热情地握手，一边笑着说："欢迎从朝鲜战场回来的英雄。"

虽然身上的志愿军军装已经褪色了，甚至有些皱皱巴巴，解方却穿得整整齐齐，风纪扣也扣得严严实实，毕恭毕敬地给毛泽东敬了一个军礼。

说着，毛泽东递给解方一支白干烟，又递给陈赓一支。

可是这天气实在是太热了，看见解方满头大汗，细心的毛泽东就随手拿起手边的蒲扇，递给解方，亲切地说："太热了，你干脆把外衣脱了吧。"

解方不好意思脱，感觉那是不礼貌的表现，笑着回答："不热，不热。"

毛泽东自己也点了一支烟，说："我很想听听朝鲜前线的情况，你说说吧。"

毕竟是第一次以这么近的距离独自向毛泽东汇报工作，解方内心还是有些紧张。他把香烟放在茶几上，手拿着蒲扇，小心翼翼地向主席汇报起来。他说，在每一次战役中，我军都是集中优势兵力成功地把敌人包围起来后，利用夜战消灭敌人。到了白天，敌人有空军的火力支援，狂轰滥炸，对我们地面作战杀伤太大。因为我们防空力量很弱，又只能等到第二天晚上再战，这样一来一往，就失去了很多战机。现在，李奇微替换麦克阿瑟之后，他知道了我军后勤的短板，因为我们的粮弹只能保障一个星期左右，他们称之为"礼拜攻势"。因此，如果我们前沿部队穿插、迂回、分割敌人太远，就无法像在国内作战时那样实现后勤保障，或就地得到保障。这对我军的战斗力影响太大，先头部队难以发挥作用。有时候，部队还出现了光着脚丫子、饿着肚皮子打仗的现象。在这种情况下，我军就很难实现在包围敌人几个师之后达到全部歼灭敌人的目的。也就是说，如果我们的胃口张得太大，一口吃不下。

对解方提出的问题，毛泽东已经从前线战况的报告中作出了判断，此前一天，他在一封发给彭德怀的电报中，也曾谈及志愿军需要改变策略和战术的必要性。他说："历次战役证明我军实行战略或战役性的大迂回，一次包围美军几个师，或一个整师，甚至一个整团，都难达到歼灭任务。这是因为美军在现时还有颇强的战斗意志和自信心。为了打落敌人的这种自信心以达最后大围歼的目的，似宜每次作战野心不要太大，只要求我军每一个军在一次作战中，歼灭美、英、土军一个整营，至多两个整营，也就够了。现在我一线有8个军，每个军歼敌一个营，共有8个整营，这就给敌以很大的打击了。假如每次每军能歼敌两个整营，共有16个整营，那对敌人打击就更大了。如果这样做办不到，则还是要求每次每军只歼敌一个整营为适宜。这就是说，打美英军和打伪军不同，打伪军可以实行战略或战役的大包围，打美英军则在几个月内还不要实行这种大包围，只实行战术的小包围，即每军每次只精心选择敌军一个营或略多一点为对象而全部地包围歼灭之。这样，再打三四个战役，即每个美英师，都再有三四个整营被干净歼灭，则其士气非降低不可，其信心非动摇不可。那时就可以作一次歼敌一个整师，或两个三个整师的计划了。"

现在听了解方的报告，毛泽东更加坚定了自己的这种战术判断。他对陈赓和解方说："美军兵力有限，它的战略重点在欧洲。在朝鲜战场上，美军不可能投入太多的兵力。我志愿军必须消灭掉美军几个师才能解决朝鲜问题。这个估计是对的。但在打法上要用不断轮番作战，各个歼灭敌人的方针，好比是'零敲牛皮糖'。每个军一次以彻底干净地歼灭敌人一个营为目标，一次使用三四个军，其他部队整补待机，有机会就打。如此轮番作战，在夏秋冬三季将敌人削弱，明春则可组织大规模攻势。陈赓同志呀，你的意见呢？"

陈赓回答说："我同意主席打小歼灭战的方针，积小胜为大胜嘛！"

毛泽东接着说："我们的意见是一致的。志愿军部队应加强政治工作，将朝鲜战争的长期性、艰苦性向全体干部战士讲清楚，要他们都有充分的思想准备，同时指出胜利的条件。我同意'统一集中，减少层次，精干组织，提高效率'的原则，兵团最好取消，加强志愿军司令部与各军的力量，要加速空军的建设和加速空军的出动，加强反坦克武器，部队应提倡打坦克、打飞机。"

陈赓说："作战指挥层次不能太多，要误事儿。我们的通信装备差嘛。"

"这个问题要请总参和志愿军司令部好好研究。"说着，毛泽东又转过来对解方说："朝鲜战争要坚持持久作战，积极防御的方针。看来像打第五次战役这样大的运动战的条件不具备。我军要实行战术的小包围，多打小歼灭战，经过打小歼灭战，逐步过渡到打大歼灭战。这可以叫作'零敲牛皮糖'。"

听了毛泽东实事求是的意见，陈赓心里感到非常踏实，不禁让他想起了解放战争与国民党蒋介石打仗的往事。这时，毛泽东说："过去我们打蒋介石的新一军、新六军、新五军、十八军和桂系白崇禧的第七军，就是经过这种小歼灭到大歼灭的过程的。我军入朝以来五次战役，已完成这种小歼灭战的一段路程，但是还不够，还须经过几次战役才能完成小歼灭战的阶段，进到大歼灭战的阶段。至于打的地点，只要敌人肯进，越在北面一些越好，只要不超过平壤、元山线就行了。"

说完朝鲜战场上的事情，毛泽东又和陈赓聊起了援越抗法的事情。

解方是一个有心人，又是一个快手，赶紧趁这个时机，把毛泽东刚才关于朝鲜战争的作战方针的谈话整理成文，当场送给毛主席审阅。

看了解方整理好的谈话记录，毛泽东十分满意。陈赓看了看，也对解方的细心和认真大为赞赏。于是，从毛泽东处回到北京饭店之后，解方立即把毛泽东圈阅同意的这份指示发往了朝鲜志愿军总部。全文如下：

传达毛主席关于"零敲牛皮糖"作战方针

志①党委：

今天主席召见我和陈赓同志，听取汇报后，指示以下问题：

甲、志愿军总的政治任务是轮番作战，消灭美英军九个师（几个杂牌旅、营全计在内），则可解决朝鲜问题。打法上，采用不断轮番各个歼灭敌人的方针，即"零敲牛皮糖"的办法。每军一次以彻底干脆歼灭敌一个营为目标，一次使用三四个军（也可多点），其他部队整补待机，有机会就打，如此轮番作战，在夏秋冬三季内将敌人削弱，明春则可进行大规模的攻势。如能提前于夏秋两季达到削弱敌人目的，即可于冬季打大仗。

乙、应加强政治工作，将抗美援朝战争的长期性、艰苦性讲清楚，使全体干部和战士有充分认识与思想准备。但同时应指出胜利条件，强调克服困难，战胜困难。

丙、组织上完全同意"统一集中，减少层次，精干组织，提高效率"的原则。兵团最好取消，加强志司与军（陈赓同志也同意这个方案），变为精干指挥所也可以。每军建制增加一个师，减掉三至四个军直，以加强新兵训练。军后勤机构，则可抽出一部充实后勤，具体方案请志司提出。

丁、入朝部队六个月左右换班，调到朝鲜北部或东北、华北，休整三个月左右又参加作战。西南第三批轮番部队三个军已到华北，干部太缺，短期内不能出动。杨（成武）兵团两个军已准备好，可随时出动。

戊、除注意建设与加速空军出动外，目前重点是加强反战车武器与防空武器，部队则应大力提倡打战车、打飞机。

己、以上先简要报告，余待返部面陈。我28日夜返满，陈（赓）司

---

① 志，即志愿军。

令 30 日赴沈参加空军演习后回去。有何指示请电东北军区。

解方 27 日

　　毛泽东关于"零敲牛皮糖"的作战方针，经解方传达到志司后，因为"零敲牛皮糖"是一句湖南省的方言，有些不是湖南省的人，不完全明白是什么意思。后来，陈赓到朝鲜后，专门给大家解释说："这是我们湖南的土话，毛主席用这句话作形象化的比喻。牛皮糖是把糯米磨碎熬出来的糖块，由小贩装在箩筐里走乡串村叫卖，小孩没有多少钱，给一两个铜板，小贩就敲一小块给他。箩筐里一大块牛皮糖，就这样一小块一小块敲下来卖掉了。你们明白了吧？毛主席就是用这个比方，叫我们在阵地防御作战时打小歼灭战的。"

　　在毛泽东召见陈赓和解方的时候，朝鲜战场上志愿军发起的第五次战役已经接近尾声。第五次战役是4月22日发起，6月10日结束的。

　　第五次战役是志愿军入朝作战歼敌最多的一次，把战线稳定在三八线附近地区，迫使美国不得不到谈判桌上来谈和。但是在战役临近结束的时候，第三兵团所属第六十军的一八〇师在回撤时遭遇美军包围袭击，加上领导指挥不当，损失7000多人。陈赓得知此事，心急如焚。他没有想到，自己的部队，竟然出了这么大的事情！

　　8月17日，陈赓送妻子和孩子返京，一个小时后，拄着拐杖的他立即奔赴朝鲜战场。告别时，刚刚会走路的女儿抱着他的脖子不放，让他感到一个父亲的内疚和依恋。他在这一天的日记中写道：

　　先送涯及建、进登车返京。小进紧抱我不舍。1时后我又登车东驶。各事东西，不胜依依。

　　今晨抵安东。据说朝北洪水泛滥，车行困难，行期恐又将延迟一日。

　　8月19日，陈赓第二次跨过鸭绿江。看见"尽是异国风味。妇女短衣长裙,临风飘飘。道上往来行人,不见男汉,大有进入女儿国之概"。一路上,看到遭美军飞机轰炸的村庄和田野,他感到既痛心又愤怒。与第一次来朝鲜不同,现在沿途是"五里一哨,专事防空警戒,一闻机声,即发枪示警,驾驶员无须顾虑防空,可以开灯直驶,这样增加了运输速度"。但"终日轰炸声,使人无法入眠"。

8月21日,陈赓在日记中记录了当日经过平壤的情景:"过平壤,见被炸甚惨,残墙断垣,满目疮痍,但人民仍操作自若。朝鲜民族在世界和平事业上,尽了如此巨大之贡献,至今虽困苦不堪,但其志甚坚,从不叫苦。此种伟大之国际主义精神,令人肃然起敬。"

盛夏时节,朝鲜北部湿热难耐,很有"桑拿天"的味道。这样的天气对陈赓的腿伤和心脏来说,显然不是一件好事情。入朝前,陈赓已经感到经常胸闷、呼吸不畅。志愿军司令部作战处副处长杨迪回忆,陈赓入朝后同他们说了一句令人不安的话:"你们看我好像身体很健康,我自己也注意锻炼身体,但是我知道我活不过60岁。你们信不?"① 8月22日,陈赓到达了第三兵团司令部驻地大水洞。事先,他已经报告彭德怀同意他在这里停留数日,了解兵团作战尤其是第一八〇师遭敌军尾追后因干部措施失当导致严重损失的情况,对部队做必要的教育整顿。

"老司令回来了!"

"老司令回来了,我们兵团就要打胜仗了!"

当陈赓拄着拐杖一瘸一拐地站在第三兵团司令部驻地大水洞矿洞门口时,副司令员王近山、副政委杜义德、参谋长王蕴瑞、政治部主任刘有光和机关的参谋们都赶紧围过来了,欢呼,鼓掌,面露喜色,好不亲热。

看到大家来看自己,陈赓也感到十分亲切和感动,他微笑着,十分郑重地说:"打翻身仗还得靠大家,我个人的力量是微不足道的。"

这时,有人说:"老司令不要走了,你走了要影响三兵团的作战。"

陈赓摆摆手,说:"没那么严重,今后多关照点三兵团方向就是了。"

---

① 傅涯主编:《陈赓大将图传》,解放军出版社2013年版,第256页。

随后，陈赓分别召集第三兵团高级将领座谈，了解当前战场的形势及部队作战的情况。第十二军军长曾绍山、政委李震、副军长肖永银，第十五军军长秦基伟、政委谷景生、副军长周发田，第六十军军长韦杰、政委袁子钦、副军长查玉升和邓任俊都来了。

一开场，陈赓就以他的幽默风趣，打破了因为第一八〇师失利而带来的压抑气氛。他说："我是一个老兵，也是一个新兵。说老兵是因为我的军事生涯不短了，说新兵是因为刚刚来朝鲜半岛。"

王近山说："你要是新兵，谁还是老兵呀？"

"你不仅是老兵，还是老首长、老领导，听您作指示。"大家纷纷说。

陈赓笑着说："哈哈，你们什么时候学会吹捧领导了？"

王近山说："你是我的老旅长、老领导，这也不是什么吹捧嘛！"

"好，闲话少说。"陈赓活跃了一下气氛后，马上刹车，"跟你们也不客气，我一直在研究朝鲜半岛战局。从目前朝鲜战场的各种条件来看，已变得对我军越来越有利了。对这个形势，你们怎么看？"

大家没想到，陈赓一开始也没有因为第一八〇师的问题批评兵团和军领导在指挥上的失误。于是，大家心情就放松了许多，各抒己见，对各自的战斗和朝鲜战场形势作了汇报。听了三个军的战斗情况汇报，经过思考分析，陈赓得出了一个结论："李奇微说美军掌握了战场的主动权，不愿意与中朝坐下来老老实实谈判，我看李奇微是看错了。当前，朝鲜战争正处在一个转折点，越来越对志愿军和人民军有利，美军越来越被动。一方面美军的一部分部队要担任守备，另一方面南朝鲜部队被打怕了，战斗力不可靠，不敢恭维。而且，美国的战略利益在欧洲，他们不能从欧洲抽调兵力，后继无兵，最怕打持久战。"

对陈赓的分析和判断，大家深表赞同。

接着，陈赓联系实际，对志愿军的战斗力生成作出了更加具体的分析，鼓舞大家的信心。他说："朝鲜战争各种条件，逐渐对我变得有利。首先，我军的运输条件在改善中，部队饿饭事情，不久即将成为过去。彭老总回国后，军委采取了一系列措施，我军的装备有所改善。部队经过两个月来的休整训练，体力已经恢复。在战术上，我军也有很大的改变。经过几个月来的锻炼和作战，我们的官兵已经习惯了朝鲜作战中的生活，特别是深深了解了敌人。这都是下次作战胜利的保证。对不对？"

王近山说："确实是这样，现在我们对美军的作战有所了解了。"

杜义德说："老首长说得对，是这么回事儿。"

陈赓说："美帝是整个帝国主义的支柱，政治军事都有一套，作战上非常客观，不橛守成规，善于变化。5个战役中，各有其花样。我们绝不能忽视，必须加紧准备，拼命训练部队，想一切办法加强火力，改变战术，对它一点儿也不能松懈，然后才能将其战胜。过去我们没有直接与美军打过仗，我们没有骄傲的资本，不要自以为在抗战中怎样怎样，在解放战争中怎样怎样，那是不行的。骄兵必败，这是一条铁律。知己知彼，才能百战百胜嘛。"

说话做事爱开玩笑的陈赓依然是那样痛快淋漓。他十分爱护部属，对错误绝不姑息迁就，但也讲究批评的方法，点到穴位。这次出国作战，之所以先到三兵团，是因为他的主要工作就是要认真地对第一八〇师事件做出调查核实，帮助大家认清错误，以利于打好翻身仗。

响鼓不用重敲。都是久经沙场的老将，也都是同一个战壕打过仗、同一个锅里吃过饭、甚至同一张铺上睡过觉的战友，大家都知根知底，清楚陈赓话里有话。

听到陈赓如此委婉地批评，作为在一线指挥的副司令员，王近山诚恳地面对他的老旅长做了检讨。抗日战争时期，八路军过黄河时，陈赓担任第一二九师第三八六旅旅长，王近山时任所属第七七二团副团长。王近山说："第五次战役，各军打得都很顽强，完成了作战任务。但在指挥上有缺点，我应该检讨。主要问题是兵力使用不合理，部署不周。战役第一阶段，3个军在15公里正面上一个梯队，部队展不开，动作慢了。突破后，担任穿插迂回任务的部队，翻山越岭，但徒步行军速度赶不上敌人乘车撤退的速度，因而形成了平推。到了战役第二阶段，由于对敌情判断失误，将洪川东北的美军误判为南朝鲜军，致使攻击受阻，没有很好地完成分割穿插的任务，影响了整个战役的发展。到了战役转移阶段，左右的友邻部队都后撤了，我仍然命令一八〇师坚守了3天至5天，没有估计到敌人会有计划地反击。六十军3个师分别由3个军指挥，分放在三处作战，兵团和军都没有留下机动兵力，当一八〇师被围时，没有能及时增援解围。"

回到第三兵团的这几天，陈赓一直忙于召集各级干部开会、座谈、听汇报，讨论第五次战役作战经过、经验和作战准备的情形。大家对他的到来"寄托甚大希望，人皆有喜色"，但这却使他感到"更惶恐和责任重大"。经过调查研究，陈赓基本掌握了第五次战役的情况和第一八〇师事件的经过。对第一八〇师事件的责任，陈赓与王近山也做了很好的交流和沟通。

王近山说："对敌人认识不足，对敌情缺乏研究，战术不当，骄兵必败。这是我们失利的主要原因。我没有料到敌人一触即退，实际上是利用机械化运动速度快的优势，迅速回撤构成新的防线，以逸待劳，等我军再次追上敌人，我部队已疲惫不堪，他们这时又利用空中和炮火优势，实施轰炸，对我军杀伤很大。"

陈赓说："李奇微也是老谋深算，把我们对付他们的那一套也学会了，破解了我们迂回穿插的打法。敌人一触即退，诱我深入，助长了你们的骄傲麻痹思想。《孙子兵法》说得好啊，'知己知彼，百战不殆''多算胜'，我们只有密切联系实际，改变战法，以适应新环境，才能使自己立于不败之地。"

"是啊！麻痹大意，骄兵必败啊！"王近山一边向陈赓复盘了战斗的经过，一边分析原因，"没想到美军很狡猾，他们是有计划的撤退。我穿插迂回的距离很短，根本达不到截击敌人的目的。另外，这次战役通信保障也组织得不好。5月23日夜，我们指挥所由古滩岭向金沙鹤转移途中遭敌空袭，电台被炸，与各军失去了联络，前后达三天时间。军与师之间也经常失去联系，电报发不出去，从而失去了战机。一八〇师被围，六十军令一八一师接援，可是该师4个半小时后才接到命令，结果一八一师与各团的电话联络又中断了，只得徒步传令，再次耽误了5个小时，在时间上就输给了敌人，增加了接援的困难。"

真是老革命碰到了新问题。想当初，刚刚抵达朝鲜战场，王近山也是信心满满，志在必得，甚至给彭德怀立下了军令状，说"三兵团要在第五次战役中歼敌1万，俘虏5000人"。因为身体原因，陈赓没有到任，王近山以副代正，指挥第三兵团作战。第三兵团的三个军，都是敢打硬仗、善打恶仗、勇于攻坚的英雄部队。第十二军是王近山的老部队，在这支部队，他当过团长、旅长、纵队司令，在刘邓首长指挥下，定陶战役当尖兵，千里跃进大别山打头阵，淮海战役堵截黄维兵团，屡建奇功；第十五军是陈赓四兵团的老部队，与王近山配合打过胜仗。第六十军是华北野战军第十八兵团的主力，有"临汾旅"和"皮（定均）旅"这样的过硬部队。第一八〇师的问题给第三兵团造成了极大思想震动，冲击军心，不仅惊动了志司和彭德怀，也惊动了中共中央和毛泽东。陈赓也不例外。

8月26日，在听取了兵团所有领导同志的意见之后，陈赓最后给出了自己的结论。他说："一八〇师受损失的原因除了总部和兵团在战役指导上疏忽外，与三兵团前指遭受空袭，电台被炸，失去联络，上下联系中断三天也有关系。指挥中断外，一八〇师领导指挥不当，没有坚决率部突围，负有重大责任。"在这一天的日记中，他这样写道："对一八〇师事，我以为必须以严肃的态度来对待。此一事件我的结论博得到会人员全体同意。"

这些日子，朝鲜北部整天下雨，而且越下越大，令人发愁。三兵团所在的大水洞真的发了大水，"小山沟已成泽国，河岸大树被水推倒"。下雨天，矿洞内更加潮湿，这对陈赓的伤病来说，也是一种艰难的挑战。

调研结束后，陈赓还要回到志司工作，但第三兵团的指战员都不希望他离开。在8月29日的日记中，他理解因为第一八〇师失利影响第三兵团干部的心态，记录了自己的复杂心情："和干部谈话，均以我去志司，必将影响三兵团指挥。我对他们耐心解释，仍不能解决他们的内心问题，那只好在作战时，志司特别注意关照三兵团了。"

9月1日下午5时左右，西边的太阳慢慢地下山了，月亮从东边升起来了，陈赓告别三兵团，乘坐缴获来的美式吉普向志司所在地空寺洞进发。本来是决定昨天就前往志司的，由于大雨冲毁了多处桥梁，只好改为今天。

陈赓在日记中记载了当日的行程和见闻："汽车疾驶，经谷山石街门，尚未发现敌机。8时许，敌机出现在我去路，四周盘旋，时而扫射，时而轰炸。特别是以多数照明弹，封锁支下里。驾驶员甚沉着，趁着照明，开足马力，疾驶前进，东转便道，进入山区，安全行驶。下半夜到达目的地。志司住山上，决心就此宿营，明日上山。"

对陈赓的到来，彭德怀是欢喜的，也是欢迎的。空寺洞金矿矿洞很大，洞深数里，在陈赓看来，"两千磅的炸弹，也打它不穿。住甚安全，但潮湿特甚，人们久亦惯之"。彭德怀指示志司管理处给陈赓安排好了办公室，就在离他办公室的草棚不远处。草棚内已放置好行军床，墙上也挂上了作战地图。

9月3日，志司召开了党委会。会后，彭德怀把陈赓拉到自己的草棚内谈话。

彭德怀推心置腹地说："陈赓呀，你是我党我军的老同志，比我的资格还要老。你来了，我感觉轻松了很多。你不知道，我的压力很大呀！"

陈赓说："老总，看你说的，我怎么比你的资格老呢？你这不是折杀我吗？"

"不是客气话，我彭德怀也不会客气。"彭德怀真诚地说，"你是黄埔毕业，又上过苏联军事学院，我是一个土包子，没有上过军事学校。你来了，要多研究我军在阵地防御阶段的战略战术，我军不仅在运动战阶段要打好，在阵地防御阶段也要比前一阶段打得更好，这才能完成毛主席要求

志愿军司令员彭德怀和副司令员陈赓、邓华合影

的积小胜为大胜的战术转变任务。我们前线一定要打胜仗，战场上拿不到的，开城谈判也不会拿到。现在，我们要为开城谈判创造条件。"

陈赓说："请老总放心，在你的领导下，我一定多做工作。"

从9月3日至9月10日，志愿军党委召开了扩大会议，各兵团和各军领导都参加了会议。会议的前几天，主要是听取各兵团、各军的汇报。在汇报中，陈赓认为，各军均较五次战役前有大进步，不管在战术、装备上，还是在后勤上。

尽管对山间的生活不习惯，但陈赓感到会议开得很好。所以到了9月6日，他为了避免敌机扰乱，索性搬进洞内工作和睡觉了。

9月7日，陈赓代表志愿军党委参加了第三兵团小组会议，讨论作战和教育计划，并解决第一八〇师的问题。在会上，陈赓发现"六十军对一八〇师干部有些姑息""严正指出其缺乏原则性，决定给该师干部以处分，并在全军开展教育"。

的确，陈赓对第六十军在小组会上的表现不甚满意，严肃地批评了该军的两位主官韦杰和袁子钦。他十分严肃地说："你们在入朝前后都忽视了对一八〇师的军事政治工作。为什么不给郑其贵师长配政委？他是一个副政委，提起来当师长，打以美军为对象的战役行不行？战役开始后，你们对一八〇师在作战指导上有什么指导？美军并没有发现我军一个师被包围了嘛！应该坚决指示他们突围！总部向六十军发报，令一八〇师利用25日夜间越过加平至华川公路后撤，郑其贵为什么不执行？你们军里有指示吗？"

喜欢开玩笑的陈赓一般很少发脾气，平时见到谁都是嘻嘻哈哈，一副乐天派的样子。看见陈赓真的发火了，第六十军的领导脸红了，头也低下去了，不敢说话。

陈赓继续说："郑其贵在战场上发脾气，砸毁电台，中断与上级的联系，这是什么行为？什么素质？为什么要中断与上级的联系？上级不可以给他通报敌情发指示吗？我从参加红军到现在，这种行为还是第一次看到。还有1万人的部队为什么就不战斗了？为什么要放弃部队？十二军三十一师九十一团插得比一八〇师深得多，比一八〇师远得多，可是团长沉着冷静，牢牢地掌握着部队，从敌人的缝隙中突围回来了！美军把我二十七军隔阻在桃木洞、玉山洞，在县里西南地区，可是军长彭德清、政委刘浩天当机立断，坚毅沉着，马上改变作战计划，把部队带回来了！你们是怎么做的？"

面对陈赓连珠炮似的发问，第六十军的军政主官有口难辩，无言以对。难道有难言之隐？会后，陈赓又专门找韦杰军长进行个别谈话。韦杰是陈赓的老部下，对老首长的批评没有任何怨言，为战场上的失利主动承担了责任。同时他也实事求是地分析了主客观原因。

从兵团指挥层面上来看，韦杰说，第三兵团参加第五次战役是同美军第一次交手，入朝很仓促，各方面准备不足，而且同美军作战没有经验，对美军的作战特点没有很好研究，对美军的机械化快速机动不适应，在战斗中不能迅速转变战斗样式，不能迅速集中兵力，争取主动权。这次事件警醒我们，需要改进的地方还有许多，要不然我军还要吃亏。

对韦杰的分析，陈赓很专注地听着，不时点头。

韦杰继续说："兵团兵力部署太分散，各级都没有预备队，缺乏后劲，部队消耗后不能补充。进攻时一线展开，向前平推，无战术可言。在战役指挥上部队建制被打乱，兵团命令六十军的三个师分别由兵团（负责一八〇师）、十二军（负责一七九师）、十五军（负责一八一师）指挥，军部没有机动兵力，只有一个营的兵力，作战行动无法策划，实际上没有参与战役指挥，我们军指挥所就是照传命令，带来极为不利的影响。六十军成为'空军'。一八〇师被围时，兵团也没有预备队，我就有一个营，不能增援解困。兵团为什么违背作战常规，不留预备队呢？叫我不能理解。在第二阶段结束时，兵团也没有把一八〇师交回来，掩护任务是兵团直接下给一八〇师的。一八〇师的左右友邻部队都不告而辞，使一八〇师三面受敌，背水而战。真令人扼腕叹息呀！"

陈赓说："兵团教训太大，殊不知没预备队要吃大亏！"

韦杰说："战役的动机是好的，多占些地方，有利于谈判，但确定的战役目标和任务超过了参战部队的能力。战役规模太大了，口张得太大了，纵深就大了，部队远离大后方还要大幅度跃进，后勤保障和兵力机动都力不从心。"

陈赓说："这个情况，大家都认识到了。"

韦杰说："部队在一线没有良好的阵地依托。一八〇师在汉江以南阻击敌人，背水而战，地形条件就不适合阻击，我军后方没有精兵扼守公路要点，致使美军迂回到一八〇师的后路。"

陈赓沉思良久，说："这次战役，三兵团的教训太深刻了，过去还没有打过这样窝囊的仗，上上下下都需要好好总结，下一阶段作战必须改进。三兵团必须打翻身仗！"[1]

---

[1] 王波：《彭德怀入朝作战纪实》，中国社会科学出版社2018年版，第586—588页。

9月8日，彭德怀在会上做作战方针的报告。在讲话中，彭德怀非常坦诚地作了自我批评，然后高度赞扬了第十二军第三十一师第九十一团和第九兵团第二十七军等部队。当讲评到第六十军时，彭德怀忽然喊道："韦杰、袁子钦来了没有？"

"到！"韦杰、袁子钦急忙答应着，站了起来。

"韦杰，你们那个一八〇师，是可以突围的嘛！……白天冲不过去，晚上还是我们的天下嘛！后面没有敌人，中间也没有敌人，晚上完全可以过去嘛！为什么要说被包围了？哪有这样一遇到敌人堵截就把电台砸掉、把密码本烧掉的？你们是怎么指挥的？把一个师都丢了！造成我军建军以来极少有的一个师遭到惨重损失！"彭德怀劈头盖脸就是一连串的质问。

韦杰、袁子钦低头不语。

的确，这样的惨重损失是人民解放军历史上没有出现过的，而且问题也的确出现在指挥层面。尽管韦杰把实际情况向陈赓做了汇报，从兵团到师前指，都负有不可推卸的责任。但作为志愿军的总司令，彭德怀在自我检讨、主动承担责任之后，面对如此惨重的损失和牺牲，怎能不严明纪律？

彭德怀越讲越生气，最后他站了起来，大声吼道："郑其贵是怎么当的师长？作为一师之长，应该临危不惧，可是他……一定要撤职查办，军法从事！"

会议是从午饭后开始的，一直开到黄昏，中间没有休息。因为彭德怀在气头上，会场空气凝重，没人敢吭气，邓华等几位副司令员很想缓和一下气氛，但不敢开口。于是邓华扯了一下陈赓的衣服，悄悄跟他耳语了几句。因为大家都知道，陈赓和彭德怀有几十年深厚友谊，别人不敢和彭总开玩笑，只有陈赓可以。

于是，陈赓笑嘻嘻地站起来说："老总，开了大半天会，大家都不敢动一下，我看他们的脸都憋红了，想出去小便都不敢，现在肚子又提意见了，饿得不行啦。你发这么大的脾气，一定也累了。我建议是不是休息一下？让大家小便、吃饭，吃饱后再开会，你再接着批评，好不好?"

彭德怀扭过头去，眼睛瞪着陈赓，陈赓还是笑着。终于，彭德怀明白陈赓心意了，气也消了很多，说："你陈赓肚子饿了，那就吃饭吧！"说完，站起来就走了。

彭德怀离开会议室，大家都松了一口气，都对陈赓说："陈司令，你可救了我们啦，我们真是憋着尿也不敢出去。"

陈赓笑着说："你们赶快去撒尿，不要一松气，尿到裤子上了。"

大家都知道他爱开玩笑，沉闷凝重的气氛也消失了，就你一言我一语地热闹起来。

吃完饭，大家准备继续开会。这时，陈赓走进门来说："告诉你们一个好消息，会不开了，你们可以走了。现在请邓华同志传达彭老总的指示。"

邓华推让着："还是请你说吧，不要客气了。"

陈赓说："好。刚才我们陪彭老总吃饭时，我们向他建议，暂时休会。老总要讲的，基本上都讲了。你们现在也不好发言了，也不敢讲了。叫你们回去开会，自己好好深刻总结经验教训，然后报告志司。彭老总同意了我们的意见。"

大家听后，都笑了，说："陈司令、邓司令真理解我们的心情，真感谢你们救了我们啦！请你们报告彭总，我们回去后，一定认真总结，并写出书面报告。"

陈赓说："你们不要谢我们，以后都要打好仗，不要叫彭总生气就好了。"

志愿军副司令员兼第九兵团司令员宋时轮和第十九兵团司令员杨得志说："陈司令，请你放心，我们有了这次教训，以后一定打好仗，向彭总报喜，那时请你和邓司令向彭总给我们请赏啊！"

陈赓笑着说："你们想拍马屁，我可不买账。如果下次还开这样的会，我就先吃饱肚子,让你们挨饿,不帮你们解围了。"① 这就是可爱的陈赓,也是陈赓的可爱。

第二天,志愿军党委扩大会继续进行。该表扬的表扬了,该批评的批评了,该处分的处分了,讨论下一场战役该怎么打,这才是开会的主要目的。

本来,志愿军司令部原计划在8月底发动第六次战役,但彭德怀在集思广益之后作出判断,宣布推迟一个月才发动。陈赓对此表示赞同,认为"这个决定很好,没有充分的准备,对于作战来说是开玩笑"。

9月8日,从铁原、金化前线传来消息,志愿军各军对当面之敌均有出击,美军之突出部分,尽被攻占,全天共歼美军千余人,获得许多胜利。作战处处长丁甘如把这一战绩报告给彭德怀和陈赓等首长后,大家都很兴奋,这说明打小歼灭战和"零敲牛皮糖"的战术是可以奏效的,在朝鲜战场是可行的,从而证明是正确的。这个战例对陈赓启发很大,让他进一步深化了对朝鲜战争的认识,以及对整个作战的构想。他在这一天的日记中写道:"在目前情况下,我供给困难,进行大的战役,倒不如这样小打。虽然是小的歼灭战,但可积小胜为大胜,逐渐削弱敌人,打击其士气,造成进行大战役之基础。"

白天开会,晚上思考。根据朝鲜战场的形势,陈赓越来越感觉到,志愿军应该坚决贯彻毛泽东的指示,实行"零敲牛皮糖"的战法,同时加快技术军、兵种建设。他接二连三地在日记中写下了自己的看法和认识:

从目前情形看来,朝鲜作战变成长期的持久战了。因此必须巩固现有阵地,构筑第二、第三防线;特别东西海岸,尤其是西海岸,对我威胁最大,应加宽平壤以东之公路,使其成为一级公路。目前作战应该是小打,寻找敌之弱点或突出部,集中全力,彻底歼灭其一部,哪怕是一个排或一个连也好。连续小打,逐渐削弱其力量,降低其士气,造成大战役的基

---

① 《陈赓传》编写组:《陈赓传》,当代中国出版社2007年版,第399—400页。

础。但是在有利条件下，不应放松中等作战的机会。以前线8个军论，每军每月能歼灭他一个营，一个月就有8个营（或者更小一些也好）。如此者数，就可很大削弱它。然后再准备大战，对我一定有利。（9月9日）

目前，美我对比，算是旗鼓相当。敌在技术及装备上优于我，但是只有这点优势，其余优势（如兵力、士气、正义……）均在我方。因此决定了目前作战的长期性，但决不是十年八年的长期。因为技术装备，我方正在改进，不久就可逐渐弥补我的这一劣势。这是我的感觉。（9月10日）

陈赓感到一周的会议对他颇有帮助。当他提出是否回第三兵团工作时，彭德怀不让他回去，坚持要他留在志司，他只好同意。

9月11日，有情报显示，"联合国军"有从镇南浦登陆的企图。陈赓感到，"敌若由西海岸登陆，当可威胁平壤及我之交通，但地区狭小，大兵力不易展开，并有我几个精锐部队在此，若能筑成几道坚固防线，敌是不易达到目的的"。

想到这里，陈赓赶紧找彭德怀商议对策。他说："彭总，现在估计敌人有从西海岸登陆的企图，我们应该尽快发出防御命令，构筑坚固防线，严防敌人的登陆企图。如果我们打得好，可迫使敌将侧翼登陆作战，其变为正面攻击。这样对我有利，可能使我找到作战机会给以严重打击。"

听了陈赓的意见，彭德怀给予高度赞赏和肯定，笑着说："你的意见非常好，加强阵地建设的思想，很及时，也很现实，对阵地防御阶段作战很有针对性，是正确的。我想啊，请你尽快把你的构想，写出一个战术指示来，以联司的名义下发，启发部队改正一些缺点。"

"好！我马上写。"

彭德怀语重心长地说："陈赓啊！你知道，我的压力很大啊！为什么要你留下来，就是想让你帮我分担分担，有你在，我心里踏实多了！"

都怀揣从军报国的梦想，都曾身经百战，都经百炼成钢，陈赓深深理解此时此刻的彭德怀。

从彭德怀那里回来后,陈赓马上根据自己的所见所思,写出了一个作战指示,要求各军要树立加强阵地建设的思想,重要阵地必须是隧道式的据点,特别是核心阵地,出击要周密组织火力,防御要搞好火力配置,特别要注意消灭敌人的增援和迂回袭击。彭德怀审阅后指示,立即下发到各部队执行。谁知,彭德怀又找到陈赓,认为志愿军部队在战术上还有许多需要改进的方面,希望陈赓帮助起草一个指示,下发全军,使部队有所遵循。陈赓毫不犹豫地答应了。

这个时候,志司为了方便指挥,特别是照顾东西两岸作战,决定将司令部搬到平壤以西的桧仓。

9月14日下午3时,在倾盆大雨之中,陈赓乘隙通过几个夜间敌机封锁区,未受到任何威胁,但美中不足的是"人似落汤之鸡"。9月15日拂晓,抵达桧仓。陈赓在日记中对桧仓矿洞做了记录:"此间为朝鲜5大金矿之一,有工人3000人。矿场市街及机器均未遭轰炸。据说此矿在10年前为美国资本所经营,珍珠港事件后,被日本没收。其所以未轰炸者,因美帝对之有幻想。可笑。"

9月16日,刚刚在桧仓落脚,陈赓就立即根据彭德怀的意图,起草了一个对敌进行战术反击的五点指示,送到了彭德怀手中。彭德怀很惊讶地

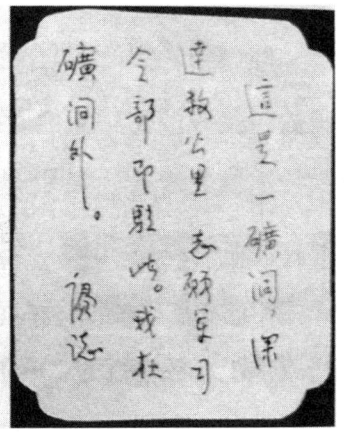

1951年秋,陈赓在桧仓志愿军司令部矿洞留影,照片背面为陈赓手迹

接过文稿，仔细地阅读，发现这位湖南乡里起草的指示还夹带一些文言词汇，半文半白，读起来别有一番情趣。

陈赓起草的五点指示内容如下：

一、各级指挥员平日必须要研究地形和掌握敌之行动规律，将吾方部队随时随地所得之经验切实研究，定出自己部队在当前各种情况下的行动腹案，做到心中有数，庶不至临时仓促。

二、各部队反击必须坚持我军之一贯原则，打有准备之仗，不打无准备之仗，要有充分的火力组织，射击计划，弹药供给办法，出击路线的选择和修筑，通信联络之不间断。特别是反击时机之确定，不宜过早，亦不宜过迟，过迟则敌已立足站稳，过早则我准备不周，均有赖于指挥员之机动果断、平日之准备充分和训练之有素；准备工作必须派员检查，军师首长要亲自检查。

三、在反击时要防敌人反反击；我攻占敌人之地，敌人必反攻，似已成定律。因之，在反击时，必须准备预备队能适时出击，以及我炮火之对敌及时射击压制，预先要准备好优势之炮火猛烈突然覆盖，以配合我反击部队；要知道敌之出击为我杀伤之最佳时机，战绩殊佳，不可错过。

四、对我设防之坚固阵地，万不可随便放弃，不得已必须放弃时必须炸毁之，决不能使敌人利用顽抗，或可作为敌人研究我方战术之材料。

五、各部队要掌握补充部队，随时可补充缺额，以利再战。①

对陈赓这样指挥过千军万马、赫赫有名的战将，没有一点架子，谦虚低调地把自己当作一个小"章京"②、小文秘的作风，彭德怀很是欣赏。

看完陈赓起草的这五点指示，彭德怀禁不住拍桌叫好，高兴地说："陈赓啊！这五点指示，是贯彻毛主席'持久作战，积极防御'战略方针

---

① 王波：《彭德怀入朝作战纪实》，中国社会科学出版社2018年版，第589页。
② 清朝协助官员处理文书等事务的文职官员。

的具体措施,对我军部队在第一线坚持持久作战有重要的指导作用,正如毛主席说的,'我军打胜仗的办法就出在这里头!'我建议立即下发部队执行。"

进入9月,朝鲜也迎来了美丽的秋天。久居潮湿又黑暗的矿洞,陈赓没有机会外出感受金秋时节的爽快和美好,时常感到"洞内空气缺乏,使人头痛欲裂,窒息得呼吸不灵""曾几次想出洞换换空气,终因警报,不敢远离"。

9月22日,陈赓的日记只写了十多个字:"会完结。人在病中。给六十七军指示。"

"人在病中",短短的四个字,背后又有多少难以想象的付出和艰难。陈赓每日每夜都在另一个看不见的战场上与病魔做着斗争,那是他一个人在战斗,需要意志,需要忍耐,需要精神的力量,有苦,有痛,还有难以言说的折磨。每天,陈赓带病开会、看电报、写电报文稿、研究问题、下达指示,一刻不停地工作,且感觉"忙得不亦乐乎,似乎有些麻烦之感"。

陈赓一直感到身体不适,这可能就是他心脏病疾患的症候和前兆。但他没有跟任何人说,依然努力工作。在9月29日的日记中,他还欣慰地说:"彭总迫我写东西,倒给我以锻炼。写成一个约500字的战术指示,自己觉得还写得不错。"

9月23日,为了给停战谈判施加压力,"联合国军"指挥美第二十四师试探志愿军第六十七军战斗力,竟以8个营、60余辆坦克,在20余架飞机的支持下,袭击我军阵地。经过一天一夜的激战,美军留下千余具尸体和14辆被击毁的坦克,落荒而逃,而志愿军阵地仍屹然未动。

看到第六十七军打得如此漂亮,陈赓十分高兴,立即去电嘉奖。

与此同时,志愿军空军也开始进入战斗。9月26日,陈赓听取了志愿军空军司令员刘震的汇报,对空军提出了希望,要求他们能够保护运输线及掩护炮兵进入阵地。到9月30日,空军先后进行了3次空战,均获得了胜利。陈赓喜不自禁,在日记中写道:"初出茅庐的我空军一开始就是在战斗中锻炼，前途不可限量。"

身体的不适，战事的紧张，环境的恶劣，导致陈赓常常失眠，经常睡不了一个囫囵觉。

9月25日，忽然有人从国内给他捎来了妻子傅涯的来信，陈赓如获至宝，内心有"说不出的愉快。将来信读之再三"。普普通通的一封家书，陈赓却好像是收到了初恋的情书一样，喜悦之情，溢于言表，如痴如醉，读了一遍又一遍。让邓华、洪学智等人看见了，开玩笑地说他是一个"痴子"。

"烽火连三月，家书抵万金。"仔细品味爱妻的柔情蜜意，他心中泛起对妻子和儿女深深的思念。他在日记中写道："人笑我痴，我却痛快。"

进入10月，战事更加频繁，炮火连天。我们可以从陈赓每日寥寥数语的日记中看到当时战斗的激烈、工作的紧张和精神的劳苦。

10月1日 国庆节，我仍是紧张地工作。美敌企图控制驿谷川东及东南地区，以掩护其铁原至涟川交通。数日来向我猛攻。夜月山战斗敌死伤惨重。今日攻势暂停。我写成两个电报发十九兵团及四十七军，给以基本指示。

10月2日 敌猛攻我天德山及418高地。电令十九兵团及四十七军，必须组织一切火力猛击敌人，必要时组织出击，达到歼灭其一部并给以极大的杀伤。

10月3日 今日敌两攻天德山及418高地，均被击退。

10月4日 谈判是拖下去了，根本无人想到谈判会获取和平。今日敌又沿大马里、天德山60里之正面攻击，死伤惨重，未获进展。去电慰勉四十七军，令其尽量坚持天德山，大量杀伤敌人。据说敌两日来死伤2500余人。

10月5日 西线战争仍激烈进行中，六十四军及四十七军均打得很好。敌人虽有些进展，但代价甚大。

10月6日 杜义德来,谈三兵团工作。

10月7日 失眠病,使我烦恼已极。敌之西线进攻,已经受挫,伤亡9000余人,完全达到了我们的目的。我仅伤亡约1500人。

10月8日 敌人连续局部轮番地向我攻击,西线攻势已挫。现铁原金化地区敌运输频繁,似有进攻金铁以北之企图。我起草一作战计划,指示各兵团、各军,准备迎敌,继续大量削弱敌人。彭完全同意。

从10月13日起,"联合国军"指挥美军第二十四、第七师和南朝鲜军第二、第七师等4个师,向志愿军第六十七军阵地正面展开进攻,以30多架飞机和200多辆坦克助阵,对志愿军每一阵地每天发炮300发到600发,阵地化成焦土,树木不翼而飞。经过8天的激烈战斗,美军仅仅前进了5公里,死伤惨重,遗尸累累。对此次战斗,陈赓在10月20日的日记中总结道:

在这次战斗中,证明近代作战,阵地是可以攻下的,但代价是非常惨重的;另外证明我军若是装备改善,能操有制空权,美国是完全可以击败的。在现在情况下,敌要把我赶回鸭绿江,那是幻想;但我想把美敌赶下海去也是不容易。这证明战争将是持久的与艰苦的与长期的。我们准备长期坚持吧!逐渐改善我军装备与交通,争取最后胜利。

在中线战场,战斗亦空前猛烈。经过9天的激战,敌死伤重大。虽然我放弃了一些阵地,但敌气焰已衰。陈赓与彭德怀等志司领导研究后,决定命令第十二军加入第二十兵团作战。

现在,又该如何与美军进行较量呢?陈赓发电报指示第十二军:在换防后,第一线兵力要节约使用,要加强纵深,构筑据点式工事要坚固。各种火力特别是炮火必须能随时支援前沿部队。组织隐蔽火力突然杀伤美军。守备二线的部队,要切实熟悉情况,地形道路,就地演习。应设法选

1951年冬，陈赓陪同彭德怀看志愿军战士的墙报

择美军的落脚处或突出部位，进行攻击，目的要消灭其 1 至 2 个连，但必须要妥为准备，特别是炮火的准备与集中，不要心急。攻击一点时，要准备他们的反击，志愿军不必死守已得阵地。在给敌人大量杀伤后，及时转移，乘敌立足未稳，再组织反击，这样可不断歼灭敌人。这次西线第四十七军采取这种打法，几次均歼灭了敌人。

此时，因为战场上一个接一个战斗的胜利，造成敌人伤亡很大，使得板门店的谈判有了新的进展。陈赓说："停战似乎还有可能，但和平将是幻想。不管怎样，我们努力打下去，困难虽有，总是可以克服的。管它和平不和平。"

在 10 月底的时候，志司就准备于 11 月上旬在中线与西线，同时举行一次反击作战，收回一些失地，目的是"使敌之一切努力与伤亡所取得的有限进展，化为乌有"。随后，志愿军一线部队，遵照志司的指示，经过充分准备，自 10 月 30 日至 11 月底，均在各自正面，选择敌人突出、暴露或防守薄弱的营以下阵地进行了连续不断的攻击。此次反击作战,志愿军取得了很大的成功,歼敌1万余人,攻占敌阵地21处,经过与敌反复争夺,巩固地占领了9处。由此可见,在前线,彭德怀和陈赓等志愿军指挥员已经把毛泽东的"零敲牛皮糖"战法运用得恰到好处。

战争是残酷的,打仗消磨人。数月来,陈赓常常"失眠大作,不吃多量安眠药,就不能睡觉,弄得精神恍惚。加以战斗紧张,无论怎样身体不好,每日都必须看上百份电报。关于作战问题,必须亲自及时草电答复,不然就成问题。因此弄得每天总是头晕目眩""头又如升空时一样的晕"。

身体是革命的本钱。陈赓的身体每况愈下,彭德怀看在眼里,急在心里,催促他赶紧回国治疗。虽然请缨出国作战时,毛泽东幽默地说他闻战则喜,"病也好了一半",但老病未愈,新病又来,腿疾、牙病,还有未及发现的心脏病也悄悄地在偷袭着他,所以又出现了胸闷、头昏脑胀和失眠等症状,苦不堪言。

1952年2月下旬,陈赓的身体实在无法支撑他在朝鲜战场上紧张繁重的工作,不得不服从命令,回国治疗。

壮岁旌旗

第三次入朝作战,"地下长城"在上甘岭创奇迹
总结对美军作战经验,创办哈尔滨军事工程学院

战争年代,陈赓一直保持着写日记的好习惯。1952年3月27日,他在日记中这么写道:

第三次入朝,奉命换彭归国。虽非志愿,但坚决执行命令,不讲一分价钱。涯及建等送别车站,令人依依。乘车甚美,睡甚舒适。

"坚决执行命令,不讲一分价钱。"这就是当兵的人,是本色,也是底色。更何况出自陈赓之口,读来令人荡气回肠,肃然起敬。

陈赓之所以第三次入朝,是因为彭德怀生病了,头上长了一个小肿瘤,需要割除。毛泽东、周恩来多次致电催促,中央军委就命令他换彭德怀回国治病。

3月31日黄昏时分,穿过封锁区,陈赓乘车抵达桧仓志司驻地。一下车，陈赓就直奔彭德怀的办公室——"告以主席意志及我来意，促其归国休养。彭未表示意见。约谈两小时"。经过陈赓耐心劝说，加上中央来电，彭德怀告诉陈赓，最后坚持工作到5月份才回国。对此，陈赓深感"其负责严肃的态度，令人起敬"。

由于中共中央不断地催促，"命令难违"，彭德怀只好决定4月7日启程回国。这样，从4月6日起，彭德怀的一切职务均由陈赓代理。

其实，在4月2日召开的志愿军党委会上，彭德怀对其回国后的工作，已经做了一些安排，"预定以邓华为司令员，甘（泗淇）为政委，杨得志为副司令员"。但万一战争再起，彭德怀提出由陈赓出任司令员。对于彭德怀的这个意见，陈赓当然不好说什么。彭德怀考虑是周全的，只要朝鲜战争一停战，国内还有更多的任务等着陈赓去担负。

4月8日，陈赓召集志愿军党委会，研究领导班子的重新分工——陈赓抓总；副政委甘泗淇主管党务、干部和思想政治工作；副司令员宋时轮主管作战、教育、炮兵和特种兵；代理参谋长张文舟主管后勤、运输、装甲兵；副参谋长王政柱主管司令部及直属队工作。此时，第一副司令员邓华回国治病去了（5月31日返回志司），洪学智担任后勤部长，韩先楚负责西海岸指挥部①（简称"西海指"）工作。

5月是鲜花盛开的季节。美丽的金达莱花遍布山野，傲然绽放，万紫千红，争奇斗艳，点缀大地，赏心悦目，春天似乎也因这盎然生机而放慢了脚步。

然而，再美丽的山川，也经不起钢铁的轰炸。"联合国军"依仗它们钢铁多，从地面，从海上，从空中，几乎天天把炮弹、炸弹像下冰雹一样倾泻到志愿军的阵地上。山林在燃烧，村庄在燃烧，城镇在燃烧，四处浓烟滚滚，八方炮声隆隆。在阵地对峙的战斗中，李奇微指挥美军采取重点进攻的手段，火力更加集中、更加凶猛，导致志愿军前线部队的工事毁

---

① 为防止敌人依仗其海空军优势，在朝鲜北部西海岸登陆，威胁志愿军侧后，志愿军进行了严密的抗登陆部署，组织了西海岸指挥部。

坏、阵地摧垮、人员伤亡增大。

面对武装到牙齿的美军强大火力，如何才能做到积极防御？如何才能保存自己再杀伤敌人？陈赓一直在琢磨。

4月17日，陈赓写了这样一则日记："小规模的前哨战，每天都有，因此每天都有消耗，但不能解决问题。我以为应积极修筑工事，巩固阵地。一面准备雨季到来，一面静待敌攻，给以痛击，使其在我坚固阵地前受到极大的消耗。一些无把握的仗，应尽量避免。"

在战场上，陈赓是一个冷静、理性、有远见的指挥员。用老百姓形容下棋的话说，那就是"下一步看三步"。

关于修筑工事、巩固阵地的事情，去年的这个时候，彭德怀就跟陈赓交代过。

那是1951年6月，志愿军第四十七军前线，有战士在野战工事战壕的内墙上，挖了个猫耳洞，用这样的小掩体来掩护自己，无论是美军的飞机轰炸，还是大炮来袭，都起到了很好的保护作用。经过实战检验，连队干部认为这个土办法好，就发动全连官兵在防御阵地的山麓下挖洞，防美军炮火及飞机的轰炸。一开始，是一个洞里集中半个班的战士，由于空气不流通，时间长了，人感到憋闷，不舒服。于是，大家一琢磨，索性就把两个相邻的猫耳洞挖深、挖大、挖长，在内部连接起来，形成一个马蹄形的小坑道，两头通气。这样一来，空气流通了，人就不感到憋闷，同时还方便进出，更加有利于作战。当对方炮火袭击时，除少数哨兵监视敌人外，多数人可以进入这种小坑道，避开敌方火力杀伤。当敌人逼近我方阵地前沿，敌炮火向我纵深延伸时，战士们便从坑道中一跃而起，展开近战，扬长避短，发挥了志愿军的优势，打退敌人的进攻。这就形成了坑道，坑道又成了屯兵洞。于是，第四十七军在前线慢慢自发地开展起来。

彭德怀获悉这个情况后，感到这个办法虽然有点"土"，但还是管用的。他就把陈赓叫过来，问道："你觉得怎么样？"

"我举双手赞成！"陈赓大喜，高兴地差点叫起来，"彭总，你还记得不？百团大战你最清楚，那时我就老鼠打洞，挖过藤本的老窝……"

对百团大战时挖洞作战的情况，彭德怀当然没有忘记，他紧绷着脸，眉头紧锁，双手抄在背后，来回踱步，有些担心地说："但是，现在也有同志跟我说，这是自掘坟墓，是个活埋人的东西！"

"那是他构筑不得法。"陈赓充满自信地说，"我认为，这是我们目前对付美军飞机大炮的最好办法，因地制宜，大土若洋，以劣胜优。当然，有些技术问题还有待于研究，技术上还要改进。"

彭德怀停住脚步，站在陈赓的面前，肯定地说："好！那就由你来抓这项工作吧。"

陈赓说："行！我先在三兵团十二军动手搞一搞，然后全面推广。"

按照彭德怀的指示，陈赓立即命令志司在 1951 年 7 月 3 日将第四十七军的经验通报各军。在这年秋季防御作战中，第二十四军在阵地上也挖了坑道工事，在作战中取得明显成效。志司又及时推广了一线部队挖坑道的经验。

在暮色的掩护下，第十二军的阵地上开展了一场挖坑道的比赛。这一天，陈赓在前线指挥员的陪同下，到实地查看挖坑道的情况。他顺着交通壕走着，一面同战士们握手，一面询问情况。

"司令员，能不能拨点炸药给我们，用锹镐太慢了。"一线官兵实话实说。

"行。我已经请国内专家解决爆破难题，再抽调些打炮眼的工具。"陈赓十分高兴。他猫着腰，钻进战士们开挖的坑道。这条坑道建在一个十分隐蔽的斜坡上，有十多米长，内壁上还凿了一个龛台，里面点着用来照明的蜡烛，因此坑道里还有一股很浓的蜡烛味。再看看地上，铺着柴草，背包整齐地码放在一侧，再往里走，武器、弹药也整齐地放置在那里。

连长介绍说："这是屯兵洞。上次防御战斗，我们在这个洞里守了十昼夜，敌人又放毒，又喷火，最后急得在头顶上挖洞，结果他们都失败了。"

志愿军第三兵团第三十一师战士夜以继日地挖坑道

陈赓点点头,问道:"这是谁的发明?"

"我们三连长。"团长指了指人堆里一个憨厚的汉子。

连长红着脸,搓着手,说:"报告司令员,我是从京郊焦庄户来的,打日本那会儿,我们民兵挖过这玩意儿。"

陈赓笑得更开心了,说:"怪不得。打败日本鬼子的英雄又来征服美国鬼子啦!"接着,他又转过身对陪同的师领导说:"好好总结一下。尽快实现阵地坑道化。我们还要专门召开会议,解决坑道作战问题,到时候把你们的经验拿去交流交流。"

随后,在9月16日和10月21日,志司又两次发出指示,要求前线部队的主要工事必须是隧道式的。在阵地上以坑道为骨干,与交通沟、堑壕结合起来,对抗美军的轰炸和攻击,的确是个好办法。不久,陈赓就因病回国了。

现在,彭德怀回归了,作为志愿军的总负责人,陈赓与志愿军党委研究,认为很有必要召开一次交流总结构筑坑道工事的会议。

1952年4月27日至5月1日，根据彭德怀的指示，陈赓在志司召开了第一线各兵团及各军参谋长会议，其中最重要的议题之一，就是要解决有关坑道作战的各种问题，让各军交流挖掘技术、坑道战术等各方面的经验，集思广益，目的是把坑道和野战工事结合起来，形成完整的防御进攻体系。在会上，陈赓回忆淮海战役期间，由于国民党军火力强，解放军搞近迫作业、挖交通壕，曾起过巨大作用。他又分析了朝鲜战场的情况，积极支持彭德怀关于部队挖坑道的号召。

5月1日，陈赓在参谋长会议的最后一次会上，做了总结发言。他说："敌人占有装备、火力、技术的优势，但他们的进攻却被我们顶住了。他们也被迫构筑工事，与我们对峙。今后作战的主要特点，是双方对峙的阵地战。敌人还有力量发动局部的进攻，我们的对策是：'以坑道为依托，调动炮火集中对付进攻的敌人；在其他阵地上对敌发动小型出击，以分散敌人的兵力、炮火，破坏他的进攻。'"

彭德怀和陈赓的意见，很快就得到了毛泽东的赞许："能不能守，这个问题去年也解决了。办法是钻洞子。我们挖两层工事，敌人攻上来，我们就进地道。有时敌人占领了上面，但下面还是属于我们的。等敌人进入阵地，我们就反攻，给他极大的杀伤。我们就是用这种土办法捡洋炮。敌人对我们很没有办法。"

这次参谋长会议，由志愿军代参谋长张文舟主持。第十五军军长秦基伟是亲自来参加会议的。因为第十五军要去上甘岭地区接防，特意来听取各军防御作战的经验。但是在他们接防的阵地上，连一条坑道工事也没有。会上，秦基伟向陈赓作了报告。陈赓一听，急了，说："那怎么行！"

经过调查研究后，陈赓立即命令从第三兵团所属的第十二军和第六十军抽调技术能手，迅速去帮助第十五军挖坑道。按照陈赓的指示，他们组织四五班人，轮班换岗，日夜不停，并请国内工业部门解决了炸药、抽风机和打炮眼的工具，提高了挖掘的速度和效率。经过几个月的努力，到1952年8月，不仅第十五军，志愿军整个第一线阵地全部形成了以坑道为骨干的完整的坑道体系。

实践是检验真理的唯一标准。谁也不会想到，或许连陈赓自己也不会想到，他提出建设的这一整套防御体系，在半年后的上甘岭战役中经受了战斗的检验。

这是一次极其残酷的检验，也是一次赢得世界声誉的检验。在上甘岭战役中，第十五军经受住了世界战争史上空前的集中火力的严峻考验——美军先后出动3个师，约6万人，集中300余门大炮、100多辆坦克和大量飞机，对上甘岭进行了持续不断的轮番攻击和轰炸。敌人每天向上甘岭的志愿军阵地发射炮弹数万发，最多时达30万发，其中两个阵地被削低了2米。

上甘岭被美军的狂轰滥炸炸矮了！最终，在这个不到3.7平方公里的阵地上，美军在丢下190多万发炮弹、5000多颗炸弹之后，不得不低头认输。

英勇的志愿军坚守阵地，寸土必争！美军指挥官懊丧地表示，共产党中国不是在打仗，而是在修地下长城！到朝鲜停战为止，志愿军构筑的大小坑道总长1290余公里，约等于中国从连云港到西安之间修建了一条石质隧道。志愿军挖的战壕和交通壕长达6240公里，比万里长城还要长。全部工程可用一立方米的土墙环绕地球一圈半，创造了人类战争史的奇迹。

这些日子，陈赓实在太忙了，起草电报、处置文件、听报告、接待参观团、谈话、开会，刚刚回国休养才一个多月，一下子重新回到紧张的战斗状态，令他感到筋疲力尽。不过，在疲惫的时候，一封妻子的家书，又让他"欢欣若狂"，所有的焦虑、辛劳、疼痛都"化为乌有"。

彭德怀在朝鲜的时候，陈赓分管作战，帮助彭德怀处理有关作战方面的日常事务，还要到前方部队了解情况，研究美国国情、军情和作战特点，制订作战方案，考虑作战部署。

我们知道，1951年7月以前，中国人民志愿军经过了连续五次战役，将以美国为首的"联合国军"从鸭绿江边打退到三八线附近地区。通过战场上的激烈较量，双方的军事力量进入一种平衡状态，转入了战略防御与持久作战。7月10日，双方开始停战谈判，虽然彼此都在调整部署，巩固阵地，暗地里准备在战场上最终比个输赢，但战线相对稳定，战场环境也相对稳定。

鉴于这种实际状况，彭德怀考虑利用这一段相对稳定的时间，及时总结抗美援朝战争的经验。于是，他就把这种想法与志愿军其他领导商量，大家也都同意，认为把前一阶段性的抗美援朝战争经验做个总结很有必要。但是，此事由谁来负责呢？彭德怀经过深思熟虑之后，说："就请陈赓同志负责吧。"

见彭德怀已经有了明确的指示，陈赓也就不便推辞。他笑着说："彭总既然指定要我负责，我就不好推给别人了，但是我要说明，我来朝鲜时间不久，前几次战役都没有参加，不了解整个情况，如果总结不好，你老总可不要批评我呀！"旁观者认为，陈赓的回答既幽默，又有大将风度。再说，也只有他敢在彭德怀面前说玩笑话。

听陈赓这么说，彭德怀也是实在人，笑着说："又不是要你写，是要你负责，要你领导。你陈赓大家都知道，都了解，黄埔军校一期的高才生，你一定能总结得好。就这么定了。你去准备人马，只组织一个小写作班子就行。"

彭德怀话音未落，志司的副司令员、副政委们都同意彭德怀的意见，那意思就是非陈赓莫属了。

陈赓笑着说："既然彭老总点了我，你们各位又都同意，我只有一票，少数服从多数，我就负责干。有什么问题、有什么事找你们几位，可要支持我。"

陈赓知道，做总结可不是写一篇讲话稿那么简单，也不是发文章，总结是要把实践变成理论再指导实践的工作，十分重要。于是，他把志司作战处副处长杨迪找过来商议，并指定由杨迪具体负责。

陈赓告诉杨迪："你通知各兵团，就说彭总要我陈赓负责，总结抗美援朝作战经验。我要抽调他们的作战处长来写,谁也不准讨价还价。不仅人要来,而且要将作战的资料带来。要他们一个星期内来志司报到。其他的生活安排就是你的事了。你准备好后,我来检查。人员到齐了,告诉我来看望他们。就这样定了,你去执行吧!"

"用人不疑,疑人不用。"陈赓爱才、惜才,而且善于用才。杨迪很快就在志司不远的地方,找到了一个原来金矿用过的炸药库。它坐落在一个小山沟里,四面是厚厚的围墙,其中有个矮小的房间,早已没有了炸药,打扫干净之后,十分适合用作写总结人员的办公地。安排好了,杨迪就请陈赓过来看。陈赓看了,也比较满意,建议屋子多开几个窗户,一是白天光线足;二是敌人飞机光临,也可成为逃生通道,好跳窗子出去躲一躲。同时,陈赓还要他在外面挖几个防空洞,以防万一。

很快,写作班子就组建完成了,除杨迪外,还有第九兵团的金治、第三兵团的王振夫、第十九兵团的原星、第二十兵团的杨尚德和第四十军的尹灿贞,共6人。人员到齐后,陈赓来看望他们,对总结入朝作战经验提出了自己的意见。

在写作的指导思想上,陈赓提出,现在来总结战争的经验,不仅要总结前几次战役的经验,也还要总结阵地防御的经验。目的就是遵照毛泽东主席所说的,要从战争中学习战争。抗美援朝战争与国内红军时代的战争、抗日战争、解放战争不同,我们是以劣势装备与世界上第一流的,现代化的,拥有海、空绝对优势,又是经过第二次世界大战,打败了德、日、意法西斯军队,自称天下无敌的美国军队作战,这个经验是十分宝贵的。所以,彭总提出来要总结经验,既用于指导志愿军继续与美军作战,又可用于国内部队吸取这场现代战争的经验,改进与提高国内解放军军事训练的质量。这就是这次总结经验的目的。因此,总结这场战争的经验,主要要从战略的高度来进行总结,不要只写几次战役是怎么打的,也就是说不要就战役总结战役,要从战略的角度、高度来总结经验。这是总结的总指导思想。

在写作的框架结构上，陈赓指出，总的想法是，首先写个总章，我们是在什么情况下抗美援朝的。然后再写战役，也一定要将当时敌我双方的政治、军事和战略意图、战场情况简要地写清楚，然后再写战役的发展情况。朝鲜战争情况特殊，五次战役后出现了一个停战谈判，这要单独写一章，这是世界战争史上没有的创举。敌人打不赢就要求谈判，一边谈一边打，而且都采取阵地防御方式，这也是世界战争史的新纪录。陈赓还判断，战略防御阶段时间短不了，是持久战，等到以后再来总结吧。要把入朝参战后的战略反击阶段的经验教训，很好地总结出来，这是重要的。

同时，陈赓还向杨迪交代，不仅要负责组织好总结的写作，还要安排好后勤保障工作，特别是伙食，在现有条件下吃得好一点；要注意身体，请医生常来看看，不要生病，叫大家能高高兴兴地、健健康康地集中精力来思考和写作。

不久，写作组经过讨论研究，拿出了一个写作提纲，送给陈赓审定。陈赓看后，又来到"炸药库"，高兴地对大家说："你们干得不错，而且干得很好。提纲虽然好，但还没有内容。希望你们每人先写出一节来，看看你们脑壳里想的和写作方式、写作风格是不是一致，还要研究是不是站在志司的立场上写的志愿军的总结。"

说完，陈赓又扭头对杨迪说："小老乡，生活保障得怎么样？不仅要吃好，还要休息好。我说的休息好，不仅是睡足觉，还要尽可能注意运动，锻炼身体。可以搞个排球来玩，还可以用木板钉一个大一点的桌子打乒乓球。志愿军政治部有一个文工团和一个京剧团，如果演出，还有祖国慰问团来演出，杨迪，你一定要叫他们送票来，还要位置靠前点的优待票……如果生活调节不好，他们向我告状，我找你杨迪是问。"

写作组的金治喜欢喝酒，听陈赓这么平易近人，就笑着开起了玩笑："老杨只管我们吃好，不管我们喝好。"

"金治，你是宋时轮那个兵团的，他是顿顿少不了酒的酒桶，你这个作战处长跟你们首长学了这个本事。"陈赓一听，也开起了玩笑，"杨迪，你得想法子搞点酒给这个小酒桶解解馋。你知道吗？唐朝诗人李白，喝了酒才能写出好诗来。但要立个规矩，只准每个星期日喝酒，而且只一瓶。如果不限制，你们喝得醉醺醺的，还怎么写？"

大家一听，都开心地笑了。

1952年4月3日，在彭德怀回国之前，志司专门召开了一个朝战经验写作委员会的会议，讨论部署总结抗美援朝的作战经验。这个时候，陈赓因要全面负责志愿军的工作，已没有时间与精力亲自抓作战总结，因此他请志愿军副司令员宋时轮继续负责抓作战经验的总结工作。不久，写作组编写完成了一套《朝鲜战场对美军作战的几个战术问题》，其内容包括战场情况、敌情研究、进攻、防御、战斗保障五个部分，共40多万字。这是志愿军抗美援朝参战以来，对美军作战的第一次较全面系统的战术总结。此时，陈赓已奉调回国任职。

这年7月，《朝鲜战场对美军作战的几个战术问题》经宋时轮审定，下发到志愿军师以上机关，作为作战指挥和部队战术训练的参考教材，对志愿军的初、中级指挥员更好地指挥作战和组织训练起到了重要的指导作用，也成为人民解放军指挥院校战术教学的重要参考教材。

陈赓是一个幽默的人，也是一个乐观的人。在朝鲜战场上，疾病缠身的他始终面带微笑，以笑容面对艰难困苦，给人带来欢乐、愉悦和积极向上的力量。

1952年春天，有文艺工作者奉命去志司作汇报演出。陈赓请几位演员到他的石头小屋中坐一坐，他一边送苹果给大家吃，一边问道："你们说，是朝鲜苹果甜，还是祖国的苹果甜？"面对这个问题，大家不知该怎么回答，有人回答说："都甜。"陈赓笑了，自我解释说："我认为朝鲜苹果更甜些。你们不要笑，这苹果里有着朝鲜人民的一份情谊。"

还有一次，陈赓在看《战地小休息》的话剧时，看到战士们脸上被硝烟熏黑的模样很不满意，说："为什么要把我们志愿军战士搞得那么脏？那么野蛮？挽袖子捋胳膊，很不雅观。我们的战士是很文明的，很讲卫生的。美国兵在阵地上捉虱子,我们战士自己造洗澡桶,一天洗一次澡;还在阵地上种花草,这才是真正的乐观主义哩。"

一不抽烟,二不喝酒,三不打扑克,四不跳舞,陈赓似乎没有什么业余爱好,一有空就在树林里转转,呼吸新鲜空气,用拐杖打打树叶上的露水,哼个歌曲儿。他没有架子,遇见谁都能聊一聊,摆一摆龙门阵,讲一讲笑话。彭德怀不愿意照相,摄影记者每次来都求陈赓帮忙。陈赓也乐此不疲,总是叫记者们预先准备好,不一会儿,他就领着彭德怀出来散步,满足了记者们的要求,屡试不爽。

在朝鲜战场上,陈赓特别关心彭德怀,一见他工作太累,精神太紧张时,就找人和他下一盘象棋。有时候找不到人,他自己就勉强上阵。为了让彭德怀放松心情,每次对弈时,他都故意不赢棋。输棋后,他还时常开个无伤大雅的玩笑,自嘲一番,逗得彭总和大家哈哈大笑。

其实,说起彭德怀与陈赓的私交,故事还真不少。大家都知道,陈赓是一个"热心肠",认识的人多,还喜欢给人当红娘。彭德怀和浦安修的姻缘,陈赓也出了不少好主意。当时,从北京女子师范学校毕业的浦安修在延安陕北公学读书,陈赓为八路军副司令员彭德怀"相亲",就专门到陕北公学组织了一场女子排球比赛,借机暗中观察,成人之美,演绎了一曲"唐伯虎点秋香",终于说动了已是不惑之年的彭德怀。

1939年,彭德怀去和国民党河北省主席鹿钟麟谈判,路经陈赓所属第一二九师第三八六旅驻地河北南乐城。考虑彭德怀远道而来,陈赓欲设宴给彭德怀补一补身体。可彭德怀的脾气是大家都知道的,反对请客,反对搞特殊化,违反了,即使是同乡战友,也毫不留情。有人就劝陈赓,当心挨骂。陈赓笑着说:"哎,还是老脾气。"开饭前,陈赓先跟彭德怀吹吹风:"彭总,这地方有一种鳜鱼,又叫桂花鱼,今天我让战士在附近河里捞了几条,中午请你尝尝。"彭德怀没在意,答应了。一上桌,炊事班送上了清蒸鳜鱼,彭德怀边吃边称赞,味道确实不错。稍候,炊事员又送来了一大盘肉丸子。彭德怀眉头紧了:"你不是说吃鱼,怎么又上了肉丸

1952年初，陈赓陪同彭德怀视察志愿军高射炮部队

子?"陈赓笑答："这是鱼肉做的。"彭德怀无言。不一会儿，炊事员又送上了一盘鸡肉。彭德怀不高兴了，放下了筷子。陈赓不慌不忙，笑嘻嘻地说："这河边的鸡主要也是吃鱼长大的。彭总，你好好补补身体，带领我们打日本鬼子……"

还有一次，彭德怀到陈赓部队视察，陈赓什么也不准备，把粗茶淡饭送到彭德怀餐桌上，自己却到隔壁房间关起门来吃好的，且故意磨磨蹭蹭不出门。彭德怀吃到一半，不见陈赓来吃饭，就推门进来，一看陈赓自己正在那里吃鸡。彭德怀瞪大眼珠，大声说："好啊！狗娃儿，你给我吃白水煮萝卜，自己却关起门来吃好的。你不让我吃，我偏要吃，快点给我拿碗来！"这一次，陈赓又得计了。

因此，彭德怀常说："我们的陈赓同志是一个乐天派将军。"

的确，陈赓豁达乐观，天姿英绝，气势豪放。无论何时何地何事有何困难有何险恶，他都从容应对，从不埋怨抱怨。陈毅说陈赓"像一块玻璃，从里到外都是清楚的"，又"像一块磁铁，风趣幽默，能够团结大多数人一起革命",还"是我们党的一门炮,可惜现在我们这种炮少了些,希望能有更多的这样的炮"。

陈赓达观向上,喜欢文娱活动,但对于打扑克、跳舞和打麻将之类,陈赓很少参与。他对志愿军司令部作战处的同志们说:"什么玩的我都会。这是我在上海做秘密工作必备的条件与知识,以便于以各种身份出现在各种场合作掩护。但也是因为做地下工作养成的习惯,不是迫不得已的情况下不进舞厅,进了舞厅也不跳舞,要小心上女色的当;而且我两条腿都负过伤也不能跳。"志愿军总部有一架留声机,在紧张工作后欣赏音乐或戏曲时,他经常把电话机放在留声机旁,让值班的同志也能欣赏一下。

1952年6月上旬,中共中央研究决定,调陈赓从朝鲜回国任职。接到命令,细心的陈赓向邓华仔细交代了工作。邓华是5月31日刚刚从沈阳赶回朝鲜战场的,现在中央任命他为志愿军代司令员。6月13日,陈赓从桧仓启程回国,14日抵达平壤,受到金日成盛情招待。同日,朝鲜民主主义人民共和国最高人民会议常任委员会授予陈赓一级自由独立勋章。

6月16日,陈赓渡过鸭绿江,回到祖国。20日,一到北京,陈赓就到中央军委报到,请求安排向毛泽东、周恩来汇报。

6月23日,毛泽东、朱德、周恩来、彭德怀等中央领导在中南海会见了陈赓。

一见面,毛泽东就笑着紧握着陈赓的手,说:"陈赓,你辛苦了,快请坐。"

陈赓心急地问道:"叫我从战场回来,有什么急事吗?"

毛泽东从上到下打量了他一番,笑着说:"不要急嘛,坐下来慢慢谈。"

对陈赓这个湖南乡里,毛泽东是非常喜欢的。他们都毕业于湘乡县立东山高等小学堂,毛泽东比陈赓早5届,是校友。早在1920年,毛泽东在长沙创办文化书社的时候,陈赓就慕名结识了他仰慕的"毛润之",后在新民学会会员、中共湘区执行委员会委员易礼容的介绍下,加入了中国共产党。

在毛泽东面前，陈赓也无拘无束，直来直去。1943年夏天，毛泽东在延安作报告。因为天气炎热，陈赓口渴难耐，从台下直奔主席台。毛泽东一愣："陈赓同志，有何急事？"陈赓没有回答，而是拿起毛泽东的搪瓷缸，咕咚咕咚地喝起水来。然后，擦嘴，敬礼，报告："天太热，借主席一口水喝。现在没事了。"说完，全场哄堂大笑，毛泽东也笑了。

陈赓也是周恩来的爱将。无论是在黄埔军校，还是南昌起义，无论是在上海滩，还是在长征路上，他们一辈子的战斗情义，可谓生死相依。

待陈赓落座后，周恩来微笑地看着陈赓说："先谈谈朝鲜战场的情况吧。"

陈赓说："现在，抗美援朝战争正处于战略相持阶段。志愿军党委坚决贯彻中央军委指示的持久作战及积极防御的方针，我们用落后的武器打了胜仗，但代价很大，我们凭战斗意志，不怕流血牺牲，狠狠打击了美帝国主义。但要彻底打败现代化武器装备的敌人，没有先进的技术装备是不行的。技术兵器的确是决定战争胜败的重要因素。"

毛泽东风趣地说："有人说美帝国主义是不好惹的，其实中国人民也是不好惹的。他们用'联合国军'名义，也没有把我们吓倒。要是我们有了现代化武器装备和掌握先进技术的干部，把敌人赶出朝鲜是不成问题的。"

这时，陈赓乘机建议说："抗美援朝战争表明，武器的重要作用越来越明显，是军队战斗力不可忽视的物质基础。为了取得战争的彻底胜利，必须加紧培养军事技术人才，掌握现代化技术，把我军建设成为优良的现代化军队，以利于将来有把握地战胜帝国主义的侵略。"

听陈赓这么说，毛泽东赞赏地说道："说得好！问题就在这里，为了彻底打败美帝国主义，我们必须抓紧培养现代化军事人才，下决心解决技术装备的落后问题。"

周恩来欣喜地说："陈赓，我们召你回来，就是为这件事啊，党中央决定创办一所军事工程学院，你看怎么样？"

陈赓兴奋地说："那太好了!"

"你看谁来办校合适?"还没等陈赓回答,毛泽东就接着说,"就由你来办吧!你去创办一所高等军事工程学院。"

"我来办?"陈赓有些迟疑地问,"主席,我……我可是外行,隔行如隔山,这个学院,我恐怕办不好呀!"

毛泽东笑了,问道:"你不懂?你隔行,你说我们党内还有哪位懂行?你办不好,谁能办好?你指出来。"

周恩来接着说:"陈赓,我看你是最合适的人选。你毕业于黄埔军校,在那里工作过,又创办过红军步兵学校,还带过红军干部团,都干得很出色。你干不了,别人连你这点经验都没有啊!"

毛泽东点燃一支烟,站起来,走到陈赓身边,说:"朝鲜战争爆发后,斯大林在援助我们部分技术装备时,就提出建设现代化军队,中国人民解放军有必要组建一所高等军事技术院校。我们接受了这个建议。国防现代化需要大批技术军官,苏联也要派专家来协助我们办学院,我看就由你来当军事工程学院的院长兼政委吧。"

毛泽东说完后转过头来问周恩来、朱德和彭德怀:"你们的意见呢?都说说看。"

周恩来马上表态:"我完全同意。"

朱德和彭德怀自然都表示赞成。

毛泽东又把目光转向陈赓,充满期望地说:"大家都认为你行,我们相信凭你的才智和干劲,一定能干好,放手去干好了。你有什么困难可随时请总理给你解决。"

陈赓笑着点了点头,然后转向周恩来,恳切地说:"我来办学,你可得当我的后台老板啊。"

周恩来说:"行,你有困难就找我。这样吧,你先成立一个筹备机构,考虑下建院方案,要尽快上马,早出人才。党中央、政务院大力支持你们。"

毛泽东坐下来，舒心地吸了几口烟，半开玩笑地说："陈赓，你在学院里要既当爹又当娘，你和总理好好谈一谈，然后正式任命院长兼政委。"

其实，对于解放军第一所军事技术高等学府院长的选择，毛泽东是经过一番深思熟虑的。他深信不疑，陈赓是最合适最理想的人选。

7月11日，中央军委任命陈赓为军事工程学院院长，免去其志愿军第二副司令员兼第三兵团司令员、政治委员职务，时年49岁。

从此，陈赓开始了创办哈尔滨军事工程学院的重任，为新中国的军事教育、军队现代化高等技术人才培养和国防工业作出了不可磨灭的贡献，没有辜负中共中央和毛泽东、周恩来的信任和嘱托。

无论是陈赓领衔总结对美军的作战经验，还是陈赓受命创办哈军工，可以说，这都是抗美援朝战争给人民军队带来的现代化启示。也就是说，这一场保家卫国的战争，不仅提高了新中国的国际地位，更是推动并加快了中国军队现代化建设的步伐。

第三章 邓华：士别三日，当刮目相看

星驰铁骑

悄悄告别海南岛，从天涯海角来到白山黑水
毛泽东称赞邓华："士别三日，当刮目相看。"

电话响了。

时间是1950年7月9日上午9时左右。

拿起话机，话筒里传来十分熟悉的湖南乡音："邓华呀，解放海南岛这一仗，打得好！用木帆船打败了老蒋的钢铁舰队，彻底攻破了他们所谓的'伯陵防线'，开创了人民解放军胜利渡海作战的先例，创造了战争史上的奇迹，出色地完成了中央军委和毛主席赋予的光荣任务！值得祝贺！"

"谢谢罗政委的鼓励嘉奖，都是因为中央军委和毛主席指挥决策好，我们才打胜仗！"

"毛主席指挥决策得好，你们也打得好啊！是你指挥十五兵团打的嘛！任务完成得好，就应该表扬嘛！"

接听电话的是第十五兵团司令员邓华。

打来电话的是第四野战军政治委员、时任军委总政治部主任罗荣桓。

此时，离邓华结束指挥海南岛战役，回到位于广州东山区第十五兵团司令部没多久。

1949年4月，在天津战役之后，邓华被任命为第四野战军第十五兵团司令员。第十五兵团辖第四十三、第四十四、第四十八军3个军。邓华响应"打过长江去，解放全中国"的号召，率部由天津南下，先后进行了湘赣战役、赣西南战役。9月，邓华率部进军广东。10月14日，与陈赓第四兵团一道解放广州。12月14日，第四野战军司令部根据中央军委和毛泽东的战略部署，电令：由第十五兵团统一指挥第四十军（隶属第十二兵团）和第四十三军，配属加农炮第二十八团、高射炮兵第一团，以及部分通信兵、反坦克兵、工兵等，与坚守海南岛的琼崖纵队配合，解放海南岛。

中央军委和毛泽东把解放海南岛的任务，赋予邓华指挥的第十五兵团，毫无疑问是对邓华的高度信任，寄予厚望。要知道，1949年10月24日，福建前线的第十兵团，因未进行充分的渡海登陆作战准备，加之对敌情估计不足，仓促以三个半团发起金门战斗，招致全军覆没，教训深刻。金门岛与海南岛无论从面积还是敌人的兵力部署上来说，都不可类比。时任海南岛防卫总司令的薛岳是国民党军队的著名战将，于抗日战争中创造的"天炉战法"，在长沙地区屡次重创日军。海南岛战役开始前，薛岳依照抗日战争的经验，组建了三道防线，并以自己的表字伯陵，为其命名为"伯陵防线"，以示其海陆空立体防御体系坚不可摧。

1950年2月1日，中共华南分局第一书记叶剑英和邓华、赖传珠在广州主持召开作战会议。会议确定，渡海作战兵团必须采取分批偷渡与主力强渡相结合的作战方针。4月16日，海南岛渡海作战总攻正式打响。是日19时30分，8个团两万名解放军官兵分乘300多艘木船和少量机帆船，从雷州半岛南端各港湾启航，横渡琼州海峡。按照邓华的统一部署，船队采取横宽纵短的编队形式，实行一个波次宽大正面登陆，不搞换乘，也不依靠后援，创造性地向所谓固若金汤的"伯陵防线"发动进攻。至5月1

日,共歼灭国民党军队三万余人,解放了海南岛全境。

邓华知道,罗荣桓今天亲自打来电话,肯定又有大事发生。罗荣桓是湖南省衡山县人,邓华是湖南郴县(今郴州)人,出生于1902年的罗荣桓比邓华大8岁。两人早在井冈山时期就相识,都曾在中国工农红军第四军第十一师任过职。1929年12月底,两人都参加了在福建上杭古田召开的红四军党的第九次代表大会(古田会议)。

"首长,您有什么指示?"

罗荣桓说:"中央军委决定,调你出任第十三兵团司令员。作为军委战略预备队,十三兵团须立即北上东北,到鸭绿江地区布防。中央同时决定,组建以第十三兵团为主的东北边防军,保卫东北边境地区安全。你有什么意见没有?"

"坚决服从组织安排。不过,我有一个小的建议……"

"你说说。"

"首长,我有一个小小的请求,可否把两个兵团的机关对调一下?"

"你的建议,可以考虑,我马上向中央军委和毛主席报告。你做好准备。"

"是!"

放下电话,邓华心头不由得一震,看样子又要打仗了。他点燃一支烟,深深地吸了一口。这个季节,受热带低气压的影响,湿度大,广州的天气闷热得很。他拿起一把大蒲扇,轻轻地扇着,窗外一缕阳光透过斑驳的树叶淡淡地照在他棱角分明的脸上,凸显出一种久经沙场的老将的威严和凝重。他知道,这一次较量的敌人,既不是已经败退台湾岛的国民党蒋介石,也不是早已投降的日本人,而是世界头号帝国主义美国。

6月25日,朝鲜内战爆发。26日,美国总统杜鲁门命令其驻远东地区的空军、海军支援南朝鲜李承晚集团;27日,命令美国海军第七舰队开进台湾海峡,侵略我国领土台湾,阻挠中国人民解放台湾的既定部署。30日,又命令美国陆军在朝鲜参战。美国把台湾岛和朝鲜半岛这两个并不相干的地区联系起来,同时采取严重的军事步骤,公然干涉中朝两国的内政,有其战略上的考虑。从冷战开始以来,它一直把这两个地区看作它在远东遏制"共产主义扩张"的桥头堡,把中国领土台湾当作自己"不沉的航空母舰"。

6月28日,毛泽东迅速作出反应,表明中国政府立场。他在当天召开的中央人民政府委员会第八次会议上庄严宣告:"全国和全世界的人民团结起来,进行充分的准备,打败美帝国主义的任何挑衅。"他还说:"杜鲁门在今年1月5日还声明说美国不干涉台湾,现在他自己证明了那是假的,并且同时撕毁了美国关于不干涉中国内政的一切国际协议。"

7月7日,美国操纵联合国安理会,在苏联缺席的情况下(中国席位当时由国民党蒋介石当局占据),通过非法决议,组织"联合国军司令部"。8日,美国任命麦克阿瑟为"联合国军"总司令。

历史不是戏剧,但历史的巧合有时候颇具戏剧意味。

同样是在7月7日,在毛泽东的提议下,中央军委副主席周恩来在北京主持召开专门会议,讨论朝鲜局势和保卫国防问题,决定战略预备队第十三兵团立即开赴鸭绿江地区戍守边防。第十三兵团司令员当时由黄永胜担任。但是,在会上,林彪、罗荣桓、刘亚楼都认为黄永胜在政治、军事等综合素质上不如邓华,决定将他们两人对调。具体原因有二:一方面黄永胜不久前曾私自带几个干部到香港闲逛,犯了军规;另一方面邓华刚刚指挥海南岛战役,打了大胜仗。周恩来采纳了他们的建议,和代总参谋长聂荣臻一起向毛泽东作了报告。8日,毛泽东批准由邓华率第十三兵团进驻东北鸭绿江地区布防。

7月13日,中央军委作出《关于保卫东北边防的决定》,成立东北边防军,司令员兼政委为粟裕(但未到任),副司令员为萧劲光,副政委为萧华。毛泽东当天批示:"同意,照此执行。"同时,中央军委接受邓华的建议,第十五兵团机关与第十三兵团机关同时对调。

就这样,邓华成为第一位接受中共中央、中央军委和毛泽东命令,准备抗美援朝、保家卫国的中国人民解放军高级将领，比彭德怀还要早三个月。

罗荣桓告诉邓华："要随时做好准备，渡过鸭绿江，支援朝鲜人民军作战。"

这一年，邓华整整40岁。

古人云：四十而不惑。

邓华原名邓多华，字实秋，出身书香门第，广闻博记，才华出众。在抗日战争、解放战争中屡建奇功的邓华，文静且勇敢，严肃且活泼，冷峻且热情，沉着且坚韧，能文能武，以"儒将"著称。

1941年6月11日，著名作家周而复在《晋察冀日报》发表文章《邓华断片》，这样描写时任晋察冀军区第四分区司令员兼政委的邓华：

一副清秀白皙的面孔，颧骨很高，而且有些突出，两眼奕奕有神，嘴上微微有这么一抹稀疏的胡髭，身材瘦长，走起路来斯斯文文，没有什么脊力，看上去简直是一个文人；但在火线上却狮子一样的勇猛、睿智，望见从他那双眼睛里发出具有摧毁一切力量的光芒，指战员就好像有了依靠，得到胜利的保证，文人和武士在他身上得到谐和的统一。

"文人和武士"——这就是邓华。

军令如山，不敢怠慢。

中央军委命令来了，要求第十五兵团机关7月18日从广州出发。时间紧急，只剩下一周的时间了，兵团机关上上下下一点思想准备也没有。邓华把组织兵团机关北上的工作全盘交给作战科科长杨迪负责。

杨迪是湖南湘潭人，1923年出生，比邓华小13岁，是那种有能力有本事有血性有担当的年轻干部，精明能干，又有战争经验，深受邓华器重。按照邓华的指示，杨迪立即召集机关开会，传达命令，学习文件，统一思想。的确，解放海南岛之后，干部战士们觉得仗已经打完了，"打败老蒋就回家"和"老婆孩子热炕头"的和平享受思想,成为战后官兵的普遍心态。从和平到战争,服从国家安全需要,服从政治大局,都需要在思想上来一个大转弯,准备回家结婚的,要立即推迟婚期;已经离队回家的,要立即拍电报迅速归队;打报告准备转业到地方工作的,要立即打消转业念头。

古人云:"将受命之日则忘其家,临军约束则忘其亲,援枹鼓之急则忘其身。"自1947年8月5日辽吉纵队奉命改编为第七纵队,邓华正式担任主力部队司令员以来,从白山黑水打到天涯海角,南征北战,决战辽沈,决胜天津,进军黄石,横扫九江,解放南昌,成立兵团,旌指两广,解放海南。如今,又要北上,从天涯海角奔赴白山黑水。瞧!这就是人生,总有着意料不到的挑战。

其实,南下广州,对邓华来说,除了胜利给他带来无比的快慰之外,还有一件事也给他带来莫名的喜悦,那就是他终于见到了分别多年的儿子邓贤诗。

战火纷飞,音讯隔绝,父子离别已经整整22年!那一年,儿子出生刚刚5个月,他就奔赴战场。1938年3月,妻子邱青娥因积郁成疾,不幸病逝,他没有尽到一个丈夫的责任和义务。1949年11月12日,在第四十六军当兵的儿子邓贤诗,在湖南衡阳从《南方日报》上看到庆祝广州解放的消息,其中一幅照片引起了他的注意。照片说明清楚地写着叶剑英、陈赓、邓华等解放军高级将领向入城的解放军官兵挥手致意。邓贤诗看着照片上的邓华将军,越看越像自己的父亲邓多华,他只知道自己的父亲名叫邓多华,怎么少了一个字呢?难道是自己认错了?为此,他还拿着报纸去问指导员:"这照片上的邓华将军是郴县人吗?"指导员又哪能知道呢?他把照片看了又看,找来一面镜子照了又照,最终认定这个邓华就是父亲邓多华,便鼓起勇气连夜给父亲写了一封信,寄给广州市军事管制委员会转交。

收到儿子的来信,邓华不禁潸然泪下。没想到,儿子已经长大成人,还参加了地下青年团，参加了人民解放军，与自己站在了同一战线。欣喜不已的他赶紧将这个消息告诉了妻子李玉芝和女儿青青、燕燕和英英，一家人沉浸在无比的欢乐之中。这时，陈赓指挥粤桂边战役胜利结束回到广州，二人闲聊时，谈及此事。得知第四兵团恰好有参谋人员去湖南出差，就委托他们顺便把儿子接到广州，就这样，失散22年的父子终于重逢。

如今，邓华又要奔赴新的战场，而妻子李玉芝正身怀六甲。

军人以服从命令为天职。

服从命令，是刻进军人骨子里的一种东西，是"服从"构成了军人"团结、紧张、活泼"的特有节奏，体现了军人良好的教养。

那时，叶剑英担任华南分局第一书记兼广东军区司令员，主持华南军政工作。因为担任过八路军的参谋长，所以多年来大家一直叫他"叶参座"。他通盘考虑，邓华北上，兵团副司令员洪学智和参谋长李作鹏须留在广州，继续完成解放沿海小岛、剿匪等军事任务和组建海军的任务；政治委员赖传珠负责广东省和广州市的地方工作，一时间还无法离开，而且他患有严重的心脏病。

征尘未洗，责任如山。

临行前，邓华向叶剑英道别。

一坐下来，叶剑英就递给邓华一支烟，说："邓华呀，你就要离开广州北上了，这是中央军委和毛主席信任你，委以重任，我还嫉妒你呢。我记得，井冈山时，我们在一起。在延安，你去了前方，分开了。你到了晋察冀，在聂总麾下。抗战胜利，你就到了东北，又到了林总麾下。再次会面，我们是在南昌吧？"

邓华笑着说："叶参座，你的记忆力真好啊！我们南下，在九江成立兵团，我和洪学智到南昌后，你组织陈赓、方方和我们一起研究进军广东的问题。"

"你要离开华南了，我不想你走啊，许多工作需要你来帮我，但是中央已经决定，必须服从。赖传珠要留一下，才能去。"

"好的。等这边的工作告一段落，你就放他过去，我那里没有政委可不行啊！"

"邓华呀，戎马倥偬，暇不暖座。谁叫咱们是共产党人呢？我们俩还没有坐下来好好谈一谈，你又要出征了。"

"叶参座，作为军人，已经习以为常了。"

这时，叶剑英语重心长地说："当年，希特勒侵略苏联时，玩了很多花招。说德国的军事机器指向英国，击溃英国只是不远将来的问题，要苏联与日本、意大利，还有维希政府一起共同分配不列颠王国的遗产。希特勒耸人听闻，呼吁苏联参加分配大英帝国面积达4000平方公里的战败土地，许诺苏联向波斯湾、印度洋扩张，可以夺取伊朗南部的英国经营的油田，等等。可是，希特勒在背后搞小动作，秘密制定了'巴巴罗萨'计划，向东部偷偷运送了近百个师。此次，麦克阿瑟与希特勒不同，叫作明目张胆，不可一世。自恃世界第一强国，硬是什么都不怕，狂妄啊！邓华，你是久经沙场了，这里有文章可做啊！"

邓华高兴地说："是呀，叶参座一言，让我茅塞顿开。我明白了，在任何一场战争中，骄兵必败，麦克阿瑟也逃不出这个规律。"

因为长江发洪水，武汉的火车渡轮无法运行，邓华北上的行程推迟到7月25日。此时，中央军委已经发布命令，立即将驻河南信阳、漯河等地的战略预备队第十三兵团（下辖第三十八、第三十九、第四十军），加上在东北地区从事农业生产的第四十二军和炮兵第一、第二、第八师等，共计25.5万余人，组成东北边防军，调往中朝边塘地区。

在等待北上的日子里，邓华没有闲着，他的目光开始转向朝鲜战场。朝鲜人民军的战斗形势十分喜人——继6月28日解放汉城，7月4日拿下水原，13日进抵锦江后，20日夺占了大田，俘虏了美军第二十四师师长迪安少将。21日起，朝鲜人民军发起了洛东江战役，第一、第二两个军团正向金泉、大邱实施主要突击。朝鲜人民军在金日成的指挥下，勇往直前，节节胜利，在一个月时间里，把美军和南朝鲜军压缩到洛东江以东的狭小地域，解放了朝鲜南部90％的地区和92％的人口。

出发的时间终于到了。

军情紧急！军令紧迫！

7月25日黄昏，告别即将分娩的妻子，邓华登上了北上的军用专列。

火车开动了，邓华让杨迪把司令部的科长们都叫过来，挤在自己的软卧车厢里，抽支烟、聊个天、下盘棋，好好放松一下。这时，知道邓华喜欢京剧，"鬼主意"多的杨迪把参谋初华叫了过来，说："司令员，我给你请来一个拉二胡的，你给大家来一段如何？"

"好啊，那就请他过来拉一段听听。"

初华是一个知识分子型的参谋，有文艺特长，二胡拉得不错，就信手给邓华拉了一段二黄。

邓华一听，点点头，笑了："嗯，还不错。"

杨迪来劲了，起哄说："那司令员，就来两段呗？"

邓华也高兴，反问道："唱两段？"

话音未落，车厢里爆发了雷鸣般的掌声。

"好吧，那就来一段。"

"司令员，来一段《穆桂英挂帅》！"掌声再次响起来。

邓华站起身来，清清嗓子。初华胡琴定定调，拉了起来。

随着琴声响起西皮散板，邓华唱了起来——

一家人闻边报雄心振奋，
穆桂英为保国再度出征。
二十年抛甲胄未临战阵，
哎，难道说我无有为国为民一片忠心！

邓华唱得有板有眼，有滋有味，字正腔圆，神情毕肖。接着，琴声转为快板——

猛听得金鼓响画角声震，

唤起我破天门壮志凌云。

想当年桃花马上威风凛凛，

敌血飞溅石榴裙。

有生之日责当尽，

寸土怎能够属于他人。

番王小丑何足论，

我一剑能挡百万兵。

杨家将的故事，穆桂英的传奇，铿锵有力的节奏，高亢昂扬的旋律，满怀激情的演唱，催人奋战的唱词，像一把热烈的火点燃了将士们精忠报国的雄心壮志。

7月27日，军用专列抵达武汉。邓华下车，专门到四野总部拜见罗荣桓。随后，根据罗荣桓的指示，于第二天乘民航前往北京。可是，由于28日北京实行空中管制，飞机只好在天津落地，再从天津匆匆买上不对号的硬座火车票，一路站到了北京。

7月29日，邓华走进了中南海，来到居仁堂代总参谋长聂荣臻的办公室。聂荣臻是邓华的老首长了，有着10多年的上下级关系。无论是井冈山时期还是到达陕北的东征、西征，还是抗战时期在晋察冀，邓华都在聂总手下战斗。只是1945年8月，在抗战胜利后他奉命从延安出征东北，才到了四野。

一进门，聂荣臻就站起来，伸出手，高兴地说："邓华，欢迎你！海南岛战役打得好啊！毛主席、周副主席和军委领导都很满意。"

"老总，你知道，这都是因为兵团执行了军委和总部制定的作战方案，执行了毛主席的战略战术。"

"好啊！"聂荣臻请邓华坐下来谈，表情也凝重起来，"邓华呀，这次军委点你的将，再次调你到东北，是对你的信任。朝鲜局势很复杂，涉及美苏争夺势力范围,涉及世界形势。战争有可能打大,也有可能打小。今天请你来,就是告诉你,军委考虑朝鲜战场的形势现在还不清晰,决定你先入朝,把情况摸透搞准。"

邓华说:"在武汉时,罗政委已经跟我说了一些情况。"

"是啊。你到了朝鲜后,要抓紧时间了解情况,恐怕美国不会给我们很多时间。"

这时,邓华想了想,说:"聂总,兵团正在向东北开进,马上就抵达安东。我如果先去朝鲜,谁来管理部队呢?赖传珠、洪学智、李作鹏都还在广东。那边还有剿匪、解放沿海小岛屿的作战任务。"

"你的意见呢?"

邓华说:"我考虑让洪学智来兵团担任副司令员。"

聂荣臻说:"我看可以,你去给林总汇报一下。如果林总没有意见,就报军委批准。"

就在这时,洪学智受叶剑英委托也来到了北京,向中央军委汇报广东军区与十五兵团合并事宜。洪学智没有想到,这一来,他就这样被留下了,与邓华一起去了东北。

到北京后,邓华住在东城区东四七条的一个四合院里,这里是中央军委的一个招待所。邓华住在左厢房,右厢房住的是不久前被任命担任朝鲜大使的倪志亮。他们也是老相识了。倪志亮告诉邓华,驻朝使馆的武官早在7月10日就去平壤了。朝鲜内战爆发后,中央感到必须加强中朝两党两军的关系,决定由总参谋部派出军事观察组,负责人是曾经担任过二野情报处长的柴军武。在临出发前,根据总理兼外长周恩来的意见,他们将以驻朝鲜使馆工作人员身份出现。

在北京的这些日子,邓华马不停蹄,闲不下来。周恩来、聂荣臻频频召见,军委、总参的各种会议频频参加,关于东北边防军的编制、装备、训练、后勤保障等,都需要详细论证、规划和研究。中央军委原打算派邓华去朝鲜战场实地调研,考察朝鲜人民军同美军作战的具体情况,连出国穿的西装都做好了，因为情况发生变化，决定取消此行。

这一天，吃过午饭不久，邓华正在和杨迪商量事儿，毛泽东的秘书叶子龙来了。叶子龙也是湖南人，生于浏阳县一个贫苦的农民家庭，比邓华小6岁。

叶子龙着急地说："邓司令员，主席要马上见你，现在就跟我走吧。"

邓华没想到，毛泽东要单独接见他。这不由得让他想起井冈山的岁月，第一次近距离见到毛主席是在宁冈县古城镇的联奎书院。1928年6月初，作为红四军党代表，毛泽东在这里召开军事会议，部署龙源口之战。邓华以第三十一团一营营委干事的身份参加了会议，坐在前排中间位置。这一次，他终于看清了毛泽东长什么样儿，高高的个儿，蓬松的头发，大大的眼睛，一口韶山话，听起来非常亲切。和大家一样，毛泽东穿着灰色老布军装，没有军阶、帽徽，手臂上也扎着一个红布条儿。毛泽东站在一张四方桌的后面，说起话来喜欢右手向前一挥，且恰到好处地在空中停留几秒钟才放下，让人倍感自信。

坐上叶子龙的小车，邓华陷入了无边的回忆。

要说第一次受到毛泽东的召见，还是1944年，那是抗日战争胜利的前夜。身处延安的毛泽东已经听到了胜利进军的脚步声，为建设新中国、迎接新使命而筹备召开中共七大，统一思想，积蓄力量，准备干部，团结起来，争取胜利。这年3月，邓华率部来到延安，任晋绥联防军教导第二旅政治委员；11月，邓华当选中共七大代表，进入中共中央党校学习，分配在一部三支队，由陈赓负责。一天，陈赓告诉邓华，毛泽东在枣园约见他去谈话，了解前线的情况。他还记得，那一天在枣园，毛泽东在递给他一支哈德门香烟后，还问起了他是湖南哪县人氏。在得知邓华是郴县人时，毛泽东兴致盎然地给他讲起了苏仙岭下白鹿洞的"三绝碑"，还一字不落地背诵宋朝词人秦少游的《踏莎行》。背诵完毕，毛泽东点评说："词堪称千古绝唱，只是格调凄婉，没有看到光明前途。"那天中午，毛泽东还专门吩咐厨房："今天招待这位客人吃饭，要加一个菜，他是我湖南老乡，只管多放一些辣子。"

想着想着,很快就来到了中南海,进了丰泽园,走进菊香书屋。

见到邓华,毛泽东感到很亲切,高兴地冒出了一句:"士别三日,当刮目相看。"听得出来,毛泽东对邓华这些年的成长、成绩是赞赏有加的。

"海南岛一仗,打得不错嘛!有些事情,真好像事先算计好了一样,要是晚打两个月,很可能就变成了第二个台湾岛喽。"显然,毛泽东对邓华建议提前发动海南岛战役也是十分满意的。

知道邓华是一个老烟客,毛泽东一边给邓华递过来一支烟,一边说道:"杜鲁门在朝鲜看样子不会罢手,你在给军委报告中关于美军可能在朝鲜东西海岸中腰部,实施陆海空三位一体的登陆作战,这个分析很有见地。"

邓华没有想到,毛泽东这么快就看到了他给中央军委提出的建议。这封电报还是他在广州发出的。在等待北上的日子里,他一直在研究琢磨朝鲜战争的局势和走向。他让作战科科长杨迪给他找到一幅朝鲜地图,整天都伏在上面观察思考。美国宣布出兵后,朝鲜人民军想在美国大批兵力抵达朝鲜之前,在最短的时间内歼灭敌人,完全解放朝鲜全境。这当然是最好不过的愿望了。然而,邓华研究后发现,在汉城战役之后,朝鲜人民军虽然歼灭了南朝鲜军2.1万人,但其重兵集团并未遭到合围重创,且战线过长,后方空虚。他记得德国著名军事家克劳塞维茨说过:"战争并不是活的力量对死的物质的行动,它总是两股活的力量之间的冲突。"一厢情愿是要坏事的。于是,他奋笔疾书,把自己对朝鲜战争的局势分析向中央军委发了一封加急电报,他在电报中说:"鉴于朝鲜人民军战线南伸而延长,美军凭借其海空军优势,于朝鲜东西海岸中腰部铤而走险的可能性大为增加。显然,如果以朝鲜人民军弱小的海空军和后方留守陆军,阻止美国从两侧而不是正面的陆海空三位一体的登陆作战企图是很困难的,况且,朝鲜三面环海,东西海岸线较长,给人民军集中、重点防护带来不便。"邓华在报告中明确指出:朝鲜人民军洛东江前线决战与东西海岸的防守，在兵力防备上存在着难以调和的矛盾。

毛泽东坐在沙发上，不紧不慢地说："邓华呀，你们的任务是保卫东北边防，但要准备同美国人打仗，要准备打前所未有的大仗，还要准备他打原子弹。他打原子弹，我打手榴弹，抓住他的弱点，跟着他，最后打败他。"

邓华一边听，一边记，兴奋地说："主席说得对。就是要抓住他们的弱点打，跟着他打。美军的武器装备好，火力组织也好，从正面攻击不容易奏效。而他现代化装备，最怕的就是联络切断，被人包围。我军从侧翼或侧后迂回、渗透、穿插，实行切割、分割、包围，打近战、夜战。你打你的优势，我打我的优势。看来，我们的传统优势，依然是对付美军的办法。"

听了邓华的回答，毛泽东十分欣慰，感觉与自己的分析判断是一致的，十分深沉地说："不过，我还是那句老话，在战略上藐视它，当作纸老虎，在战术上重视它，当作真老虎。"

接着，毛泽东对邓华领导的东北边防军的任务作了简单的分析，说："8 月内可能没有作战任务，但应该准备 9 月上旬能作战。我们刚刚给高岗发了电报，要他们于 8 月中旬召集边防各军师干部开会，指示作战的目的、意义和大略方向。务必在本月内完成一切准备工作，待命出动作战。你和萧劲光、萧华他们去参加这次会议。"

对毛泽东，邓华敬仰无比，从 1927 年参加革命，他紧紧跟随毛泽东的步伐，已经 23 年了。对毛泽东，邓华无限信赖，从江西苏区到长征，从延安到西柏坡，从西柏坡到北京，没有毛泽东，中国革命就难以胜利，中国也不会有今天这个模样。

回到东四七条的招待所，邓华把与毛泽东会见的谈话跟杨迪作了交代，杨迪也把这两天朝鲜的战况向邓华作了报告。

杨迪说："7 月 29 日，美军第八集团军司令沃克到二十五师师部，扬言'要就地死守'。蒋介石也没有闲着，向美国要求出兵 3 个师约 3 万兵力参加朝鲜战争。老蒋要出动的是1945年11月进入北宁线的第五十二军。麦克阿瑟也想让老蒋进攻大陆，牵制我军入朝作战。未经杜鲁门同意，这位五星上将在月初就自作主张地跑到台湾，要蒋介石开辟第二战场，鼓吹台湾是'保护美国在太平洋地区利益的钥匙'。老蒋也随之起舞，妄言'美国与中华民国准备一起共同努力获取对中共的最终胜利'。"

听了杨迪的报告，邓华一边抽烟，一边陷入了沉思，缓缓地说："麦克阿瑟这个老家伙是一个好战分子。如果单纯从军事角度来说，想开辟第二战场，牵制我国出兵，想法很好。但是，从战略上来讲，杜鲁门政府会不会同意，美国参谋长联席会议会不会同意，都很难说。毛主席教导我们，战争是政治的继续，军事必须服从政治，军事战略必须服从政治战略。麦克阿瑟最终也必须听杜鲁门的。"

杨迪听了，点点头，接着邓华问道："你还有什么考虑？"

"司令员，我感觉，现在美国既然打着'联合国军'的旗号来到朝鲜，他们就不会轻易放弃这场战争，他们认为自己是世界上第一强国，就是想打赢这场战争，控制朝鲜，从而控制东亚，乃至整个亚洲。"

邓华点点头。

杨迪接着说："我军打过渡江战役，也打过渡海作战，但目前朝鲜人民军不能与我们相比。他们与我们这两次战役也不一样。他们要打过洛东江是不容易的。他们的作战对象是美军，不是蒋军，也不仅仅是李承晚。"

"你认为他们突破不了洛东江？"邓华反问道。

"过不了，朝鲜人民军想速战、速决、速胜，把战略预备队都用上了。现在他们的后方很空虚，没有能作战的部队了。"

邓华若有所思地说："是啊，后方空虚，就给喜欢搞登陆作战的麦克阿瑟留下了缝隙。如果朝鲜战争急转直下，我们就要入朝参战了。"

杨迪笑着说："不过，美军现在在朝鲜只有两个师，一个是步兵第二十四师，一个是步兵第二十五师。我军是四野的主力部队，打败他们还不是小菜一碟……"

杨迪话音未落,邓华刹住了他的话头,脸突然一沉,说:"不对,这种轻敌麻痹的思想要不得!要不得!"

杨迪一愣,看见司令员脸色非常严肃。

邓华意味深长地说:"杨迪啊,我知道,这种思想,不仅你有,兵团的很多干部和战士都有。胜利之师最忌轻敌骄傲。美军占有海、空军优势,机械化程度高,陆军火力比老蒋的'五大王牌'还要强得多。将来,我们的对手变了,要同天下第一的军队较量,要准备打持久战。就像你说的,美国不会轻易认输的。"

杨迪听了,连忙点头。

"到了安东后,要组织机关各部门,专门安排时间,学习毛主席关于持久战的有关论述,解决轻敌速战的思想。"邓华叮嘱杨迪说道,"这几天,我主要与军委首长研究兵团开进鸭绿江地区后,如何调整干部,补充武器,开展政治教育和军事训练,何时入朝、如何作战等问题。你马上给我整一个美军与我军装备编制对比情况给我。"

8月4日,中共中央政治局召开会议。毛泽东在会上指出,如果美帝得胜,就会得意,就会威胁我国。对朝鲜不能不帮,必须帮助,用志愿军的形式,时机当然还要适当选择,我们不能不有所准备。就在同一天,毛泽东还审阅了代总参谋长聂荣臻的一个报告。报告指出,准备派出部分高炮部队进入朝方一侧,以确保鸭绿江大桥的安全,毛泽东当即批示"同意"。

根据总参谋部情报部报告,朝鲜人民军在洛东江已经打了半个月,依然没有突破美军的沿江防御,久攻不下,而美军增援部队已经抵达日本。毛泽东和周恩来认为,战局有可能要发生变化,美军很可能从朝鲜的侧翼登陆,企图截断朝鲜人民军的后路,然后分兵南下,形成南北夹击之势,得逞后再大举北上,向汉城、平壤进攻。如果发生这种情况,后果不堪设想,朝鲜人民军将处于极其不利的态势。早在7月21日,当朝鲜人民军将全部力量投入洛东江时,毛泽东和周恩来就已经作出了这样的战略预测。

在这种情况下，会议决定邓华与各军军长暂不进入朝鲜，要集中精力训练部队，准备入朝作战。

随后，聂荣臻在三座门召开会议，传达了中央政治局会议精神，对各总部、各军兵种的工作作了部署。邓华参加了会议。

8月9日，邓华、洪学智奉命离开北京，前往东北，首站抵达沈阳。当天晚上，东北军区司令员兼政治委员高岗、副司令员兼参谋长贺晋年来看望他们。

8月11日，邓华在辽宁宾馆二层会议室主持召开了第十三兵团第一次军事会议。参加会议的除了高岗、贺晋年之外，还有东北边防军副司令员萧劲光、副政委萧华，第十三兵团第一副司令员洪学智，第三十八军军长梁兴初、政委刘西元，第三十九军军长吴信泉、政委徐斌洲，第四十军军长温玉成、政委袁升平，炮兵副司令员匡裕民、政委邱创成。兵团司令部作战科科长杨迪做会议记录。

"开会了！"邓华喊了一嗓子。

会议室顿时安静下来，各就各位。

"同志们！今天，东北军区、东北边防军和十三兵团召开联席会议。这也是第十三兵团与第十五兵团番号和机关对调后，召开的第一次会议。我们在东北战场，在平津战役，打过长江，进军中南，常常都是协同作战，都是老熟人、老战友了。但新中国成立后，我们在各自的辖区内各忙各的，也是很少见面，现在欢聚一堂，真是感到十分亲切呀！"

邓华富有感情的开场白，瞬间引起了大家的共鸣，大家欢笑着，齐声应和："是呀，是呀。"

接着邓华十分客气地邀请高岗讲话："今天，高司令亲自参加会议，他要亲自听一听大家的意见，我们先请高司令作指示。"

高岗是中共中央政治局委员、国家副主席，是在座职务最高的。听了邓华的提议，在座的将军们纷纷鼓掌欢迎。

"今天我是来听会的，邓司令员唱主角。"高岗微笑着，摆摆手，对邓华说,"你讲吧。"

邓华扫视了一下会场,看到将领们都把目光集中到洪学智身上。那一刻,他明白了,洪学智的新职务还没有给大家介绍呢。他笑着说:"我看你们都在看老洪吧,不清楚吧?他怎么到东北了啊?现在我给大家介绍一下,中央军委已经任命他担任十三兵团第一副司令员,是我向军委要来的!"

"要来就对了,他不来,我们还想他呢!"第三十九军军长吴信泉与洪学智是新四军三师的战友,他快人快语,高兴地喊了一嗓子。

会场响起一阵笑声。

洪学智赶紧起立,给大家敬礼。

会场又响起一阵掌声。

这时,邓华说话了:"这次军事会议,我们准备用两天时间,听取大家汇报。然后,再用两天时间,召开正式会议,扩大到师级领导干部。前一段时间,我在北京主要是参加了一系列的军委会议,军委首长做了很多指示。他们指出,朝鲜战场形势变化很快,战争可能打大,也可能打小;可能是一场局部战争,也可能发展成世界大战。战争的根源在美国,要看美国的战略利益需要。军委要求我们兵团在8月份以前做好一切准备工作,9月待命,随时准备出动。"

梁兴初插话说:"那只有半个月时间了。"

将军们都随之附和:"是呀,够紧张的。"

邓华说:"时间短,任务重,工作量大,困难和问题肯定也不老少。"

高岗说:"从今天开始,上上下下要迅速行动起来,认真进行准备筹划,严密组织政治教育和军事训练,抓紧时间,保证按时出动。"

"现在就请各位军长讲讲情况,摆问题、摆困难,同时拿出解决的办法来。今天,高司令在场,大家要如实说。高司令说了,东北局和东北军区全力以赴支持兵团的工作,能办到的事情立即办,暂时办不到的事情想方设法办。"

高岗微笑着跟大家点头。大家报以热烈的掌声。

于是，各个军开始汇报部队从中原调到东北以来的思想状况、武器弹药储备、官兵人数、供给运输保障、战术技术水平等情况。

梁兴初开了第一炮。第三十八军接到命令时，正在河南搞生产，全军分散在300多公里的区域内，战争机构被打乱了，一些官兵复员了，后勤机关也解散了，团以上干部90%调动了，一个团只有一个老的，营以上的干部已调动400多人。从接受战斗任务到集中，只给了一个星期，从汉口出发时才提出了保卫国防、反对侵略的口号，士气只能说马马虎虎。

听了梁兴初的介绍，高岗和邓华大吃一惊，没想到部队搞生产仅仅才两个月，就变得这样涣散，对战斗力影响太大了！怎么做才能在短时间内快速恢复部队的战斗力呢？

梁兴初继续汇报说，部队计划8月10日前，搞政治思想教育；8月10日后，进行军事训练。班搞"三三制"及地理地形利用，营、连、排干部搞"一点两面"训练，团以上搞协同战术。

第三十八军政委刘西元是老政工，此时他和政治部主任吴岱全身心投入各师团政治思想教育，引导官兵树立光荣感、自豪感，作为首批入朝参战部队，决不辜负党中央、毛主席的信任，要打出国威，打出军威！

高岗、萧华和邓华听了，赞许地点点头。

梁兴初说："最大的问题是，现有的大炮都拖不走，全军缺马400多匹……"

"怎么办？"邓华转过头来问高岗。

高岗点点头，说："会后，拉出一个单子来。"

梁兴初说："刚才高司令答应负责作战部队的后勤供应，这很好。我最担心的是部队在前方作战，粮弹供应不上，怕出秦桧。"

会场爆发一阵哈哈大笑声。

邓华笑着说："梁军长放心，高司令、贺副司令都不会当秦桧。"

接着，第三十九军军长吴信泉汇报。吴信泉有备而来，他一边翻着手头的一沓资料,一边说:"我军 3 月到河南,4 个月内干部调动的有 2000 多名,原来的团长只剩下 3 个了,原来的营长一个也没有了。"

听到这里,邓华和洪学智四目相对,吃惊不小。

"都转业了?"邓华问道。

"可不是。都说打了半辈子仗了,到现在连个窝儿也没有,该回去过过和平日子了。所以,一说转业,就稀里哗啦都走了。"

高岗惊讶地问道:"这么严重啊!"

"可不是嘛!什么也不要,就是要回家。战争机构散了,后勤、医院、担架都取消了。"吴信泉接着说,"不过,我们 8 月初集结到辽阳、鞍山地区后,开展了政治整训,做好了部队由和平转入战争的转弯工作,并有针对性地开展了军事训练,比如近战、夜战、山地战,还有步坦协同,避敌所长展开白刃战,以及防空、伪装、土工作业等,现在部队的士气得到了很大的恢复。要解决的问题也很多,比如炮具要补充 160 个,马匹要补充 1800 匹,枪衣炮衣 1200 件……"

和第三十八、第三十九军一样,第四十军接到开赴东北的命令时,刚刚离开海南岛,正乘坐火车不分昼夜地向目的地河南洛阳挺进。火车经过河南洛阳没有停车,过了郑州也没停车,河南兵、陕西兵、甘肃兵、四川兵大惊:"怎么不停车呀?停车!停车!停车!"是啊,部队南下时,是唱着"打完老蒋就回家"的,现在仗打完了,应该回家种我那一亩三分地,老婆孩子热炕头了。战士找到班长,班长找排长,排长找连长,连长找营长,营长找团长。团长说话了,"听着,不仅过了郑州不停,就是过了石家庄、过了北京、过了天津、过了山海关、过了沈阳,也不会停车,我们要直接开到安东。"有人问,安东在哪儿?团长说,不要问,军人以服从命令为天职!咋咋呼呼的干什么?是军人吗!像人民解放军战士吗?团长命令连以上干部到团部车厢开会,团长说,刚刚从战场下来,思想就涣散成这样子,谁涣散军心,严惩不贷!团长的家在山西吕梁山区,十年前与本村的姑娘结婚,离开家到现在还没有见过面呢!

听完汇报，邓华紧锁眉头，对高岗说："和平思想影响了我们的战略预备队，很可怕啊！"

高岗说："部队首先要进行爱国主义和国际主义教育，爱小家的同时要爱大家。大河有水小河满嘛！"

第四十军军长温玉成接着说："我军同兄弟军的情况大同小异，基本差不多，政治教育在8月15日前结束。从教育情况看，还存在一些模糊思想，一是怕飞机；二是怕原子弹，有恐慌情绪；三是怕引起第三次世界大战，认为没有理由出兵；四是有急躁情绪，认为美军好打，赶快打，打完美帝，好回家。"

温玉成稳重老成，善谋善战。他介绍说："我检查了一个连，愿意打的48人。中间的，打也行，不打也行的，32人。有消极情绪的24人，其中一人是党员，主要是怕美国的飞机，怕美国甩原子弹。有的是考虑战争的责任问题，甚至对友军的力量有怀疑……"

邓华听到这里，插话问道："温军长说的这几种状况，是不是有代表性？你们部队有没有啊？"

将领们都点头："都一样！"

邓华说："存在的问题真是不老少。但是，我军历来就是以弱胜强。武器是战争的一个重要因素，但不是决定因素。决定因素是人，而不是物。我们要靠毛泽东军事思想，要发扬我军的光荣传统。我们被迫进行的战争是人民战争，发挥人的能动性尤其重要。各部队要抓紧搞好思想政治教育。当然，也要讲清道理，讲究科学，搞好防空知识教育。要把原子弹讲清楚，害怕原子弹是没有必要的，美军不会轻易甩原子弹，除非他们不到朝鲜半岛。"

出身于书香门第的邓华，看上去温文尔雅，平时话语不多，但话一出口，吐口唾沫是颗钉。决策果断，决心硬朗，看得准，打得狠。对同志批评很严厉，对上从无恭维之词，一是一，二是二，实事求是，实话实说。

会上，邓华和高岗还与各军军长们研讨了怎样加强炮火的问题。会后，邓华交代杨迪："部队的装备、物资、器材、车辆、马匹、通信器材、生活保障等缺额很大，指战员穿的、吃的，都缺很多，你跟高司令说一下，建议由东北军区后勤部部长李聚奎召集各军后勤部长开会，共同研究解决方案。"

8月13日，军事会议按计划扩大到师级干部，继续进行。这也是战争前夕召开的一次高层全面动员会议。

在会上，邓华对大家说："同志们，参加支援朝鲜的这一仗是很光荣的！在毛主席的领导下，必定会取得战争的胜利！过去我们四保临江时，朝鲜人民帮助我们，现在他们遭受侵略，我们也应当帮助他们！美军缺点很多，士兵不知道为什么打仗，士气低嘛，后方运输困难，他们的盟军只能扯旗呐喊，趁火打劫。他们就是技术装备较强些。这没什么了不起。我军历来是与强敌作战的。况且，技术不是决定因素。技术要人掌握，而且受地形的限制。前一段时间，部队转入生产，产生了和平思想。毛主席说我军是战斗队，同时又是生产队。部队搞生产，忘记了战斗，产生混乱思想，是下面没有掌握好。现在一定要转变过来，认清我们是一手拿锄头，一手拿枪的！"

邓华还扼要地讲了此次作战的3个特点："一是作战对象是美帝；二是出国；三是地形是山地水田。我们的部队刚刚由分散生产突然转到集中作战，只有20天的准备时间。时间很紧，任务很重。但美帝国主义不允许我们做充分的准备。所以，各部队要抓紧进行战役侦察、战术思想教育、装备物资准备。到9月7日，还有24天时间，每天8小时，共192个小时，训练计划是政治动员32个小时，战术训练90个小时，火力射击训练70个小时……"

部队就这样动员起来……

高级将领们已经严阵以待，时刻准备着……

沈阳军事会议一结束，邓华和洪学智就登上开往安东的火车，急匆匆向前线进发。

重任在肩，压力山大！中央军委和毛主席把打胜美帝国主义的这副重担交给了第十三兵团，邓华和洪学智能没有压力吗？打不好怎么办？在朝鲜北部站不住脚怎么办？被美军赶回鸭绿江边怎么办？到不了蜂腰部被美军冲散组不成战役怎么办？被美军飞机大炮压制不能行军冲锋怎么办？装备缺额这么大如果补不齐怎么办？

问题一个接着一个，怎么办？邓华殚精竭虑，不分昼夜，夙夜在公，枕戈待旦。

战争的机器已经开始运转，任何一个螺丝钉也不能出问题。

在安东的镇江山（锦江山）下，有四幢日本人盖的小楼，前面两幢，后面两幢。邓华住在后排，洪学智住在前排，中间的几排平房就成了兵团司令部机关的办公区。

没过几天，第十二兵团参谋长解方调过来担任参谋长了，第四野战军政治部组织部长杜平调来任政治部主任了。就这样，第十三兵团机关健全了，镇江山下也更热闹了。

这个时候，离开广州已经一个月时间了。在作战中，邓华喜欢动脑筋，常常能最先捕捉住战机和战局的变化。他始终关注着朝鲜战场的态势，现在朝鲜人民军南线作战并不顺利，处于胶着状态。经过一个月的观察、了解、研究、思考、分析，邓华对朝鲜战争有了一个比较成熟的想法。在他看来，美国有海、空军优势，朝鲜半岛三面环海，这种胶着状态不可能持久，它很快就会想办法摆脱被动局面的。想到这里，他决定向中央军委汇报对当前朝鲜战局的看法。

8月28日，邓华把作战科科长杨迪叫过来，开始起草报告。邓华口述，杨迪记录，报告分六个方面：一是我军入朝后敌我力量的对比，二是朝鲜半岛的地形，三是关于供应问题，四是敌人的企图，五是我军的作战方针，六是我军的装备训练。

秋风萧瑟，洪波涌起。鸭绿江从镇江山下缓缓流过。

点燃一支烟，邓华走到窗边，若有所思地对杨迪说："咱们离开广州有一个月了吧?"

"是的,司令员。"

"杨迪呀,你知道,我自从受命以来,夙兴夜寐,不能安枕啊!真有点诸葛亮的味道了。"

"是啊,司令员,你身体本来就瘦,胃又不好,现在更瘦了。"

"你不知道,我的压力大呀!"

"我们都看出来了。海南战役时,你就是这样。每逢大的战役之前,你都是这样。现在,毛主席、周副主席和军委老总们都信任你呢!"

"越是信任,责任也越大啊!解放海南岛,是打老蒋,入朝作战,是打老美,作战对象不同了。我倒不是怕美帝,总是想怎么打好,要像毛主席经常要求我们的,要慎重初战,初战必胜!"

"司令员,你考虑得太多了。"杨迪善解人意地说,"我看你现在写给中央军委的报告,想得十分具体和周到了。"

8月31日,邓华在与洪学智、解方再次研究后,以三人联名的形式向中央军委作出了报告。报告大胆地预测:"估计敌人将来反攻的意图,可能以一部分兵力在北朝鲜沿海侧后几处登陆,实行扰乱牵制,其主力则于现地由南而北沿主要铁路公路逐步推进。另一种可能,是以一小部分兵力于现地与人民军周旋,抓住人民军,其主力则在人民军侧后(平壤或汉城地区)大举登陆,前后夹击,如此人民军的处境会很困难的。"我军的参战时机,"待敌进到三八线以北为有利,不仅更有政治资本,而且军事上也是有利的,敌人拉长拉宽(我)更好打,同时减少(我)对海上的负担,缩短了(我)供应运输线"。

9月15日,就在邓华等人的报告发出15天后,美军在汉城地区的仁川登陆。

他们的预言,果然言中。

阵势纵横 11

善谋善战，善作善成，正道直行，彰显儒将本色
毛泽东再次召见邓华："劳师远征，辛苦辛苦。"

"老哥，老哥，中央来电报了！"

1950年10月8日，邓华手中拿着一封电报，疾声喊着洪学智。洪学智是河南商城双河（今属安徽金寨）人，年龄实际上比邓华还小3岁。湖南人习惯喊老战友为"老哥"，所以平日里邓华就这么亲热地喊洪学智。

"什么内容？"

邓华神秘地笑着，说："你看看吧！"

洪学智接过电报一看，原来是中共中央任命彭德怀担任中国人民志愿军司令员兼政治委员。

"彭总来当司令员，真是太好了！"

"是呀，是呀。"邓华减弱音量，小声地说道，"不过，老哥，小心伺候！"

"怎么了？"

"我是在他手下干过，对彭总的脾气很了解。"邓华笑了，"他呀，打仗时要求极其严格。出一点纰漏，就会大发脾气。要是把他惹火了，还要杀人呢！你得小心脑壳呀！"

洪学智笑了："啊？这样严格啊？"

"严得很！"

"好吧，反正脑壳就只有一个，拿掉就拉倒了。"

邓华收起笑容，认真地说："玩笑归玩笑，严格必须严格。我们各方面要准备好，一点点纰漏也不能出。"

"好！我们小心伺候就是！"

这天晚上，邓华和洪学智奉命赶往沈阳，参加彭德怀主持召开的志愿军军以上干部会议，正式宣布中央出兵援朝的决定。

10月9日，清晨，邓华、洪学智下了火车，直奔沈阳和平街1号，见到了彭德怀。

邓华跟彭德怀熟悉，在井冈山时期就认识。洪学智是四方面军的，抗日战争时期又在新四军，所以与彭德怀并不熟悉。

一见面，彭德怀满面笑容，洪学智觉得并非像邓华所说得那样严厉。彭德怀十分客气地说："邓华、洪学智，你们来得正好，我正在等你们呢。"

邓华说："欢迎彭老总来志愿军当司令。"

谁知，彭德怀脖子一梗，眼睛一瞪，突然来了一句："我不是志愿军。"

邓华、洪学智一听，愣了，互相看了看，没想到彭老总会说出这样的话，真是奇怪了。洪学智这才感觉到彭德怀的脾气还真是与众不同。

邓华试探着问道："彭老总，你，你是……"

"我是临危受命，毛主席派我来的。知道吧？"彭德怀眼睛瞪得大大的，好像不允许任何人怀疑似的。

邓华眨了眨眼睛，说："彭老总，你这么一说，我也不是志愿军了，也是军委命令我来的。"

"那我更不是志愿军了。我到北京汇报工作，是被邓华抓壮丁来的。"洪学智开玩笑地说。

彭德怀看着洪学智，问道："你是抓来的？"

洪学智回答："是呀。"

彭德怀说："能抓来的，就是志愿的。"

说完，三人都哈哈大笑起来。

"好，见到你们很高兴。"彭德怀迅速收起笑容，变得严肃起来，"我也是刚刚受命，你们来得早，快给我介绍一下朝鲜战局和你们对出国作战的想法吧。"

说话间，三人坐下来。

邓华说："彭老总，十三兵团现在有4个军，3个炮兵师。8月底，军委又把四十二军暂时划归兵团指挥。现在，作为战略预备队，集中在鸭绿江地区进行教育整训，先是搞政治动员，接着搞军事教育和训练。经过教育整训，各军的战前状态都还不错。"

"我想听听部队现在的实际情况。"

洪学智说："说实话，大家都没有想到来鸭绿江，更没有想到会出国作战。除了四十军刚刚打完海南岛战役之外，三十八军和三十九军都在河南搞生产，战争观念淡薄了，大家想着'打完老蒋就回家''老婆孩子热炕头'，思想上需要转弯。好在，这几个军都有着光荣传统，都是能打仗、打胜仗的部队，经过教育整顿，缺编的干部战士现在已经补齐了，解散的机构也已经恢复了，缺少的武器装备，东北军区也正在努力解决。邓司令员主持沈阳军事会议后，部队基本上已经步入正轨，做好了临战前的准备了。"

彭德怀点点头，说："你们做了很多工作，也很有成效。"

"当然，还有许多问题需要解决。"邓华补充说，"一方面要进一步提升官兵们打败美帝的信心，一方面要拿出制胜美帝军队的办法。"

彭德怀知道,邓华是一个爱钻研的军事干部,是一个善于把军事实践总结成军事理论的干部。他以十分期待的眼神望着邓华,希望邓华继续讲下去。

"毛主席说,你打你的,我打我的。我们有我们的长处,美军有美军的短处。我们就应该以己之长攻敌之短。我认为,美军的短处一时间他们难以克服,一是他们的陆军步兵战斗力弱,在日本军事训练很差;二是在朝鲜战场上,他们的战线拉得很长,谈不上纵深,运输线也很长。美国到朝鲜1万多公里,需要19天半,最快也要半个月。即使是空运,也需要30多个小时。因此,我们就挑美军的短处、弱处打。"

彭德怀听了邓华的意见,十分赞成:"好!就应该这样打!我们要紧盯着美军的短处、弱处,狠狠地打!"

邓华说:"兵团对作战的指导思想问题也进行了多次讨论研究。"

彭德怀说:"说我听听。"

邓华说:"我们研究的结论是,今后我们的作战方式主要是攻坚战,本质上是连续突破。核心问题,还是毛主席说的,要集中优势兵力,各个击破。"

彭德怀说:"这个问题,你们想的是正确的。"

邓华说:"朝鲜战场环境,我们比较陌生,美军的武器又比我们强,还有空军、海军支援,我们还是要发挥我们的传统,诱敌深入,围点打援,近战、夜战,打迂回,打穿插。美军和日军、国民党军队一样,搞不过我们。当然,如果苏联支援我们空军,那就更好了。"

彭德怀说:"我看,你们真是动了脑筋了。"

邓华笑着说:"彭老总,你已经是胸有成竹了。"

"我胸有成竹,还听你们的干吗?"彭德怀严肃地说,"至于苏联是否出动空军的问题,要看周总理同斯大林商量的结果。不过,今天听了你们的介绍,老夫也是开窍了。"

见彭德怀对汇报十分满意,邓华和洪学智忐忑的心如释重负,谦虚地说:"我们的工作还有许多问题。"

"不用谦虚了。我说的是实话。来之前,聂总也给我介绍了一些,军委对十三兵团的战前准备工作是满意的。"

这一天,彭德怀在志愿军军以上干部会议上,传达了中央关于组成志愿军的决定,并进行了动员。随后,彭德怀由邓华陪同到安东第十三兵团的前线视察,只待中央军委和毛泽东一声令下,准备随时出国作战。

10月12日,斯大林出尔反尔,不同意出动空军支援,导致抗美援朝决策出现一个波折。毛泽东急电彭德怀回京商量。中共中央政治局一致认为,即使苏联不出空军支援,在美军越过三八线大举北进的情况下,我们仍应出兵援朝。16日,彭德怀再次赶到鸭绿江北岸的安东,召开志愿军师以上干部大会,就志愿军出国作战作进一步动员。严阵以待的中国人民志愿军如箭在弦,只待最高统帅一声令下,立即跨过鸭绿江。

这个时候,刚愎自用的麦克阿瑟自从成功实施仁川登陆之后,更加狂妄自大了。他身着卡其布军服,头戴软帽,戴着大墨镜,嘴里叼着玉米芯大烟斗,走起路来目空一切。前任美国总统罗斯福曾当面对他说:"我认为你是我们最出色的将军,但我觉得你将是我们最蹩脚的政治家。"

的确,就在毛泽东决定出兵的时候,这位目中无人的美国五星上将信誓旦旦地向美国总统杜鲁门保证:"我希望在圣诞节前把第八集团军撤回日本。"对中国是否会出兵,他自以为是地不断向美国决策者们保证:"可能性很小,中共在鸭绿江的兵力部署很可能不超过12.5万人,只有五六万人能够渡江作战。红色中国的干预会被迅速报复的威胁所吓住。"

麦克阿瑟的狂妄,五角大楼的轻信,给了中国人民志愿军出奇制胜千载难逢的战机。这个战机,被毛泽东抓住了,被彭德怀抓住了,也被邓华、洪学智等志愿军高级将领抓住了。

10月19日,彭德怀视察完沈阳兵工厂后,乘坐伊尔飞机马不停蹄地赶回安东。

一下飞机,彭德怀就迫不及待地问邓华:"渡江方案怎么样了?"

邓华说："渡江方案已经落实，四十二军今晚就开始行动。"

彭德怀说："根据情报分析，美国方面目前还是认为我们不敢出兵。这一点，对我们是有利的。我们要充分利用敌人的误判，隐蔽过江，对敌人实施突然打击。"

"彭老总，你分析得对。"邓华指着朝鲜地图说，"麦克阿瑟把美军和南朝鲜军兵分两路，从东、西两条战线向北推进。我们发现，在他们的东线和西线之间有大约80公里的缝隙。"

彭德怀仔细看过军事地图后，高兴地说："麦克阿瑟这么做，对我们更有利了。这中间地带，因为是高山峻岭，不便于他们机械化部队的机动，却给我们战略机动打开了缺口。我们就是要利用美军的这个弱点，发挥我们的传统打法，利用这个缝隙，分隔包围，吃掉他们几个团。"

事实上，10月17日，骄傲自大的麦克阿瑟就下达了"联合国军"的"第四号作战命令"，改变了原定由沃克指挥的第八集团军和阿尔蒙德指挥的第十集团军在平壤和元山蜂腰部会合的计划，让东、西两支部队继续各自向北疾进，直至梦想着在鸭绿江会师。对麦克阿瑟如此违背军事常识的低级指挥失误，彭德怀和邓华都难以置信。其实，这已经是麦克阿瑟在朝鲜战场的第二个失误了。此前，在成功实施仁川登陆之后，这位搞登陆作战上了瘾的战争狂人，不仅没有命令登陆部队继续乘胜扩大战果，通过平壤至元山的公路向东或向南与沃克指挥的第八集团军会合，却命令阿尔蒙德的部队漂洋过海绕了一大圈，从元山再来一次登陆，白白浪费了半个月的时间。

当邓华、洪学智与彭德怀讨论麦克阿瑟为何如此狂妄的时候，他们除了感到大惑不解和匪夷所思之外，心中油然而生一种抓住战机的快感，希望这位唯我独尊、爱慕虚荣的"最蹩脚的政治家"，在朝鲜战场上把军事常识性的错误继续犯下去。

1950年10月19日，历史铭记了这一天——中国人民志愿军在彭德怀司令员兼政委的率领下，静悄悄地跨过了鸭绿江。

邓华在志愿军总部

"雄赳赳,气昂昂,跨过鸭绿江。"历史的现场没有多少诗情画意,战争的现场拒绝儿女情长,但在那个雨雪交加的黄昏,谁能怀疑这不是金戈铁马入梦来呢?诚如毛泽东所说,美军是"铁多气少",志愿军则是"铁少气多",而且"气"足。

同样是在这一天,晚上7时,邓华出发了。第一次踏上了异国的土地,他没有想到,竟然是以战争的方式来保家卫国。

司机已经发动了苏制嘎斯吉普车的引擎,这时洪学智在前面喊了一嗓子:"老哥,上车吧!"

邓华挥了挥手,上了车,对司机说:"出发!"

过江了,南征北战,东进西出,邓华自己也不知道到底渡过了多少大江大河，湘江之战似乎还在眼前，长征时渡过金沙江、大渡河，抗战时渡过延河、黄河、滹沱河，解放战争时渡过的河流就更多了，松花江、长江、珠江，大大小小，长长短短，不计其数。然而，今天与以往不同。

小雨夹着雪花在空中飞舞，细细的，绵绵的，似乎挺适合此刻告别祖国告别亲人的心境。鸭绿江大桥上，志愿军官兵已经开始跑步前进，火炮牵引车轰轰隆隆地在身边驶过。

风萧萧，雪漫漫，道路崎岖，沟壑纵横。因为遭受"联合国军"反击，朝鲜人民军和老百姓纷纷北撤，本来就不宽阔的道路变得更加拥挤和混乱。吉普车像一个甲壳虫似的，在山道上艰难前进。

10月20日凌晨，邓华与洪学智在东仓和北镇之间的树林中，与从长甸河口渡江的兵团司令部会合了。然而，一天过去了，彭德怀一点消息也没有。这让邓华、洪学智感到非常蹊跷，非常担心。这是怎么回事呢？

总司令在战场上失联了？

这还了得！

21日凌晨2时30分，邓华收到了毛泽东的紧急电报，电报是发给"彭德怀并告邓洪韩解"的。

毛泽东在电报中说："截至此刻为止，美伪均未料到我志愿军会参战，故敢于分散为东西两路，放胆前进。（二）估计伪首（即首都师）、伪三（两）师要7天左右才能进到长津，然后折向江界。我军第一仗如不准备打该两师，则以四十二军的一个师位于长津地区阻敌即够。四十二军的主力则宜放在孟山以南地区（即伪六师的来路），以便于切断元山、平壤间的铁路线，钳制元、平两地之敌，使之不能北援，便于我集中3个主力军各个歼灭伪六、七、八等3个师……此次是歼灭伪军三几个师争取出国第一个胜仗，开始转变朝鲜战局的极好机会。如何部署，望彭、邓精心计划实施之……彭、邓要住在一起，不要分散。"

运筹帷幄于千里之外，这就是毛泽东。

"彭、邓要住在一起，不要分散。"看了毛泽东的电报，邓华有些焦急了。现在彭德怀音讯全无，到哪里去找他呢？

过了一个小时，毛泽东又来了电报，再次指示："邓华同志并告彭及高：（一）你们是否已前进，我意十三兵团应即去彭德怀同志所在之地点和彭住在一起并改组为中国人民志愿军司令部，以便部署作战。现在是争取战机问题，是在几天之内完成战役部署以便几天之后开始作战的问题，而不是先有一个时期部署防御然后再谈攻击的问题……你和其余同志率必要机构即住彭处为宜，望酌定。"

拿着毛泽东的电报，邓华一脸无奈，皱着眉头跟洪学智、韩先楚、解方说："怎么办啊？毛主席接连来了两封电报，可是连彭总的影子也没见到。"

洪学智沉思了一会儿，说："别急，先把毛主席的电报精神转告4个军，让他们准确理解主席的战略意图，做好在运动中歼灭西线伪军3个师的准备。四十二军是打阻击的，目的是切断美军第八军和第十军的联系。"

邓华赶紧签署了电报，让杨迪发下去。

没想到，又过了半个小时，毛泽东再次给"彭邓"发来电报，指示，要在战役部署上注意控制平安南、平安北、咸镜三道交接处的妙香山、小白山等制高点，隔断东西两敌，勿让敌人占去为要。同时，毛泽东在电报中叮嘱他们，敌人测向颇准，请加注意。在熙川或其他适当地点建筑可靠的防空洞，保障司令部的安全。

等啊，等……

直到10月21日下午，邓华终于等到了彭德怀的电报，告知他已经与金日成见面和朝鲜人民军前线的情况，希望他们尽快到北镇西北的大洞与他会合。

北风吹，雪花飘。

第二天上午，到了大洞，终于见到了彭德怀，邓华急忙说："哎呀，彭老总，你可把我们给急死了！两天都得不到你的消息，好担心啊！"

"是不是担心我被俘了？"彭德怀笑着说，"如果那样，早就成了华盛顿的头条新闻了。"

邓华笑着说："哈哈,如果那样,麦克阿瑟的屁股会翘到天上去了!"

这时,彭德怀收住笑容,问道："主席发来的电报都收到了吧?"

"都看到了。"邓华和洪学智齐声回答。

彭德怀沉着地说："我和金日成首相见面后,更加感到党中央、毛主席下定这个决心是不容易的!现在敌军进展速度很快,战场形势发生了很大变化,志愿军已经很难到达预定防御区域。当前,我们必须立即改变占领一块根据地、构筑工事进行防御作战的设想,要改为在运动中寻机歼敌,像毛主席所说的那样,歼灭伪第六、第七、第八师3个师。你们有什么意见?"

邓华想了想,说："根据毛主席的指示和老总的意见,总的设想是立即集中3个主力军于西线作战,各个歼灭伪第六、第七、第八师3个师。四十二军在东线两个师的任务是打阻击,1个师附炮八师四十五团坚守长津地区,阻击伪首都师和伪三师。该军主力要按毛主席指示的,控制妙香山、小白山地区,视情况向盘山以南地区推进。"

彭德怀点点头,说："四十二军的任务艰巨,必须坚决完成阻击东线敌人西进的任务。"

邓华说："彭老总说得对。吴瑞林这个军长期在南满作战,对朝鲜北部地形相对比较了解,能攻善守。西线3个军,三十九军进军泰川、龟城地区,四十军进到德川、宁远地区,三十八军进到熙川地区。"

"让三十八军赶快用汽车把部队运送到妙香山,切断美军东西线的联系。"彭德怀说,"西线我军就是要分头围歼,各个歼灭。"

这时,邓华说话了："彭老总,我有一个问题,不知该不该讲。"

彭德怀说："说嘛。"

邓华说："由于我军的火力弱,与敌人火力悬殊太大,歼灭美军一个师,我们需要两个军;歼灭南朝鲜军一个师,我们需要一个军。因此,还需要向中央建议,赶快增调部队。"

洪学智说："三十九军东进之后，新义州、定州地区就空虚了，为防止敌人从海上登陆，得赶快把六十六军调到安东、新义州一带，作为后备。"

彭德怀说："这个意见很好。我马上向军委报告，建议六十六军明后天就从天津出发，到安东，作为志愿军的预备队。"

中央军委接受了彭德怀的建议。22日，决定将在天津地区的第六十六军列车运到安东，编入志愿军序列。10天前的10月12日，毛泽东还曾致电陈毅："请令宋时轮兵团（第九兵团）提前北上，直开东北。"

彭德怀又问道："你们还有什么问题没有？"

邓华和洪学智又汇报了后勤保障问题，东北动员了10万民工跟随志愿军入朝，做好战勤工作。

彭德怀说："要发一个政治动员令，号召全体指战员发扬勇敢顽强的战斗精神，保证首战获得胜利。我同金日成首相已经商量好了，志愿军司令部就设在大榆洞。"

"大榆洞？"邓华和洪学智问道。

彭德怀说："离这里不远，往北翻过一座山就到了。你们马上通知解方带着兵团机关立即向大榆洞转移。你还要通知韩先楚，按照毛主席的指示，我们要住在一起，不分散。你们俩现在就出发，我们明天在那里会合。"

10月24日，彭德怀抵达大榆洞。

这天晚上，在大榆洞金矿矿洞侧上方的工棚里，彭德怀召开了志愿军总部第一次会议。

彭德怀向来说话办事都不绕弯子，实话实说，有话直说。他扫视了一下在座的将军们，说："现在是在战场上，形势严峻，一切工作都服从战争需要。我这个司令员兼政委，虽然下命令了，但也不能当光杆司令，对吧？如果没有指挥机构，怎么指挥作战？"

彭德怀看了看邓华，微微一笑，说："我向毛主席请示了，他也同意，就是把你们十三兵团的领导机构，改为志愿军的领导机构。你们看，怎么样？"

邓华看了一眼彭德怀，和大家会意一笑，说："服从毛主席和彭总的决定。"

彭德怀始终微笑着，对邓华说："邓华同志呀，现在，我已经被任命为司令员了，你就不能当司令员了，你呀，就任志愿军第一副司令员兼副政治委员。"

听了彭德怀如此坦诚、幽默又很有人情味的话，邓华为自己能成为彭老总的副手而高兴，立刻表示："服从彭总的安排。"

接着，彭德怀说："邓华同志分管干部和政治工作。洪学智任第二副司令，分管司令部、特种兵和后勤工作；韩先楚任第三副司令，不具体分工，到部队督促检查作战问题；解方任参谋长，杜平任政治部主任。你们有没有什么意见？"

"没有。"大家齐声回答。

"那好，没有意见，那就这样了。"

邓华笑着说："从现在开始，你不再是光杆司令了，我和同志们都努力当好你的助手！"

听了邓华的这句话，彭德怀深情地看了邓华一眼，眼神中有感动也有感谢。

谁也没想到，战斗说打响就打响了。

10月25日上午，南朝鲜军第六师一个营从温井出发，向北进犯，距离大榆洞仅仅十几公里。彭德怀、邓华等指挥第四十军第一一八师一个团以拦头、截尾、斩腰的战术，将其大部歼灭，揭开了抗美援朝战争的序幕，打响了震惊世界的中国人民志愿军抗美援朝战争的第一仗。

没想到的是，南朝鲜军仍然分兵冒进，其中一个团的一部到达距离中朝边境只有几公里的楚山，竟然还炮击中国领土。直到10月27日，敌人才发现处境不妙，赶紧调头逃跑，被志愿军包围。此时，熙川以南的南朝鲜军两个营为了接应该团南撤，与志愿军在温井以东地区交战。29日，志愿军将这两处南朝鲜军大部歼灭，取得初战胜利。

南朝鲜军队接连失利，并没有影响"联合国军"总司令麦克阿瑟的战斗狂想症，他依然满不在乎地继续命令后续部队向中朝边境推进。10月底，号称"王牌军"的美军第一骑兵师一个团，冒进北渡清川江到达云山。11月3日，志愿军部队将其大部歼灭。云山战斗，志愿军首创以劣势装备歼灭现代化装备之敌的先例，狠刹了美帝"王牌军"的威风，令美军第八集团军司令沃克大吃一惊，在飞机、大炮和坦克的掩护下迅速全线撤退至清川江以南。

第一次战役结束后，西线之敌开始变得谨慎起来，对志愿军进行试探性进攻，以摸清志愿军兵力和意图。在志愿军总部作战室，邓华向彭德怀建议说："敌人现代化装备，机动快，组织进攻也快，好像没有了战役间的间隙。"

"是啊！这与过去跟国民党打仗不同了，美军现代化程度是世界上一流的。不仅如此，东线的美军陆军第一师、第七师，还有伪首都师，也都在进攻。"彭德怀盯着军用地图若有所思地说，"邓华呀，面对这个形势，你是怎么考虑的？"

邓华迅速回答说："我与洪学智商量了，彭总不追击清川江以南敌人，是扬我军之长避我军之短。我考虑，清川江北部山区是一个好战场。而且朝鲜这地方，越往北就越宽，敌人东西两线，越往北犯，他们之间的空隙就越大。而敌人东西两条战线之间有80多公里的缺口，我们在东线实施阻击，在西线实施分割包围，聚而歼之。因此，我想，我们还是应该采取诱敌深入的作战方针。"

"嗯。"彭德怀做了一个深呼吸，"看样子，我们还得示弱，骄敌纵敌，要让麦克阿瑟高烧40度。"说着，彭德怀又转而问洪学智、韩先楚、解方："你们的意见怎样？"

洪学智、韩先楚、解方都分别补充了自己的意见，表示赞成。

"好，诱敌深入，就这么定了。"彭德怀拍板，同时提醒大家，"老子说得好，'祸莫大于轻敌'。麦克阿瑟绝非等闲之辈，如果我们战役计划不周、战术措施不当，稍有差池，也会陷于被动。"

彭德怀迅急发布命令，要求各部队从清川江边节节后退，佯动示弱。自以为是的麦克阿瑟果然中计，认为志愿军"装备低劣，怯战败走"，继续向北冒进。于11月6日发起试探性进攻，并于11月24日发起了圣诞节前结束战争的总攻势。11月25日，西线敌军被志愿军诱至预定战场给予美军以突创。12月6日，志愿军和朝鲜人民军收复平壤。

第二次战役结束后，毛泽东听取彭德怀、邓华等人的意见，对朝鲜战局作出明确判断："战争仍然要做长期打算，要估计到今后许多困难情况。要懂得不经过严重的斗争，不歼灭伪军全部至少是其大部，不再歼灭美英军至少四五万人，朝鲜问题是不能解决的，速胜的观点是有害的。"[1] 虽然两次战役都胜利了，但是第三十八军在两次战役中的不同表现，给彭德怀很大刺激。在第一次战役中，第三十八军第一一三师在球场战斗中，没有很好执行总部的作战意图，伪军两个团本来已经被志愿军截断了退路，结果因为第一一三师只去了一个团，师主力则在离那儿十几公里的地方休息，结果让敌人逃跑了。彭德怀为此大发雷霆，拍了桌子，在第一次党委会上批评第三十八军军长梁兴初"贻误战机，按律当斩"。在第二次战役中，立下军令状的梁兴初带领第三十八军尤其是第一一三师，果断先敌占领三所里，打了翻身仗，立了大功。彭德怀拍桌子叫好，喜不自禁地在嘉奖令中增写了"中国人民志愿军万岁！三十八军万岁！"

赏罚分明，纪律严明，从严治军。彭德怀刚直不阿的性格，在朝鲜战争中表现得淋漓尽致。在嘉奖令电报发出之后，彭德怀让秘书杨凤安把邓华、洪学智叫过来。

彭德怀深沉地说："我想呀，入朝作战，三十八军既有经验又有教训，可以在那里开一个现场会，你们看怎么样？"

---

[1] 逄先知、金冲及：《毛泽东传1949—1976》上，中央文献出版社2003年版，第133页。

邓华和洪学智一听,就异口同声地说:"老总,你这个主意好啊!"

彭德怀说:"这两次战役说明了一条,那就是美军虽然装备有优势,还有制空权、制海权,但是,只要我们有灵活机动的战略战术,有顽强勇敢的战斗作风,实现人与武器的最佳结合,就能打败敌人!"

邓华说:"彭总总结分析得对。"

彭德怀说:"10月4日,在中央开会时,反对出兵的人不少啊。……好像美国是世界头号强国,你一惹它,它就会与中国宣战,侵占东北,让蒋介石进攻大陆,刚刚得来的胜利就会毁于一旦。现在怎么样,啊?"

彭德怀忽然兴奋起来,越说越有话说。未等邓华、洪学智说话,他又接着说:"你们看看西部战场,军隅里、三所里、新安州以东,德川以西,在这个广阔地带,美军、南朝鲜军逃跑时丢弃的坦克、汽车、大炮,还有各种军需物资,罐头、饼干、香烟、巧克力,应有尽有,漫山遍野,说明了什么?"

邓华说:"美国人的战术太差劲了。"

洪学智说:"美国俘虏说,中国军队打仗太不正规,掐头、斩腰,太难对付了。这样的作战,历史上从未见过。"

"我们当然不能按照美军的战斗条令去打嘛!"彭德怀开心地说,"毛泽东军事思想和军事指挥艺术,日本学不到,蒋介石学不到,美国人也学不到。因为他们进行的战争都不是正义的。他们的士兵从根本上就缺乏勇敢不怕死的精神!两次战役证明,在敌我装备悬殊的条件下,我军力求夜战、近战,大胆迂回、包抄、分割,进入敌之纵深和后方,有重点地集中绝对优势兵力和火力,逐股歼灭敌军。两次战役还说明,在渗入敌人纵深处或迂回敌后的条件下,对美军白天作战仍是可能和必要的。出国之前,讲这些作战原则,还比较抽象。现在,经过两次战役之后,大家看得就比较清楚了。对美国这样的作战对象,就应该这样打。所以,我考虑在三十八军开一个现场会。让各部队都很自觉地学习掌握这些管用的经验。"[1] 洪

---

[1] 王波:《彭德怀入朝作战纪实》,中国社会科学出版社2018年版,第298页。

学智赞成道："这个想法好啊，老总。"

邓华说："看来朝鲜战争短期结束不了。总结经验教训，很有必要。我赞成。"

彭德怀说："如果你们俩同意，就通知韩先楚吧。"

邓华说："我马上通知，老韩现在在三十八军前指，让他在那里等我们。其他各个军都必须参加。"

彭德怀说："好！你们两个在家，我去。"

负责彭德怀安全工作的洪学智着急了，说："老总，你可不能去呀！"

"我怎么不能去？"

洪学智说："不安全啊！"

"你们去就安全了？"

邓华说："老总，还记得一个月前，我们刚出国就失联的事情吧？从大榆洞到三十八军驻地，200多公里呢！确实很不安全呀！"

洪学智说："这200多公里，天上有美军飞机，地上还有地雷，中间还有封锁区。老总的安全，关系重大呀！"

"什么重大？我死了，你们照样打胜仗。"

"不行，不行，说什么也不行！"洪学智摇头说，"老总是统帅，不能冒这个风险。"

邓华说："这不光是风险的问题，还有纪律。老总绝对不能去，路上太危险了，我们代表你去嘛！"

"你们代表我？"彭德怀反问道。

邓华笑了，说："对呀，作为你的助手，我们代表你去。"

洪学智说："邓副司令说得对，你不能去。中央军委已有电令，要我们保证你的绝对安全。你要去，还得请示中央和毛主席。"

"别小题大做。"彭德怀说。

邓华说："不是小题大做。万一有点儿情况，就是影响世界的大事。"

见邓华和洪学智态度越来越坚决，说得也有道理，彭德怀也就不再坚持，只得妥协，表示同意，说："我被你们拥得身不由己了，好吧，我不去了。"

彭德怀不去了，邓华和洪学智两人又争了起来，都争着代表彭总去前线。

邓华对洪学智说："老哥，不要争了，你是管司令部的，还专门负责老总的安全，你不能去。"

洪学智据理力争，说："你是第一副司令员，要协助老总指挥，你不能离开。"

各说各话，互不相让。

最后，彭德怀发话了，说："还是让邓华同志去吧。麦克阿瑟吹的牛皮，现在破了。他像一头愤怒的公牛，命令空军狂轰滥炸，来缓解他的烦躁不安。邓华同志，你要求三十八军做好会议安排，要求各军参加会议人员注意安全，你自己路上也要注意安全，不可大意。让杨迪陪同你一起去，我也放心一些。"

邓华愉快地回答："是！谢谢老总，我一定注意安全，保证完成任务！"

从彭德怀办公室出来，邓华立即安排杨迪通知，要求各军军长、政委在12月5日拂晓前抵达军隅里以东的第三十八军军部，同时命令第三十八军做好安全防护工作。

12月4日，漆黑的夜，寒风凛冽。朦胧的月光，透着一股清冷的澄澈。邓华乘坐一辆苏式嘎斯-69出发了。为了能够及时躲避敌机轰炸，吉普车的车棚和挡风玻璃都卸掉了。残垣断壁，狼烟遍地，弹坑累累。敌人丢弃的汽车、坦克、大炮和军需物资漫山遍野。一路上，经常看到有美军飞机投下带降落伞的照明弹，长时间飘浮在空中，把夜空照耀得如同白昼。

第三十八军的驻地，在一个名叫降仙洞的地方。

降仙洞里并没有住着神仙，住在里面的都是敢于打硬仗的中国军人。

韩先楚和西线6个军的军长、政委们已经到齐了，等待着邓华的到来。

见到梁兴初，大家都祝贺他，开玩笑说："好你个梁大牙，一夜之间，就成了万岁军军长啊！"

梁兴初满面春风，笑嘻嘻地说："不敢当，不敢当。"

想想第一次战役结束的时候，梁兴初被彭德怀批得抬不起头来，今天终于扬眉吐气了。梁兴初给邓华和各位将军煮了一大锅白米饭，炒面吃腻了，白米饭已经久违了。桌子上的菜肴更是五花八门的"战利品"——美军各式各样的罐头、饼干、啤酒，还有将军们喜欢的骆驼牌、三五牌、三炮台、哈德门香烟。

吃过饭，接着开会，总结。这次第三十八军立了大功，勇拔头筹的是第一一三师，大家纷纷给师长江潮、政委于敬山伸出大拇指点赞，让他们介绍经验。

江潮师长十分谦虚，把功劳都记在领导和上级的身上，诚恳地说："这次之所以打得好，完全都有赖于彭老总、邓副司令员、韩副司令员的决策意图，是梁军长、刘政委指挥得好，我们执行的就是大胆穿插迂回的战术。美军对他的后方交通特别敏感，一旦交通线被切断，立即陷入恐慌和混乱。"

作为师政委，于敬山则把赞美之词都给了前线的志愿军官兵。他充满感情地说："这次胜利，还是我们的部队作风顽强。我们连续三昼夜行军作战，14个小时行程72.5公里，站着都可以打呼噜呀！有点红军飞夺泸定桥的感觉。一线部队官兵顽强，不怕牺牲，在腹背受敌的情况下，战斗到最后一个人也要坚守阵地。我们的战士了不起。"

江潮接着说："韩副司令规定，我们没有权利停下来。还有，我们是合理编组，各级都编为两套班子，第一梯队被敌人牵制，第二梯队立即后卫变前卫，继续前进。副职干部在前卫组指挥。三三八团准时抵达三所里，比敌人仅仅早了5分钟，立了大功。另外，我们始终掌握着预备队三三七团。在发现美军企图通过龙源里突围时，立即把三三七团派过去，三三七团在 29 日凌晨 4 时赶到龙源里，断了敌人的另一条退路。"

听到这里，邓华深有感慨，动情地说："一一三师作风顽强，指挥坚决果断，战术动作主动，掌握着强有力的预备队，配合主力部队，取得了战役的胜利。打得好啊！彭老总非常高兴，为你叫好，称你们是万岁军，打出了军威！打出了国威！我们都感到十分振奋！所以彭老总专门指示，要到三十八军开一个现场会，要求你们把战役、战术和战斗的经验总结出来，供全军学习参考。"

从彭德怀拍案怒斥要"斩马谡"，到彭德怀拍案叫好"万岁军"，第三十八军经历的"落"与"起"，生动地说明了从严治军关乎胜利，关乎生死存亡。彭德怀、邓华等志愿军高级指挥员，利用战争间隙，及时召开的这一次现场会，不仅是一次战场经验的总结，更是把经验教训上升为一种精神力量，鼓舞着全体志愿军官兵的战斗精神。

作为志愿军第一副司令员，邓华给人的印象是平易近人，但其打起仗来却是以威严凌厉、简明干练著称。现场会上，在各军总结第二次战役胜利作战的经验之后，他根据中央军委、毛主席和彭德怀的指示精神，又向各军发布了下一步作战的命令和计划。

邓华点燃一支骆驼牌香烟，一边抽，一边说："敌军正在溃退，为了不给敌人以喘息的时机，我三十九、四十和四十二军 3 个军各以一个师分路向舍人场、肃川、成川方向追击，威胁平壤，如敌守平壤，则准备以一部佯攻平壤，而集中 5 个军首先歼灭成川、江东、遂安、谷山、新溪地区之敌。得手后，主力随之南进威胁汉城，调动平壤之敌南撤，乘敌南撤在运动中追击、侧击之，如敌主动放弃平壤、元山线，我即追越三八线，相机进攻汉城。"

部署完毕，邓华深深地吸了一口烟，沉着冷峻的他处于一种不动声色的兴奋之中，这是藏在内心深处的胜利的喜悦。要知道，十天前，麦克阿瑟还乘坐他的"斯卡帕"专机从日本东京飞抵清川江第八集团军司令部，断言要在"两个星期内结束战争"，圣诞节前把他的士兵们送回家。

邓华还记得，刚刚进入朝鲜，因为道路被美军轰炸得不成样子，再加上车流、人流拥挤，稍有不慎就会出现交通事故，刮碰、撞车和追尾的事情屡见不鲜。那天，他和洪学智乘车一前一后地摸黑前进，洪学智的车就不慎被一辆大卡车撞到了山沟里，洪学智受了点轻伤挂了彩。这一次，邓华也遭遇了这样的车祸。在参加完第三十八军作战经验交流会回来的路上，邓华遭遇了美军飞机的扫射，司机在紧急处置时不幸撞伤了邓华的头部，鲜血直流。情况紧急，邓华被送到大榆洞志愿军司令部卫生所治疗，后来回国到沈阳治疗。

毛泽东曾经说过："我们的高级军官中，百分之八九十都是行伍出身，参加革命后才学文化的，他们不可不读《三国志》的《吕蒙传》。"关于吕蒙其人，毛泽东是这样评价的："吕蒙是行伍出身，没有文化，很感不便，后来孙权劝他读书，他接受了劝告，勤读苦读，以后当了东吴的统帅。"

在中国人民解放军高级将领中，邓华则是另一种类型。他是知识分子出身，家学渊源深厚，投身军营后，爱学习，爱思考，尤爱钻研兵法和历史。几十年来，他随身一直携带着一部手抄本《孙子兵法》，南征北战，从未舍弃，传为佳话。

那是1929年2月8日，是农历腊月二十九，红四军来到江西瑞金，见城中敌人空虚，本想在这里过年。谁知，国民党军刘士毅部第一团团长肖致平率部尾追而来。北风呼啸，大雪飘飘，红四军立即离城北上，于第二天赶到城外30公里的大柏地，"先处战地而待敌"，占领有利地形，以逸待劳，布下口袋，关门打狗。经数小时激战，红四军活捉了肖致平，俘敌800余人，缴枪800余支。时任红四军第三十一团团委组织干事的邓华，缴获了一个特殊的战利品——《孙子兵法》。因红军有"三大纪律，六项注意"，一切缴获要交公，邓华在报告团长伍中豪同意后，决定连夜抄写下来。就这样，这部手抄本的《孙子兵法》一直伴随他的战争岁月。那一年，他才19岁。

烽火连天、枪林弹雨的战争岁月,热爱学习的邓华无论走到哪里,只要有机会就搜购两样东西,一是有关军事和历史的书籍,二是京剧唱片。爱读书、爱唱京剧的邓华的确与众不同,跟随他工作的参谋、秘书对勤奋钻研、爱动脑筋的邓华都敬佩不已,觉得司令员脑子特灵,仿佛一天二十四小时都在转。在志愿军总部,就连彭德怀也认为"邓华这个人,知识丰富,很有头脑,考虑问题有眼光,也比较周到"。

在卫生所治疗期间,不能全身心投入战场指挥作战的邓华,一刻也没有停止对朝鲜战争的思考。虽然抗美援朝出国作战才两个月时间,身经百战的他还是在搜集、整理和总结与美军作战的经验和方法。时任志愿军司令部卫生所所长秦慕周大夫回忆说:"邓华每天除了接受治疗外,不是读书、看电报、写作,就是把作战参谋找来,研究着什么问题。经常看到他两眼凝视着一个地方,长时间地一动也不动,显然在思考着什么。"① 伤病治愈,回到志愿军总部新驻地君子里,邓华把自己写的这篇《对美军作战的初步经验》呈送彭德怀审阅。彭德怀读后,连声称好,要他在即将举行的中朝军队高级干部联席会议上做专题报告。

在邓华疗伤的日子里,朝鲜战场形势又发生了巨大变化:彭德怀指挥志愿军获得了第三次战役的胜利,夺回了汉城,美军第八集团军司令沃克阵亡,剽悍将军李奇微执掌第八集团军;金日成、朴宪永雪夜访问彭德怀,苏联大使拉佐瓦耶夫当面大发脾气,质问彭德怀为何不"一气呵成",为何不把美军赶下大海。金日成也希望志愿军乘胜南下进攻釜山。在国内,《人民日报》也发表社论说:"汉城的光复,又一次证明了中国人民志愿军和朝鲜人民军的强大。美国绝对优势的空军、海军、坦克和大炮,在伟大的中朝人民面前,无论在进攻或防御中,都已证明无能为力。"社论号召:"向大田前进!向大邱前进!向釜山前进!把不肯撤走的美国侵略者赶下大海去!"

临危受命,来到朝鲜,80多天里,彭德怀知道每一分钟每一秒钟,都

---

① 罗印文:《邓华将军传》,中共中央党校出版社1995年版,第209页。

有志愿军战士在流血在牺牲,他心情十分沉重。打仗不死人,是不可能的,但是如果指挥员指挥失误,作出错误的决策,导致无谓的流血牺牲,那就是犯罪。

在君子里矿洞里,当着金日成的面,彭德怀忍着没有对苏联大使发脾气。然而,当他看到《人民日报》的社论后,他还是忍不住拍了桌子。一看到这些"高调门",彭德怀就觉得这与拉佐瓦耶夫的"一气呵成"是一个鼻孔出气,是速胜论的翻版,完全是军事主观主义、冒险主义。他把邓华、洪学智、解方、杜平叫过来,指着《人民日报》嚷了起来:"你们看看,鼓吹打到大田、釜山去!"

大家都知道彭德怀的脾气,认真听着,尽量让他一个劲儿地把火发完。

的确,朝鲜人民军当初就是因为战线拉得太长,忘了后方,打到了釜山之后,却因为麦克阿瑟的仁川登陆,结果功亏一篑,前功尽弃。前车之鉴啊!彭德怀满怀忧心地说:"不仅苏联和朝鲜的同志,还有国内,有速胜的思想,在我们志愿军部队中,速胜的思想也很浓。这是要不得的!我听说,有的干部不刮胡子了,说等到朝鲜战争胜利了再刮胡子。难道还要搞什么蓄须明志吗?他们不刮,反正我要刮。你们在座的刮不刮?啊!现在轻敌的思想很严重。"

说到这里,彭德怀对杜平说:"你们政治部要很好地了解一下,写出一个通报发到全军部队。骄兵必败的道理大家都是懂的。政治部要抓住轻敌速胜的思想苗头搞好教育,各级干部都要树立长期作战的思想。你去找几个秀才,先调查,然后写出来,我再向中央报告。"

接着,彭德怀对邓华说:"邓华同志,金日成首相、朴宪永外相,拉佐瓦耶夫,《人民日报》社论,部队的急躁轻敌情绪在滋长,这都说明取得三次战役的胜利,速胜的思想在抬头,这样要影响部队作战的。我建议,要尽快召开一次军事会议,统一高级指挥员的思想,上上下下都要明白我军的现状,要树立持久战的思想,至少要准备两年的时间。我想听听你的意见。"

本来就很瘦削的邓华，现在更瘦了，两颊深陷，颧骨显得更高了。烟不离手的他，深深地吸了一口，缓缓地吐出来，说："老总，我完全同意。"

彭德怀又分别征求洪学智、韩先楚、解方的意见，大家一致赞同。随后，他们专门就此召开小会进行讨论，具体研究了开会的内容、程序，决定于1月25日开会。议定之后，彭德怀致电请示毛泽东和周恩来："为了总结经验，统一思想，准备春季攻势，拟于1月20日至25日召开军级干部会议，并希望有中央、东北局同志出席。为就后方同志，开会地点可在成川西南之君子里。如朝鲜劳动党中央同意，即拟名为人民军与志愿军高级干部联席会议。如不同意，就以志愿军党委会议，仍请朝中央主要负责人出席。"同时，彭德怀让解方把此事也向金日成做了通报。

金日成很快回话说，由中朝两军共同来开这个会，不仅他自己要参加，而且朝鲜党政军主要领导同志都要来参加。他还说，这不仅是一个总结的会议，还是一个祝捷的会议。

彭德怀欣然同意。

1月25日，夜，雪花飞舞。金日成冒着风雪率领朝鲜党政军主要领导金枓奉、崔庸健、朴一禹、朴宪永来到了君子里志愿军总部。彭德怀、邓华、宋时轮、洪学智、韩先楚、解方、杜平等志愿军领导都走出洞口迎接金日成一行。高岗特地从沈阳赶过来了，陈赓也从国内赶过来了。出席联席会议的代表共计122人，其中正式代表60人，列席代表62人，分为6个小组。大会选出9人组成主席团。与会代表每人桌前都摆放着一个泡好热茶的搪瓷缸，搪瓷缸上印着"赠给最可爱的人"。

大会由志愿军政治部主任杜平任秘书长，金枓奉致开幕词，在金日成首相作了指示之后，彭德怀作了《三个战役的总结与今后的任务》的报告。这份报告，在拟写过程中，彭德怀改了又改，与邓华等几位副司令研究了又研究，最后又专门派人送回国，请党中央和毛泽东主席审定。报告稿送到中央军委后,周恩来立即呈送毛泽东。毛泽东亲自审阅时,考虑到此前在是否休整一段时间再南进的问题上,彭德怀和金日成有着不同的看法,且毛泽东赞同彭德怀的意见,因此他亲笔做了修改,特意加上了一大段话,其中说:"一切在朝鲜的中国志愿军同志必须认真地向朝鲜同志学习,全心全意地拥护朝鲜人民,拥护朝鲜民主主义人民共和国政府,拥护朝鲜人民军,拥护朝鲜劳动党,拥护朝鲜人民领袖金日成同志。中朝两国同志要亲如兄弟般地团结在一起,休戚与共,生死相依,为战胜共同敌人而奋斗到底。中国同志必须将朝鲜的事情看做自己的事情一样,教育指挥员战斗员爱护朝鲜的一山一水一草一木,不拿朝鲜人民的一针一线,如同我们在国内的看法和做法一样,这就是胜利的政治基础。只要我们能够这样做,最后胜利就一定会得到。"

台上台下一片掌声。

彭德怀说,"从1950年10月25日到1951年1月8日,我们进行了三次战役,第一次战役采取诱敌深入;第二次战役相机行事,先诱后追;第三次战役虽然大胜,但适可而止,不猛烈追击。在三次反击作战中,取得了伟大的胜利,共歼灭敌人7万余人。经过三个战役的实践证明,敌人的技术装备虽占绝对优势,但中朝军队有战争的正义性,有对敌作战兵力的优势。我们还依靠夜战、近战,通过灵活机动的战役指挥与勇敢的作战精神相结合,取得战斗和战役的胜利是完全可能的。不讲究战术蛮干是不对的!"

台上台下,又是一片掌声。

知己知彼,百战百胜。彭德怀重点向中朝高级将领解释为什么没有追击敌军的问题。他十分耐心地给大家分析道:"第一次战役后,我们不但未追击,而且将主力后撤30公里至50公里,这是因为敌军主力还未被击败,敌人还不知道我们出兵没有,对我军力量还没有正确的估计,迷信其空军威力,还没有放弃进至鸭绿江的野心,这就造成我诱敌深入、以逸待劳的可能;如果我军乘胜追击,则只能赶跑敌人,不能歼灭敌人。是不是？第二次战役在东线击败敌人后，曾实行相机追击；在西线亦曾以一部兵力分为三路相机追击败敌，但主力则相机集结休整，准备再战。事实证明，以徒步追击现代化装备的敌人，不能取得大的战果。第三次战役后，志愿军和人民军都做了部分追击，也未取得大的战果。鉴于诸如要解决交通运输和补给，要恢复部队的体力，要巩固海岸的防务和后方的安全等问题，我们没有采取猛追和连续进攻的方针，正确不正确？是正确的！"

台上台下，再次响起热烈掌声。

最后，彭德怀饱含深情地说："作战主要依靠士兵，自古以来兵强第一，强将不过是和士兵利益一致的指挥员。指挥员好比乐队的指挥，有好的乐队没有好的指挥固然不行，可是单有好的指挥没有好的乐队也不行。第三次战役虽然取得了重大的胜利，但绝对不能实施过远追击，追击过远要上大当吃大亏，有弊而无益。"

接二连三的雷鸣般的掌声，说明中朝军队高级干部联席会议获得了成功，在战役决策上获得了团结一致。这是不容易的一件事。

就在这一天，按照彭德怀的指示，邓华就三次战役对美军作战的经验做了专题报告。

邓华说："美帝侵略军这个敌人是比较强的，它有制空权，有大炮坦克，地面部队火力强，运动快，是经过了第二次世界大战的美国精锐部队，是不能轻视的；敌人的弱点是它是非正义的、新兵多，步兵战斗力不强，攻击力弱，怕近战、夜战，怕迂回包围，基本上是依靠技术。我们装备不如敌人，但有高度的勇气、丰富的战斗经验，步兵战斗力强；同时战场是山地，敌之飞机、大炮、坦克受到一定的限制，敌占平壤后轻敌冒进，更便于我之打击。根据上述情况，彭总确定以运动战为主，与部分的必需的阵地战和游击战相结合的方针。避免和缩小了敌之优势，抓紧和扩大了敌之弱点，发挥了我们的长处。在战术上集中优势兵力渗透进去分割包围，对运动之敌不让它摆开站住就打它。我们许多部队勇敢地执行了这种战术，使勇敢与战术技术相结合，才取得了三个战役的伟大胜利，使得敌人很佩服我们的打法,很害怕我们的勇敢,其飞机感到目标多得不胜处理。"

虽然志愿军连续取得三次战役的胜利,将"联合国军"从鸭绿江边赶到三八线以南,解放了朝鲜三分之二以上的土地,在这种情况下,邓华实事求是地指出美军是一支很强的部队,是"精锐部队",对于弥漫一时的轻敌速胜观点,是颇有针对性的。邓华在报告中高度概括了美军的长处和短处,精辟论证了志愿军运动战中的指导方针,全面总结了在运动战中的战术原则、部队政治工作和后勤工作方面的经验。邓华认为:"美军基本上是个强敌,长于各兵种联合作战,如果是阵地战,在白天,在平原,或者是运动中摆开站稳慢慢来打,是能够发挥一定作用的。但如果是运动战(或立足未稳),在山地,在夜间,在猛打速决的情况下,它的作用就大大地减少了。因此,可以说,这个敌人在前一条件下很强,而在后一条件下又是比较弱的。"[①]

邓华的分析,赢得了台上台下热烈的掌声。

与此同时,结合战役进程中的实际情况,邓华对三次战役进行了具体、客观的分析。他说:"第一次战役,我们在思想上对敌认识不够,把敌人估计得高一些,把自己估计得低一些,有些同志产生'右倾'情绪,不敢大胆迂回穿插,如龟头洞战斗打敌人4个营、1个师指挥所,只俘虏了500多人,大部分敌人跑了;云山战斗打敌人骑一师1个团、伪军1个师,我之力量不足,未能和三十九军同时攻击,敌人大部跑掉了;球场战斗打伪七师的两个团,三三八团按时完成任务,把该敌向南逃跑的道路切断了,但师主力未能很快地跟上去,致使该敌从西南方向的缺口逃走了。第二次战役比第一个战役好得多,缺点还是有的:三十八军打得很好,把价川以南的敌人切断,一一三师按时插断军隅里、三所里之敌,这是关键性的切断,打得很好。如四十二军能够插到顺川,一一七师的两个团能机动地往东南插一下,堵住口子,胜利就会更大;宁边龙山洞战斗,未坚决

---

① 罗印文:《邓华将军传》,中共中央党校出版社1995年版,第208页。

向敌后插,形成平推,敌二十五师就跑了;新兴洞战斗打敌人一个团,一一八师担任消灭这股敌人的任务,但因三五四团把方向搞错,这股敌人跑掉了;三三九团4个尖刀连强渡清川江,切断敌人打得很好,完成了占领龙山的任务,但因战术上有缺点故效果不大。第一次战役摸到了底,第二次战役打得好得多,三十八军搞得好,整个部队积极性更高了,写下了许多光辉的例子,仍有个别部队没有打好。第三次战役打得很好,有了很大的转变。总之,大家是尽了高度的努力。东线搞得很不错,东线准备不够,临时拉到火线上边打边动员,棉衣薄,山大,天冷,人员少,汽车运输困难,在困难比西线更多的情况下,还能歼灭这样多的敌人是很好的。彭总对好的表扬,对有缺点的进行批评,各级都应这样做。"

邓华有理有据的分析是令人信服的。由于美军拥有制空权,地面部队也有高度现代化装备,它的火力猛烈,志愿军担负防御作战任务部队异常危险,伤亡很大,因此部队中有"宁愿攻三个山头,不愿守一个钟头"的说法。对此,邓华在报告中专门深入总结了局部防御作战的经验。

对今后的作战,邓华也提出了自己的意见。他说:"我们的有利条件,我们打了胜仗,有了经验,补充兵员,改善装备,物质准备较好,敌人损失很多的人力和装备,敌人的士气更低了。我们的困难,是敌人更集中了,靠海作战,敌人的海军可以支援它的陆军,敌人也得到休整补充。我们的运输线更长了,南朝鲜是新区,夜更短,化雪泥泞,下雨,河流多,山小,许多地方是丘陵地带,供应的困难还是严重的……虽然打过三八线是一个突破,但那是在敌人两次大败立足未稳的情况下的突破,今后对突破当然要有信心,但要准备突破敌人的坚固工事,立体防御,一道两道三道的纵深线。要尽一切努力加速准备好,我们的飞机大炮坦克只能在决定的战场上形成优势,不要依赖,基本上要争取。有了这一套就可白天干,或者下黄昏前由飞机大炮坦克掩护对敌突破,夜间发展,一夜基本上解决战斗,打不完,第二天早晨还可继续掩护着打。"[①] 邓华的这份专题报告是

---

① 王波:《彭德怀入朝作战纪实》,中国社会科学出版社2018年版,第384—385页。

在受伤住院期间亲笔起草完成的，长达两万多字，以具体生动的战例、准确的数据、严密的逻辑和深入浅出的分析，吸引着与会的代表。这份报告也是人民解放军历史上少有的一份全面总结当时同世界最现代化对手作战经验的专题论文。这也是邓华有别于其他高级将领之处。

战争从来都不是以战争某一方的意志为转移的，是双方斗智斗勇的较量。局势的发展，出乎中朝军队领导人的意料。

1月27日，就在中朝军队高级干部联席会议召开的第三天，与会代表正在分组讨论关于部队休整和准备春季攻势的时候，前方战事吃紧的电报不断传来。

原来，"联合国军"在1月15日进行试探性进攻之后，从1月25日也就是在中朝军队高级干部联席会议开幕的这一天开始，就乘志愿军和人民军尚未得到充分休整之机，由西向东逐步在200多公里的战线上发起了大规模全线进攻。

敌人的这次进攻，是李奇微在接替阵亡的沃克担任第八集团军司令后发动的一次有准备有预谋的全面进攻。精明强悍的李奇微发现志愿军作战因后勤补给只能维持一周时间的规律，他企图凭借其现代化装备以其命名的"霹雳攻势"和"磁性战术"来打破志愿军的"礼拜攻势"，发动全线突然袭击，达到"出其不意，攻其不备"的目的。这次进攻，李奇微集中了5个军16个师又3个旅、1个空降团，以及全部炮兵、坦克兵和航空兵，其中地面部队就达25万余人。

这个时候，志愿军在前线的兵力只有6个军21万人，朝鲜人民军3个军团7万余人，兵员数量上看上去似乎占优势，但中朝军队经过连续三次战役，已经是极度疲劳，减员甚大而又没有及时补充，特别是战线南移，运输线长达550至700公里，在敌人掌握制空权的情况下，运输保障极度困难，粮弹供应严重不足。困难程度可想而知，问题极其突出！

就在彭德怀和邓华在志愿军总部紧急会商第四次战役对策的时候，1月28日夜，毛泽东给彭德怀发来了电报："第四次战役后，敌人可能和我们进行解决朝鲜问题的和平谈判，那时谈判将于中朝两国有利。而敌人则想于现时恢复仁川及汉城南岸桥头堡垒，封锁汉江，使汉城处于敌火威胁之下，即和我们停战议和，使中朝两国处于不利地位。而这是我们决不能允许的。"毛泽东在电报中指示，"我军必须立即准备发起第四次战役，以歼灭两万至三万美李军，占领大田、安东之线以北区域为目标"。

大田、安东之线，接近三六线了！

谈何容易啊！

"又一个没有想到！"邓华读过电报之后，跟彭德怀说，"现在战场比以前缩小，敌兵力也更集中，他们的技术优势也更便于发挥，以我未得到整补的疲惫之师，莫说打到三六线，搞不好，三七线也保不住。"

战争是政治的继续，是流血的政治。

军事必须服从政治。彭德怀和邓华十分清楚毛泽东是从国际政治斗争和总的战略格局考虑的，这是完全正确，也是完全必要的。

"第三次战役即带着若干勉强性，主要是疲劳跟补给困难，现在打第四次战役带着更大的勉强性，"彭德怀的话中带着深深的忧虑，"如果主力出击受阻，朝鲜战局有暂时转入被动的可能。"

怎么办？

毛泽东的指示意见非常明确，必须坚决执行。而且敌人已经展开攻势，向我全线扑来，除了迎战，已经是别无选择。

怎么打？

困难，难不住中国人，难不住"一不怕苦，二不怕死，排除万难，争取胜利"的志愿军。

彭德怀、邓华、洪学智、韩先楚、解方等志愿军高层紧急研究，拿出了作战方案，决定以一部兵力在西线组织防御，钳制敌主要进攻集团，在东线则让敌深入，而后集中主力实施反击，争取歼敌一两个师，进而向纵深发展突击，从侧翼威慑西线敌主要进攻集团，动摇其部署，制止其进攻。这个作战部署简称为"西顶东反"。

"西顶东反"的作战部署，采取田忌赛马的智慧，避实就虚，专拣软柿子捏，可谓典型的中国战争智慧，破解李奇微的"磁性战术"。随后，毛泽东同意了这一战役部署。

第四次战役打响后，彭德怀派韩先楚进驻西线担任总指挥，参与作战的有第三十八、第五十军和朝鲜人民军第一军团，负责在汉江南岸实施机动防御作战，坚决顶住敌人的进攻，迟滞美军，为中线、东线的集中与展开赢得时间。中路和东路，则由第三十九、第四十、第四十二、第六十六军和所属炮兵，以及朝鲜人民军第二、第三、第五军团，由邓华负责指挥作战，组成"邓指"。"邓指"按照部署，秘密进入集结地区，布下口袋，放南朝鲜军深入、再深入，等待敌军突出后，再实施反击，穿插围歼。

战场如棋，用兵尚诡。

李奇微始终认为志愿军的主力在西线，扬言要"五天打过汉江"，重返三八线。因此，"西顶东反"确实是一步险棋。

2月5日，是中国的传统节日大年三十。除夕之夜，爆竹声声辞旧岁。在朝鲜战场上，志愿军正在用枪炮迎接着新年的到来。邓华命令位于南汉江以东的第四十二军第一二五师在砥平里东南进行阻击，命令第四十二军主力从加平地区南下，控制砥平里附近；第六十六军一个师进至洪川以南五音山，阻击美军第二师、南朝鲜军第八师的进攻；朝鲜人民军金雄集团以第五军团就地于横城至芳林里地区展开防御，第三军团由金城地区前调。第三十九、第四十、第六十六军主力分别由高阳、东豆川、金化地区向阳德院里及洪川以南指定地区迅速秘密开进，准备进行反击。志愿军10多万人在东线的行动，竟然做到了神不知鬼不觉，没有被敌人发现，真可谓是奇迹。

2月6日，邓华带着他得力干将杨迪乘坐吉普车出发了，目的地是在横城西北、洪川以南一个名叫放谷的小村庄。这里是一片丘陵地带，森林茂密，山岭间疏疏落落地散布着几间茅草屋。杨迪事先来考察过，令他惊奇的是，这里竟然没有遭受美军的轰炸，但老百姓都已经跑光了。邓华的指挥所由杨迪选在一户农家的菜窖里。

此时,美军骑兵第一师从原州、汉城以西向北进犯,南朝鲜军第八师从原州向北进犯,美军第二师1万余人机动待命。南朝鲜军第八师师长崔荣喜接到李奇微的命令后,同样误以为志愿军主力在西线,就大摇大摆地出发了。邓华命令出动小分队与南朝鲜军接触,且战且退,佯装不敌,诱敌北上。崔荣喜信以为真,加快追击,迅速占领重镇横城。是夜,崔荣喜以胜利者的姿态在横城狂欢。第二天,又继续耀武扬威地向洪川急进。横城到洪川之路,崇山峻岭,峡险谷深,逶迤连绵,蜿蜒曲折,自然不利于机械化部队行军。

战机来了!

2月11日,南朝鲜军第八师已经进入了"邓指"的口袋。

杨迪兴奋地说:"敌人钻到口袋里来了,这下有戏看了。"

烟不离手的邓华,深深地吸了一口烟,不紧不慢地说:"情势还未可观,能否取得大的成果,还要看担负断敌退路的部队能否按时到位。给六十六军发电报了吗?"

杨迪说:"都已经发了。前天、昨天和今天早上,已经发了三次,让他们加深认识。"

邓华说:"还有一点,各部队在发起突击后,敢不敢于必要时在白天同敌人作战。我们力争夜战,但不放弃必要的白天作战。机械地认为白天不能行动作战,便会失掉许多歼敌的机会。"

杨迪知道,邓华在《对美军作战的初步经验》一文中,就曾专门强调过白天作战的必要性和时机。他说:"一般地说,白天作战对我是不利的,然而在某些场合还是可以而且必要。一为天气对我有利,下雨下雪,起雾,刮大风;二为地形有利,如树多林密,地形特别复杂;三为情势有利,敌已被打乱或溃退。"

"是不是给有关方面再发一次电报?"

"不必了。"邓华看了看时间,"立即给彭总发报,我军已经进至攻击位置，原定发起攻击时间（11日17时）不变。"

彭德怀收到电报后，立即把洪学智和解方找来商量，经过分析，一致认为南朝鲜军第八师孤军进入大山沟，不利于其机械化行军，立足未稳，是歼敌的好机会。彭德怀立即回电邓华："集中中朝军队主力，坚决歼灭横城以北的南朝鲜军第八师，若横城作战得手后，再歼灭南朝鲜军几个团，以此稳定朝鲜战场局势。"

战斗准时打响。担任主要突击任务的第四十二军迅速由西向东猛突，一夜间长驱30公里，截断了南朝鲜军第八师的退路；第一二五师主力前进中歼灭横城外逃之敌一部。担任正面攻击的第四十军第一一八师突破敌前沿后，轻装疾进，插到横城以北；第一二〇师攻占梨木亭，支援了第一一八师的穿插行动。第六十六军第一九八师由五音山突破，也歼敌一部。这样，"邓指"各部就在一夜之间把南朝鲜军第八师的战斗队形全部打乱，并将其下属三个团和美军第二师一部大部包围在加云北山及鹤谷里地区。美军、南朝鲜军与志愿军混战在一起，其炮兵、航空兵失去了作用。眼看着南朝鲜军第八师三个团被志愿军全部歼灭，可是，"邓指"未察觉南朝鲜军第三师两个团已进至横城东北地区，致使第六十六军未能及时插到德高山、曲桥里地区，而已进到回岩峰的第四十二军第一二五师也没有主动渡过蟾江加以堵击，让美军第二师一部、南朝鲜军第八师师部、第三师大部跑掉了。

至2月13日晨，经过两个夜晚、一个白天的激烈战斗，取得了横城大捷，共歼灭南朝鲜军第八师3个团、美军第二师3个营，还有4个炮兵营，并予配属美军第二师的荷兰营以重大杀伤，共计歼敌1.2万余人，其中俘虏7800余人（内含美军500人），南朝鲜军第八师第十团团长和荷兰营营长被当场击毙。这是抗美援朝战争中俘虏南朝鲜军人数最多的一次作战。而配合"邓指"作战的朝鲜人民军金雄集团，在横城东南歼灭南朝鲜军第三、第五师各一部。

横城大捷，迫使南朝鲜军第三、第五师主力和美军第二师大部、空降

第一八七团退回原州；南朝鲜军第七、第九师也被迫向平昌撤退。李奇微埋怨南朝鲜军顶不住志愿军的进攻而仓皇撤退。他说："在中共军队的进攻面前，美第二师又一次首当其冲，遭受重大损失。南朝鲜军队在中国军队打击下损失惨重，往往对中共士兵怀有非常畏惧的心理，几乎把这些人看成了天兵天将……脚踏胶底鞋的中共士兵如果突然出现在南朝鲜军队阵地上，总是把许多南朝鲜士兵吓得头也不回地飞快逃命。"① 横城大捷后，"邓指"接到志愿军司令部的情况通报，要求立即围歼砥平里之敌。邓华一看，砥平里之敌只有4个营的兵力，遂决定以现有机动兵力第三十九、第四十、第四十二军的8个团拿下砥平里，以第四十二、第六十六军主力及第一二〇师前出原州以北及其西南地区，阻敌西援并在原州之敌逃跑运动中歼其一部。邓华把这次的作战任务交给第四十军军长温玉成指挥。

2月13日晚，温玉成指挥志愿军8个团向砥平里之敌发起进攻，然而让邓华没有想到的是，由于轻敌，志愿军既没有实施战前侦察，准备不充分，也没有统一规定战斗时间。来自三个军的8个团，互相并不熟悉，导致有的团已经开始进攻，有的团还没有按时抵达冲击发起阵地。战斗在敌人强大火力的猛烈还击下，未能奏效。14日晚，再攻，虽然将敌人压缩到不足两平方公里的狭小地区，击伤敌第二十三团团长，击毙敌后勤主任，但战斗依然僵持不下。

2月15日，连续三天四晚没有合眼的邓华，一支接一支地抽烟，眼窝深陷，脸颊更瘦削了，颧骨似乎更高了。砥平里之战，怎么打成这个样子呢？这是他始料不及的。杨迪让电台和报话机全部打开，监听美军动向。这时才发现对敌情的判断有误，原以为砥平里之敌已逃跑一部，剩下不足4个营约3000人兵力，但实际上有美军第二师第二十三团全部、1个法国营和1个炮兵营，还有1个坦克中队，共6000人，并且一个星期前就已经进驻，构筑了地堡、壕沟、地雷区等坚固防御工事。新任第八集团军司令范弗里特已经下令部队必须坚守此战略要地。

---

① 杨凤安、王天成：《彭德怀与麦克阿瑟》，解放军出版社2014年版，第241—242页。

经过两昼夜激战，未能攻克敌人阵地，自身反遭受较大伤亡，怎么办？

邓华不甘心。

然而，形势发生了逆转。担负阻击骊州、原州向砥平里之援敌任务的第一二六师主力，因在运动中与美军第二师在注岩里受阻，难以实现原定打援部署，而美骑兵第一师第五团坦克纵队却在曲水里地区突破志愿军防线，势将与砥平里守敌会合。由骊州方向出援的南朝鲜军第六师、英军第二十七旅的先头部队也抵近砥平里。

敌情危机！

"人家的钢铁太多了！"邓华咬咬牙，狠狠地把烟头砸在地上。

是继续坚持无望的进攻，还是撤退呢？

邓华重新点燃一支烟，在菜窖中来回踱步，思考，眼神似乎更亮更锐利了。

"准备停止攻击！撤围砥平里！"邓华果断地下了命令，然后对杨迪说，"立即发报志司，向彭总请示。"

此时，时针指向下午1时。

理智战胜了情感。

理性战胜了情绪。

打仗不是斗气，不是固执己见，不是一味地坚持，不是好战的迷恋，更不是做无谓的牺牲。

撤退，也是一种战争的智慧。

4个小时后，彭德怀回电："停止向砥平里进攻，迅速撤出战斗，部队向北转移。"

2月16日拂晓，进攻部队撤出了战斗。事实证明，撤退是唯一正确的选择，彭德怀在稍候的总结中说："我经过出击，胜利了，但胜利不大，砥平里未解决，即使解决了，敌人也不会退，因我力量不够，敌纵深大。"

收到彭德怀的撤退命令，杨迪心中的一块石头终于落地，对邓华说：

"好了，邓司令，你的决心与彭老总的决心完全吻合，这就好处置了。"

邓华也长出一口气，深沉地说："杨迪啊，你不知道，我下达停止进攻和向后撤退的命令后，心情是很复杂的。你可能也看出来了，我很沉重，如果万一彭老总另有处置，那怎么办？又重新调整部署，就要给各军、师带来很多困难，而且在敌军眼皮子底下调整部队，会有很大的非战斗减员。现在好了，我的心也就放下来了。"

"邓司令，我发现，你与彭老总总是能想到一起。"

"我与彭老总在一起多年了嘛。在井冈山、在陕北，百团大战，都是在他的直接指挥下。对彭老总为人的高尚品德和指挥作战的战术思想算是比较熟悉和了解吧。"邓华点燃一支烟，深深地吸了一口，郑重地说，"你呀，现在帮我起草一个检查报告，报彭老总、志司和各军。"

"不用了吧？司令员。"杨迪一脸疑惑地看着邓华，"我们不是还取得了横城大捷吗？"

邓华认真地说："杨迪呀，不能用横城大捷掩盖砥平里指挥上的失误。"

"司令员，那是因为我这个作战参谋没有当好啊！对敌情判断有误，影响了你的决策，责任在我。"

"你有这个认识很好，接受教训，以利再战。但是，我怎么能把责任推到你的头上呢？你这个参谋当得很辛苦，是尽心尽力的。"

"要不，司令员，等回到志司，当面跟彭老总汇报一下，再检讨也不迟啊！"

"不！不能这样！"邓华毅然决然地说，"我的检讨不能只给彭老总看，还要给志司其他领导看，给其他各个军的领导看。所以必须发电报，必须在我回志司前把电报发出去。"

杨迪拗不过邓华的坚决，只好赶紧和邓华一起把检查报告写好尽快发出。

2月17日拂晓，邓华风尘仆仆地赶回志司在上甘岭的驻地。

彭德怀的秘书杨凤安见到杨迪,悄悄地问道:"杨迪,邓副司令员怎么还跟彭总和各个军长发了检查报告呢?"

杨迪无奈地说:"哎,邓司令非要发不可,我劝不住啊!"

杨凤安说:"有横城大捷就是大胜利嘛!"

杨迪悄悄地问道:"彭老总看到了怎么说?"

"彭老总没吭声。"

后来,第四十军军长温玉成见到杨迪,说出了自己对指挥砥平里失利后的心里话。他说:"杨迪呀,老实说,我们是有意见的,可是见到邓副司令的电报,我没有意见了。他不仅向上级,而且还同时向同级、下级承认和检讨自己的失误,我很受感动。这样高的将领给我们做了榜样。我这个做军长的,一个师一个团没有打好,我没有做过检讨。像邓副司令这样指挥解放了海南岛的高级将领,一个小仗没打好就做检讨,太叫我们受教育了!"① 这就是谦虚和低调的邓华,这就是邓华的谦虚和低调。

就在邓华回到志司的这一天,毛泽东回电同意彭德怀回国汇报朝鲜战局。彭德怀立即召集邓华、洪学智、解方和杜平,以及司令部作战、情报等各部门处长开会,说:"我要回北京一趟,在我离开期间,作战指挥由邓华负责,其他同志按照分工做好自己的工作。"

彭德怀之所以选择这个时候回国,是因为志愿军作战遇到了难以想象的困难,面临着出国作战以来前所未有的困境。不仅缺吃的、缺弹药,而且还缺人。粮食供应极为困难,前线部队甚至出现了个别战士饿死的问题;有些部队因缺少装备和过冬的衣物,赤脚露体已不鲜见,甚至出现了冻死的现象。因弹药不足、战损严重和非战斗减员,有些前线阵地被迫放弃。而志愿军战略预备队第十九兵团尽管已经于 2 月中旬开赴朝鲜,但第三兵团需要 3 月中旬才能入朝参战。

战场形势犬牙交错,敌退我进,我退敌进。现在,"联合国军"已经于 2 月 14 日在东线发动了进攻,并在西线进行强渡汉江的作战准备。2 月

---

① 王波:《彭德怀入朝作战纪实》,中国社会科学出版社 2018 年版,第 443 页。

17日，彭德怀决定中朝军队全线转入运动防御（机动防御），准备争取两个月的时间，以集结兵力，改善交通运输，囤积战备物资，待引敌深入，置汉江于敌后，再行反击。在东线，邓华指挥所在部队在极其艰苦的条件下，发扬英勇顽强的战斗精神，正在进行逐山逐水的节节阻击作战。

兵情危急！

部署好防御作战方案，彭德怀决心立即回国，向毛泽东汇报，请求支援。虽然时间不长，十天半个月，但指挥中朝军队作战的责任落到了邓华的身上。

送走彭德怀，邓华忽然感到一种难以名状、从未有过的压力，深感责任重大，担子重千金。

现在，邓华把办公室搬到了作战室。他和朴一禹、解方带着作战处处长丁甘如、副处长杨迪天天在一起，与前线部队保持24小时不间断的联络。对于前线的战斗战术，邓华通过电话不停地提醒各级指挥员打好机动防御。他说："彭老总说，机动防御的目的是为了掩护后面两个兵团上来，所谓机动，就是不死打、死拼。"他告诫前线指挥员，既要很好地研究敌人的进攻特点，改进防御战术，又要根据实际动脑筋、想办法，结合实际条件灵活机动地作战。

现在，在战略上，志愿军需要持久战，用节节阻击，以时间换空间；在战术上，则用微小空间上的退却赢得时间。这就是战争的艺术。

3月7日，"联合国军"在全线发动了大规模进攻，以美军第九军、第十军为主要突击力量，企图从战线中央突破，然后与西线的美军第一军分别从两个方向围攻汉城，进而向三八线推进。

面对强大的武装到牙齿的敌人，志愿军战士浴血奋战，舍生忘死，血流成河。面对前线的牺牲，邓华寝食不安，彻夜难眠。有的部队打得确实非常英勇，但从战术上来讲还有不够灵活机动的地方。邓华对一线部队未能准确理解战术方法感到焦急。他在《对美军作战的初步经验》中就曾深刻地概括了一些战术要点，比如："对付美军进攻，绝不应采取单纯防御的方针""一般的以运动防御为宜""我防御应该是有重点的,宽大正面,加强纵深,节节抗击……兵力配备应以前轻后重为原则,作疏散的(个人或小组)纵深的(除警戒阵地外应有两道)配置,只以小部兵力进入阵地,主力隐蔽我之侧后,便于及时反击……火力配置,营以下的轻火器应加强第一线,团以上的火器应置于第一、二线间的两侧,采取火器分散,火力集中的办法,组成火网"。

3月8日,中午12时,邓华在同朴一禹、解方商量后决定,以中朝联合司令部的名义,发出对当前作战的指导方针,重申积极防御,纵深设防,利用良好地形(山川、河流)节节阻击,迟滞和杀伤敌人,赢得时间,以待后续部队到来进行战役反击的作战方针。

与此同时,邓华根据彭德怀的指示,结合当前战场实际,作出决定:为了节省兵力,减少伤亡,缩短供应线和保持主动,第一梯队各军拟自3月10起,逐步向北转移,准备以四至五天时间,撤至高阳、议政府(地名)、清平川、洪川江北岸至丰岩里一线后,由第二梯队接替,继续采取运动防御到三八线以北地区。

恰好,彭德怀于3月9日回到志愿军总部,对邓华的上述决策表示赞同,并要求立即部署。3月13日,志愿军主动撤出汉城。至4月21日,"联合国军"被扼制在三八线南北地区之开城、三串里、华川、杆城一线,再也难以前进。

至此,历时87天的第四次战役结束,歼敌7.8万余人。在这次运动防御作战中,"联合国军"以平均每天付出900人伤亡的代价,才前进1.3公里,达到了以空间换时间的目的,变被动为主动,为一下次战役创造了必要的有利条件。

战场上,敌人从来不会给你喘息的机会。

4月22日,第五次战役开始了。此时,随着第二番入朝部队第十九兵团和第三兵团抵达朝鲜战场,志愿军在朝鲜战场上共有11个军约100万兵力,而"联合国军"也是百万之师。

在彭德怀回国陈词之时，毛泽东给了他13个字的方针："能速胜则速胜，不能速胜则缓胜。"在居仁堂发了脾气的彭德怀在周恩来的支持下，志愿军存在的困难逐步得到解决，装备也得到了改善。

第五次战役是在4月6日召开的志愿军第五次党委扩大会上作出部署的。这一天，出席会议的除了志愿军总部主要领导人之外，还有第九兵团司令员兼政治委员宋时轮，第十九兵团司令员杨得志、政治委员李志民，第三兵团副司令员王近山、副政委杜义德，以及志愿军各个军的军长、政委（第三十八军和第六十军军长、政委因战事未到会）。

现在，新入朝的部队比第一批入朝的部队，无论是步兵还是炮兵，装备都大大改善。在斯大林的支持下，购买了大批苏式装备。空军战机也有了增加，后勤保障运输线因为有了"米格走廊"的保护，相对获得了安全保障。在步兵武器中，冲锋枪、步枪各占半数，各师都成立了炮兵团，各团增设了57毫米无后座力炮连、120毫米迫击炮连、高射机枪连。中央军委还调动了刚刚组建的4个地面炮兵师、4个高炮师入朝作战。此时，志愿军各种火炮增至6000门，其中野炮、山炮、榴弹炮、反坦克炮1000余门。入朝的坦克部队，也正在开进途中。志愿军的火力如虎添翼，大大提升。

在第四次战役正在进行时，毛泽东曾于3月1日提出了第五次战役的构想："我们计划在我第二番部队到达后，在4月15日至6月底两个半月内，在三八线南北地区消灭美军及李承晚军建制部队数万人，然后向南汉江以南推进，最为有利。"对于毛泽东的指示，彭德怀也给予很高的期待，并于3月14日指出："下一战役是带决定性的一仗。"4月19日，在志愿军发布的第五次战役的动员令中，也强调这一仗是"朝鲜战争的时间缩短或拖长的关键"。

当然，这个时候，美国军队是"铁多气少"，志愿军是"铁少气足"。新入朝的将军们，都身经百战，打过日本、打过国民党蒋介石，来到朝鲜战场，人人都想大显身手，个个信心满满。

——有人说:"我们保证和朝鲜人民军一道,再次拿下汉城!"

——有人说:"彭老总,我们保证歼敌一万,俘虏五千!"

——有人说:"向南追击,打到大邱、釜山去!"

久经沙场的将军们志在必得,纷纷向彭德怀表决心,甚至立下了军令状。

作为第一副司令员,邓华坐在彭德怀的身边,默默观察,眉头紧锁,将军们热火朝天的议论和摩拳擦掌的样子,似乎没有感染到他。他静静地听,默默地抽烟,偶尔端起茶杯喝口水,好像一个观棋不语的棋手。面对这样急躁冒进、沸腾昂扬的场面,邓华感到了一丝不踏实。他知道,新入朝的将军们还没有熟悉战场,更没有熟悉敌人。他甚至还有一丝担心:骄兵必败啊!

在这次志愿军党委扩大会之前,就第五次战役的作战方案,彭德怀曾召集邓华、洪学智、解方、杜平等人商量过。邓华和洪学智都主张在铁原、金化地区打,理由是发挥我军的长处,诱敌深入,再拦腰截断,斩头去尾。但是,彭德怀认为,铁原是平原,地域开阔,把敌人放进来后,有利于敌人机械化运动,难以歼灭,且担心敌人一旦从侧后登陆,将招致两面作战。因此,彭德怀没有同意邓华和洪学智的意见,而是根据毛泽东的设想和敌人可能登陆的情报,决定以14个军(含朝鲜人民军3个军团)对"联合国军"进行大规模反击,先将敌人割裂,再对西线敌人进行战役两翼迂回,各个歼灭。将军们的愿望是,通过这一战役歼灭敌人5个师(其中美军3个师),又英军、土耳其军各一个旅,相机占领汉城。

等大家都说完了,邓华说话了。他说:"打的方式有两种,一是开始即大规模猛插,一是各兵团小的穿插,打多少算多少,然后再向敌纵深穿插,最好是两种方式结合起来。但是,小穿插的口子不要张得太大,不要企图一起围上来打,必须实行分割猛插一块块地吃。"

邓华公开表达了与彭德怀不同的想法。

大胆地说"不",这是需要勇气的。

邓华是一个敢于坚持自己意见的人。在会场上，彭德怀瞟了他一眼，眼神里没有责怪，反而流露出几分欣赏和赞许。他喜欢邓华，他知道邓华不是一个唯唯诺诺、口是心非的人。

4月8日，第五次战役还未开始，位于平壤以东铁路附近的三登库区被炸，损失84车皮作战物资，其中炒面、锅饼、高粱米、大米、白面260万斤，豆油33万斤，罐头12912桶，咸猪肉5200斤，盐2360斤。

彭德怀闻讯，暴跳如雷。在朝鲜战场上，彭德怀发火无数，但最大的两次，一次就是因第三十八军没有及时穿插到位怒斥了梁兴初，第二次就是这次三登库区被炸。

第五次战役从4月22日打响，到6月10日结束，历时50天，共歼敌8.2万余人，是五个战役中歼敌最多的一次，把战线稳定在三八线附近地区。但志愿军也付出了伤亡7.5万余人的代价。特别是战役后一阶段，部队在后撤中有两万人失踪，其中第一八○师损失达7000余人。彭德怀曾经说过，这是他一生中四次军事指挥上的错误之一。

后来，邓华对第五次战役作出这样的评论：

第五次战役的作战指导上仍旧是一种带速决性的办法。主要还是轻敌速胜的思想作怪，对敌人的力量估计不足，没有很好研究敌人新的特点来修正我们的打法；对自己力量估计过高，新到部队的某些弱点虽已看到但未注意补救；对自己的供应困难估计不足，战役准备工作并未很好完成，即仓促投入战斗。在战役布置上企图过大，口张得大，打得远，致不能达成预期目的，反而增加了前送弹粮后运伤员的困难。志司在指导上的这些缺点是主要的，各部队在执行过程中也有一些毛病……最后收场的损失主要是由于胜利以后的麻痹和疏忽。在兵力使用上两个阶段均很密集、拥挤，致遭到一些可以减少的伤亡。以上这些就是使得我们在第五次战役中支付了很大代价，而未取得更大胜利的主观原因。[1]

---

[1] 罗印文：《邓华将军传》，中共中央党校出版社1995年版，第223页。

敢于说真话，勇于提出不同意见，善于当好领导参谋，这是儒将的本色。

邓华就是这样一个正道直行的人。

一天中午吃午饭的时候，邓华见其他领导都吃完饭离开了，只剩下自己和彭德怀两个人，就悄悄地坐到彭德怀身边，轻轻说："老总，现在总部的班子是不是该重新排一下了？"

"怎么说起这事儿呢？"彭德怀感到很突然。

邓华十分诚恳地说："陈赓同志马上要来了，我想，第一副司令兼第一副政委，就让他来担任吧。"

"哎呀，邓华同志，"彭德怀瞪大了眼睛，笑着说，"你这个人呀，我怎么说你呢，毛主席、周副主席和中央军委之所以挑选你来朝鲜，就是看中了你这个人忠诚可靠，胆大心细，能打仗。"

"陈赓同志在我党我军有威望，我想，这样也更有利于工作嘛。"对大名鼎鼎的陈赓，邓华十分敬仰。

"不必想那么多，再说了，陈赓同志也还没有来嘛！"

"老总啊，我想啊，我担任第三副司令员兼第十三兵团司令员比较合适，主要抓十三兵团的工作，第二副司令员由第九兵团司令员宋时轮来担任。"

彭德怀没有想到邓华"论资排辈"把志愿军总部的新座次都排出来了，有些着急和埋怨地说："邓华同志，你这是跟我老彭撂挑子嘛！不行，不行。"

"老总，我是真心实意的。现在入朝部队已经超过100万了，比初入朝时翻了几番，志司的领导力量需要调整加强嘛！"

"这个不是你考虑的事情，我老彭都没想呢。"彭德怀一本正经地说，"我也说得不算，还得毛主席批准。"

5月15日，尽管彭德怀没有答应，邓华还是以个人名义向中央军委及毛泽东拍了电报，报告了自己向彭德怀陈述的人事安排意见，建议中央军委采纳。

对于邓华个人提出改任志愿军第三副司令员的意见，彭德怀是理解的，也相信他是真心实意的，这是邓华谦虚低调。凡事有经有权，凡物有大有小，论资排辈，先来后到，是秩序，也是规则。但凡事也有自然规律，一切从实际出发，不能条条框框，生搬硬套，囿于论资排辈。邓华是一个关键时刻能够拍板、敢于拍板，拿得起，放得下，又善于动脑筋，有主见、有办法、有担当的人。陈赓和邓华都是湖南人，都具有淳朴重义、勇敢尚武、经世致用、自强不息的湖湘文化特质。陈赓48岁，邓华小一些，才41岁，人才难得，都是人民军队的干城良将，正是干事业、挑重担的年纪。从提携年轻人的角度来说，彭德怀觉得邓华是称职的，可以不动所谓的座次，况且邓华是最早受命运筹出国作战任务的高级将领，全身心地投入，又得心应手。

5月27日，经过深思熟虑，彭德怀亲自执笔，给毛泽东发了一封电报："惟便于联系各野战军，志司似应增加陈赓为第二副司令员，宋时轮为第三副司令员。"显然，彭德怀不愿意改变邓华第一副司令员的位置。

6月1日，中央军委复电，同意彭德怀的建议。

就在中央军委的电报还没有发出的时候，1951年5月底，邓华受彭德怀委派，率首批入朝的第三十九军军长吴信泉、第四十军军长温玉成、第四十二军军长吴瑞林和第三十八军政委刘西元前往北京，向中央军委和毛泽东汇报战争情势，并请示军机事宜。毛泽东之所以召见邓华一行，是为了掌握朝鲜战局的真实情况，为与美国谈判做准备。

一到北京，邓华就接到了毛泽东召见的通知。

再次走进中南海，走进菊香书屋，邓华内心还是有些激动。去年出国前，毛主席召见他的情景历历在目。

"劳师远征，辛苦辛苦！"一见面，毛泽东站起来，握着邓华的手，好像久别重逢的老朋友，十分关心地问道，"邓华同志，你瘦多了。"

听到毛泽东贴心温暖的问候，听着这熟悉的湖南乡音，邓华感到一种特别的温暖。邓华笑着,感谢毛主席的关心,感激地说:"都是主席统筹全局,国际国内,日理万机,比我们辛苦多了。"

接着,邓华向毛泽东汇报了朝鲜战场的战况和有关志愿军作战、编制、装备、军工生产等诸多方面的意见。邓华告诉毛泽东:"您5月26日的电报,我们作了研究,认为非常正确。主席说的'零敲牛皮糖',比喻非常贴切。"

"彭老总和你都是湖南人,晓得'零敲牛皮糖'是怎么回事嘛。"毛泽东递给邓华一支烟,自己也点燃一支,饶有兴味地说,"在我们湖南,有收荒货的担子,走乡串户,以物换物,谁家送来一点破铜烂铁,就从成块的牛皮糖边上敲下一点儿给谁。走得一个来回,荒货担子就满了,牛皮糖也敲完了。对美、英军,目前应实行战术的小包围,打小歼灭战,敲它的牛皮糖。需要经过几次战役才能完成小歼灭战阶段,进到大歼灭战的阶段。"

"我们第五次战役打得不理想,没有实现主席的作战目标。"邓华有些内疚地说。

"经过五次战役的较量,美国人已经认识到,要把我们赶回到鸭绿江边,是不可能的。因此,他愿意同我们会谈,讨论结束朝鲜战争问题。"毛泽东喝了口茶,继续说道,"同样,我们也认识到,在目前条件下,要想一气呵成,将敌人赶下海,也是不可能的。我们以后每次战役,只打到三八线为止,不越过南汉江、昭阳江。"

"主席高瞻远瞩,我们就按照您的指示打。"邓华一边认真地听,一边跟上毛泽东的思维节奏,"但是,美军依然是强大的,要取得谈判成功,恐怕不是轻而易举的。看来,我们还得作长期作战的准备。"

"最近,中央开了会,确定抗美援朝总的指导方针是充分准备持久作战和争取和谈达到结束战争。"毛泽东给邓华分析当前朝鲜战争与国际政治的关系,"我们的策略是:边打边谈,打谈结合,以打促谈,争取在公平合理的基础上解决朝鲜问题。当然,我们还要准备谈判破裂,如遇敌军大举进攻，我军必须大举反攻，将其打败。我们的战略方针，还是那句老话：持久作战，积极防御。"

听到毛泽东提出"持久作战"的思想，邓华就顺势提了一个大胆建议："主席，我还有个想法，在朝鲜与美军这样的现代化装备之敌作战，对于我军来说是挑战也是机遇，可以学到许多新经验新战法，应该让全军各部队的干部轮流到战场进行实战学习，对军队长远发展很有好处，建议军委通盘考虑，轮番安排。"

两个月前，邓华曾向中央建议，为提高部队在现代化战争条件下的作战能力，分期分批让部队轮番入朝作战。此前，尽管中央已经作出"轮番作战"的决策，但那主要是从作战部队战时休整和兵员补充的角度出发的。

"好啊，你的这个意见很好。"毛泽东十分赞赏地看着邓华，"朝鲜战场就好比是一个大学校，又好比是一个大演练场，在那里演习比办军事学校还要好。"说到这里，毛泽东还开玩笑说道："如果一旦停战，我们要找这样的演习场还找不到哩！"

毛泽东的一席话，让邓华更加坚定了打胜仗的信心和决心。告别毛泽东，回到北京饭店，他的思绪再也平静不下来了。这天晚上，爱思考、爱总结、爱琢磨的他，静静地坐下来，提笔在稿纸上奋笔疾书，写下了《论朝鲜战场之持久战》。善于把战争实践总结、提炼、上升到理论高度，善于运用"理论—实践—理论"这一哲学公式，儒将邓华在朝鲜战场上给他的人生增添了别样的风采。

6月15日，邓华一行带着毛泽东关于战略转变的新指示，启程返回朝鲜前线，和彭德怀等一起指挥志愿军用"零敲牛皮糖"的战术把美国人"敲"到了谈判桌前。

12 立身坦荡

彭德怀称赞邓华：出过不少好主意，是个好帮手！
闻鼙鼓而思将帅，毛泽东说："你去了，我放心。"

朝鲜战争停战谈判是在1951年7月10日开始的。

其实，就在邓华一行1951年5月底回京向毛泽东报告朝鲜战况的同时，金日成首相也来到了北京。6月3日，毛泽东、周恩来与他一起协商关于美国提出的朝鲜停战谈判的问题，一致同意并正式决定与美方谈判。

经过与邓华等前线将领的会面交谈，毛泽东对朝鲜战争有了更多的把握，对敌与我、利与弊、战与和等关键问题心中有了底。关于谈判时机，毛泽东认为：综观战场实力，我占优势，如能再歼灭敌更多些部队再谈，会更有利。关于谈判条件，毛泽东认为，和平解决朝鲜问题是我们历来的主张，如能以"讨论逐步撤退外国军队、包括朝鲜的前途等问题"为条件，我方不宜拒绝。

一个星期前，当第五次战役第二阶段攻势结束后，中央军委对于下一步的战略计划就曾进行了认真的研究。毛泽东亲自主持了会议。时任代总参谋长的聂荣臻回忆说:"第五次战役以后,中央开会研究下一步怎么办,会上多数同志主张我军宜停止在三八线附近,边打边谈,争取谈判解决问题。我当时也是同意这个意见的。我认为,把敌人赶出朝鲜北部的政治目的已经达到,停在三八线,也就是恢复战前状态,这样各方面都好接受。如果战争继续下去,我们不怕,而且会越打越强,但是,也不是没有困难。会议在毛泽东同志的主持下,最后确定了边打边谈的方针。"① 因此,毛泽东在召见邓华时,告知中央军委为志愿军确定了"充分准备持久作战和争取和谈达到结束战争"的指导方针。邓华回到朝鲜战场,向彭德怀报告了中央军委和毛泽东的指示。

7月1日,经志愿军总部领导研究,彭德怀致电中央军委和毛泽东,报告了贯彻"边谈边打"方针的意见。电报说:"经过8个月的激烈战斗,对朝鲜战争是长期的,认识上更深刻了。美为维持东方和世界政治地位,依靠技术优势,故不甘心失败。惟战争激烈,远隔重洋,人员物资耗费太多,运输亦困难(比我们好),兵力分散,长期坚持下去,力量削弱。""我步兵强,人员多,但运输极困难。朝鲜地形狭窄,我军作战受到很大限制。在我空军不能维护交通运输和必要的、部分的配合作战前,此种优势目前难以发挥应有的有效作用。我只有决心做长期打算,准备好各项有利条件。""平均两个月进行一次较大反击战役,打退敌进攻。如此我以21个军以三番或18个军作两番进行战斗,似此每月需补充兵员3万。每年战费7亿至8亿美元(以1950年比值计算)。上述概算,估计人力可支持,财力有困难。""充分准备、持久作战和争取和谈达到结束战争的方针是完全必须的。我能掌握和平旗帜,对朝鲜人民、中国人民均有利。坚持以三八线为界,双方均过得去。"

这个时候,朝鲜战场的战线基本上稳定在三八线附近地区,美国放弃了侵占全朝鲜的企图,并作出了愿意在三八线一带谈判停火的表示。

边打边谈,争取和平。

---

① 聂荣臻:《聂荣臻回忆录》,解放军出版社1984年版,第741—742页。

从此，新的斗争又展开了。

为了即将到来的停战谈判，金日成又专门致电毛泽东并转彭德怀，申明朝鲜方面对停战谈判的意见，提出目前谈判的内容和地点，并希望彭德怀代表志愿军出席停战谈判。

收到金日成的电报，彭德怀立即召集邓华、陈赓、解方、甘泗淇、杜平等人研究讨论。对朝鲜方面提出的谈判内容和谈判地点定在开城，大家均表示无异议，但是对金日成要求彭德怀作为志愿军代表，均表示反对，认为彭老总应该留在志司指挥作战。

在这种情况下，陈赓就提议让邓华代表彭老总参加谈判。因为自己从来没有搞过外交工作，邓华担心自己难以胜任，就提出换派一名对外交工作熟悉的人去。

陈赓说："邓华同志打仗有经验，外交虽非所长，但他最早参与抗美援朝斗争，又最早率兵来到朝鲜战场，是志愿军第一副司令员，参加了第一次至第五次战役，熟悉战争情况，对谈判最有发言权，代表彭总出席和谈最为合适。"

解方、甘泗淇、杜平对陈赓的分析，都表示赞同。彭德怀也十分赞成陈赓的提议，就决定由邓华和解方二人作为志愿军代表出席与美军的停战谈判。于是，大家就围绕即将举行的停战谈判问题谈了起来。时任彭德怀军事秘书的杨凤安作为现场的见证者，对此记忆犹新，在他和王天成著的《彭德怀与麦克阿瑟》一书中做了详细的记述。

陈赓说："美帝国主义愿意和谈，这是我们的胜利。朝鲜战争对英、法等国无实际利益，而西欧本身又受着威胁，所以它们与美国相互间的矛盾是存在的，同时美国统治集团内部的斗争也日益剧烈，使杜鲁门不能不作出选择。他想结束朝鲜战争，摆脱被动局面。"

邓华说："但对朝鲜的前途尚不能盲目乐观，要防备敌人利用和谈重新积聚力量向我进攻。如果停战谈判破裂，我们坚决继续打下去。"

甘泗淇说："这次美军提出和谈是打出来的，在谈判桌上，他们是不会很老实的，可能提出一些无理要求。但我们部队不能有任何松懈麻痹，要提高警惕，多打胜仗，谈判才能顺利进行。"

杜平说："当前，我们要教育部队决不能松懈战斗意志。"

彭德怀点燃一支烟，慢慢吸着，说："美国为维持自己在东方和世界的政治地位，依靠技术装备上的优势，实行的是战争政策。但是，我们五个战役一打，把他的老虎屁股打疼了，所以极力想摆脱困境，改变目前危局，这就有了和平谈判。李奇微的声明是打出来的。杜鲁门到处摸底寻求门路，要求和谈是打出来的。6月30日李奇微奉命提出和平谈判，党中央和毛主席以及金日成同志都同意和谈了。这是件好事。但是，我们要警惕敌人利用和谈作为烟幕，所以要立即通知各部队加强战斗准备，千万不可麻痹，要教育部队，今后的战斗状态将是打打停停、停停打打，有时战斗还会十分激烈。"

"主席说过，和谈的成功与否决定于战场上的作战情况。他指示我们可以采取'零敲牛皮糖'的打法，一片一片地打，一口一口地吃，不放过任何一个有利的战机。今后的一段时间内，我们不准备组织大规模的反击，根据谈判的进展情况决定我军的行止。"彭德怀以一个军事家的战略判断，客观分析了"打"与"谈"的辩证关系，"敌人也许以和谈来休整他们的部队，他们会进攻的，也会破坏谈判的，我们决不能指望敌人放下武器，立地成佛。要立足于打，以打促谈。因此，我要求各部队加强战斗准备，为保障谈判打好仗。参加谈判的代表思想要敏锐，要从朝鲜人民利益和全世界人民利益出发，在某种程度上我们也可以作小的让步，但是，我们一定要尊重朝鲜同志的意见。总之，部队要积极地打，参加谈判的要积极地谈，谈判桌上叫敌人得不到什么东西，战场上也叫敌人得不到便宜。"

对彭德怀的判断，大家展开了热烈讨论。彭德怀接着说："以打促谈，我们的条件也不算苛刻，以三八线为界，公平合理，也对得起杜鲁门了。"

彭德怀难得的一句幽默，引起大家一阵轻松的笑声。

邓华沉思着说:"如果美国耍花招怎么办?"

陈赓坚定地说:"美国耍花招的话,我们当然也不用客气。"

当天会议结束后,彭德怀把大家讨论的情况和推选邓华、解方为志愿军谈判代表,上报了中央军委。朝鲜方面则由金日成指派人民军总参谋长南日大将和李相朝少将为谈判代表。

7月2日,毛泽东回电彭德怀,同意邓华、解方出席谈判,并告诉李克农率乔冠华及其他助手于当日出发,参加停战谈判。

此时,"联合国军"总司令李奇微也奉华盛顿之命,挑选了5名谈判代表组成代表团。首席代表由美远东海军司令、海军中将乔伊担任,其他4位代表分别是美军第八集团军副参谋长、陆军少将雷迪斯,美远东空军副司令、空军少将克雷吉,美远东海军副参谋长、海军少将伯克,南朝鲜军第一军团司令白善烨少将。

不用说,这是一场艰难的谈判。

1951年7月,邓华(前排左三)和解方(后排右一)代表中国人民志愿军参加朝鲜停战谈判。图为在开城赴会议谈判地点来凤庄途中

谈判前，经过双方电文交换交涉，达成了协议。关于谈判地点，美方李奇微提议在停泊于元山港的丹麦医疗船上进行，朝中方面没有同意，认为这个地点不方便来往，遂提出在志愿军控制且距离美方控制区较近的开城来凤庄举行，得到李奇微的认可。关于谈判日期，双方确定于1951年7月10日开始。为安排第一天谈判的细节，双方同意各派联络官3人、翻译2人，于7月8日上午9时在开城来凤庄举行预备会议。应美方要求，朝中方面负责保证对方联络官及随行人员的行动安全。同时一致同意，双方代表团的车队前往来凤庄赴会时，每辆车上均挂白旗一面，以便识别。

停战谈判的大幕就这样拉开了。

7月10日上午，"联合国军"代表团在首席代表乔伊中将的带领下，驾车准时抵达开城来凤庄。代表团擎着一面大白旗，车队每辆汽车上都悬挂着小白旗。谁知，这个细节被美联社记者抓住了，写了一篇新闻报道，引起轩然大波。美国记者认为堂堂美国代表打着"白旗"，是代表"联合国军"总司令投降来了，"看来正像是俘虏来乞降似的"，太不光彩了。本来打白旗是为了保护他们的安全，经美联社记者这么一炒作，李奇微和乔伊不干了，不打白旗了，谈判地点也要换到双方军事接触线的板门店，否则终止谈判。后来，朝中方面顾全大局，为扫清美方阻挠复会的借口，同意了他们的要求。

一个月过去了，停战谈判依然没有任何进展……

谈判在讨论停战后的军事分界线的问题上卡壳了。

朝中方面提出以三八线作为军事分界线。"联合国军"代表乔伊则提出了一个极其荒唐的无理要求，也就是所谓的"海空优势补偿论"。他们认为，战场的实际除了一个地面战线之外，还有一个海空战线。因为他们的海空军占有优势，停战后军事分界线的确定，必须在地面战线和海空战线之间划定，因此他提出分界线是在中朝军队阵地的大后方，即从现阵地后撤38~68公里。也就是说，按照他的奇怪逻辑，"联合国军"可以在不打一枪、不放一炮、不伤一人的情况下，就可以白白地获得1.2万平方公里的土地。

自乔伊 7 月 26 日提出"海空优势补偿论"议题以来,谈判双方已经连续开了 8 次会议。尽管这个荒唐且荒谬的提议,每次都被朝中方面批驳得体无完肤,但美方依然顽固地坚持,摆出一副"茅坑里面的石头——又臭又硬"的姿态。美方的无理要求,在遭到朝中方面拒绝后,他们竟公然以武力相要挟,说:"那就让炸弹、大炮和机关枪去辩论吧。"

8 月 10 日,谈判继续进行。

朝中方面首席代表南日大将发言,再次批驳美方提出的"海空优势补偿论"是完全站不住脚的,认为"联合国军"没有理由拒绝以三八线为军事分界线。

南日发言之后,等待着乔伊的回答。

1 分钟过去了,3 分钟过去了,10 分钟过去了,30 分钟过去了……

不知道是理屈词穷,还是自知没趣,还是傲慢不逊,乔伊竟然拒绝回答。

沉默,沉默,还是沉默……

沉默是一种回答吗?

"联合国军"代表团成员好像是事先商量好的一样,包括乔伊在内的所有代表和参与谈判的助手们,个个缄口不言,或者抽烟,或者玩弄手中的钢笔,或者低头写写画画,或是偶尔抬头瞄一眼朝中方面的代表。

时间一分一秒过去了,一个小时过去了……

南日和邓华依然在耐心地等待着乔伊的回答。

枯坐着……

等待着……

一方发完言了,另一方竟然一声不吭,拒绝回答,这在世界外交史上,恐怕也没有先例了,可谓天下奇闻。

坐在南日将军右侧的邓华,两人心照不宣,决定奉陪到底!邓华不停地抽烟,在袅袅的烟圈中,目光里写满了愤怒和蔑视。他充满自信又不屑地审视着谈判桌上的对手,看着他们理屈词穷又蛮不讲理、骄横狂妄又无赖卑鄙的行径,觉得十分可笑。

一个小时过去了,两个小时过去了……

这也是一场无声的战斗,是一场毅力、耐力、定力的较量!

2小时12分钟过去后,乔伊终于坐不下去了,他没有想到他的对手的"坐功"竟然也这么强,"戏"也该收场了。他面无表情地说:"我建议休会,明天上午10时继续开会。"

132分钟!

"联合国军"总司令李奇微后来回忆说:"我在远东司令部任职的最后一个时期,大部分时间所关心的主要是与共产党方面的谈判。这些谈判单调乏味,啰唆重复,气氛沉闷,令人生厌和恼火。"看样子,没有亲临谈判现场的他,比下属乔伊的耐心要差得很多。不过,这位喜欢胸前挂着手雷的将军,却极力赞扬能够在长达132分钟里不吭一声、创造世界谈判史记录的乔伊,"在耐性上已经受到严峻考验"。如此颠倒的逻辑,也真够令人啼笑皆非了。

停战谈判就这样陷入了僵局。

怎么办?

是坚持,是妥协,还是另辟蹊径?还有没有转圜的余地?

邓华在思考。

志愿军代表团住在开城北面松岳山下的一栋别墅式的平房里,生活条件比志愿军总部金矿矿洞要好多了。没有谈判任务的时候,邓华和李克农、乔冠华、解方一起,走出屋子,爬爬山,散散步,享受着激烈战争中难得的安宁。如果不是不远处传来的隆隆炮声,谁能相信这里是惨烈厮杀的战场呢?

时节已经入秋了。秋风瑟瑟,松岳山上正是橙黄橘绿。

"月亮是志愿军的,太阳是美军的。"松岳山的月亮,今夜似乎更亮。邓华、李克农他们又一起出来散步,海阔天空地聊着。李克农时任外交部

1951年7月,邓华(后排左一)与李克农(前排坐者)、乔冠华(后排左二)、解方(后排左三)在开城留影

第一副部长、中央军委情报部部长,是中共隐蔽战线工作的老领导。这次来朝鲜,是周恩来总理亲自指派的,负责指挥谈判。出于保密需要,大家不叫他部长,而称呼队长。

"麦克阿瑟曾经吹嘘,早饭在开城,中饭在平壤。"邓华跟李克农说,"哈哈,李队长,你说,麦克阿瑟这个战争狂人绝对不会想到,我们今天在这里不仅吃早饭、吃中饭,还在这里吃晚饭。"

李克农笑着说:"听说,两年前美国国务卿杜勒斯也曾爬过这座山,他在松岳山上用望远镜向北方望了又望,这个冷战专家也绝对不会想到,我们今天在这里爬山呢!"

"选定开城这个地方作为谈判地点,真是太妙了。听说李奇微对选定这个地点一开始也不乐意,但是华盛顿同意了,他也就同意了。"不久前曾陪同伍修权参加联合国大会的乔冠华,是一个大秀才,懂得几国语言,协助李克农工作,大家称呼他为指导员。

"这次,麦克阿瑟也好,杜勒斯也好,已经颜面尽失了。"曾经在日本留学的解方,对朝鲜的历史稍有研究,笑着说,"开城在三八线之南,是朝鲜的古都,从公元918年到1392年,是高丽王朝的都城。有消息说,李承晚对联合国军未能保住开城,继而又同意作为谈判地点,感到十分痛心和恼怒。"

聊着聊着，邓华又回到谈判桌上的话题："谈判如果一直僵持不下，也不是个事儿，我们必须掌握主动权。"

"怎么个办法？"

"我想，以现有战线停战，或许可以使停战谈判获得转机。"邓华一边走一边算起了账，"以现有战线停战，与以三八线为军事分界线相比，我方并不吃亏。东线对方在三八线以北占的地方比西线我在三八线以南占的地方多一些，但我占据的地方，有开城这样的重要城市，而且整个开城地区，加上瓮津半岛、延安半岛，人口比敌人占的地方多三分之一，又地处平原，交通发达，物产丰富。这里是朝鲜的粮仓，所产的盐可供朝鲜北半部食用还有余。开城还是著名的高丽参产区。对比之下，敌占三八线以北地区，则是山高路险，土地贫瘠，气候寒冷，人口稀少。"

邓华提出的建议，大家都觉得有道理，可是以三八线为军事分界线是中、朝、苏三方一致商定的，这是停战谈判的一个原则，不可动摇。早在7月16日，彭德怀致李克农并报毛泽东的电报中就曾说明以三八线为界是和谈的原则问题之一。彭德怀8月1日在《人民日报》撰文指出："朝鲜停战应以三八线与撤退外国军队为基本条件。"如果按照邓华的这个建议，岂不是把中、朝、苏三方确定的谈判原则给否定了吗？

怎么办？

李克农和乔冠华对邓华的提议也不置可否，一时间难以定夺。

8月18日，大胆冷静的邓华鼓起勇气，以个人的名义，向彭德怀并毛泽东发了一封电报，正式提出以现有战线作为停战战线的建议。他说："现地停战，我方亦不吃亏，因临津江以西三八线以南面积虽小，但人口财富较多。战略上，敌阵地离元山近，登陆易；但我阵地离汉城更近，亦易拊敌侧背。"同时，邓华还建议，"在军事上，我应有所准备，纵目前不进行战役反击，也尽可能作战术的反击，收复些地方，推前接触线，更好地了解敌人阵地及其坚固程度"。

然而，邓华的提议，还面临着另一个矛盾，那就是与10天前（8月8日）彭德怀向中央军委和毛泽东报告的第六次战役的意图和部署有冲突。第六次战役的目的，就是设想夺回三八线以北被占领土地，实现以三八线为停战后的军事分界线。彭德怀拟以军事胜利配合谈判，希望"再有几次胜利的战役打到三八线以南，然后再撤回三八线为界进行和谈"，"如无意外变故，拟于9月10日下午发起战役攻击。如敌在8月底9月初向我进攻，我则在现阵地以逸待劳，适时举行反击，最为有利"。对彭德怀发起第六次战役的部署，邓华也曾表示强烈赞同和坚定支持。早在7月31日，他就曾和解方在开城致电彭德怀："谈判需要战斗胜利配合，并需作破裂之军事准备。"而就在邓华以个人名义致电彭德怀的前一天，8月17日，彭德怀已经签署了发动第六次战役的预备命令。

第六次战役还打不打？

也就是说，如果以邓华建议的以现有实际接触线为停战后的军事分界线的话，那么，彭德怀设想以打到三八线以南再撤回，实现以三八线为停战后的军事分界线为目的的第六次战役，就没有必要再打了。

8月20日，邓华和解方再次致电彭德怀，认为现在敌人阵地已经巩固，在"深沟高堡，固守以待"的情况下出击，进行阵地攻坚，于我不利。

毛泽东对邓华的建议，十分重视。8月21日，他致电彭德怀："你对邓华同志8月18日电的意见（指战术反击的意见）如何？……我认为，这个意见值得认真考虑，请你计划一下，9月份能否进行此种战术反击。"

8月24日，彭德怀复电邓华说："17日预备命令是要把全军动员起来，积极准备作战，而非具体部署。"同时，彭德怀还转来中央军委19日的专电，认为九月战役计划"可否改为加紧准备而不发动。如此，可预防敌人挑衅和和谈破裂，又可加强前线训练和后勤准备"。

8月26日，在接到彭德怀的电报后，邓华想了很多，再次致电彭德怀并报中央军委。他在电报中说："我在作战指导上应做长期打算，并准备敌人扩大战争，但也不放松任何可能争取和平的机会。"接着，他就加紧准备的第六次战役做了具体分析："当前敌人已有强大纵深的坚固设防，而又是现代的立体防御，是不可小视的。如我以现有力量和装备进行攻击，其结果有三：一为攻破了敌阵，部分歼灭了敌人；二为攻破了敌阵，赶走了敌人；三为未攻破敌阵，而被迫撤离战斗。不管哪一结果，伤亡和消耗均会很大，尤其后者对我是很不利的……相反的，如敌离开他的阵地，大举向我进攻，我以现有力量装备是可以将其打垮，而求得部分歼灭的，代价也不会很大。"

邓华是一个敢于说真话的人，敢于提不同意见甚至是反对意见的高级将领。上述三种可能，利弊得失，邓华都清清楚楚地作出了分析，明明白白地提出了倾向性的意见，那就是在当前敌我形势变化了的情况下，不打第六次战役。

这是需要巨大的政治勇气的。邓华秉笔直书，彭德怀虚怀若谷。果然，9月间敌发动秋季攻势，志愿军取得歼敌70000多人的重大胜利，各国军事评论家都对这一战役计划的改变给予了很高的评价。

与此同时，志愿军谈判代表团党委也连日举行会议，集中讨论了邓华的建议。经过多方面、多角度的分析研究，反复对比讨论，最后一致认为，邓华提议的以实际接触线（即现有战线）为军事分界线，对我并非不利。

8月22日，志愿军谈判代表团就以实际接触线为军事分界线的问题，专题请示毛泽东。毛泽东很快就批准了这一建议，并取得金日成的同意，按照志愿军代表团的建议，向对方提出划分军事分界线的方案。

邓华的提议，打开了停战谈判的僵局，最终成为双方认可的协定，是朝中方面在谈判中取得的一大胜利。因为这个胜利，意味着美方提出的所谓"海空优势补偿论"破产了。而且，这一提议一经提出，就受到了国际社会的欢迎，既切合战场实际，又符合国际惯例，使得停战谈判得以顺利继续，就连美军首席代表乔伊也承认："这是谈判的一个转折点。"

在这个转折点上，邓华就是那个撬动历史杠杆的人。

在这个转折点上,彭德怀对邓华能在关键时刻提出自己不同的意见,感到高兴,更加赞赏邓华了。他在多个场合,对大家说:"邓华作战勇敢、细心,出过不少好主意,是个好帮手!"

事实总是与美国当权者的愿望相反。他们想从战场上去捞取谈判桌上捞不到的东西,结果适得其反。"联合国军"的夏季攻势和秋季攻势,都被中朝军队所粉碎,反而损失了15.7万余人,正如英国《星期日泰晤士报》11月18日的文章所说:"美国谈判代表愈来愈明白,联军已真的不能再用继续作战的办法来获得进一步的利益了。"

10月25日,"联合国军"代表又回到谈判桌前,同朝中代表重开谈判。谈判的会址改在了距开城东南8公里的板门店。"联合国军"方面同意了朝中方面提出的新方案意见,不再提"海空优势补偿论",接受了朝中方面11月7日正式提出的在实际接触线的基础上,略加调整,作为军事分界线的新方案。27日,双方就第二项议程达成协议,规定以双方实际接触线为军事分界线,双方各向后撤两公里,以建立非军事区。随后,同时进行第三项议程(在朝鲜境内停火与休战的具体安排)、第四项议程(战俘遣返问题)的谈判。

1951年9月中旬,志愿军总部从空寺洞搬到了成川的桧仓镇。9月14日,邓华奉命离开志愿军谈判代表团,回到志愿军总部,协助彭德怀主持作战指挥。他的停战谈判代表一职由第二十三兵团副司令员边章五接替。

回到彭德怀身边,邓华如释重负,身心爽快了许多。在他看来,军人就在战场上见,跟敌人在谈判桌上耍嘴皮子,没有那个耐心。他对彭德怀说:"宁愿在战场上与之见高低,也不情愿干这种谈判的差事。"

现在,邓华又可以陪彭德怀下象棋了。下象棋,几乎是彭德怀在朝鲜战场上唯一的文娱活动。在志愿军总部的领导人中,韩先楚经常下部队,解方不下棋,杜平也说自己不会下,参谋们会下的几乎也不敢与彭老总较量,因此能陪彭德怀杀几盘的就只有邓华和洪学智。可自从6月份志愿军成立后方勤务司令部之后,洪学智兼任后方勤务司令部司令,离开志司去了驻地香枫山，彭德怀就少了一个棋友。邓华去了开城后，彭德怀就几乎没碰过棋子了。

和彭德怀下象棋，邓华和洪学智两人渐渐达成了一种默契，那就是不要太较真，尽量让彭老总高兴，他想悔棋就悔棋。大家看到彭老总赢棋了，比自己赢了还要高兴。为什么？不是因为彭老总是领导是上司，就故意让棋，而是大家看到彭老总真的是压力山大了，想缓解一下他的情绪，愉悦一下他的身心。每次彭德怀赢棋后就像一个孩子一样快乐地跳起来，大声说："我赢了，你输了哈。"看到这个场景，邓华心中就涌动着说不出的高兴。

在紧张、艰苦、残酷的战争环境里，难得看到彭德怀开怀大笑。邓华发自内心地敬佩彭老总，情真意切。彭德怀的军事才能，指挥若定，博大胸怀，赏罚严明，都令他折服。彭老总爱兵如子的情怀，他自己也感同身受。他不会忘记在伊川的空寺洞时，有一天凌晨4点多，志愿军总部遭到了美空军的轰炸，彭老总的行军床都被敌人的机枪打了几个窟窿，洗脸盆也打穿了，如果不是秘书杨凤安高度警惕，及时把睡得正香的彭老总拽走，后果不堪设想。而在这千钧一发的危急时刻，彭德怀的第一句话竟然是："邓副司令在哪里？洪副司令在哪里？"这一天，邓华是凌晨1时才从上甘岭搬到空寺洞的，敌机来时他睡得正香。洪学智机敏，快速把他的行军床掀翻，才把他弄醒，两人一起迅速跑了出来。刚刚出门，他的行军床就被敌机的火箭弹打了一个大窟窿。敌机飞走后，他和洪学智赶紧去探望彭老总，听到彭老总遇险后说的第一句话，他和洪学智禁不住热泪盈眶。

什么叫血与火的考验？什么叫生与死的情义？没有经历过战争的人，很难体会得到。彭德怀这普普通通的一句问话，却承载着巨大的关怀。

时间过得真快，转眼就过了一年。

过去的一年，邓华喜得贵子。他奉命离开广州后，身怀六甲的妻子李玉芝在广州给他生了一个儿子，邓华为之取名邓穗。不久，妻子也带着孩子，千里迢迢来到了安东。很久没有和家人团聚了，儿子1岁多了，长什么样儿都不知道。

让他没想到的是，1952年2月的一场车祸，倒是给了他和家人团聚的机会。

那一天，邓华到前线视察，敌机忽然来袭，撒下的照明弹浮在空中，把战地照亮，如同白昼。此时，他乘坐的吉普车恰好在盘山道上行进，两架敌机发现目标后低空追击扫射，避让不及，司机小赵一个急刹车，子弹在车前爆炸，好险啊！紧跟着，第二架敌机呼啸而来，小赵赶紧发动引擎，加速前进，听得见机关枪子弹在头顶与空气摩擦发出凌厉的啸声。"急转弯！"邓华大喊一声，第一架敌机在绕了一圈后又俯冲过来。"叭！叭！叭！……"在密集的枪林弹雨中，小赵的方向盘忽然失控，吉普车翻下了悬崖。真是不幸中的万幸，吉普车翻滚了两圈之后，被两块大石头卡在了半山腰，没有滚下谷底。这时，车头和车尾都已经中弹，车辆损毁，邓华和小赵幸运地逃过一劫。但是，邓华的头部和腰部严重摔伤，当即昏迷过去，下颚划了一道5厘米长的口子，鲜血淋漓。随后，仍在昏迷中的邓华被赶到的警卫车救起，紧急送往卫生所治疗，后转到沈阳治疗。

1952年5月31日，邓华从安东志愿军空军指挥所返回朝鲜战场，抵达桧仓志愿军总部。这个时候，朝鲜停战谈判取得了重要进展。在第三和第五项议程（向双方有关各国政府建议事项）上，双方达成了协议。

6月11日，因为彭德怀在4月份归国治病后留在国内主持中央军委的工作、陈赓回国创建哈尔滨军事工程学院，邓华就任志愿军代司令员和政治委员，全面主持志愿军工作。

尽管在去年的秋季攻势后，朝鲜战场处于相对平稳状态，双方的作战半径大大缩小，作战活动也局限于前沿阵地观察、警戒战斗和小规模阵地攻防作战，但双方的战斗态势，依然是严阵以待，箭在弦上。

主持志愿军的全面工作，对邓华来说，压力自然不必说。彭德怀在的时候，作为第一副司令，有彭老总这根擎天柱在前面顶着，什么都好办。现在，志愿军的柴米油盐，方方面面，他都得管，都得关心。本来，他就是一个精细过人的人，严谨认真。无论走到哪里，他随身都带一个小本本，开会、听报告、听汇报，他相信好记性不如烂笔头，都要认真记录。他的记忆力也十分惊人，有关数据、结果、论点、人名、地名，一进入他的脑袋，就忘不了。在司令部，参谋和秘书都说他"肚子里有一本活地图"。

因为在遣返战俘问题上双方没有达成协议，谈判的航船又搁浅了。

关于战俘问题，从1951年12月11日就开始谈判。双方争论的关键问题在于，朝中方面主张依照《日内瓦公约》的规定遣返全部战俘，美国则借口所谓"自愿遣返原则"，拒绝全部遣返。随后，朝中方面两次提出折中调整方案，都遭到美方拒绝。1952年7月13日，"联合国军"代表提出了一个遣返方案，其中遣返朝鲜人民军战俘占应被遣返总数的80%左右，而中国人民志愿军战俘只占应被遣返战俘总数的32%。对于敌人耍政治阴谋、挑拨离间的伎俩，毛泽东明察秋毫，绝对不接受这种挑衅性和引诱性的方案。7月15日，经毛泽东审定，发出由周恩来起草的致斯大林的电报指出："如敌人竟敢于破裂谈判，扩大战争，我们亦有所准备。因为这个问题是个政治问题，不但对朝中两国，而且对整个革命阵营都有影响。"同时，他们还致电金日成和李克农，明确表示："接受敌人13日方案，对我极为不利。不接受并准备敌人破裂，我们具此决心，敌人倒不一定破裂。如果敌人不让步，或使谈判破裂，我应与敌人战下去。"

能战方能言和。邓华始终保持高度警惕，做好随时战的准备。

6月6日至9日，邓华在志愿军总部桧仓召开兵团干部会议，专门作了《调整部署，加强纵深工事，坚决粉碎敌人的进攻》的报告。他说："虽然谈判陷于僵局，但依据目前各方情况来看，战争停下来的可能性还是有的。""敌人继续拖下去，如果不再增加兵力，可能维持现状，即采取小部队活动与战术性进攻的办法，但会更加加强飞机、坦克、大炮的配合。同时，像去年夏秋敌人发动的那种局部攻势仍然是可能的，甚至在重点方面，还可能使用更多的一些兵力。如果大举登陆，则必须增兵，目前这种可能性很小。"

在报告中,邓华提出,战略指导思想仍然是坚持持久作战,贯彻积极防御。根据变化了的情况,现在的积极防御,内容上是带坚守性的,并在战术上采取积极活动的方针,如向敌挤占地方,开展阻击及火力袭击等方法,不断削弱消耗敌人,使敌人处于一种防我进攻的姿态,迫使敌人处于被动地位。

要牢牢掌握战争的主动权!邓华已经清晰准确地判断出,敌人下一步的作战目标将是在几个重点方向上发动进攻。

到了1952年9月,在邓华的指挥部署下,中朝军队已经作好了战斗的准备。此时,志司掌握的机动兵力大大增加,特种兵和炮兵进一步得到加强,前线物资供应有了大大改善;特别是以坑道为骨干的整体防御体系,不仅第一防御地带工事已经完成,而且第二防御地带工事也大体完成,构筑了20至30公里纵深防御,并在5月至8月间积累了依托坑道工事防御作战的经验。

9月10日,邓华果断决策:"先下手为强!为粉碎敌人的局部进攻,配合停战谈判,使敌人不断损伤,以逼迫敌人最后让步,我意先敌发起战术反击!"

从9月18日起,至10月31日结束,中朝军队发起全线战术反击作战,历时44天,歼敌2.5万余人,志愿军伤亡1万余人,敌我伤亡比例为2.5比1。

这次全线战术反击作战,前后分为两个阶段。9月18日至10月5日为第一阶段,志愿军6个军,朝鲜人民军2个军团,不等齐地对18个目标的敌军进行了19次攻击,攻克了敌军阵地,巩固占领了其中6处,歼敌8000余人。第二阶段作战,由志愿军7个军于10月6日同时对23个敌人目标发起攻击,至10月31日,共对敌人48个目标进行了58次攻击,歼敌1.7万余人,巩固占领11处阵地。

对邓华等人组织指挥的这次反击作战,毛泽东极为称赞,给予了很高

评价。10月24日,毛泽东代表中央军委致电彭德怀、邓华、杨得志等志愿军领导,说:

> 此种作战,在若干个被选定的战术要点上,集中我军优势的兵力火力,采取突然动作,对成排成连成营的敌军,给以全部或大部歼灭的打击;然后在敌人向我军举行反击的时机,又在反复作战中给敌以大量的杀伤;然后依情况,对于被我攻克的据点,凡可以守住者固守之,不能守住者放弃之,保持自己的主动,准备以后的反击。此种作战方法,继续实行下去,必能制敌死命,必能迫使敌人采取妥协办法结束朝鲜战争。自从去年7月我军采取坚强的阵地作战以来,给予敌军损失的数量,远远地超过去年7月以前在各次运动战中给予敌军损失的数量。而我军的损失则大为减少,其中人员损失,单就志愿军来说,从去年7月以来的15个月中,比较以前的8个月,平均每月减少三分之二以上(前8个月平均每月为2.5万人,后15个月平均每月为8000人),这种情况,就是依靠阵地实行上述作战方法的结果。而在9月18日开始的这一段期间内,则此种作战方法表现为更有组织性和更带全线性,所以特别值得重视。①

这是毛泽东对志愿军自1951年7月以来所进行的持久阵地战经验的总结和概括。基本战法就是他对邓华说的那个"零敲牛皮糖"。这是志愿军"制敌死命"的一个法宝。

就在邓华等指挥志愿军进行全线性战术反击作战期间,美国为了扭转它在战场上的被动局面,谋取谈判中的有利地位,从10月14日起,在上甘岭地区发动了空前激烈的"金化攻势"。金化,位于三八线中段,是从汉城地区进攻平康平原必经的铁路枢纽,因而成了这次攻势中的必争之地。志愿军凭借金化地区的上甘岭等要地顽强抗击,粉碎了美军的攻势。

---

① 中共中央文献研究室编:《毛泽东军事文集》(第六卷),军事科学出版社、中央文献出版社1993年版,第324—325页。

这就是举世闻名的上甘岭战役。

炮弹铺天盖地，如同暴风骤雨。10月14日，"联合国军"在志愿军防守的总共不到4平方公里的两个阵地上，共发射了30余万发炮弹，重磅炸弹500余枚，时间长达两个小时。在如此大剂量、大吨位、长时间的炮火准备之后，以美军第七师、南朝鲜军第二师各一部共7个营的兵力，分成6路向上甘岭地区的597.9高地和537.7高地两个阵地发起攻击。

当驻守上甘岭的第十五军军长秦基伟打来电话，报告前线的战况时，邓华兴奋地说："好！真是太好了！我们等着他们进攻已经等了三四个月了！现在送上门来了。我们要好好地打！"

的确，为了对付敌人的进攻，邓华早就确定好了作战方针，即：坚守阵地，寸土必争，大量杀伤消耗敌人，粉碎其攻势。志愿军各兵团都制订了详细的面对各种情况的作战预案。一个月前的9月14日，邓华在审阅第三兵团（第十五军在其编成内）的防御计划时，就曾作出批示："对坚守坑道作战配合反击问题，没有明确地提出。我们认为有坑道的阵地仍然是可以而且必须与敌反复争夺的。同时应尽一切可能及时地增援，以致我坑道中能保持适当的有生力量，利用野战工事大量杀伤敌人于阵前……在迫不得已时，亦不宜自有坑道的阵地撤出，而应转入坑道作战（一方面使敌不能占我坑道，一方面保护我未抢运之伤员、烈士），适时以火力反击或兵力反击，求得里应外合夹击敌人，并杀伤敌人于阵地上。"

包括第十五军在内的第三兵团根据邓华的指示重新修订了防御作战计划。邓华在电话中同意了秦基伟提出的作战决策，即在敌猛烈炮火与大量步兵轮番冲击下，不再继续死守地面阵地，而决定通过对阵地的反复争夺，来更多地消灭敌人有生力量。邓华说："原定反击注子洞南山暂不进行，四十五师应迅速到五圣山集结，集中力量反击敌人进犯。"

五圣山是上甘岭地区的要塞，乃朝鲜中部平康平原的天然屏障，自然是中朝军队中部防线的战略要地。如果美军突破这道防线，进入开阔的平康平原，坦克和机械化部队就可以长驱直入。597.9高地和537.7高地是扼守中部战线的两个前沿要点。美军"金化攻势"的主攻目标，就是要夺取这两个高地，进而夺取上甘岭，继而夺取五圣山。

10月15日，就在上甘岭战役激战正酣之时，作战处处长丁甘如给邓华送来了一份新的情报——美军在东海岸高城以东海面麇集了6艘航空母舰、4艘巡洋舰和驻日本的美骑兵第一师一部，组成以美军第七舰队为核心的陆海空合成的第七机动登陆部队，向志愿军和朝鲜人民军海岸阵地猛烈攻击，同时有30余架运输机从中朝军队正面战线越过，显示以空降配合。

美军又要玩一次仁川登陆的把戏吗？看着摆在桌上的情报，邓华眉头紧锁，沉思良久之后，果断地告诉丁甘如："这是敌人搞声东击西，搞这点拙劣的小伎俩，目的是为了配合他们进攻上甘岭，打乱我们的部署，不予理会。"

没想到邓华如此坚决、迅速地作出判断和决策，丁甘如不仅十分佩服也十分赞同。

接着，邓华分析道："6月份，我们已经在那边调整了兵力部署，防御有力，我们有预备，就等着他们来吧。"

尽管如此，邓华还是做了两手准备，在与志愿军其他领导人商议之后，于当日晚上8时以中朝联合司令部的名义向朝鲜人民军"金（雄）指"和志愿军第二十兵团发出加强东海岸通川海防部署的指示。

邓华的判断没有错，美军航母编队在东海岸游弋了一阵、打了一阵炮，就跑了。事后，"联合国军"方面的战争文件披露，这次"模拟登陆"的目的，正是"分散敌人前线兵力，诱敌增援部队进入登陆地区，以空军和地面炮兵将其歼灭"。美军只好哀叹："敌人没有作出什么反应，因而未获战果。"

邓华的战争智慧和指挥才能再一次得到实战的检验和证明。在电话中，邓华最后对秦基伟说："号称地下长城的坑道体系，能否发挥作用，到了接受检验的时候了。"

597.9 高地和 537.7 高地北山，总面积加起来才 3.7 平方公里，由志愿军的两个连分别把守。这次进攻上甘岭的行动，由美军第八集团军司令范弗里克上将亲自部署，美其名曰"摊牌作战"。原计划美军和南朝鲜军各出动一个营的兵力，付出 200 人左右的伤亡，5 天时间夺取。谁知，这一次，范弗里特的"压轴戏"没有演好，钉子碰到了铁！从 14 日至 20 日一周的时间内，"联合国军"白天占领地面阵地，志愿军则在晚上依托坑道反击歼敌，恢复地面阵地。有时，一天之内地面阵地数次易手。上甘岭在一片火海中成了"联合国军"的"伤心岭"，先后投入 17 个营的兵力，在"反复争夺"中被歼 7000 余人。志愿军第四十五师先后有 21 个连队轮番参战，伤亡 3200 余人，各连伤亡都超过半数，个别连队只剩下几个人。战斗残酷，可想而知。

为了打好上甘岭战役，以邓华为首的志愿军总部及时采取了诸多战术措施，比如：原定 10 月 22 日结束的全线战术反击，延续到 10 月底；迅速给第四十五师补充 1200 名新兵；急调榴弹炮兵第二师、第七师、火箭炮兵一团、第六十军炮兵团、高炮两个团之各一部加强给第十五军；命令就近各后勤兵站保障对第十五军弹药食品等物资供应。特别重要的是，邓华命令准备回去休整的第十二军停止北返，迅速南进，作为战役预备队归第三兵团指挥。

10 月 20 日晚，邓华命令：前沿部队全部退入坑道，准备依托坑道，保存力量，协同前沿火力反击和兵力反击，里应外合地夹击敌人，杀伤敌人于阵地上，最后恢复地面阵地。

10 月 21 日，邓华打电话给第十五军军长秦基伟，再次发出作战指示："目前敌人成营成团向阵地冲击，这是敌人用兵的错误。对于我方来说，这是歼灭敌人于野外的良好时机，应抓紧这一时机，大量杀伤敌人。"

具有高昂士气和富有创造精神的中国人民志愿军，经过一年多战火的考验和锻炼，同现代化装备的美国军队作战的本领大大提高。10 月 30 日起，志愿军部队发起全线反击，至 11 月 25 日，收复全部失地。中部防线

志愿军将士欢庆胜利

稳如泰山般地经受住又一次严峻考验。

在长达43天的上甘岭战役中,志愿军将士打得英勇顽强,先在地表阵地与敌人反复争夺,重创敌军。敌人动用了一切现代化军事手段,对志愿军阵地轮番攻击。在这场由战斗升级为战役、周围面积不过4平方公里的两个高地的争夺战中,"联合国军"先后投入兵力6万余人,105毫米口径以上火炮300余门,坦克170多辆,飞机3000余架次,共发射了190余万发炮弹和5000余枚炸弹,两座高地的土石被炸松两米深,变成一片焦土。

在上甘岭战役中,志愿军击落击伤敌机270余架,伤亡1.1万余人;"联合国军"伤亡2.5万余人,敌我伤亡比例为2.21∶1。志愿军不怕牺牲,英勇善战,敢打敢拼,不仅写下了中国战争史上的奇迹,也写下了世界现代战争史上的奇迹,备受赞誉,成为军事教科书中坚守防御作战的经典战例和光辉范例。

上甘岭战役的胜利,生动反映了以邓华为代表的志愿军指挥员的卓越的指挥艺术,使美军再次认识到中国人民志愿军的强大攻防能力,从此以后，在朝鲜战场上再也没有发动起什么像样的攻势。美国新闻界评论说："这次战役实际上却变成了朝鲜战争中的'凡尔登'。"

11月30日，距上甘岭战役结束才仅仅几天时间，邓华就完成了一篇长达33000字的长篇军事论文《关于积极防御的若干战术问题》。这是邓华对第五次战役后执行毛泽东的"持久作战，积极防御"方针一年零五个月作战，包括对上甘岭战役依托"地下长城"进行阵地作战经验的全面总结。

在这篇论文的引言部分，邓华这么写道："以劣势装备对现代化敌人进行大规模的坚守作战，本来是件困难的事情，但我们有了坑道工事便相当地降低了敌人飞机、大炮、坦克的优势，而又可以发挥我军步兵固有的特长，既能保存自己又能消灭敌人。我们依托这种阵地组织了顽强的防御与英勇的反击，并进行了许多胜利的进攻战斗，给了敌人以沉重的打击。"

在中国革命战争史上，人民解放军尽量避免打火力战、消耗战为主的阵地战，主要作战形式是游击战和运动战。但在朝鲜战争中，尤其是第五次战役之后，志愿军则打了两年多的阵地战。在抗日战争和解放战争中，战术采取的大多为每战集中优势兵力歼灭敌人，两倍、三倍、四倍，甚至六倍于敌人的兵力，这是中国人民解放军的传统，在朝鲜战争的五次战役中采取的也是这个策略。现在，经过上甘岭战役之后，邓华在这篇论文中对积极防御作战却提出了不同的观点。他说："兵力使用一般不宜过大，可以是3∶1，2∶1，1∶1，甚至小于1∶1。这是因为对方有优势的炮火，而己方在攻击一点时亦能集中相当优势的炮火，同时又是依托坑道防御体系发起攻击，攻击前还可采取多种手段，缩短冲击距离。这不仅可以减少伤亡，便于迅速捕捉战机，速战速决，同时也突出了技术兵种与步兵协同作战的整体作用。"

守正创新，推陈出新，邓华是一个善于用脑、具有独立思想的将军，从不纸上谈兵，也从不墨守成规，凸显其儒将的风采。

1952年12月2日至5日，刚当选美国总统的艾森豪威尔到朝鲜前线视察。他此行的主要目的，是想从僵局中找到扭转战局的办法。回国后，艾森豪威尔宣称，要以行动，而不是言语，来打破僵局。消息传开，朝鲜半岛的局势骤然紧张起来。"联合国军"还频繁举行登陆作战和空降作战演习。从种种迹象来看，美国很有可能在1953年初发动大规模攻势，以结束朝鲜战争。采用的办法，很可能是借助海空优势，在朝鲜东西海岸登陆，制造又一次"仁川登陆"。

艾森豪威尔这一不寻常的举动及有关情报，是十分危险的信号。毛泽东对此的反应十分强烈而迅速，又把注意力集中到朝鲜战场上来了。他说："兵不厌诈，艾森豪威尔又想故伎重演了。但我们要做最坏的准备。"

就在这个时候，邓华奉命回国向中央军委和毛泽东汇报工作。抵达北京后，他抓紧时间，在北京饭店连夜赶写了一份《关于朝鲜战局形势与明年的方针和工作任务》的专题报告。

12月4日，邓华向毛泽东呈送了这份报告，提出美国在我侧后登陆以及登陆的几种可能性。毛泽东立即对报告写了三段批示：（一）"应肯定敌以5至7个师在汉川鸭绿江线大举登陆，并在我后方空降，时间应准备在春季，也可能更早些，我应十分加强地堡和坑道，部署5个军于这一线，其中要有4个有经验的军，划定防区，坚决阻敌登陆，不可有误"。（二）"第二个登陆危险区是通川元山线，第三个危险区是镇南浦汉川线"。（三）"决不能许敌在西海岸登陆，尤其不能许其在汉川鸭绿江线登陆"。[①] 12月7日晚10时，毛泽东同邓华谈话。

走进菊香书屋，一见面，毛泽东就笑着握住邓华的手，说道："气色不错呀，同去年6月见面情况比，好多啰！"

邓华激动地说："这要感谢主席对我们的关心！现在前方将士，不仅吃的、穿的、打仗用的都不缺，就连文体用品也有相当的保证了。倒是请主席您多保重身体，不要太累了。我们每次向主席报告，主席很快就给我们回复，指导我们打胜仗！"

[①] 逄先知、金冲及：《毛泽东传1949—1976》上，中央文献出版社2003年版，第177页。

"兵贵神速嘛！我同秘书说了，凡是前线来的电报，随到随报，一分钟也不得迟延。"毛泽东笑呵呵地说，"你知道，战争年代我就养成了坏习惯，是个夜猫子。再说了，我们是在红地毯上，你们是在大炮底下，没有你们在朝鲜，我在这儿也不安稳喽！"

邓华笑着说："有了主席的指导，敌人的大炮也打不着我们。"

"闻鼙鼓而思将帅。艾森豪威尔上台，看来会有新的动作。找你来，就是要研究对付艾森豪威尔的对策。"毛泽东一边说，一边递给邓华一支烟，点燃了，话题也转入正题，"你4日写的报告，我看过了，批了几句话，总的意思是，志愿军应以肯定敌人登陆，肯定要从西海岸登陆，肯定在清川江至汉川间登陆这一判断出发，来确定行动方针。登陆的时间可能在春季，也可能更早些。"

邓华一边记录，一边点头。

"邓华呀，志愿军还应该十分加强地堡和坑道，部署5个军于汉江至清川江一线，其中要有4个有经验的军，划定防区，坚决阻敌登陆。一定要给艾森豪威尔点颜色看看。"毛泽东斩钉截铁地说。

"主席，西海岸指挥所机构还不太健全，原拟由第十九兵团机关兼任，根据当前形势，需要重新考虑。"邓华说。

"西海岸指挥机构应当加强和扩大，"毛泽东明确地说，"邓华呀，最好你亲自去，你去了，我放心！"

"你去了，我放心！"毛泽东的一句话，让邓华瞬间有一种流泪的冲动，领袖巨大的信任和嘱托，是责任，更是期望，字字重千钧。

两年多前，在指挥解放海南岛的战役中，邓华就曾系统研究过艾森豪威尔搞的诺曼底登陆。现在，在决定朝鲜战争未来走向的关键时刻，毛泽东把这个千斤重担交给了邓华。

"请主席放心，请中央放心，我坚决完成任务！"邓华站起来，给毛泽东敬了一个军礼，"现在朝鲜战场形势，完全不同于1950年9月仁川登陆的时候了，如果艾森豪威尔真想这么干，对于美国人来说，肯定也是一场灾难！"

不向困难低头，勇于接受挑战，舍我其谁，当仁不让，邓华具有湖湘文化的精神特质。

说话间，周恩来赶来了，手中提着4瓶茅台酒，交给邓华，说："邓华同志，新年快到了，每逢佳节倍思亲，这几瓶酒，你带回去，算作新年贺礼吧！"

毛泽东笑着打趣说："恩来，你这礼也太少了点吧？"

周恩来笑了，说："礼轻情意重嘛！"

12月8日下午4时，毛泽东亲自在颐年堂主持召开有聂荣臻、邓华列席的中央中央书记处扩大会议，讨论朝鲜战局问题。

12月9日，毛泽东致信邓华："应估计敌已决策在汉川至清川江线登陆，并在积极准备中，我方必须火急准备对敌，粉碎其登陆计划。"这天下午，聂荣臻召集有关负责人会议。根据毛泽东对朝鲜战局发展的判断和决心，研究防敌于朝鲜我军侧后登陆的各项准备工作。

12月10日晚11时，毛泽东在颐年堂召集周恩来、高岗、彭德怀、聂荣臻、邓华、黄克浅开会，再次深入讨论朝鲜问题。

12月11日晚10时，毛泽东同聂荣臻谈话。当天，毛泽东审阅批准了聂荣臻关于防敌在志愿军侧后登陆及各项战备工作的计划报告，并批示："同意这个部署，抓紧检查，务必完成任务。"

12月20日，毛泽东为中共中央起草并正式下达《关于准备一切必要条件，坚决粉碎敌人登陆冒险，争取战争更大胜利的指示》。指示要求："尽一切可能的力量去极大地增强海岸及其纵深的坚固防御工事；同时增强三八线正面的纵深防御工事以为配合。"在这份指示中，毛泽东最后还指出："两年多以来，我志愿军协同朝鲜人民军，在对美帝国主义及其帮凶军的英勇顽强的战斗中，取得了伟大的辉煌的胜利，已经摸清了敌人的底子，克服了很多的困难，积蓄了丰富的经验。美帝国主义采用了很多办法和我们斗争，没有一样不遭到失败。现在剩下从我侧后冒险登陆的一手，它想用这一手来打击我们。只要我们能把它这一手打下去，使它的冒险归于失败，它的最后失败的局面就确定下来了。中央坚决相信我志愿军协同朝鲜人民军是能够粉碎敌人的冒险计划的。希望同志们小心谨慎，坚忍沉着，动员全力，争取时间，完成一切对敌登陆作战的准备工作，只要准备好了，胜利就是我们的了。"[1]

同日，中央军委正式任命邓华兼任"西海指"司令员和政治委员，梁兴初为副司令员。这表明，为了应对可能出现的严重危险，毛泽东决心将志愿军的主要指挥重心，从三八线附近的正面防御转向沿海纵深的侧后反登陆作战，并全力加强侧后方的兵力部署和交通运输。

十万火急！邓华结束北京的工作，第一时间赶回朝鲜战场，直接奔赴"西海指"的驻地。"西海指"设在安州附近的泉洞。这是一个大铁矿洞，濒临清川江，处于海防纵深地段。

以雷厉风行、大刀阔斧又脚踏实地、不动声色著称的邓华，用了20天的时间，依据毛泽东的指示，对正面战线和东西海岸的兵力部署做了积极稳妥的调整。在深入研究了朝鲜战场地形地貌和敌我双方实际后，邓华提出了反登陆防御作战的首要原则，那就是必须要有强大的纵深和机动力量。他说，现代作战，如果敌人陆海空协同，以雄厚兵力采取重叠、密集、连续的进攻，特别是地形有利的情况下，是没有攻不破的阵地的。如我海防一线被突破，我还可以利用二线、三线纵深阵地，逐山逐水，层层阻击，连续反击，不断杀伤歼灭敌人，是终究能够粉碎敌之登陆的。

在与梁兴初等高级将领研究讨论之后，邓华果断提出反登陆作战的指导方针是："积极防御，坚决歼灭。"也就是说，目标只有一个——打赢！要坚决阻击敌人登陆，不准敌人上岸，把敌人歼灭于海边滩头，而在纵深机动位置上的主力，则坚决迅速地歼灭敌人的空降部队，同时支援第一线作战。

上兵伐谋。

1953年2月，美国的军事冒险活动又有新的升级趋势。2月2日，美

---

[1] 逄先知、金冲及：《毛泽东传1949—1976》上，中央文献出版社2003年版，第178页。

国总统艾森豪威尔发表国情咨文,宣布取消台湾海峡"中立化",作出"放蒋出笼"以配合美军在朝鲜军事冒险的姿态。第二天,他又同参加"联合国军"的各国代表见面,说服他们支持对中国实行封锁。

不坚决制止美国的这种冒险行动,恢复停战谈判是不可能的。毛泽东代表中国政府表明了严正立场。2月7日,他在全国政协一届四次会议上说:

我们是要和平的,但是,只要美帝国主义一天不放弃它那种蛮横无理的要求和扩大侵略的阴谋,中国人民的决心就是只有同朝鲜人民一起,一直战斗下去。这不是因为我们好战,我们愿意立即停战,剩下的问题待将来去解决。但美帝国主义不愿意这样做,那么好吧,就打下去,美帝国主义愿意打多少年,我们就准备跟它打多少年,一直打到美帝国主义愿意罢手的时候为止,一直打到中朝人民完全胜利的时候为止。①

毛泽东的话,从容不迫,意志坚定,有分量有底气,又有礼有节,向企图铤而走险的美国政府发出了严重警告。

在毛泽东具体而周密的指导下,一场大规模的反登陆作战的准备工作,争分夺秒地展开了。邓华准确理解和掌握中央军委和毛泽东的指示精神,根据要有强大纵深和机动力量的原则,对兵力部署重新作了调整——正面战线部署有志愿军10个军,地面炮兵14个团另28个营,坦克4个团;朝鲜人民军3个军团和2个旅。西海岸防御的部队共有志愿军6个军又1个师,地面炮兵14个团又9个营,高射炮兵2个团又13个营,坦克6个团,朝鲜人民军1个军团又1个旅。东海岸防御的部队共有志愿军2个军1个师,地面炮兵2个团另3个营,高射炮兵5个营,坦克1个团;朝鲜人民军2个军团和2个旅。各个部队到位后,及时总结经验,发挥特长优势,加紧构筑工事和反登陆战术训练。经过4个月的紧张施工,在朝鲜

---

① 1953年2月8日《人民日报》。

1953年1月，邓华（手持望远镜者）在朝鲜西海岸抗登陆准备阶段，在朝鲜人民军第四军团防御地区察看地形

东西海岸构筑了以坑道和钢骨水泥工事为骨干，纵深十余公里的防御阵地，坑道长达720公里。同时，中朝铁道兵和工兵部队在西海岸修建了两条铁路，新修了纵横各4条公路线，新建和改建的公路长达500多公里，形成了公路、铁路干线畅通无阻的交通网体系。抗登陆战术训练，主要进行了反空降、反战车、反登陆艇和连续反击的演练。到1953年4月底，各项准备工作就绪，从三八线附近的正面防御阵地，到东西海岸，直到中国东北境内，构成了大纵深的严密的防御体系，做到滴水不漏，无隙可乘。

经过4个多月的紧张准备，中朝方面规模巨大的东西海岸防御部署终于完成。邓华如释重负，心里有底了。一向谦虚低调、韬光养晦的他，这一次充满信心地说："现在，西海岸粉碎敌人7个师的登陆进攻很有把握了，东海岸粉碎敌人5个师的两栖攻击也没有问题了。"

至此，毛泽东郑重交付的反登陆准备工作，邓华胜利地完成了。

这个时候，"联合国军"通过空中侦查和特务刺探，了解中朝军队已经做好了抗击敌军从侧后方登陆的准备，知道他们从正面战线进攻已经无法越雷池一步，而实施侧后登陆的冒险行动也必将碰得头破血流。同时，艾森豪威尔扩大战争的打算，也招致西方盟国的反对。英国外交大臣艾登警告说，美国扩大朝鲜战争的举动，以及"放蒋出笼"的做法，"有非常不幸的政治影响，而没有补偿的军事优势"。面对来自各方面的压力，美国不得不重新回到谈判桌前寻求摆脱困境的办法。2月22日，"联合国军"总司令克拉克致函朝中方面，提议在停战前先交换伤病战俘，试图借机恢复从1952年10月8日起由"联合国军"单方面中断了近5个月的停战谈判。

古人云："不战而屈人之兵。"在领导中国革命的过程中，以毛泽东为首的中国共产党人，面对敌人的强大攻势，总是能够迅速作出反应，设想最坏的情况，做好最充分的准备，同时表明自己的坚定立场，以有力的舆论配合，揭露敌人的阴谋，使对方知难而退，达到制止敌人冒险的行动的目的。

但是，面对出尔反尔的帝国主义者，毛泽东并没有因停战谈判的恢复而放松警惕。他始终抓住而又巧妙灵活地用谈与打、政治斗争与军事斗争这两手，双管齐下，互相配合，针锋相对，毫不放松。

4月中旬，毛泽东向邓华提出，谈判期间志愿军行动的指导方针，即"争取停、准备拖。而军队方面则应作拖的打算，只管打，不管谈，不要松劲，一切仍按原计划进行"。

4月20日，邓华根据毛泽东的指示，提出在朝鲜战场举行夏季战役反击的意见，计划在5月底完成战役准备，战役反击从6月初开始，到7月上旬结束。

4月23日，毛泽东批准了邓华所做的这个计划，并在批语中讲到另一手准备："至于停战得早，或不要打以利谈判，则可于5月间适当时机再行决定。"

从"西海指"回到志愿军总部，邓华更加自信了。他说："敌人的任何进攻，不管他是从正面还是东西海岸来，我们都可以对付，而我在正面的反击，可以放手作战，无须再有后顾之忧！"

此时的志愿军总部，可谓群英荟萃，名将云集。为了让更多的解放军高级将领获得现代化战争的作战经验，中央军委选调了一大批著名将领和高级指挥员来到朝鲜战场实行轮换。他们当中有李达、杨成武、杨勇、王平、许世友、王建安、黄永胜、胡炳云、张南生、高存信、谭善和等，可谓兵多将广，赫赫有名。

久经沙场的将军们，都是把脑袋系在裤腰带上干革命的人，都是与死神打过交道的人，都是渴望在战场上杀敌报效祖国的人。现在来到了战场上，随着停战谈判的恢复，有可能很快就达成协议，因此大家都希望能打大仗、打硬仗、打胜仗。

"想打仗，好啊！"面对将军们的渴望，邓华笑着说，"仗有的打，毛主席已经批准了夏季战役反击计划。毛主席不是说了嘛，只管打，不管谈，不要松劲，一切仍按原计划进行。"

邓华比谁都清楚，从1950年10月25日打响出国第一仗以来的所有战役和战斗，与国内打三大战役完全不同，在国内一个战役一次歼灭国民党军队几十个师，但在朝鲜战场是不可能的。邓华诚恳地告诉大家："战役反击开始是我主动诱敌进攻，但要充分准备反击后敌人的报复，其报复规模要准备超过去年的上甘岭，同时不仅准备一个上甘岭，而要准备二至三个上甘岭。"

说起上甘岭，将军们都懂得邓华的话外音，那才是真正的硬仗。如果真的摆上二至三个上甘岭来打，那才是够过瘾的事情。

美国人虽然被迫坐下来谈判，但又不甘心接受朝中方面的提案。"联合国军"代表表示，反对将不直接遣返的战俘送往中立国，并且拒绝以亚洲国家作为中立国。5月7日，为了不给美国以拒绝谈判的口实，朝中方面再次提出解决战俘的新方案，建议由波兰、捷克斯诺伐克、瑞典、瑞士、印度等5个中立国的代表组成遣返委员会，负责看管双方不直接遣返的战俘。这一提案立即得到印度、缅甸等原先在遣返问题上支持美国的国家的赞同。美国再也找不出任何理由拒绝朝中方面的方案了，于是，又宣布休会。

在这种情况下，从5月13日起，志愿军提前发起夏季反击战役，迫使美国在5月25日基本接受了朝中方面的提案。深谙战争规律的邓华，已经摸透对付美军的办法，结合实际提出了夏季反击战役的指导方针，即稳扎稳打、由小到大。在战术上，则要"力求全歼，速歼""不打则已，打则必歼，攻则必克，守则必固"。

就在谈判即将取得突破性进展的时刻，却遇到南朝鲜方面的强烈反对。李承晚转告艾森豪威尔，如果达成允许志愿军继续留在鸭绿江以南的任何协议，他就决定将南朝鲜军队退出"联合国军"，在必要时将继续单方面作战。

看样子，不打不行，还得以打促谈。

5月27日，志愿军发起夏季反击战役第二阶段攻势。这一次，邓华及时调整了兵力作战部署，由原定的以打击美军为主，改为以打击南朝鲜军为主，取得了歼敌41000余人的战绩。歼敌数量几乎是第一阶段的10倍。

6月9日，深夜，24时，第六十军军长张祖谅指挥第一八一师13个步兵连、4个营部和一个团指挥所共计3000余人，以秘密和神速的行动，分别接近北汉江附近的鱼隐山以西地区的敌前沿阵地，悄悄地潜伏下来。

战斗打响之前，第六十军军长张祖谅、副军长王诚汉等专门向邓华、杨得志做了汇报。极其注重细节的邓华，给第六十军提出了许多至关重要的问题，比如：敌人子弹若是打中了战士身上的手雷怎么办？南朝鲜军每天有哪些活动规律？他们的小分队走出防御阵地一般在什么时间？有多少人？他们巡逻一般走哪几条山路？有哪些动态表现？潜伏部队如何避免各种响声？吃饭饮水如何解决？被敌军炮弹子弹击中如何办？与南朝鲜军队的巡逻小分队遭遇怎么办？

邓华提出的问题真是细致入微、纤悉无遗。听到张祖谅的一一答复后，他满意地点头了。

的确，这是一次极其大胆的行动，也是一次极其冒险的军事行动。3000多人来到了敌人的鼻子底下，悄无声息地潜伏到了南朝鲜军第五师第二十七团阵地前沿。只要有一点点风吹草动，不但潜伏的部队将遭受重大伤亡，而且整个战略意图就会暴露。行动之前，邓华和志愿军总部的领导们一起反复推演，在仔细听取了张祖谅的作战方案之后，对这个大胆的设想给予赞赏。他说："不敢于冒险，不可能成为一名好的指挥员。"同时，他决定抽调三个炮兵团加强此次作战，保证有足够的火力压制和摧毁对方。

这一次突袭反击行动，是志愿军实行阵地战近两年来，第一次对敌一个团据守的阵地进行攻击。既然正面都可以放手作战，难道老是停留在对营、连级别的目标攻击吗？

邓华不信邪！

志愿军将士们不信邪！

6月10日17时，志愿军司令部作战室，电话铃声不断。

"喂！是祖谅同志吗？潜伏部队情况怎么样？"这是当晚邓华第四次打电话给张祖谅军长了。

"报告司令员，情况良好，还没有被敌人发现。"

"好！这次行动非同寻常，你们干得漂亮！"邓华毫不吝啬地赞扬前线志愿军将士，"现在，离总攻时间还有两个小时，千万不能急躁和麻痹。"

"放心吧，司令员！"

"许司令他们到了没有？"

"都已经平安到达。"

"你们要保证他们的绝对安全！"

"是！绝对保证！"

为了加强对这次作战行动的指挥和指导，志愿军第三兵团司令员许世友、副政委杜义德，第二十兵团司令员杨勇、代司令员郑维山、政委王平、张南生等高级将领，都来到了第六十军的指挥所。

"喂！邓老弟，我是许世友。"站在一旁的许世友抢过话筒，"战场准备，战场组织，都是过硬的，这一次，我看有好家伙看。"许世友比邓华年长4岁。

"那就太好了，有你们几位大将军坐镇，肯定没的说。"邓华爽朗地笑了起来，"等你们凯旋，我请你们吃狗肉啊！"

"行，有什么酒喝不？"

"茅台，保你喝个够。"

"邓老弟，你可别吹牛打保证，你有几瓶啊？我是有名的酒桶呵！"

说完，大家都哈哈大笑起来。

总攻时间一到，冲锋号一吹，200多门火炮进行了20分钟发射，随后潜伏的勇士们跳出战壕，从两个方向向敌人突然发起攻击，仅仅经过50分钟的战斗，就全歼守敌，首创了阵地战以来一次歼灭一个团的范例。

在邓华等人的指挥下，夏季反击战役取得了辉煌战果，其中第六十军把阵地向敌方阵地推进了42平方公里，第六十七军把阵地向敌方阵地推进了12平方公里，第十九兵团向敌方阵地推进了1.5平方公里，第九兵团向敌方阵地推进了1平方公里。

英雄的志愿军盛产英雄。在这次战斗中，第一七九师第五三五团五连战士张保才被敌人的炮弹弹片击中，大腿瞬间鲜血直流，他忍着剧痛直到流尽最后一滴血；第五四二团八连战士苟子清的腹部被敌人子弹击中，肠子流出，他把肠子塞回腹内，用毛巾捂着，继续战斗，壮烈牺牲……

6月6日，艾森豪威尔致信李承晚，敦促他接受停战协议，并提醒他，武力统一朝鲜，只是一个"梦想"。

6月8日，拖延近一年半的战俘问题，终于达成协议，基本实现了朝中方面关于遣返战俘的提案。

夏天到了，天热起来了。

受东亚季候风的影响，朝鲜半岛开始进入闷热的雨季。

6月15日，闷热的板门店迎来了朝鲜战争最为庄重的历史时刻——停战谈判的各项议程全部达成协议。按照双方实际控制线划定军事分界线的工作即将完成，待提交双方军事首脑签字即可生效。朝鲜停战谈判即将迎来完成历史使命的重要时刻。

为了保证停战协定顺利签字，中朝联合司令部发布命令："从6月16日起，各部队一律停止主动向敌人攻击，但对敌人向我发动的任何进攻，则应坚决地给以打击。"然而，李承晚却在这一天复函艾森豪威尔，拒绝接受停战协议。18日，又强行将朝鲜人民军被俘人员27000余人劫往南朝鲜军队训练中心，公然破坏协议，引起世界公愤。

这个消息传到志愿军总部后，邓华在作战室拍案而起，大声说道："这个李承晚，敬酒不吃吃罚酒，看样子还得给他一点颜色瞧瞧！"

坐在一旁的志愿军副司令员杨得志，看见邓华愤怒的眼光盯在军事地图上标出的一个突出部，笑着说："邓司令，你是不是在打这个地方的主意啊？"

邓华说："对！我们就选这个地方开刀！把战线拉直，给朝鲜人民多占点土地，非常必要。"

邓华和杨得志所说的突出部，位于金城以南，西起金化东至北汉江地域，向朝中一方伸出宽25公里、纵深10余公里的部位，是敌人几个师重点防守的阵地。如果不打掉这个突出部，对今后防御作战是不利的。

"邓司令，你不怕别人说你是好战分子啊！"担任志愿军参谋长的李达也开起了玩笑。

邓华慷慨激昂地说："不是我好战，而是李承晚不见棺材不落泪，不狠狠地揍他两家伙，他就不老实！"

不光是邓华要打，远在北京的毛泽东在获知李承晚的错误行动后，立即果断地作出再给南朝鲜军以沉重打击的决策。

6月20日，刚刚从北京来到平壤准备参加停战协议签字仪式的彭德怀给邓华打电话，邓华向彭德怀表达了要再次教训李承晚的建议。彭德怀当即同意，并于当晚10时起草电报向毛泽东请示："为加深敌人内部矛盾，拟再给李承晚伪军以打击，再消灭伪军15000人。"

6月21日，毛泽东紧急复电彭德怀，指出："停战签字必须推迟，推迟至何时为适宜，要看情况发展方能作决定。再歼灭伪军万余人，极为必要。"

邓华再一次进入紧张的临战状态。中朝军队积极准备发起规模空前的金城战役，集中力量打击南朝鲜军。

在金城地区驻扎的是志愿军第二十兵团的4个军。为保证兵力、火力上的绝对优势，邓华和志司领导商量后，决定采取集中优势兵力歼灭敌人，遂将第二十一军调归第二十兵团指挥，并增调火箭炮兵、高射炮兵各1个团，野榴弹炮兵2个营、反坦克炮兵3个连、工程兵4个营，以及坦克部队的2个连，统由第二十兵团指挥，加强后的敌我兵力比例为1比3，火力兵力为1比1.7，志愿军均优于敌方。

考虑到正值雨季，朝鲜北部水患频发，北汉江水位涨高，将导致后续部队和弹药粮食供给保障困难，邓华果断否定了第二十兵团提出的从第六十军防区即北汉江一侧包围歼敌的作战方案。随后，第二十兵团改变作战方案，决定组成东路、中央、西路三个突击集团，从牙沈里至上所里之间的22公里地段实施进攻，力求歼灭南朝鲜军首都师和第六、第八、第三师的8个团和1个营，拉直战线。

战场如棋盘。错一步，步步错，牵一发而动全身。邓华是一个善于谋全局、观大势的指挥员。不打则已，打则必胜，胜则须运筹万无一失。为确保第二十兵团的西路突击集团的安全，邓华决定在发起进攻时，志愿军第九兵团第二十四军由金化东北之阳地至杏亭地段实施突击，歼灭敌首都师第二十六团，控制上、下九井间的公路，阻击金化方向敌人东援。

与此同时，邓华还命令志愿军在第一线的8个军另1个师和朝鲜人民军的2个军团，自6月25日开始，不间断地主动发动进攻，牵制敌人，配合金城地区作战。

7月13日傍晚，金城前线，山雨欲来，乌云滚滚。21时整，志愿军突然发起进攻，1000多门火炮齐发，其中喀秋莎火箭炮部队的两个师，连打了3个齐放，顷刻间，敌军阵地一片火海，地动山摇。不到一个小时，中朝军队即突破南朝鲜军全部前沿阵地。

在志愿军总部作战室，邓华密切关注着前线的每一个信息，心潮澎湃，热血沸腾。这是一场硬仗啊！1000多门火炮，70万发炮弹，这该是多么威武雄壮，排山倒海，震天撼地啊！从井冈山到陕北，从陕北到东北，从东北到华北，从华北到长江，从长江到海南，身经百战，邓华还没有感受过这样空前规模的炮火威力。他记得，他参加解放天津时两天才打了7万发，参加淮海战役60多天才打了20多万发，上甘岭战役43天也只发射了30多万发。现在，我们的战斗力大大增强了，我们的火力大大增强了！我们的国力大大增强了！这是多么激动人心的事情！

在这次面对敌人4个师、长达25公里的正面纵深阵地战役反击战中，中朝军队在强大的炮火支持下，如猛虎下山，蛟龙出海，一直打到停战协定签字时为止，共歼灭南朝鲜军7.8万余人，收复失地167平方公里。7月19日，美方发表声明，保证实施停战，并向南朝鲜施压。随后，南朝鲜政府被迫发表声明，接受停战协议。

7月27日，朝鲜停战协定在板门店签字，燃烧了3年多的战火熄灭了，全世界人民所渴望的朝鲜停战终于实现了。时任"联合国军"总司令克拉克后来在回忆录中说："在执行我政府的训令中，我获得了一项不值得羡慕的荣誉：那就是我成了历史上签订没有胜利的停战条约的第一位美国陆军司令官。我感到一种失望的痛苦，我想，我的前任，麦克阿瑟与李奇微两位将军一定具有同感。"

克拉克所谓的"失望的痛苦"，是一个帝国主义侵略者的"痛苦的失望"，是帝国主义的失败的沮丧和无奈。

抗美援朝，保家卫国，终于胜利了，邓华的心情如何呢？作为朝鲜战场志愿军的主要组织者和指挥员之一，邓华也有遗憾。那就是当志愿军"比以前更强大"的时候，更能够进一步狠狠地教训侵略者的时候，战争停止了。他说:"再打上半年,情况会大不一样。"

邓华的这种遗憾,彭德怀也有。在停战协定上签完字之后,彭德怀感叹地说道:"我方战场组织刚告就绪,未充分利用它给敌人以更大打击,似有一些可惜。"

邓华的这种遗憾,毛泽东有没有呢?其实就连毛泽东也认为:"美国侵略者处于不利状态,挨打状态。如果不和,它的整个战线就要被打破,汉城就可能落入朝鲜人民之手。"

7月31日,朝鲜民主主义人民共和国最高人民会议常务委员会,在平壤举行隆重的授勋典礼。彭德怀、邓华等志愿军领导人应邀出席。典礼上,邓华被授予共和国最高勋章——一级国旗勋章。至此,邓华已经获得该勋章3枚和一级自由独立勋章3枚。

1954年春,邓华在朝鲜桧仓志愿军总部留影

这天授勋典礼结束后,朝鲜劳动党政治局举行盛大宴会,庆祝中朝军队的伟大胜利。颇有酒量的邓华,和彭德怀、杨得志、洪学智、李达、李志民等,与素有海量美称的金日成开怀畅饮,就连金日成也说自己"多喝了点,醉了"。

醉了,能不醉吗?!

这是为了胜利的醉,这是为了和平的醉,这是为了正义的醉!醉得开心,醉得喜悦,醉得热烈!醉得来之不易啊!

抗美的战争按下了停止键,援朝的任务依然没有结束。

1953年12月7日至1954年1月26日,邓华回国参加了全国军事系统党的高级干部会议。这是朝鲜战争实现停战后确定军队建设总方针和总任务的一次重要会议。这次会议,确定了建设一支优良的现代化革命军队的军事建设的总方针。

作为志愿军代司令员和政治委员,邓华在会上作了题为《抗美援朝战争经验介绍》的专题发言。邓华说:"人力、物资、技术、干部,是现代战争的几个基本要素。固然战争性质、军队政治素质对现代战争仍起到重大的作用,但物质基础与技术条件对战争是极为重要的。这是我对朝鲜战争经验总的看法。""现代战争一定要有必需的现代技术装备""技术是科学,仅靠勇敢是不能解决问题的"。邓华的这些宝贵经验,是在经历了现代战争的血与火、生与死的考验后得来的,是无数志愿军的鲜血和生命凝结而成的。70年过去了,邓华总结的这些经验,得到了历史的检验,也得到了实践的检验。

1954年2月,邓华被任命为中国人民解放军东北军区代司令员(1955年3月改任沈阳军区司令员)。

9月5日,彭德怀就任国防部长,辞去志愿军中的职务,邓华被任命为中国人民志愿军司令员兼政治委员,成为志愿军第二任司令员兼政委。这一任命,象征意义大于实际意义,因为此时邓华的主要精力是抓东北军区的工作。50多天后,中央军委免去他在志愿军中的职务,由杨得志和李志民分别接任志愿军司令员和政治委员。

10月31日,中共中央和中央军委任命邓华为中国人民解放军副总参谋长,主管作战。彭德怀多次要求其赴京任职,就连在北京的住房都已经给他安排好了,但他固执地坚持不肯进京,只愿意在部队带兵打仗。有人告诉他说,副总参谋长只是第一步,是过渡,下一步出任总参谋长。但他依然不为所动,执拗地不愿赴京就任。彭德怀找他谈话,他回答说,自己没有做过参谋工作,做不好的。他甚至还找过时任总政治部主任的罗荣

1954年春,邓华在朝鲜桧仓志愿军总部留影。左起:张南生、杨得志、邓华、李达、王蕴瑞

桓,说他不愿意到总参谋部工作,请罗荣桓在军委和毛主席面前帮他说话。

这就是邓华,一个真正带兵打仗的人。

1955年9月27日,国防部颁布授衔命令:授予中国人民解放军副总参谋长兼沈阳军区司令员邓华以上将军衔。

这一年,邓华才45岁。

第四章 杨得志：此人一直是志愿军

枕戈坐甲 13

率部出征，朱德战前动员，周恩来要"三杨开台"
途中遇险，彭德怀当面交代要准备场场都是恶战

1950年的春天，似乎一眨眼就过去了。

从政治、军事气候来讲，1950年炽热的夏日，来得似乎特别早。这时，从极端寒冷的东北亚地区吹来了战争热浪。6月，美国国务院特别顾问杜勒斯、国防部长詹森、参谋长联席会议主席布莱德雷等高级人物到了东京、汉城。杜勒斯在对南朝鲜军队讲话中信誓旦旦地说："显示巨大力量的时候已经不远了。"

杜勒斯的话音刚落，6月25日，朝鲜内战爆发了。

时任第十九兵团司令员的杨得志，年仅39岁，按照现在的说法，完全属于中青年干部。此时，刚刚完成解放大西北的任务，杨得志受命率部从宁夏首府银川南迁古都西安，对部队作了重新部署。萧应棠军长和王道邦政委等率领的第六十五军，仍留在宁夏继续肃清残敌；傅崇碧军长和龙道权政委等率领的第六十三军，驻陕西三原；曾思玉军长和王昭政委等率领的第六十四军，驻陕西宝鸡。按照彭德怀"安下心，扎下根，开发、建设大西北"的指示，部队一边整训一边开荒生产，开垦耕地30余万亩，同时还准备抽调部分兵力，参加陇海铁路天水宝鸡段的工程建设。

1950年10月1日，是中华人民共和国成立一周年。北京天安门广场召开了有40万人参加的庆祝大会，同时举行了阅兵典礼。同一天，上海、南京、福州、杭州、青岛、沈阳、武汉、重庆等地也举行了盛大的庆祝活动和阅兵式。在西安，杨得志率领第十九兵团的7000多名指战员同22万群众一起，接受了西北军政委员会主席彭德怀司令员的检阅。在全国各地举行的庆祝活动中，中国人民发出了"保卫新生的祖国，反对美国侵略朝鲜"的强音。

庆祝大会之后，杨得志向彭德怀汇报了部队的情况，说："全体指战员摩拳擦掌，坚决要求以实际行动支援站在反侵略战争第一线的亲密邻邦朝鲜人民，不少指战员写了血书。整个部队可以说是群情激愤，只等一声令下。"

彭德怀肯定了指战员们的爱国主义和国际主义热情，对杨得志说："美国人北边打到了鸭绿江边，东南边占了我们的台湾，他们疯了。在这种情况下，我们决不能让步！"

谈话中，彭德怀重复了他多次讲过的话："我是相信'有备无患'这四个字的。"

回到兵团驻地，杨得志把彭德怀的意见告诉了兵团政治委员李志民。身材瘦削的李志民是杨得志在井冈山的老战友，也是湖南人。其家乡浏阳是湖南1925年农民运动的中心地区之一。像毛泽东《湖南农民运动考察报告》里叙述的那样，他也是在小姐、少爷的牙床上打过滚儿的，当过乡农民协会副委员长。

李志民说："我总觉得快了，中央不会再让大家等下去的。"

这个时候，杨得志已经预感到了什么，着手做打仗的准备。

10月4日，杨得志把从老家来看望他的桂泗姐姐送上回湖南的火车，回到兵团机关办公室,才知道中央派来一架专机把彭德怀接到北京去了。没想到的是,第二天,他就收到了毛泽东签发的绝密电报——杨(得志)李(志民)郑(维山)陈(先瑞):限你部12月5日前赶到津浦铁路山东兖州、泰安、藤县一线集结待命。

这是动员令,也是出征书!

接到党中央的命令,杨得志十分激动。他回忆说:"这是十九兵团上上下下全体指战员的心声。从银川南移西安一年多来,再也没有听到过枪炮声的我们,好像一下子又回到了战火纷飞的战场。当然,我们也深深懂得'集结待命'四个字的分量。我们打败过日本侵略者,打败过美帝国主义支持的蒋介石,但毕竟没有直接和美国军队交过手,我们打遍了大半个中国,但毕竟没有越出国界半步。10月5日到12月5日整整两个月,在侵略者的战火已经燃烧到祖国大门口的时候,中央给了我们这样长的时间说明什么?我们怎么运用和支配这关键的60天?整个部队的作战欲望、求战情绪是绝对没有问题的,但是战争不是单凭欲望和情绪的事业。战争是科学。从某种意义上讲,战争是世界科学中最严谨的科学。我们四个人根据中央电报的精神,作彻夜的研究。"①

10月22日,中央军委命令第十九兵团:"十九兵团及主力两个军,须于接电后一个月内即11月24日以前,完成一切出发准备工作,待命开(赴)东北。"三天前,彭德怀率志愿军渡过了鸭绿江。

11月22日,杨得志、李志民、郑维山、陈先瑞等率兵团机关离开西安,向山东兖州开进。部队随之分批到达山东泰安等地。抵达山东,杨得志感受到了山东人民的热情,当地党政军和各界群众对他们说:"俺们这里就是离朝鲜太远,要不呀,俺们推着小车把同志们送过鸭绿江去!听说鸭绿江还不如长江宽,不如长江的水急呢!"

12月中旬,杨得志接到军委通知,要求他和李志民赶赴北京,朱德总

---

① 杨得志:《杨得志回忆录》,解放军出版社2011年版,第412页。本章主要史实均引自该书。

司令要找他们面授任务。在去北京的路上，杨得志和李志民商议，专门去了一趟济南，看望山东军区司令员许世友。

杨得志和许世友是在延安相识的。多少年来虽然没有机会在一个战场上作战，但许世友大刀阔斧、似粗实细的指挥艺术，疾恶如仇、豁达开朗的气质和作风，给杨得志留下了深刻印象。

"欢迎二位，欢迎二位！"一见面，许世友就热情地伸出双手说道，"我在军区，在省委、省政府都是夸了海口的。我说，十九兵团到山东，我们要全力以赴，要人有人，要物有物。要钱嘛，我许世友的津贴费也是可以拿出来的。我这不是夸海口，不是吹牛皮来！老杨，你在山东搞过一段时间嘛，山东没有什么特别好的东西，但是山东有一样是可以在全国拍胸脯的，那就是老百姓——山东的老百姓实在是太好了！当然，这个济南府还有个大明湖，还有个趵突泉。明天我陪你们去转一圈吧。"

许世友快人快语，说到做到。第二天，他真的陪杨得志和李志民去游了大明湖和趵突泉，并且兴致蛮高地要陪他们一起去打一次猎。杨得志笑着说："许司令，谢谢了！朱老总还在北京等着我们呢，实在不好久留了。"许世友笑着说："那好吧，我就不强留了，见着总司令替我捎句话，就说我许世友又在发牢骚了——打了半辈子仗，这还是第一次在后方筹办粮草呢！"

是啊！许世友虽然说的是玩笑话，但大敌当前，哪一个指挥员不想带着自己的部队杀上第一线呢！杨得志非常理解许世友的心情。

到了北京，杨得志没有想到北京的气氛与去年的大不相同。他是1949年2月因参加太原战役离开北平的。那时的北平，满城是欢庆胜利；现在则是从前门火车站开始，大街小巷挂满"抗美援朝""打败美国侵略者""保卫世界和平"等标语，战争的气氛已经很浓了。

在中南海，朱德接见了杨得志和李志民。几年不见，朱老总仍然是那样健壮，浓黑的长眉下两目炯炯，透出慈祥、亲切与温暖。朱德听取了他们的汇报，详细询问了部队在山东集结后的情况，从武器装备到思想动态,从部队纪律到生活管理,了解得极为具体。

朱德对着地图,跟杨得志、李志民说:"老彭到前面已经两个多月。仗打得不错,但相当艰苦。目前正和麦克阿瑟进行第二次交锋,打得很激烈。他发回一些电报,主席是满意的。朝鲜的金日成同志也是满意的。你们可以看一看,了解情况。"

杨得志说:"兵团最近准备开一次团以上干部会议,军事工作方面主要研究现代兵种联合作战的指挥问题,针对美国侵略军的特点,确定我们所运用的战术问题;政治工作方面主要研究抗美援朝政治工作要求与实施方法问题;后勤工作方面主要研究在离开祖国后,困难复杂环境中的保障问题。"

朱德说:"很好。老彭指名点将要你们十九兵团。他这个人你们了解,从不向中央提什么样的困难和要求,但他提到了你们十九兵团。所以主席、恩来同志要我找你们谈一谈。'兵者百岁不一用,然不可一日忘也',中国这句老话你们也是知道的。请你们来,无非是了解些情况,督促一下,看你们还有什么问题需要中央帮助解决的。"

李志民说:"报告总司令,我们也没有多少困难,就是十九兵团全体指战员希望老总到山东去参加我们的会议,给我们作指示,给我们做动员。"

杨得志诚恳地说:"1947年十九兵团打石家庄,那是解放战争时期我们第一次攻打大城市,没有经验。关键时刻您到了我们兵团,给大家作报告,提出了'勇敢加技术'的问题,对部队鼓舞很大。这次要去朝鲜也是个'第一次'。这个第一次比打石家庄那个第一次困难更大,您能再去一次再好不过了。"

朱德笑了,说:"这件事我要向主席报告。不能自由行动!"

等杨得志回到部队一周后,正发烧生病的朱德真的冒着严寒来到了兖州。那时,兖州仅是一座小小的县城,住房十分拥挤,县直机关、学校、一部分民房都住满了部队。发烧、咳嗽的朱德,和杨得志、李志民等兵团

1950年12月19日,朱德亲临山东兖州看望即将奔赴朝鲜战场的第十九兵团,并与兵团领导杨得志(前排左五)、李志民(前排左三)等合影

负责同志住在一个四合院里,没有暖气,连烧煤的火炉也没有,只好烧了一盆木炭火。

12月19日,在兖州天主教堂,64岁的朱德为第十九兵团团以上干部作了报告。因为很多干部没有见过敬爱的总司令,杨得志陪朱德入场时,坐在后边的一些干部禁不住站在小凳子上。朱德见此情景,就笑着对大家说:"不少同志大概不晓得朱德是啥子模样,那好,我们下台走一圈,大家认识认识嘛!"说着,他就走下台去,从前到后走了个来回,边走边和会场的同志打招呼。

回到主席台,朱德给大家作报告。报告没有讲稿,只有一个提纲写在纸上。朱德说:"毛主席派我到十九兵团来,有两项任务。一、向同志们表示慰问,给同志们送行;二、要给同志们加点子油鼓点子劲。第一项任务,我向你们的杨司令、李政委,向我这几天所到的部队的同志们传达过了。为什么要慰问你们?因为你们要执行一项很光荣、很艰巨的任务。同志们,朝鲜人民在等着你们,等着和你们一起消灭美国侵略者;祖国人民也在等着你们,等着你们和朝鲜人民并肩作战胜利的消息!我的这个慰问,代表毛主席,也代表全国人民!第二项任务是加油、鼓劲!我到你们兵团几天了,同你们兵团首长,同有些部队的同志谈了不少话。毛主席给我的两项任务,这一项我觉得比第一项完成得好!为什么呢?因为你们的油本来就很足嘛!你们的劲头本来就大得很嘛!这一点我回到北京是要向毛主席报告的!"

朱德简短的几句话,多次被热烈的、长时间的掌声打断。

教堂外,寒风凛冽,滴水成冰,但毫无取暖设备的教堂里,已是热浪滚滚,心潮澎湃。不少指战员把刚发的大棉帽子摘下来,攥在手里。

最后,朱德讲了抗美援朝的意义,讲了兵团出国作战的任务,提出可能遇到的各种困难;他告诫大家,一定不要满足于现在已有的准备,一定不要满足于部队非常旺盛的求战情绪。他说:"在座的都是干部,都是团以上干部,你们问我有啥子指示,啥子要求,我说有。啥子?就是要你们,要你们和全兵团的战士一起,把困难摆出来,大家想办法解决。你们做到了这一条,到了朝鲜和敌人交手胜利就有把握!"

离开兖州返京前,朱德赠给第十九兵团师以上干部每人一本刘伯承翻译的苏沃洛夫的军事名著《兵团战术概述》,并亲笔在每本书上题了字。朱德给杨得志的那本书上题写的是:"得志同志,努力学习。朱德。"朱德还为第六十三军的《前线报》题写了报名。

1951年2月3日19时整,杨得志率领第十九兵团齐装满员地告别了兖州,告别了山东人民,登上了北去的军列。当夜零点,到达天津。天津市委书记黄敬带领市委、市政府领导同志连夜摸黑到几乎没有灯火、不靠站台的铁道旁等候他们的到来。

部队在天津停留了几个小时,杨得志便接到了北京的电话。中央通知,周恩来总理要求他和李志民在2月5日赶到北京。

这一天,杨得志和李志民第一次走进了中南海西花厅。周恩来总理很高兴地握着他们的手,说:"总司令从你们那里回来,把情况向主席汇报过了。我们对你们的工作是满意的。今天请你们来没有更多的事,就是想见见你们,看看你们,你们为了祖国而离开了祖国,我在北京为你们送行——就是这么个意思。"

面对敬爱的周总理,听着这似乎平常但充满深情的关切的话语,杨得志一时真不知道该说些什么。李志民看了杨得志一眼说:"总理的工作非常忙,还专门抽时间接见我们,我们……"

"这就是我的工作嘛!"周总理笑着说。

杨得志说:"我们把情况汇报一下吧。"

周总理说:"你们的情况我了解一些,今天,不请你们谈了。你们知道,主席多次对德怀同志说,到了朝鲜要爱护朝鲜的一山一水一草一木,要尊重朝鲜同志,尊重朝鲜人民,要教育部队更严格地执行'三大纪律、八项注意'。这一点非常重要,你们要非常重视。"

为了让杨得志、李志民了解更多的情况,周总理给他们讲了金日成和朝鲜人民军的光荣业绩,也讲了彭德怀当时指挥的第三次战役的巨大胜利,还讲了中国人民志愿军赴朝参战后在世界上引起的各种各样的反响。

杨得志、李志民率第十九兵团跨过鸭绿江后与部分军以上领导干部合影

周恩来说:"这是一场军事斗争,也是一场很严重的政治斗争。全国人民关心着你们,全世界人民看着你们,实际上也是看着我们整个国家。这一点要让全军的同志都了解、都记住!"

杨得志和李志民代表兵团全体指战员表示了决心。

最后,周总理说:"你们十九兵团,还有杨勇、杨成武同志指挥的两个兵团,都是有着光荣传统、战斗力很强的部队。我曾经说过,要把你们'三杨'拿出去,叫作'三杨开台'!"

周恩来总理借"三阳开泰"之典,寓意吉祥顺利。

"三杨"的确都是中国人民解放军的著名战将,按年龄排序,依次为杨得志、杨勇、杨成武。这一年,杨得志整整40岁,杨勇年仅38岁,杨成武才37岁,他们都正年轻。后来,紧随杨得志之后,杨勇、杨成武也奔赴朝鲜战场,实现了周恩来所希望的"三杨开台"。

2月16日17时,杨得志率领第十九兵团雄赳赳气昂昂地跨过了鸭绿江,到了抗美援朝保家卫国的第一线。战士们说:"什么叫战火烧到了我们的门口?什么叫唇亡齿寒?为什么要抗美援朝?为什么说抗美援朝就是保家卫国?到了安东,到了鸭绿江边,我们全懂了!"

一踏上朝鲜的土地,战争的硝烟就扑面而来。美国空军的飞机三五成群来往不断,远处不时传来隆隆的炮声,茫茫大地上非常空旷,几乎看不到一个完整的村庄。夜幕降临,在东南天际时而腾起的一颗颗信号弹、照明弹,把乌黑的夜空撕裂。

2月17日,拂晓,为了躲避敌机的轰炸,火车只能昼伏夜出。于是,火车头把刚刚入朝的第十九兵团机关乘坐的4节车厢送到了定州南边的一个山洞里,把后边装载车辆物资的几节平板车厢送到对面的山洞里。

车进山洞,一片漆黑。天黑人静,成群结队的敌机的轰鸣声更加清晰,时而倾泻的炸弹震得山摇地动,似乎连洞内的火车都要掀翻。可以想象得出,朝鲜人民遭受着多大的劫难啊!杨得志站起身,无目的地顺着车厢随便走了走。只见同志们有的三三两两坐在一起,交谈着什么;有的捧着地图，不知是查看家乡还是查找现在的位置；也有的在写日记。有不少同志问他："司令员，我们还不走吗？"有的更干脆地说："走吧，司令员，到了朝鲜还蹲在山洞里，太窝囊了！"大家恨不得一步跨到前沿阵地。

好不容易等到了傍晚，火车头隆隆靠近的声音给大家带来极度的兴奋。年轻人你戳我一下，我戳你一下，手舞足蹈，像是马上要出击的突击队员一样。

只听"哐当"一声，车厢缓缓地驶出了山洞。朦胧之中，杨得志感到车厢不是被火车头拉着向前走，而是向后退。

"大事不好！"就在杨得志感到不对劲的时候，车厢顺着山势骤然加速向后滑行，军用水壶、脸盆、水杯等物件纷纷从小桌和行李架上滑落，车厢内一阵叮当乱响。每个人紧紧地抓住座位和车厢内的把手，也难以站稳。这时，兵团作战科副科长余震急促地跑到杨得志和李志民面前，说："糟了，我们的车厢没有火车头了！"

"拉制动！"随着李志民的喊声，几个人几乎同时拥向了车厢一头的制动闸。但是，坡度大，车速快，制动闸已经不起作用了。

十多分钟后，车厢迅速后退滑入定州车站。老远就看到迎面停着一辆货运火车，蓦地，杨得志刚刚沉静下来的心又悬了起来：一旦与货运火车相撞，必定是车毁人亡！

就在这千钧一发之际，月台上箭一般跑来一个男孩，迅速扳开道闸，没有火车头的车厢终于缓缓地停到了另一条铁轨上。多少颗悬起的心总算放了下来。

真是好险啊！

真是不幸中的万幸！后来，杨得志回忆说："真感谢这位朝鲜小朋友啊！我和维山赶快跑下车，向他道谢。这位小朋友看来只有十三四岁的样子，穿着很是破烂，小脸小手被冻得红红的。给我们印象最深的是他胸前斜挎着一支比他矮不了多少的美式冲锋枪，和那一副完全是成年人的面孔和姿态。可惜我们语言不通，只能用手势表达各自的意思。后来有位七十多岁的老汉过来,用我们可以听得懂的汉话说,这里的成年人都上前线了,这位小朋友替哥哥在这里当扳道工,还兼着车站的警卫工作。老汉还告诉我们,这个车站的全部工作大都是由妇女和儿童承担的。这是我们踏上朝鲜土地接触到的第一位朝鲜群众。他虽然是一个只有十三四岁的小孩子,但是他的气质、他的勇敢和机智不能不使我们这些成年人大有肃然起敬之感。我想,这样的人民,这样的民族是不可战胜的。我让警卫员给他拿来一些吃的东西,他很爽快,大方地收下后,对老汉说了些什么,老汉翻译说:'孩子说,谢谢志愿军东木(同志)!'我的警卫员一把把孩子揽在了怀里……"①

战争多么残酷,十三四岁的孩子就走上了战场!战争多么伟大,十三四岁的孩子就经受了锻炼!

直到8点钟,火车头追了上来,这才清楚车厢自滑的原因,是火车头拉车厢时没有挂上钩,反而倒撞了一下,车厢就顺着山势滑跑了。

重新挂好火车头,告别了小扳道工,告别了定州站,杨得志一行又踏上了前进的路程。到了西南里,杨得志和兵团的几位领导又谈起这事来,大家还有些后怕,想到当时的紧张样儿,又觉得好笑。喜欢吟诗作赋的李志民张口就来了几句打油诗。诗曰:"想起此事头发蒙,无头火车擅自行,出师未捷先遇险,一险引得百人惊。"

就在李志民琢磨后边的句子时,郑维山"乒"的一声放下手中的大白搪瓷茶缸,说:"我给你添两句:扳道工人好机警,指点列车定州停。"

李志民以拳击掌说:"好!"

郑维山说:"管他好不好,反正是大实话!"

"不错不错!"李志民一边称赞,一边转脸对杨得志说,"老杨,你也来两句,这首诗就成了。"

郑维山也劝道:"什么湿(诗)呀干的,闹两句吧。"

在大家情绪的感染下,杨得志当即就补上两句:"遇险非险凶化吉,

---

① 杨得志:《杨得志回忆录》,解放军出版社2011年版,第428—429页。

战场协力建奇功。"

瞧！身经百战的将军们，无论战争多么残酷、战场多么凶险，诗意依然，乐观依然，革命的精神依然。

随后，兵团机关换乘汽车前进，大部队则只能依靠徒步行军。

风如刀，雪如剑。爱兵如子的将军，一辈子也没有忘记他的士兵是如何步入朝鲜战场的。杨得志回忆说：

当时每个战士至少有40公斤的负荷，除自己佩带的枪支、子弹、背包、4枚手榴弹外，还要带一周的干粮，两枚迫击炮弹。因为迫击炮连自己带的炮弹远不够一次战役用的。时值严冬，朝鲜多雪，有的地段积雪达一二尺厚，一脚踏下去要好几个同志帮助才能拔出腿来；有的地段雪冰相连坚硬如铁，一步三滑，战士们称它为"玻璃路"。不少同志拄着树棍还不断地跌跤。没走三五十步，平平的力士鞋底便沾满了厚厚的冰块，像传统戏曲中演员们穿的靴子一样，迈起步来摇摇晃晃的，即使相互搀扶也站不稳。成群结队穿梭一样的敌机骚扰，使我们不得不夜行晓宿，但行也罢宿也罢，都绝对没有可以遮风挡寒的地方。大山沟、大树林常常是部队最好的宿营区。而所谓宿营也只能是伏冰卧雪的同义词。所以不少战士宁愿艰难地行进也不愿宿营。夜间，敌机的照明弹一抛就是几十个甚至几百个，简直达到了昼夜不分的程度。好在朝鲜的高山树林可做我们的自然屏障。部队避开灯光，钻山沟、穿树林，争分夺秒地往前赶。寒冷的气候是我们在国内从来未遇到过的，即使来自祖国大西北的战士，也没有见过这样的大雪。真是风如刀，雪如剑，有时候甚至使人感到空气都冻僵了。俗话说："路远无轻担。"更何况我们的战士负重极大，夜行而又道路十分坎坷呢！他们腿跑肿了，脚上打出了一个连一个的血泡，每迈出一步都要付出血的代价。有的同志竟累得大口大口地吐血。但他们还是坚持向前走，向前走。有的同志走着走着就靠在石壁上不动了，后边的同志轻轻一推，

就倒在地上，无论怎样喊也喊不起来。他们就这样牺牲了，牺牲在前进的路上……①

面对朝鲜战场上如此的艰难困苦，杨得志不止一次地想起自己当年长征时的情景。他说："这里除了空气中不缺氧，战士们有较充足的食品，其他一切几乎和当年红军爬雪山时的条件相差无几，而成批敌机不停地骚扰则是长征过雪山时不曾遇到过的。但我们年轻一代的战士们的革命精神、革命毅力，可以说一点也不比他们的前辈们差！"

将军的话，道出了志愿军官兵的英雄气！

爱国主义是一面永不褪色的战旗！

美国侵略军自仁川登陆后，每占领一地，就把这一地方变成血腥的屠杀场和人间地狱。翻译告诉杨得志："朝鲜人没有眼泪。他们的泪水已经被侵略者点燃的战火烧干了。"面对朝鲜人民历尽的战争创伤和困难，杨得志心里涌出一股滚烫的热流，觉得朝鲜大地上不仅燃烧着战争的火焰，也燃烧着爱国主义和国际主义的爱的火焰。血与火召唤着英雄的中国人民志愿军！他们在这熊熊烈焰中冶炼出钢铁般的团结，去夺取共同的胜利。

2月20日，第十九兵团抵达临时集结地殷山西南里。

驻地是一个紧靠山边由三五户人家组成的小村庄。部队宿营在树林里，兵团司令部就靠着一个土崖子挖了个洞，在外边又搭了些树枝，组成掩蔽部，作为指挥所。杨得志和李志民等兵团负责人就睡在这用树枝搭成的掩体里。

说是掩体，其实就是挖一个能睡开一个人的长形土坑，上边放上一些树枝、木棒和干草，再盖上些黄土，留出一头好钻进去睡觉。

警卫连战士一边挖一边开玩笑说："首长们也真是的，睡这种地方，活像我们家乡的土坟嘛！"

杨得志听了，笑着说："像这样的土坟，敌人打不着炸不到，又安全

---

① 杨得志：《杨得志回忆录》，解放军出版社2011年版，第431—432页。

又暖和，要是我们大家都有这么个地方休息，那是蛮好的嘛！"

一个小战士看了看杨得志，笑着说："这样子像坟，总不好。"

杨得志笑着说："你年纪不大，封建思想还真不少呢！好，我给它起个新名字，叫'活坟'好不好！"

听司令员这么一说，大家都笑了。

就这样，杨得志和十九兵团在这里"安营扎寨"了。

没想到的是，杨得志突然接到了志司的通知，说彭老总要来看望他们。

刚刚入朝，"窝"还没有搭好，一次仗也还没有打，彭老总就要来视察，简直是绝大的喜讯，兴奋、喜悦、激动的心情，难以用语言来表达。

杨得志和李志民、郑维山、陈先瑞、康博缨几个人，连饭都没吃就在路旁等候了。

夜幕笼盖四野，寒风呼啸凛冽，天穹苍苍，群山莽莽。

这天晚上8时左右，两辆吉普车飞驰而来，杨得志等人赶忙迎上前去。

车停下，第一个走下车的是彭德怀的警卫参谋杨凤安，接着，彭德怀下车了。

"让你们久等了，久等了！"彭德怀一边说着一边和杨得志等人一一握手。

走进掩蔽部，只见余震已经用炮弹箱垒起了个长方桌，上面点了六七支蜡烛。看到彭德怀，他跑过来敬了个礼，搬过来一个垫有军毛毯的炮弹箱当座位。

彭德怀笑了，说："你是朝鲜同志吧？"

余震连忙摇头说："不，我是志愿军。"

彭德怀说："志愿军对志愿军还这么客气呀？"

余震笑了，大家都笑了。

彭德怀又看了余震一眼，说："你是兰州时候的那个作战参谋余震同志吧！"不待余震回话，又说："拿去，我不要这个。"说着，揭下了炮弹箱上的毯子。

杨得志说:"我们刚住下你就来了,是有什么重要任务给我们吧?"

"我可不是专门来看你们的。"彭德怀摆了摆手,笑着说,"想来,但是情况不允许。这次是毛主席要我回国汇报,我拐了个弯,来看看你们,代表志愿军党委来欢迎你们。"

"你就坐吉普车回国吗?"杨得志问道。

"那有什么办法。"彭德怀说,"我们又没得飞机。不过也好,要有飞机我这次就见不到你们了。"

彭德怀的话又把大家逗笑了。

"部队怎么样?"彭德怀问道。

杨得志说:"还好,只是战士负荷太重,行军很艰苦,非战斗减员不少。"

彭德怀叹了口气:"没得办法,我们的两个肩膀两条腿,得和敌人的十轮大卡车对抗。"

接着,杨得志简要地汇报了第十九兵团部队入朝的情况。李志民汇报了兵团在山东、天津受到人民群众热情送行,以及周恩来总理、朱德总司令会见的情况。

彭德怀说:"我们已经三战三捷了。眼下正在进行第四次战役。出国作战前不少同志很担心。实在说,我心里的底数也不像咱们在西北打马家军那样。打了几仗,底数就比较清楚了嘛!麦克阿瑟也没有长三头六臂嘛!还是主席早年讲过的——纸老虎嘛!当然,你还得承认他是只虎,打的时候还要当真虎打,一点也不能马虎哟!三次战役打下来,他有点撑不住了。前不久,又从美国补充了一些老兵,把他在西点军校任教时的高材生李奇微也拿上来了。他一定还会作大的反扑。他们装备绝对优势于我们,天上、海上都被他们霸占了;地面上,我们的双腿要和他们的履带车轮子比试。要告诉我们的战士,在朝鲜作战不同于国内,打美国鬼子不同于打蒋介石。要准备恶战,而且要准备场场都是恶战。"

"彭老总说得对！我们战略上把他们看成纸老虎，战术上还是要当真老虎打！"杨得志说，"朱老总到山东为我们送行时，也指示我们要'勇敢加技术'战胜敌人。"

"对！我们要把部队指挥好，组织好。"这时，彭德怀又特意问道，"战士们的棉衣怎么样？"

杨得志说："没有问题，山东人民用新棉花絮的，很暖和。"

彭德怀说："朝鲜是个好地方，就是天气太冷。九兵团就是因为棉衣准备得不充分吃了大亏，不少同志冻掉了耳朵，冻坏了手脚，也冻死了人。九兵团入朝急了些，他们来的时候还穿着单衣，在零下四十多摄氏度的天气里，吃了大亏。你们有什么问题要早讲，要讲实话，要对战士负责。"

看到彭德怀眼角内布满了血丝，比在西安时明显消瘦了许多，杨得志非常关心他的身体，说："彭总的身体怎么样，要注意休息。"

彭德怀笑着说："我今年53岁了，身体没有什么毛病。就是睡得太少。不过这次坐汽车回国，路上可以补一补，杨凤安给搞的那个'硬席坐铺'，还是蛮不错的来！"

杨凤安身高一米八，高大帅气，是杨得志在西北战场亲自为彭德怀选拔的参谋，当然熟悉得很。现在，两人在朝鲜战场上会面了，杨得志高兴地说："杨大个子，要照顾好彭老总，他是战场上的统帅啊！"

"他的工作了不起，成了我在战场上衣食住行都靠得住的伙伴了。这是你选的好参谋啊！"彭德怀十分赞赏地说。

这时，杨得志问道："老总，我们兵团的作战任务是什么呢？"

彭德怀先向他们简单介绍了一些新情况，然后说："你们现在最主要的任务是尽快熟悉情况。第四次战役不准备用你们了，第五次战役你们是要上的。"

知道彭德怀还要忙着赶路，没来得及吃饭，杨得志就嘱咐炊事班熬了点大米稀饭，炒了几个小菜，开了瓶竹叶青。彭德怀喝得十分高兴、痛快。借着这个高兴劲儿，杨得志悄悄地告诉彭德怀，黄敬给他捎来了礼物。原来，第十九兵团经过天津时，天津市委书记黄敬特意托他们给彭德怀带来了大虾。

彭德怀笑了，说："黄敬呀，你知道吗？他解放前在北京大学读过书，参加领导过'一二·九'学生运动，是我们党内的大知识分子！这家伙总是想得这么周到。带的什么东西呀？"

大家异口同声地说："大虾。"

彭德怀笑着说："好东西，拿出来大家一块吃，共产嘛！"

谁知，当炊事班把大虾摆到临时搭起的桌子上时，彭德怀一个虾还没有吃完就放下了。他说："朝鲜是一个海岸线很长的国家，他们这里的水产本来也是很丰富的，但是现在没有了。如果让美帝国主义打进我们的国家，不要说黄敬的大虾，大概我们许多许多的东西也没有了。朝鲜同志在他们的国土上顶住了美国的侵略，就是支援了我们。我们来了就要和他们一起打好仗，像那个歌子里唱的'打败美帝野心狼'！"

午夜时分，彭德怀要离开了。杨得志和兵团领导把他送上车时，彭德怀把着车门，真诚地叮嘱道："这次没能见到下面的同志，请你们代表我问大家好。等我回来，我们一起打第五次战役！"

吉普车开动了，彭德怀把车门拉紧又回望了一下杨得志、李志民等人，这些老部下又来到了自己的身边，他感到信心和底气更足了。而对杨得志来说，如果说入朝以来已经真切地感到了血与火的召唤，那么彭德怀的到来，则给他增添了奔向战场的巨大力量。

杨得志等待着第五次战役的到来。

杨得志等待着打响入朝后的第一仗。

14 血满弓刀

突破临津江,杨得志既拍案叫好又挥泪斩马谡
铁原阻击战,铁打的英雄汉不让敌人前进半步

3月中旬,按照志愿军司令部的指示,第十九兵团机关迁至笃庄洞集结待命。

笃庄洞是一个小村庄,坐落在群山环抱之中,背靠一座较高的山岭,东南面有一条小河。如果不是战争的破坏,这里真可谓风光秀丽,景色宜人。如今,河流、山坡以及村庄,被敌机轰炸得到处都是残垣断壁,满目疮痍。

4月3日,杨得志接到了志司的通知,要他和李志民去设在临津江西岸群山环抱的空寺洞驻地参加志愿军第五次党委扩大会,研究、领受第五次战役的作战任务。

4月6日上午,会议开始。

彭德怀主持会议。他说:"这次主要研究作战问题,围绕这个问题解决一些其他问题,如后勤运输问题,三八线以南有三百里无粮区,这是一

个大问题。还有敌后如何配合作战问题。不是战略的配合,而是战役的配合。"他特别强调了中央关于"战争准备长期,尽量争取短期"的战略方针。他说,毛主席最近电报指示:朝鲜战争"能速胜则速胜,不能速胜则缓胜"。我们实行轮番作战,就是为了尽量争取短期,当然也是为了锻炼部队。

在谈到战役部署时,彭德怀坚定有力地说:"第十九兵团指挥所属各军及人民军第一军团,配属炮八师三十一团为右翼突击集团。第三兵团指挥所属各军,配属炮二师第二十八、第二十九团和防坦克歼击炮第四〇三团,为中央突击集团。第九兵团指挥所属各军及第三十九、第四十军,配属炮一师5个营,炮二师1个营,防坦克歼击炮兵第四〇一团为左翼突击集团。以一部兵力(第四十军)从金化至加平线劈开战役缺口,将敌东西割裂,断敌东西增援;与此同时,以第三兵团由正面突击,第九兵团和第十九兵团分别从两翼突击并实施战役迂回,形成一把张开口的巨钳。首先集中兵力歼灭南朝鲜军第一师、英军第二十九旅、美军第三师、土耳其旅和南朝鲜军第六师,而后再集中力量会歼美军第二十四、第二十五师。另以第四十二军位于元山、阳德地区,第三十八军位于肃川,第四十七军位于平壤,人民军第二军团位于淮阳、华川地区,第六军团主力位于沙里院、载宁地区,准备待敌登陆后消灭之……"

朝鲜的4月仍然寒气袭人。会议一结束,领受作战任务的杨得志、李志民当天晚上就紧急赶回驻地笃庄洞。谁知,在回来的路上,杨得志遭遇了一次车祸,差点昏死过去。

为了防止遭到空袭,志愿军的汽车大都选择晚上行驶,而且把吉普车的篷盖去掉,安排专人在车上观察敌机。这次,杨得志一行也是如此。

出发了,杨得志的车在前,李志民的车紧随其后。坑坑洼洼的道路虽然难走,但车速仍保持在50迈之上。警卫员郭长荣和段友荣担负观察敌机的任务。大概走了一半的路程,他们俩几乎同时喊道:"有敌机!"不一会儿,就听到了飞机的轰鸣声。司机李根忠侧耳听后,说:"是'挂灯笼'

的夜航机。"说着,他踩了一下油门,又加快了车速。果然,敌机抛下了几颗照明弹,把夜空照亮了。就在这时,杨得志发现一辆卡车风驰电掣般迎面开了过来,没等他"不好"两个字喊出口,只听一声巨响,他就失去了知觉。

不知过了多长时间,杨得志艰难地睁开了眼睛,一股钻心的疼痛让他难以动弹。他发现自己斜倚在郭长荣的身上,李志民半跪在他的身边。他赶紧抓住李志民的手,费了好大劲儿才勉强站了起来。

李志民问道:"怎么样?"

杨得志活动了一下手脚,除了疼痛没有其他感觉,便说:"腿没断就没有事。"说着,他看了看郭长荣,问道:"你伤着了吗?他们俩怎么样?"

郭长荣没有回答,好像在抽泣。杨得志知道,小郭是在为他担心,忙说:"没关系,我这不活得好好的嘛!"

李志民说:"都没有大伤。你和小郭、小段都被甩出去十多米,李根

1951年,在第五次战役期间,杨得志与第十九兵团其他首长一起研究作战方案

忠的胸口被方向盘顶了一下。真是太危险了，车的保险杠都撞弯了！"

说着，警卫员郭长荣和段友荣把杨得志扶到李志民的车上，继续赶路。在车上，李志民跟杨得志开玩笑说："你是大难不死，必有后福呀！"

杨得志说："不求后福，但愿别再来一次吧。要是仗还没有打，就在意外事故中'光荣'了，那我可真是死不瞑目了。"

李志民半开玩笑地说："老杨，放心吧，总理的吉言在保佑我们呢！"

杨得志动情地说："是啊，总算盼到这一天了。这一仗，我们无论如何也要打好啊！不能辜负了总理和彭老总的期望啊！"

4月9日，第十九兵团在笃庄洞召开了师以上干部会议，传达志愿军第五次党委扩大会精神。盼望很久、准备很久的出国第一仗就要打响了，特别是听说兵团将担任西线主力突击任务，指战员们纷纷表示要用实际行动回报上级的信赖，首战必胜！用胜利回报中朝人民的付出。就在志愿军全军上下加紧准备的时候，传来了"联合国军"总司令麦克阿瑟下台的消息。

作为全军的右翼突击集团，杨得志宣布了第十九兵团的作战部署："六十三军担任左翼突击，六十四军担任中央突击，人民军第一军团为右翼突击，这是第一梯队；六十五军为第二梯队，炮八师三十一团负责掩护。突破临津江之后，六十四军从我对面英二十九旅与美三师的结合部穿插过去，割断其联系，直捣议政府（地名），实施战役迂回。首先歼灭英二十九旅、李伪一师，再协同中央、左翼突击集团围歼美二十四、二十五师。这将是一个很大的胜利。"

4月22日，第十九兵团各部经过急行军进抵临津江北岸30公里的一线预定集结点。

临津江是朝鲜中部的一条大江。江面宽约百米，由于受海潮影响，江水时深时浅，涨潮时水深齐岸，落潮时也有一米以上。江南岸是连绵的群山，绀岳山、磨义山、道乐山是主要制高点。敌人依托有利地形构筑了坚固的防御体系，把堑壕、交通壕、地堡、铁丝网、地雷布满了大小山头，并以主力防守江南第一线高地及纵深诸要点；江面架有浮桥一座，沟通临津江南北，江中布有铁蒺藜。其炮兵火力可控制江面和江北诸要点及通路。毫无疑问，要突破临津江是相当困难的。

黄昏时分，万炮齐鸣，如火龙飞舞，临津江上瞬间如山呼海啸、排山倒海，第五次战役打响了。

右翼突击集团战斗尤为激烈，临津江两岸的炮火编织成密集的火网。第十九兵团的指战员冒着枪林弹雨，跳入冰冷刺骨的江水，向对岸冲去。当敌人看到只穿着短裤的志愿军战士站在他们的面前时，他们简直不敢相信自己的眼睛，被打得晕头转向。

第十九兵团是如何突破临津江的呢？在1953年总政治部和志愿军政治部发起的"志愿军一日"征文活动中，时任志愿军副司令员的杨得志亲自撰写了一篇《突破临津江》。他在文章中这么写道：

我们的指挥所就前进到原来部队集结时构筑的一些矮小的掩蔽部里。这些掩蔽部小得很，在里面直不起腰，连地图也没法张挂，只好贴在雨布上，再把雨布挂起来。特别是又正逢下雨，洞里不住地滴水，滴在地上激起一个个小水潭。就在这样的掩蔽部里，我们进行着战役的组织和指挥，各部队的情况报告就通过各种通信工具送到这样的洞洞里来，给各部队的作战命令也就在这样的洞洞里发出去。在这里，应当十分感谢通信部队的同志们。有时电台被敌机炸了，电线炸断了，他们有的付出自己的生命来保证通信联络的畅通。

突破临津江的战斗开始了，敌人用尽一切伎俩阻击我军渡江。敌机昼夜不停地轰炸扫射，密集的炮火疯狂地向江岸、江心轰击。每一个桥梁、渡口和徒涉点都被严密地封锁了。在指挥所，我们可以清楚地看到江面和主要突击方向的情形：白天，江两岸二十余里路的地面上弥漫着一片硝烟和炮弹的烟柱；晚上，遍地都是火光，敌人汽油弹打着了的树林、村庄在燃烧。天上敌机在不断投下成串的照明弹，再加上对岸敌人探照灯不停地照射，整个江面上如同白昼一样。这还只是看得到的情形，此外，在江南沿的水中，还有看不见的附防设备：数道铁丝网，密密的地雷……但就这样也阻止不住我渡江的英雄们。当渡江的命令从我们这里发到部队之后，战士们从众多的突击点上，冒着敌人的炮火，涉过百尺宽、齐腰深的江水，向对岸冲去。

4月22日23时，我接到了前面部队的报告：我们胜利地突破了天险临津江。

在突破战中，我们消灭了伪一师一部及英二十九旅的大部，其中皇家第一团被全部消灭，缴获了坦克60余辆。

突破临津江，占领了江南岸桥头阵地之后，就展开了向敌主要阵地的进攻。各部队迅速突破了敌人的防线，向敌人纵深推进。在这里，我不可能一一记述那数不清的英雄的名字和他们那些英雄的事迹，只介绍这样一件事就够了：与正面攻击的同时，我们一个侦察支队和某团的三营向敌后突进。他们从敌人的防线中穿过，边打边走，20小时打垮敌人7次阻击，前进60公里，占领了通向汉城的交通要道议政府附近的一个制高点——道峰山，炸毁了山下公路的铁桥，阻拦了敌人的退路，坚持战斗四昼夜，成了插在敌人心脏的一把钢刀。最后与我正面部队会合，把敌人赶到了汉城附近。这支部队荣获了"道峰山营"与"道峰山支队"的光荣称号。

我们指挥所是随在部队后面过江的。那天下着不大的雨，是个蒙蒙的雾天。我们趁白天涉过了齐腰深的江水。在江水里，我看到被炸烂了的铁丝网，被起出的地雷。岸上则到处都是敌人的尸体和散乱的物资。公路两旁还有被我们炸毁的敌人的坦克。缴获来的坦克在我军战士的看押下，由俘虏把它们开向江北岸。路上，迎面可以碰到我们的战士兴高采烈地押着一群群的俘虏走下战场。俘虏们形形色色，一个个满脸泥巴，蓬头露膀子，有的裤子也穿得前后颠倒了，有的还贪婪地吃着我们战士给他们的干粮。俘虏们说：他们被打散之后，有好几天没吃上饭，是被我军搜山时搜出来的。还有钻进山洞里饿极了，听到我军战士们喊话以后出来缴枪的。

就在部队向汉城及其东南前进时，我和指挥所随着向东南转移。这天太阳很猛，白天徒步前进，每人手里拿一把树枝，一面遮阳，一面当作防空的伪装。拉开距离，在曲折的小山道上分散运动。一天前进了70多里，爬了3座大山。我很有一个时期没有长途徒步行军了，蓦然走这样远，不免有些疲劳，但一路看到我军胜利的景象和敌人的狼狈相，却也很兴奋。

敌人还是有着装备优势的，敌人是机械化，我们靠两只脚，为什么敌人还逃不掉吃败仗呢？其实这是容易理解的：我们的战士都是具有高度爱国主义与国际主义精神的英雄，在我们面前，一切艰苦困难，都以忘我的精神克服了，忍耐了。因为部队前进速度快，运输粮物接济不上，战士携带了7天的干粮吃了12天。当他们干粮吃完了，宁肯到河边、山上采柳树叶子和野菜吃。为了爱护朝鲜人民，却不肯吃田里的麦苗。有的鞋子磨坏了，就赤着脚走路。他们有的负了几处伤还坚持战斗。我和几位重伤员谈话时，他们说："我没有完成任务就负了伤，觉得很惭愧，对不起首长，对不起毛主席和祖国人民！"这就是我们战士的高贵品质。在这样的战士面前，什么样的江不会被突破，什么样的敌人不会被歼灭呢！[①]

在4月22日晚上，仅仅一个多小时，一线突击部队就传来捷报——第六十三军第一梯队第一八七师4个团已经胜利过江。消息传到指挥所，杨得志一拍桌子，高兴地对李志民说："这速度不但'联合国军'感到惊奇，连我也感到意外，实在是太快了！"

不得不承认，敌人的火力也是真老虎。当第十九兵团左右翼突击部队展开渡江时，敌人的炮火更加密集，敌机也在疯狂地轰炸，照明弹、探照灯照得江面白昼一般，加之水底的铁丝网和地雷，给志愿军造成很大的伤亡。但是，志愿军战士早已置个人的生死于度外。志愿军炮兵加强火力压制敌人的炮火，高射机枪集中火力对付敌人的飞机。江水中的指战员前仆后继，踊跃渡江。午夜，由于海水涨潮，江水猛增，直至23日拂晓，海潮

[①] 《志愿军一日》编辑委员会：《志愿军一日》，解放军出版社2021年版，第310—312页。

跌落，志愿军右翼突击集团才全部突破临津江。

第六十三军在傅崇碧军长、龙道权政委的带领下，与第一八七师（师长徐信、政委张迈君）和第一八八师（师长张英辉、政委李真）顺利过江后，继续向敌纵深攻击，相继夺取了敌人的4个制高点，穿越15公里的山路，粉碎了"联合国军"10多次阻击，一口气拿下了绀岳山，控制了临津江江南的第一制高点，割裂了英军第二十九旅与美军第三师的联系。随后，主力部队继续南进，于25日18时突破南朝鲜军第一师、英军第二十九旅主要防御阵地，攻占汶山、弥驰寺、直川里、中牌力、七峰山地区，歼敌4000余人。战斗中，第五六一团一营二连战士刘光子一人俘虏63个英国士兵的事迹，成为当时在部队流传的一大新闻。这些被俘的英军竟是被英国女王授予"皇家陆军"称号的著名的格罗斯特团的士兵。这个团在1801年远征埃及的殖民战争中反败为胜，以佩戴两枚军徽为标志。

与第六十三军相比，第六十四军的战斗进展并不顺利。他们在渡江攻占了长坡里、高士洞一线后，遇到了美军第一军坦克群的陆地封锁和航空兵空中大面积轰炸。敌人的疯狂阻击，导致部队行动困难，特别是担任穿插分割任务的第一九一师和一九二师两个师，被敌人紧紧地缠住，不得脱身，有影响整个战役进程的危险。

战斗到4月25日16时，第一九一师和第一九二师依然没有摆脱美军的阻拦。

彭德怀获悉后，当即给杨得志打电话："向长坡里、高士洞穿插迂回现在进展情况怎样？"

杨得志回答："六十四军受阻，我们正在想办法。"

彭德怀一听，大发脾气，问道："受阻？若今晚完成不了任务，不管你们是谁，资格再老，职务再高，一律从严处理！"说完，"咣"的一声挂了电话。

放下电话，杨得志十分焦急，赶紧和副司令郑维山、副参谋长康博缨碰头研究，并立即与第六十四军军长曾思玉通话，传达彭德怀的指示，说："老曾，再不想办法，就要影响整个战役的成败！"

曾思玉当然也十分着急，然而，炮火连天之中，军部与两个师的有线电话和无线电话全部中断。

接到战况报告，杨得志说："曾军长，兵团决定派第二梯队六十五军的两个师去增援你们，你要以大部分部队钳制敌人，以一部分部队迅速突破向纵深穿插，一定要完成志司赋予的分割迂回任务。"

现在，向议政府穿插，成为关系整个战役的关键一步。

曾思玉怒火中烧，命令炮兵第三十一团立即压制美军，得到的回答是炮团还没有占领阵地。怎么办？曾思玉在万般无奈之下，只好提前动用预备队第一九〇师。可是，军部的电话竟然联系不上第一九〇师师长陈信忠。经过电台努力，曾思玉好不容易联系上了该师第五六九团团长罗保顺。曾思玉命令罗保顺立即派人通知陈信忠，第一九〇师马上全部投入战斗，从高浪浦里过桥，向议政府猛插，立即断敌退路！

协同第六十四军担任穿插任务的兵团侦察支队和第六十四军第五六九团三营在正面攻击的同时，勇猛地向敌后突进。这两支部队在20小时打垮敌人7次阻击，前进120里，占领了通向汉城的交通要道、议政府附近的制高点——道峰山，炸毁了山下的铁桥，切断了敌人的退路。他们像插入敌人心脏的一把钢刀，在这里坚持战斗三天四夜，打乱了敌人的纵深防御。

在这两支部队占领道峰山的同时，第六十三军第一八九师在土桥场包围了敌人2000余名。激战一小时后，由于志愿军仅有一个营断敌退路，敌人迅速调整了队形——80余辆坦克分别为前导与外围，人在中间，在20多架飞机的掩护下，向南逃窜。这时，第六十五军的两个师已经渡江赶到了长坡里。由于第六十四军攻击东文里受挫，加之缺乏突围穿插的经验，敌人的火力又猛，左冲右突，终难突破敌防御阵地，致使五个师拥挤在临津江南岸约20平方公里的狭长地区，遭到了敌炮兵、航空兵的火力突击，伤亡很大。经过三天三夜的激战，志愿军终于突破了敌人阵地，向敌纵深推进。敌人在志愿军连续突击下，向汉城及北汉江逃窜。

杨得志命令兵团大部队继续勇猛追击，兵团指挥所也紧随第一梯队向东南开进。他回忆说："开进的路上，仍不断有敌机轰炸。我们除头上戴有树枝青草编的伪装盔外，每人手里还拿一把树枝，打伞一样遮住头顶。敌机来了，我们就靠在路边的灌木丛中；敌机走了，我们再急急地赶路。作战参谋李大权身高腿长，敢打敢冲。他跑在最前边，还不时回来照顾我和志民。崎岖的山道，坎坷不平，一天行进七八十里，有的腿颠肿了，有的脚磨出了血泡。最严重的是部队自带的粮食、弹药消耗极大，而我们的运输又极为困难。这时我们接到了志司停止开进，补充弹药，调整部署准备再战的命令。当我们得知敌人退至汉城以北汉江、昭阳江南岸，迅速建立起了新的防御，并于汉城地域组织了绵密火网地带，企图诱我进攻，予以大量杀伤时，更感到志司关于停止进攻的决断是非常英明的。"

就这样，第五次战役的第一阶段，到4月29日结束了。由司令员兼政委宋时轮、副司令员陶勇、参谋长覃健等同志率领的左翼突击集团突破敌人防御后，主力乘胜插向敌人纵深，沿途打垮敌人5次阻拦，歼灭美军第二十四师和南朝鲜军第六师各一部，前突到三八线以南地区，胜利完成了战役割裂任务。司令员兼政委陈赓、副司令员王近山、参谋长王蕴瑞等同志率领的中央突击集团突破后，受到美军第三师和土耳其旅顽强抵抗，进展比较缓慢。几经激战，歼灭美军第三师一部。杨得志率领的右翼突击集团歼灭英军第二十九旅大部、土耳其旅一部；人民军第一军团歼南朝鲜军第一师一部，人民军第五军团歼南朝鲜军第七师第五团大部。此阶段，共歼敌2.3万多人。

尽管战役第一阶段获得了胜利，但由于第六十四军负责分割迂回的部队没有及时赶上来，影响了战役迂回及会歼敌人，使得战役这一阶段只打成了击溃战，没打成歼灭战；只取得了胜利，没夺得最大胜利；只使敌人几个部队受到了重创，而没能给他们歼灭性的打击。

彭德怀一向治军极严、赏罚分明，杨得志预感到这次因第六十四军没能在命令规定时间内完成任务，肯定要受到批评。

果然，第一阶段战斗结束不久，一封追究第六十四军没有按时穿插到议政府责任的电报飞到了第十九兵团，内容如下：

一、第五次战役第一阶段你军任务为突破临津江迅速插至议政府及其以南断敌南进退路，为什么没完成任务？原因何在？必须严格追究责任。

二、军（兵团）侦察支队及一九〇师五六八团三营能迅速插至道峰山，途中电台打掉，据说还能派人返回联络，证明是可以插过去的。为什么师主力不继续跟进？军亦不严加督促。该侦支与三营打得很好，全体同志都值得记功表扬。请即将该两部负责干部姓名报来，以便通报全军嘉奖。

以上两项电到二十四小时答复。

接到电报，杨得志和政治部主任陈先瑞火速赶往第六十四军军部，参加在那里召开的紧急党委会议。

会上，曾思玉、王昭和担任穿插任务的两个师的师长、政委都做了自我批评，甚至对每一个战术动作都做了检查，都感到十分难过和痛心。曾思玉在汇报时分析了没有完成穿插任务的主要原因是：两个师的部分干部对穿插、分割战术学习不够，甚至错误地认为"敌在配备上有空隙可插方能穿插"，无空隙时则不坚决突破，犹豫不前，以致失掉战机；当遇敌顽强阻击或空袭时，缺乏机动灵活的指挥，依然采取国内战争平推的战法，甚至出现了指挥机关与部队脱节的严重问题，因而进展缓慢，造成拥挤。虽然部队打得很英勇，但也未能达到歼敌目的，反遭到很大伤亡。

战争就是生死存亡，来不得半点温情。杨得志代表兵团党委承担了自己的责任，做了自我批评。为严明纪律，会议对打得好的兵团侦察支队和第五六九团三营等同志记了功。同时，根据军党委的意见，兵团党委决定给第一九一、第一九二师两个先头师的师长、政委以降级和通令警告的处分，并上报志司。对此，李志民说："确实是挥泪斩马谡，不赏罚分明，就难以维护军纪的严肃性，也难保证此后战斗的胜利。"

后来，彭德怀告诉杨得志："那个电报是我亲自修改的！我是生了气的咪！"

5月6日，第五次战役第二阶段的战斗打响了。

这一次，"联合国军"企图采取诱我深入的战术，以达到围歼志愿军的目的。识破敌人的阴谋后，志愿军进行了连续五昼夜的突击。杨得志率领的第十九兵团负责在西线钳制美军主力，他们像铁钳一样牢牢夹住了敌军主力，并出其不意地顺利渡过了北汉江，向汉城方向和汉江下游实施佯攻，不断袭击"联合国军"，并在清平川及汉江以西地区展开兵要地志调查，摆出迂回汉城、渡江南进的姿态。杨得志的指挥，迷惑了"联合国军"总司令李奇微，惊呼"汉城面临第二次危机"。在东线，志愿军第九、第三兵团像两股冲出山峡的急流，一举歼灭南朝鲜军第三、第九师大部，重创第五、第七师，歼灭美军第二师、陆战第一师各一部。第二阶段作战，共歼敌2.3万余人。

5月21日，在连续作战、粮弹将尽、后方供应又一时接济不上的情况下，志司果断决心停止进攻，将各兵团（集团军）主力北移，以一部兵力机动防御节节阻击敌人，争取时间掩护主力休整。

这个时候，李奇微就乘机采取"磁性战术"，来破解他所谓的志愿军"礼拜攻势"。对敌人的这一手，志愿军是有所准备的，在转移、阻击以及抗击等方面都做了周密部署。

5月22日，志司在答复杨得志关于最后抵抗线的请示电报中明确指出："根据敌人以前的习惯，利用高度机械化进行所谓磁性战术，企图消耗疲劳我军。我军主力北移休整时，敌尾我北犯是肯定的。"

根据志司的部署，第十九兵团第六十三、第六十四军和朝鲜人民军第一军团分左、中、右三路，向渭川里、涟川以北地区转移；第六十五军执行阻击任务。彭德怀专门打电话给杨得志，特别强调："为了确保涟川、铁原一线的安全和兄弟部队的行动,要求六十五军在议政府、清平川地区阻击敌人15至20天。"

在九华里第十九兵团指挥所里,杨得志俯下身子仔细看了看地图。他十分清楚:涟川、铁原一线是朝鲜西部地区的重要交通线,既有公路又有铁路,而铁原又是志愿军囤积物资的主要供应站,一旦被敌人占领,就会割裂志愿军东西线的联系,直接影响全军的转移。

第六十五军在粮食、弹药、兵员消耗极大的情况下,要继续坚守半个月以上,任务确实太艰巨了。

杨得志不禁为第六十五军捏了一把汗!

在第十九兵团北移后,第六十五军在金谷里、加郎山、跨岩岭、云岳山等地,与"联合国军"展开了激战。面对现代化的美军,阻击战打得异常艰苦。此时,左右友邻部队已后撤60至100公里之外,没有火力支援;后勤供应跟进自然也异常困难,部队缺少粮食和弹药;有的师、团几次被敌包围。但是,第六十五军打得十分顽强。第一九三师师长郑三生率领部队坚守在议政府东南佛岩山、水落山、国赐峰地区,其中第五七九团二营坚守佛岩山。二营上阵地时是299人,苦战3天到5月25日奉命撤出时,只剩下37人。第一九四师五八一团在土美山担负阻击任务,多次打退敌人的围攻,最后一次被敌人包围时,身负重伤的一排长赵百生为避免被俘,滚下悬崖壮烈牺牲。身负重伤的共产党员杜六,在滚向敌群的同时拉响了手榴弹,与敌同归于尽。阵地上只剩下战士曹邦国一个人时,他毫无惧色,采取跳跃式办法,机枪、手榴弹交替使用,硬是打退了敌人的围攻。

听到这些英雄的故事,杨得志流下了热泪。

战斗结束后,第十九兵团授予这个排"人人都是铁打的英雄汉"锦旗一面。

5月26日,第六十五军在铁原阻敌已经整整四天了。

这天晚上,军长萧应棠突然给杨得志打来电话,报告说:"美军集中了几倍于我们的兵力,另配以空军、坦克、炮兵连续不断地突击,部队伤亡大,有的阵地已经丢失,有的单位被迫后撤20至30公里,逐步转移到地形有利的河滩川以北地区。"

这个地区,是志司划定的阻击底线,怎么办?

杨得志大声地告诉萧应棠:"老萧,我们马上调六十三军火速支援你们!现在,我命令,你们一定要克服一切困难,严格按志司要求继续打好阻击,决不能让敌人再前进半步!"

放下电话,杨得志立即把这个安排报告了彭德怀。彭德怀表示同意,但在电话中再次斩钉截铁地强调:"铁原阻击战只能胜利,不能失败!请你告诉傅崇碧,他损失一个团,我给他补一个团。损失一个师,我给他补一个师!要不惜一切代价,坚守铁原,必须要按时完成阻击任务!"

第六十三军接受任务后,傅崇碧军长亲自赶到第一梯队,实行前沿指挥。他们首先在纵深20公里、正面25公里的地域构筑了临时野战工事,为阻止敌人前进打下了基础。

杨得志清楚地知道,傅崇碧面前的困难也很多。部队突破临津江以来已经连续作战一个多月,除了武器装备给养供应上的严重不足,战斗和非战斗减员也相当严重。战斗中部队减员本来是很正常的,国内作战可以随打随补,在朝鲜却没有这种可能。在第六十三军防御的正面,当时有范弗里特指挥的4个师4.7万人,平均每公里地段就有700多人;而第六十三军连同配属的第六十五军第一九四师却只有2.4万人,平均每公里地段只有370多人。在武器装备方面,敌人当时有各种火炮1300多门,坦克180余辆,且有空军支援,而第六十三军全军火炮包括六〇炮在内仅240余门,且既无坦克也无飞机。也就是说,第六十三军要把装备占明显优势、兵力多已一倍的敌人,阻止在自己面前,使他们不能前进一步,困难可想而知。而阻击的时间不是一天、两天,而是10天至15天。

军令如山,战场上没有半点商量的余地。

处于第一线的傅崇碧军长、龙道权政委很快给杨得志、李志民等兵团领导发来了完成阻击任务的实施计划。报告提出,在兵力部署上,采取纵深梯次和少摆兵多屯兵方法，并以多个战斗小组在前沿与敌进行纠缠，使敌不能过早迫近我主阵地；在火力组织上，充分发挥各种火炮和短兵火器的威力；在战术运用上，采取正面抗击与侧翼反击相结合，并在夜晚派出小部队袭扰敌人，等等。

杨得志、李志民、郑维山等人仔细研究了第六十三军发来的这个作战报告，心里都感到十分欣慰。大家一致认为，这是一个简洁明确、措施得力、符合实际情况的报告。

杨得志说："看了这个报告，说明我们的指挥员入朝以来，特别是经过战役第一阶段的锻炼，在指挥艺术上，在适应新环境、新条件、新的作战对象等方面，都有了很大的提高。仗越打越大，指挥却越来越细了。"

郑维山有些担心地说："傅崇碧他们没有提出什么困难呀！"

"这是个问题，我们要主动问他们一下。"杨得志知道，郑维山是担心傅崇碧对战斗的困难估计不足而吃亏，"我想，傅军长他们是不是在有意地回避困难，因为他们了解兵团的情况，不想给我们添麻烦。"

"我们分头去问问。要问得具体，解决得具体。"李志民说，"政治工作方面，我和先瑞问一下。这方面的工作，目前的关键是面对敌人的进攻怎么样从思想上顶得住。历来是出击容易固守难呀！"

郑维山想了想，说："后勤方面的问题还是很多的。我们组织了一些运输小分队，也要求军里组织一些小分队。后勤工作单依靠谁也不行，要大家一起干才行。"

杨得志说："好！应该给分管我们兵团的三分部打个电话，让他们了解我们的任务和后勤方面的困难很有必要。"

李志民开玩笑说："我来找他们，第五次战役开始之前彭总就讲了嘛：这次仗打胜了，全体指战员的功劳算一半，后勤算一半。这一半的功劳是那么轻松得到的吗？"

杨得志说："现在依我看，六十三军最大的困难，还是兵力不足。我们能在这方面给他们一些帮助是最实际的了。我想从兵团直属队里抽些人出来给他们，你们看怎么样？"

李志民和郑维山表示同意。

说着，杨得志就拿起电话，在第一八九师的阵地上找到了傅崇碧。

杨得志问道："傅军长，你们的作战安排非常好，兵团领导都十分满意。但是，兵团领导也很想知道，你们有什么困难。"

傅崇碧笑了，说："困难是一大堆呀！但是军领导研究过了，大家一致的意见是一条也不提。"

杨得志说："你说一条也不提，可是提了一大堆。我们研究了，决定从兵团直属队里抽500人给你们！"

电话那边，傅崇碧好一会儿没有讲话。

"喂！傅军长，你听到我的话了吗？"杨得志对话筒大声喊起来，"给你们500人，我告诉他们了，要尽可能多抽一些有战斗经验的老兵给你们。"

听到这里，傅崇碧有些激动，几乎是喊着说："我们马上把兵团的这个决定传达到每一个战士！"

杨得志又问道："还有些什么问题吗？"

傅崇碧说："我们的压力本来就很大，这样一来……请首长们放心吧，我们和六十五军的同志共同努力，决不让范弗里特前进一步！"

5月28日，悲壮惨烈的铁原阻击战打响了。

狡猾的范弗里特在以部分兵力对第六十三军进行了一整天的试探性进攻后，转入了全面的进攻。敌人依仗强大的炮火支援和坦克群掩护，逐次增加兵力，实行多方面、多梯次的轮番冲击。第六十三军打得很苦。有的阵地被敌人攻占后又被我们收复，敌人再占，再次夺取。一天之内好几次反复。真是寸土必争，寸土不让。有的团队伤亡很大，有的营、连基本上丧失了战斗力。

战斗异常激烈，形势相当严峻。傅崇碧、龙道权决定将第一八九师转入第二梯队，由原第二梯队第一八八师接替他们的防区。

接到报告，杨得志告诉傅崇碧："你们的任务是防御阻击，而不是固守某一阵地，应当允许部队有失有得，失而复得，得而复失，关键是在总体上顶住敌人。要爱护战士，爱惜战士，尽可能地保存战斗力。"

战斗进行到第五天，刚进入阵地不久的第一八八师第五六三团一营一连二排，打退了敌人一个营的进攻后，被敌人的两个营三面包围于一座孤立的高山之上。一营和他们的二排，在国内作战中曾分别获得过"钢铁营"和"特功排"的光荣称号。二排被围，牵动着团、师、军以及兵团领导的心。

杨得志得知这一情况时，二排已经和各级领导失去了联络。作战参谋李大权告诉杨得志："报告司令员，从五六三团和二排的最后一次通话中知道，当时二排只有8个人，最高领导是副排长李秉群。"

杨得志命令李大权："大权，你要及时把了解到的情况第一时间向我报告！"

时至午夜，李大权报告杨得志："二排坚守的阵地上仍然有火光，有枪声。"

杨得志知道，8位勇士仍在坚持战斗，阵地还在他们的手里。

下雨了，这一夜，雨一直淅淅沥沥地下着。

雨声敲打着杨得志的心，他思念着阵地上8位不相识但使他夜不能寐的志愿军战士。

这时，李大权走过来说："司令员，派去为他们解围的部队，因为下雨路滑，再加上敌人的严密封锁，几次都没能靠得上去。"

听了报告，杨得志没有说话，眉头紧锁。

拂晓，雨停了。

前面传来的报告说，二排坚守的阵地上枪声也停了。他们的阵地前躺满了敌人的尸体，敌人的两个营撤退了，但是阵地上也没有志愿军战士的踪影。

8个人抗击敌人两个营的进攻，并且把敌人打退了，这不能不说是一个奇迹。

"我们的战士呢？我们的英雄呢？"杨得志一直牵挂着他们。

天亮后，前线送来了报告，8位勇士中有一位负伤的班长带着两位负伤的战士赶回了部队。杨得志终于知道了8位勇士英勇战斗的细节，直到晚年他还念念不忘，把他们的壮烈故事写进了自己的回忆录——

一夜之间敌人进攻的次数已经无法计算，他们只记得每次进攻之前，都有20分钟至半个小时的炮击。炮弹像冰雹不断地落在阵地上，战士们头都抬不起来。敌人曾经冲上过阵地，但都被他们打了下去。午夜过后，他们8个人总共有15发子弹，敌人冲上来，他们靠着刺刀、枪托、木棒与敌人搏斗。到后来，子弹没有了，只剩下几颗手榴弹，而敌人的攻势一点也没有减。副排长李秉群对战士们说："情况大家都清楚。我们在敌人的三面包围之中，我们8个人要突围出去没有可能；要打，我们没有子弹；要和敌人面对面地拼，他们人太多，搞不好我们会成为俘虏。我们是'钢铁营''特功排'的战士，不能给英雄连队抹黑，更不能给伟大祖国丢脸，要让敌人知道中国人是硬骨头，志愿军战士是钢铁汉。我提议我们跳崖！死也不能当俘虏！"7位战士同意李秉群的提议。他们又一次挫败敌人的进攻后，李秉群决定留一位党员班长带两个战士作掩护，他带4名战士跳崖。现在回到部队的3个同志是跳崖受伤后被部队找回来的。

六十三军的报告说，他们曾派人去寻找李秉群等同志，但是没有找到。那悬崖有5丈多深，估计是牺牲了。志民同志当时要求他们继续寻找，并很激动地说："告诉六十三军政治部，要他们把8位同志的名字报来，要把他们的事迹整理出来。军里、兵团都要很好地表扬他们，要给这些同志记功！"后来从报上的名单中知道，这8位同志是：李秉群、翟国灵、罗俊成、侯天佑、贺成玉、崔学才、张秋昌和孟庆修。[①]

[①] 杨得志：《杨得志回忆录》，解放军出版社2011年版，第463页。

第五六三团一营二连打得好，这个团三营八连打得也漂亮。他们灵活地使用兵力，机智地动用战术，以英勇顽强坚忍不拔的战斗精神连续奋战四昼夜，以伤亡16人的代价，毙伤敌人800余人，打退敌人15次大规模的进攻，守住了阵地。战后，他们获得了"特功第八连"的称号，该连连长郭恩志获得了"一级战斗英雄""特等功臣"的光荣称号。战斗结束后，杨得志曾经请团长马兆民向兵团机关的同志们详细介绍了这场战斗的经过。

6月1日，美军第一军、第九军主力开始主攻涟川，轮番猛攻志愿军第一八七师阵地，企图夺取涟川两侧有利地形，实施中央突破，直插铁原。第六十三军全体指战员以"誓与阵地共存亡"的英雄气概，与"联合国军"展开了13天的激烈战斗。其中最为激烈的，是第一八七师第五六一团三营在阵地上坚守了四天三夜，顶住了数倍于自己兵力的敌人的10余次进攻，歼敌1300余人，被第六十三军授予"守如泰山营"。而坚守在左翼种子山高地的第一八九师五六三团三营八连，在连长郭恩志的带领下，打垮敌人15次进攻，坚守阵地四昼夜，荣获"特功第八连"的光荣称号。

在铁原阻击战中，第六十五军也打得坚决，打得英勇，打得顽强，涌现了"攻如猛虎、守如泰山"的第五七七团五连，以及"独胆英雄"徐申等一批先进单位和英雄模范个人。

6月10日，经过13个日日夜夜的勇敢战斗，第十九兵团所属部队完成了铁原阻击战的任务，将敌人阻击在三八线附近的汶山、三串里、铁原、金化、明波里一线，为兄弟部队按彭德怀的部署进行战略调整赢得了宝贵时间。至此，敌我双方均转入防御，第五次战役遂以志愿军的胜利而宣告结束。

就在部队胜利完成阻击任务，刚刚转入伊川地区进行休整时，谁也没有想到，彭德怀风尘仆仆地赶来了。

在第六十三军军部指挥所，彭德怀问傅崇碧军长有什么要求。

傅崇碧说："部队减员太严重了，有的连队只剩下一两个人。"

1951年，彭德怀在前线阵地慰问志愿军战士

"给你补。给你补些老兵，能打仗的老兵。"彭总说，"你还要什么？"

傅崇碧说："有兵就什么也不要了。"

"不，"彭总说，"要给你们发新衣服、新装备。祖国人民送来了大量慰问品，有酒、有烟、有各种罐头，很快给你们运来，这些东西一定要先发给战士们——当然，你们这些首长也有一份喽！"

彭德怀说话算话。不久，从西北地区调来了1.3万名老兵补给了傅崇碧的第六十三军。祖国人民送来的慰问品也一车一车地送到了各部队。

雷厉风行的彭德怀，没有在第十九兵团机关停留，他要亲自去看一看刚刚从战场一线活下来的战士们。杨得志看到，站在他面前的志愿军战士，真可以说是衣不遮体了，火烧的、子弹穿的、荆棘挂的，一丝一缕，上下净是"窗户"。有的战士上身赤背，下身只有一条短裤。他们的头发长长，胡子长长，但是，一个个腰杆挺得笔直，眼里透出坚毅和自信，嘴角上挂着微笑，立正敬礼还是那样干净利索，仿佛他们不是刚从销烟弥漫的战场上下来的。

那场面，杨得志一辈子也没有忘记。

彭德怀走进战士们中间，像一位严厉又慈祥的父亲，疼爱地看着自己的孩子们，拍拍这个露出肌肉的肩膀，摸摸那个长满络腮胡子的面颊……统帅和士兵之间没有任何距离。

战士们高兴极了。

看着可爱的士兵，彭德怀悲喜交集，动情地说："同志们，你们打得好，打得很好！你们吃了不少苦，我们牺牲了不少好同志。祖国和人民忘不了你们，祖国和人民感谢你们！"

听到志愿军统帅的真情话语，所有的战士一下子都抱在了一起，流下了激动的泪水，用哽咽的声音高喊着："祖国万岁！祖国万岁！"

红旗直上

15

在志司指挥作战 400 多天,决战上甘岭,金城大反击
天安门城楼观礼,毛泽东说:"此人一直是志愿军。"

"你还来不来呀?你那个仙女洞还真有仙女恋吗?"

杨得志笑着说:"仙女没有,倒是一帮'仙男'让我舍不得呀!"

"明天有回国的车,我得走了,国内催我去报到呢!"

杨得志开心地说:"好的,宋司令员,哦,现在应该叫你宋校长了。你放心走吧!"

给杨得志打电话的是志愿军副司令员兼第九兵团司令员和政治委员宋时轮。

1952年7月11日,杨得志的工作有了变动,中央军委任命他担任志愿军第二副司令员。当时,彭德怀已经回国,接替周恩来主持中央军委日常工作,仍兼任志愿军司令员和政治委员;志愿军第一副司令员邓华代理志愿军司令员和政治委员。邓华和志愿军参谋长解方暂时把主要精力用在停战谈判上。志愿军另外三位副司令员,除洪学智仍在后勤司令部驻地成

川里外，宋时轮即将调回国内担任总高级步兵学校校长兼政治委员，韩先楚调任第十九兵团接替杨得志的工作。

8月18日，杨得志离开第十九兵团机关驻地仙女洞，前往桧仓里志愿军司令部报到，负责作战方面的工作。

"凡用兵之法，主客无常态，战守无常形。"走马上任，杨得志一头扎进司令部的作战室，开始统筹志愿军的作战工作。在毛泽东"零敲牛皮糖"的战术思想指导下，杨得志通常采取的办法是战前一个人仔细阅读、研究文电，分析敌情，反反复复思考，情况熟记在心中或有了方案雏形，再听作战处同志和其他同志的意见，或是让大家七嘴八舌地讨论，从而得到启发，与自己的想法混在一起，取长补短，形成方案，再交给大家讨论，最后下定决心。

像彭德怀一样，在志司，杨得志就把自己的办公地点设在司令部作战室里。这个时候，志司机关已经搬到金矿旁边修筑的一条马蹄形的大坑道内，各处室包括首长的办公室都设在"弓"的脊背上。在弓弦处，用木板搭建起了一个木板房，前后留了四个大窗子，并安上了玻璃，这就是司令部作战室。中间摆了一张像乒乓球台大小的长方形案子，四周分别是机要、通信人员的工作台。杨得志与代参谋长张文舟、副参谋长王政柱以及作战处处长等围案而坐。大家一起看电报、敌情通报等有关材料，有情况就及时研究。

8月下旬以来，第一线战场出奇的沉寂。杨得志深知，大战往往隐藏在平静之中，表面上的平静蕴藏着的或许是翻江倒海。这时，王政柱给杨得志送来一沓敌情报告，并说："敌人可能要有新的行动。"接替李奇微出任"联合国军"总司令的马克·克拉克，正在调兵遣将，这位与麦克阿瑟有着世谊之交、与李奇微是西点军校同班同学的前任美陆军野战部队训练司令，是不是也要搞"新官上任三把火"呢？

在杨得志看来，"凡事预则立，不预则废"，与其"水来土掩"，不如早早"疏沟筑坝"。杨得志让参谋赶紧把搜集到的敌情报告送给邓华、甘泗淇及朝鲜人民军有关方面，并将敌情通报全军。同时，以志司的名义给各部队下达了《关于严密注意当前敌情变化的指示》，要求各部队严密注意正面敌情的发展与变化，迅速切实部署侦察，以战斗手段捕获俘虏，尤其是第六十八、第十五军，要立即组织侦察战斗，查明美陆军第一、第七师部队调动情况；"西海指"切实加强西海岸防务监视工作，各地所有发生之敌情征候务必立即上报为要。

敌人究竟要搞什么行动呢？邓华与杨得志商定，开会研究分析敌情。

在联司首长的碰头会上，杨得志认为：这个时期，志愿军部队已经履行新的指挥关系，即：不受兵团建制的局限，按兵力、按地域、按需要划定指挥范围。这样，各兵团均掌握一至两个军的机动兵力，可以自如地应付各种情况。志愿军的整个防御体系不仅较前更加巩固，而且更臻完善，加之交通运输和物资供应都得到了大大改善，从而进一步增强了防御作战的能力。敌军则相反：虽然继续保持着技术装备的优势，并也构成了相当坚固的防御阵地，但兵力不足，士气不振，其优势的炮兵航空兵火力，在我坚固的坑道阵地面前，已大大降低作用。进攻，屡屡挨打；防守，常常人地两失。在这种情况下，我们是有把握粉碎敌人任何新阴谋的。当然，在这种情况下，克拉克也绝不会轻举妄动。他不会再采用他前几任的进攻手法。对他可能搞的新阴谋，我们不能不给予高度重视，既要预防他海上登陆，又要预防他正面进攻，还要准备他陆地海上双管齐下。

邓华对杨得志的意见，深表赞成，说："老美（美国）现在是骑虎难下。继续打吧，老挨打，世界人民骂它，美国人民也骂它；不打吧，这张脸没处搁。上台容易下台难呀！更重要的是它的军火不能当馒头吃。这届总统竞选，朝鲜问题成了很重要的一个条件。所以艾森豪威尔也不得不公开许诺，再三表示，他要当选总统，将亲自来朝鲜，并结束这场战争。话是这样讲，但我看不那么简单。听资本主义国家某些总统的演讲，我老有一种在我们中国农村听卖蛇药的、玩把戏的那些人的开场白或收钱之前叫喊的感觉。克拉克和艾森豪威尔同在一个共和党，我们主要看克拉克如何动作。"

甘泗淇笑了笑,继而一本正经地对朝方副司令崔庸健说:"那要赶快动员我们朝鲜同志的印刷厂喽!"

"啊?"崔庸健莫名其妙,一时没弄明白。

甘泗淇说:"好大量印刷安全通行证呀!"

说到安全通行证,大家都笑了起来。原来,被志愿军俘虏的"联合国军"士兵几乎每人身上都装有我们印发的安全通行证及召降书,上面分别用英、汉、朝文标明中朝军队的俘虏政策。一个曾参加过第二次世界大战、第五次战役后被志愿军俘虏的美军老兵说:"我们盼望得到一张安全证。你们的安全证比老板发给我们的'护身符'灵。"

崔庸健用流利的中国话说:"放心吧,保障供应,保障供应!"

经过多方面的论证,邓华和杨得志、朴一禹等人经过分析研究,认为敌人为了适应其政治上的需要和配合停战谈判,有再度发动秋季重点攻势的可能。

根据上述判断,中朝军队司令部作出了《关于防敌在延安半岛登陆的部署》。8月28日,命令志愿军第十九兵团指挥朝鲜人民军第二十一旅,立即调整部署,准备抗击敌人登陆并保卫开城;令正面各军加强侦察,严阵以待,如敌进攻,必须予以坚决回击;令东西海岸部队做好必要的战斗准备。

8月29日,志司就接到了"西海指"第九兵团及第六十四军关于奉联司命令防敌登陆作战方案的报告。一个个方案,部署周密,决心坚定。在指挥所里,杨得志从散发着油墨味的电报里,从兵团、各军指挥员的语气里,感受到了一种坚定的力量,有一种胜利在望的感觉。他说,对于指挥员来说,这是一种享受,一种其他人得不到的"唯我独有"的享受。

这是一种什么享受呢?身经百战的杨得志深有体会地说:"作为一个军事指挥员,战场上有四种情况可以说是这种享受的最高峰:一、你准确地判断了敌情;二、你的设想或部署被下属所理解并被胜利证明是正确的;三、你给你的部属授勋而且站得腿发酸的时候;四、成群的、望不到头的俘虏群从你脚下数不清的武器前低头走过。"

箭上弦，刀出鞘，万事俱备，只等敌人来了。

没想到的是，9月上旬，敌情又有了新的变化：正面战线中部敌军活动较前频繁。第三军团向总部值班室报告；在金化地区，敌机投掷大量烟幕弹，掩护运送弹药和粮食，一周时间运输往返车辆达1300次，较上一周增加一倍。尤其在第十五军第四十五师正面的敌人，有1000余辆卡车、吉普车在运东西，其中200余辆卡车满载全副武装的美军。经再三核实，志司经过研究确认：敌人可能慑于志愿军的有力准备，放弃了从侧翼进攻登陆的计划，要从正面局部发起进攻。

"攻其不备，出其不意。"战争的格言在战场上就不再仅仅是格言，还是千军万马的调遣，是该出手时就出手，是先下手为强，必须把敌局部进行的计划消灭在萌芽之中。

9月10日，志司致电中央军委，建议："为争取主动，有力打击敌人，使新换的部队取得更多的经验，我们拟乘此换防之前，以三十九军、十二军、六十八军为重点，各选三至五个目标，进行战术上的连续反击，求得歼灭一部敌人，其他各军亦应各选一至两个目标加以配合。估计我各处反击，敌必争夺，甚至报复，进行局部攻势，这就更有利于我杀伤敌人。反击战斗时间拟在本月20日至10月20日中进行，10月底进行换防。以上可否请速示，以便各军进行准备。"

9月12日17时，中央军委简短而又明确的回电："同意你们10月底3个军的换防计划和换防前的战术行动。"邓华、杨得志、张文舟三个人看完中央军委的复电，感到十分兴奋，几乎同时想到了一件事——立即行动！一个小时后，他们就向第十二军、第三十九军、第六十八军下达了命令。

9月14日23时20分，联司向全军发布了战术反击的命令。这道命令，十分灵活，利于部队行动。命令规定，对每一个目标的具体反击时间由各军自行确定，以准备好为原则。命令强调，要做到攻必克，攻必歼，力争打阵地前的歼灭战，即攻占敌阵地后，要准备抗击敌人的连续反扑，在同敌人进行反复争夺中歼灭敌人；如一旦攻击受挫，则迅速撤离，不应恋战。

秋季战术反击作战打响后，志愿军在正面全线180多公里的阵地上，选择了18个目标进行攻击。"联合国军"见志愿军炮火猛烈而又全线动作，以为要发动全面攻势。9月24日，克拉克急急忙忙飞抵前线，与范弗里特及各军长开会讨论对策，并将预备队美军第四十五师前调，接替南朝鲜军第八师的防务；将预备队南朝鲜军第一师前调，接替美军第三师防务。

不用想象，战斗是非常激烈的。志愿军每占领一个阵地，均遭到敌人的反扑，拉锯式的你来我往，经过反复争夺才能巩固占领。比如，第六十八军一部攻占572.4高地后，"联合国军"纠集了6个营的兵力，在80多架飞机、10多辆坦克和大量炮兵支援下反扑了60多次。志愿军在打退敌人连续反扑、毙伤敌约3000人后，才巩固占领该阵地。在第一阶段，志愿军共打退敌一个排至一个团兵力的反扑160多次。

兵不厌诈。秋季战术反击作战第一阶段就给敌人造成了"慌敌"心理。克拉克过早地沉不住气了。其实，志愿军在这第一阶段反击的规模很小。一个军仅拿出一两个团来，攻击一个目标也只用几个排或几个连。而反击的目标，多则四个连，少则一个班。只不过志愿军造的声势稍大一点罢了。

在作战室，杨得志笑着对代参谋长张文舟说："看来这个克拉克还是很需要锻炼锻炼哩！"

王政柱听见了，笑着说："不能全怪克拉克，据我知道的美军在第二次世界大战中打的仗，比我们一个抗战时期打的仗少多了。"

邓华笑了，说："那就原谅这位将军吧。"

10月5日，秋季战术反击作战第一阶段结束，各军都按照预定作战计划，攻克了"联合国军"阵地，共计毙伤俘敌8300余人，其中美军2000余人。

古人云："兵无常势，水无常形。"经过第一阶段的反击，杨得志发现，"联合国军"司令克拉克除了前后调换两个师的兵力之外，并没有做更多的战斗变化。于是，杨得志与邓华经过研究，马上进行第二阶段战术反击。

"出没变化，敌不可测，此之谓兵机。"在秋季战术反击作战第二阶段开始前，杨得志和志司的战友一起及时总结了第一阶段的作战经验，作出不同于第一阶段的部署，制定了四条作战原则：一是志愿军各部队不再依各自准备情况分别发起攻击，而是按统一规定的时间一起行动，即使有的部队没准备好，也要进行佯攻配合，以便分散敌人兵力火力，予敌更有力的打击；二是突击部队步兵相对减少，支援部队炮兵则相对增多；三是速战速决，减少部队伤亡；四是打敌反扑，大量杀伤敌人。

10月6日黄昏，一声令下，志愿军第一线7个军，在700多门火炮的支援下，在180公里的正面战线上，同时向敌23个目标发起了攻击。一时间，炮火遮天、杀声动地。那场面真可谓波澜壮阔、势不可挡、激动人心，就连杨得志这样在国内有过几十年戎马生涯的高级将领，也很少见到，用战士们的话说："整个朝鲜半岛好像都在脚下颤动。"

战斗异常激烈，战果也十分可喜。除两个目标几经争夺没有攻克外，其余21个目标于当夜或翌日全部攻占。照这样的战斗节奏和速度，志司按原计划于10月22日停止秋季战术反击作战，转入正常防御，以便按预定步骤交接防务，轮换休整和准备抗击敌人可能的报复。

可是，就在这个时候，"联合国军"在上甘岭地区发动了"金化攻势"。

人民军队有好传统，遇事总是集体商量，集思广益，集中智慧。这种军事民主形式不仅仅表现在会议上，而且表现在平时。比如，志司领导层就有一个习惯，没有特殊情况，大家都在一起吃饭。在饭桌上可以谈情况，研究问题，自由和谐，无拘无束，有些大事在这里就商定了。

10月15日中午，邓华与杨得志、甘泗淇、张文舟等人在一起吃饭，边吃边谈论敌情和下一步的打算。大家觉得应该将前一段作战情况迅速向军委报告,同时应反复提醒部队,要提高警惕,不能因胜利而麻痹;要迅速完成冬季防寒准备工作;特别要注意充分准备打击敌人可能的报复。

午饭刚刚吃完,大家还没有离开饭桌,机要处送来了第十五军从五圣山一线发来的电报。

报告说:在上甘岭地区,14日3时起,敌继12日连续两天实施航空兵、炮兵火力突击,又进行两个小时的猛烈炮火准备。凌晨5时,以美、南朝鲜军各一部共7个营的兵力,在105毫米以上口径火炮300余门、坦克30余辆、飞机40余架的支援下,分6路向我597.9高地和537.7高地北山两阵地发起猛烈进攻。与此同时,美、南朝鲜军各一部共4个营兵力,分别向第四十四、第二十九师正面之391高地、上佳山西北山、芝村南山、419高地实施牵制性进攻。是日,敌人对我597.9高地和537.7高地北山,以1个排至1个营的兵力采取多路多波的方式进行了连续不断的冲击,共发射炮弹30余万发,飞机投弹500余枚。我一三五团两个加强连在战斗开始前,仅有山、野、榴炮15门和82毫米迫击炮12门支援作战。战至13时左右,我野战工事几乎全部被毁,人员伤亡较大,表面阵地大部被敌占领。我防守部队转入坑道作战。19时,我乘敌立足未稳,组织反击,又恢复了阵地。

电报是由第十五军军长秦基伟和政治委员谷景生亲自签发的。

看罢电报,杨得志笑着跟邓华说:"你要原谅克拉克,可他不原谅你!"

张文舟说:"行动这样快,目标这样集中,克拉克是蓄谋已久了。"

邓华不紧不慢地说:"好!那就不客气了,送上门来的嘛!"

杨得志说:"10月8日,美方单方面宣布停战谈判无限期休会,克拉克马上就主动进攻,这显然是他们早有准备的一个整体行动。"

的确,第七届联合国大会即将召开,朝鲜问题将提交新一届"联大"讨论,美国当局需要"联合国军"在朝鲜战场军事行动的配合。显然,作为"联合国军"的总司令，克拉克必须尽力"效劳"。他甚至扬言："假如一切按计划行事，仅美军第七师和南朝鲜第二师的两个营就可以圆满完成这一使命。"于是，美国代表就按照总统杜鲁门的指令，在10月8日单方面中断了朝鲜停战谈判，宣布无限期休会。在政治和外交上的动作之后，克拉克在军事上批准了所谓的"摊牌计划"，发动了这次"金化攻势"。

饭没有吃完，邓华和杨得志等人就回到了作战室。

一走进作战室，杨得志就赶紧打开作战地图，迅速找到上甘岭地区，进一步分析说："显然，敌向我发起进攻的企图，首先是为了占我两个高地，再夺五圣山地区，以改变金化地区防御态势，破坏我进攻企图，察明我坑道情况，为而后进攻平康、金城以北地区创造有利条件。"

上甘岭位于五圣山（金化以北）南麓，其以南的597.9高地和537.7高地北山，是志愿军五圣山主阵地前的两个连的支撑点，总面积只有3.7平方公里。五圣山地势险峻，海拔1000多米，面临平康平原，东扼金化经金城通往通川之咽喉，势居志愿军防线中部要冲；而597.9高地和537.7高地北山像五圣山伸出的两个拳头，揳入敌阵地，既可以俯瞰敌金化一线全部纵深，也可威胁金化以北交通。

邓华说："敌人打来了，我们就要迎击，一定要把这一仗打好！"

经过研究，邓华与杨得志等决定：全线战术反击不能在22日停止了，要延续到10月底，以配合第十五军粉碎敌人的攻势；同时决定第十五军第四十五师原定反击注字洞南山的计划立即改变，迅速到五圣山集结，集中力量反击敌军的进犯，确保我五圣山阵地。

第十五军归第三兵团指挥，第三兵团司令员兼政委是陈赓。彭德怀回国后，陈赓在志司代理过一段时间志愿军司令员的工作，这时也因另有任务回国了。在朝鲜战场的第三兵团主要领导有副司令员王近山、副政委杜义德、参谋长王蕴瑞和政治部主任刘有光。

为了让第三兵团和第十五军更快地了解志司的决定，也为了更快地了解具体情况,交换意见,杨得志让志司值班参谋接通了第三兵团指挥部的电话,接电话的是参谋长王蕴瑞。

在电话中,王蕴瑞向杨得志报告了兵团的部署情况,特别说明了从敌人进攻开始,兵团、军、师、团四级指挥机关都已经调整靠前了。

杨得志在宣布了志司的决定之后,对王蕴瑞说:"战斗虽然刚刚开始,但从敌人的兵力部署和开始进攻的气势来分析,这将是几年来少有的一场恶仗。请你告诉十五军的同志,不但准备工作要仔细,还要准备付出巨大的代价。五圣山阵地是我们的屏障,一定要稳稳地守住。志司将全力支援你们。"

王蕴瑞说:"请首长放心,秦基伟同志他们已经开展了'一人舍命,十人难挡'的硬骨头活动。一线指战员们提出:过去讲誓与阵地共存亡,现在讲决不让阵地丢半分。阵地要存,人也要存。"

听到这里,杨得志心里不禁暗暗叫好。这是革命英雄主义的发展,也是不可战胜的革命意志的表现。有这样的指挥员,有这样的战士,就没有守不住的阵地。但是,他也清醒地意识到,这场防御战将是异常艰苦的,克拉克将孤注一掷。第三兵团,特别是第十五军将承受一次也许是前所未有的严峻考验。

的确,第十五军前线的指战员已经做好了准备,摩拳擦掌,信心满满。时任第十五军军长的秦基伟回忆说:"上甘岭战斗打响以前,从前沿阵地上送来一大卷信。在这些热情洋溢的信里,战士们和各分队的指挥员们向我报告:上甘岭前沿的战斗准备工作,都是按照上级的作战计划准确执行的。在一封战士的来信里写着如下的誓言:要攻,上级指到哪里,我们就打到哪里;要守,只要我们活着,阵地决不会让给敌人!这样豪壮的誓语,无异是向指挥员挑战,也是直接要求指挥员指挥好这一次战役。战士们这种行动,更加增强了我的责任感。"

在这篇题为《守卫上甘岭》的文章中,秦基伟写道:

10月14日晨4时30分,忽然大地抽缩了一下,坑道顶上的沙石哗哗下落,烛火跳动了几下熄灭了。果然,敌人向我们上甘岭阵地开始进攻了。

对于这次战斗的严重意义,我军从上到下每个人都是了解的。如果敌人一旦夺取了上甘岭高地,我们的五圣山阵地便直接受到攻击的威胁。五圣山万一失守,那么,敌人居高临下,我们在平康的一片平原上就无法立足,整个朝鲜战局就要起严重的变化。因此,上级首长们一再叮嘱我们:"上甘岭这一仗必须打好,不许打坏!"

敌人向我上甘岭597.9和537.7北山,这两个不到4平方公里的狭小高地上,一天发射了30万发炮弹,飞机投掷了500枚重型炸弹。阵地上天昏地暗,火焰终日不熄,空气为之灼热,岩石变成了黑色的粉末,山头都

上甘岭战役中,志愿军某部前线指挥所

被削平了。敌人集中了7个营的兵力,在飞机、大炮、坦克的掩护下,分成数路凶猛地向我阵地扑来。但敌人一连冲击数十次,都被我们打败了。

崔建功师长打来电话说:"经过顽强的阻击和反复的争夺,两个阵地上共杀伤1000多敌人,现在战士们已全部进入坑道。"接着他镇静地说:"按照整个作战计划,趁敌人站脚未稳,我们正积极组织力量进行反击,从表面阵地上把敌人扫掉。"

"应该这样,先给它个脸色看看!"我同意了他的布置。

过了不久,我们的炮火就轰隆轰隆地响起来了,无数颗炮弹准确地倾泻到敌人头上。战士们勇猛地从坑道里冲出来,把刚刚攻上山顶的敌人赶下山去。①

上甘岭战役就以这样的序幕揭开了。

有时敌人占了山顶的表面阵地,志愿军退守坑道;有时志愿军冲出坑道,把表面阵地上的敌人肃清。阵地上的情况往往一天之内多次变化,但是无论怎样变化,有一点是不变的,那就是志愿军指战员始终没有离开上甘岭。尤其令杨得志难忘的是,10月30日21时,在5个小时的激战中,第九十一团八连四班,以一班之力歼敌400余人,自身仅仅伤亡3人,创造了又一个战争奇迹。

战斗进行中,杨得志等联名致电第十五军全体指战员:"你军与敌血战20余日,敌虽集中了空前优势的火炮、飞机、坦克及大量步兵集团冲锋,但不仅不能夺去我阵地,而且丧失了1.5万余人的有生力量及大量炮弹。你们则高度发挥了坚忍顽强的战斗作风,愈打愈强,战术愈打愈灵活,步炮协同愈打愈密切。我军伤亡亦逐渐减少,特别是11月2日,毙伤敌1500余,我仅伤190余名。这样打下去,正如中央军委指出'必能制敌死命'。我们特向你们祝贺,预祝你们胜利!"

兵马未动,粮草先行。现代战争,更是打后勤。

---

① 《志愿军一日》编辑委员会:《志愿军一日》,解放军出版社2021年版,第564页。

为保证所需粮弹，第十五军除组织军师后勤力量加紧运输外，另专门抽调第二十九师 3 个营及各师团机关人员，专任 40 里山路的火线运输任务。对第十五军组织火线运输这一措施，杨得志十分满意。上甘岭战役的第一、第二阶段某些部队出现的"靠着粮山没饭吃"、粮弹供应不上的问题，除了敌人超出以往的疯狂封锁造成了极大的困难之外，关键是在新形势下运输工作调整得不很及时造成的。

杨得志在肯定了第十五军的做法后，专门打电话给王蕴瑞，说："一定要做好长期打下去的思想准备，充分运用我军防御战中创造的在与敌反复争夺中消灭敌人的经验，创造更大的战绩。前面打得很苦，我们要尽一切力量保证第一线的同志弹药充足、食品充足、药物充足。要告诉参加运输的同志，前面能不能打得更好他们有重大责任啊！"

和王蕴瑞通完话后，杨得志又在电话里找到了前方运输司令部司令员刘居英，说："十五军准备组织 40 里山路火线运输队，请你安排一下所需物资供应。"

刘居英说："放心吧，司令员！还是那句老话，一切为了前线，一切为了胜利。我已经安排了两个汽车团去运送弹药。"在向杨得志汇报了单位、车辆及路线安排之后，刘居英接着说："我原来担心脖子细咽不下，有这火线运输就解决问题了。"

杨得志说："总反攻的时间不会太长了，你那里还有什么问题吗？"

刘居英说："必要的时候需要调一点部队专门护送运输。"

杨得志说："对！我告诉张参谋长和王副参谋长，什么时候需要部队，你就直接找他们好了。"

杨得志重视后勤工作，兵马壮，粮弹足，才能打胜仗！其间，杨得志于 10 月 24 日率志愿军代表团赴平壤参加朝鲜党和政府为庆祝志愿军入朝作战两周年举行的庆祝活动，27 日返回志司。此时，邓华则被召回国，向毛泽东主席报告朝鲜战况。

上甘岭战役是从 10 月 14 日开始，至 11 月 25 日结束，从战术规模发展成战役规模,从"联合国军"第一次发起进攻到志愿军最后一次把敌人驱逐下山,持续了整整43个昼夜。上甘岭防御战以它自身的显著特点及其历史作用,以志愿军指战员惊天动地,甚至可以说史无前例的英雄业绩,当之无愧地被载入了世界战争史册。不管"联合国军"在进攻中用了多少兵力,使用了如何残酷的手段,英雄的志愿军战士,就像一个个钢铁的巨人,始终屹立在这个英雄的阵地上。现在人们熟知的黄继光、孙占元、牛保才、朱有光、王万成等英雄的名字,就是上甘岭战斗中涌现的上万名英雄模范人物中的杰出代表。而"联合国军"在这次穷凶极恶的进攻中得到了些什么呢?除了付出了2.5万余名士兵的伤亡之外,他们在上甘岭没有得到任何一寸土地。

克拉克绝对没有想到,在他一手策划的"摊牌行动"中,自己"摊牌"了,而美军的谈判代表们又乖乖地坐到了谈判桌前。

1952年12月15日,下大雪了。纷纷扬扬的雪花,漫天飞舞。千里冰封,万里雪飘,群山皑皑,银装素裹。

这一天,邓华从北京回来了。

一见面,在联司工作的一位年轻的朝鲜人民军参谋说:"邓将军,朝鲜以纯洁的白雪欢迎你归来!"

邓华笑着说:"谢谢!可是这雪是我从沈阳带来的。"

大家都笑了。

邓华一本正经地说:"真的,昨天我到沈阳,沈阳下;今天我到这里,这里下;我到哪里,它就跟到哪里。中国有句老话,叫'瑞雪兆丰年'。我这个人有福,丰年跟着我走呢!"

张文舟慢条斯理地冒出了一句:"明天你到海南岛,雪就不跟着你走了。"

杨得志笑着说:"雪跟不跟你走我不管,我高兴的是你回来得正是时候!"

当晚,志司的几位领导又集中到作战室,听邓华传达中共中央、毛主席的指示。洪学智副司令也来了，他戴着个大皮帽，进屋摘掉，剃过不久的大光头直冒热气！

邓华一开口就笑了，说："毛主席、朱总司令和周总理让我向大家问好。总司令特别交代，这个好要一个一个地问，不然，就是没有完成任务！"说着，他有些诡秘地从身旁的挎包里提出4瓶茅台酒放在了桌子上，说："这4瓶茅台是我在主席那里汇报时，总理亲自交给我的。总理对我说：'新年快到了，每逢佳节倍思亲，这几瓶酒你带回去，算作新年贺礼吧！'当时主席笑着说：'你这礼太少了点吧？'总理说：'礼轻情意重嘛！'"

此刻，作战室忽然变得轻松了，仿佛有一种温暖如泉水从人们的心间流过。

邓华拿起一瓶酒掂了掂，说："毛主席、朱老总、周总理交给我的任务我完成了。"

杨得志说："把这酒留着，等我们打一个大胜仗的时候再喝！"

接着，邓华向大家传达了中央军委对朝鲜局势的分析。他说："军委估计敌人有在我侧后实施两栖登陆的可能。根据是：一、美军在朝鲜虽然遭到很大的损失，但这个损失还没有达到他愿意现在就停战的程度。他无理中断板门店谈判，说明他还是要打。二、新当选的总统艾森豪威尔到了朝鲜，军事上他有新的部署。三、联合国大会政治委员会通过了印度关于解决朝鲜战俘问题的提案，这个提案附和了美国强迫扣留我方战俘的意愿。在一定程度上助长了他们想在军事上捞取资本的决心。四、单就朝鲜战场的军事形势做估计，敌人从正面向我较坚固的纵深工事施行攻击的可能性，不如向我后方两侧进行登陆作战的可能性大。军委分析，我如能坚守朝鲜北部的东西海岸，使敌人的登陆计划失败，并以正面战线的战术出击做配合，给敌人更多更大的杀伤，朝鲜战局就能更加稳定，向着更有利于我们的方向发展。"

讲到毛主席接见，邓华越说越激动："主席很关心志愿军指战员，很关心朝鲜的战争。他叮嘱秘书，凡前线来的电报，随到随报，一分钟也不得迟延。"

杨得志说："记得有一次我们凌晨一点发的报，两点钟，毛主席签发的复电就回来了，两个国家，中间只用了一个小时。"

邓华说："这件事我当时向主席讲了，并且劝主席多注意身体，不要太疲劳了。主席说：'兵贵神速嘛！再说了，我们是在红地毯上，你们是在大炮底下。没有你们在朝鲜，我在这儿也不安稳喽！'"

毛泽东的话，感染着在座的每一个人，大家听了热血澎湃。

邓华接着说："毛主席在分析到朝鲜战局时强调：志愿军应从'肯定敌人登陆，肯定要从西海岸登陆，肯定敌在清川江至汉川间登陆'这一判断出发来确定行动方针。敌人登陆的时间可能在春季，也可能更早些。还是那句老话：与其晚一些准备，不如早一些准备。"

……

不知不觉，会议开到了零点。作战室中，火炉里的木炭吐着蓝莹莹的火苗，仿佛猜透了志愿军指挥员们的心思。不知是谁在炉底放了几块地瓜，烤熟了，发出沁人心脾的蜜香味。室外，已是大雪没膝了。

此时此刻，杨得志心想："毛主席这时也许还没有休息。他会不会在等我们的报告呢？"

经过研究，会议决定：12月17日召开由各军军长、政委和各独立师师长以上干部参加的会议，传达毛主席和中央军委的指示，讨论研究志司党委的决心和部署。这时，有同志提议立即把这个决定报告中央军委，杨得志征求了一下邓华的意见，说："稍等一下吧，等到天亮，8点钟以后再发吧！"

邓华说："好！毛主席是夜猫子，或许刚刚躺下，让他多睡一会儿吧。"

12月20日，也就是志愿军师以上干部会议结束的前一天，志司收到了由毛泽东亲笔签发的中共中央《关于准备一切必要条件，坚决粉碎敌人登陆冒险,争取战争更大胜利的指示》(后简称《指示》)。《指示》指出:"两年多以来,我志愿军协同朝鲜人民军,在对美帝国主义及其帮凶军的英勇顽强战斗中,取得了伟大的辉煌的胜利,已经摸清了敌人的底子,克服了很多的困难,积蓄了丰富的经验。美帝国主义采用了很多办法和我们斗争,没有一样不遭到失败。现在剩下从我侧后冒险登陆的一手,它想用这一手来打击我们。只要我们能把它这一手打下去,使它的冒险归于失败,它的最后失败的局面就确定下来了。中央坚决相信我志愿军协同朝鲜人民军是能够粉碎敌人的冒险计划的。希望同志们小心谨慎,坚忍沉着,动员全力,争取时间,完成一切对敌登陆作战的准备工作,只要准备好了,胜利就是我们的了。"[1] 会议结束的那天,志司组织了一次盛大的会餐。

杨得志和邓华商量,是不是可以把他从北京带来的茅台酒拿到餐桌上。

邓华说:"好!要告诉大家这酒的来源,是我们会餐的一项重要内容。"

当茅台酒摆到桌上的时候,邓华大手一挥,高声说道:"同志们,这茅台酒是周总理特意让我带给大家的。总理要我向大家问好,总理祝大家早日凯旋!"

"哗哗哗——"响起了一阵阵热烈的掌声。

邓华又说:"我们的毛主席和朱总司令向大家问好!"

又响起了热烈的掌声。

掌声未停,有人大声喊道:"我提议,为我们伟大的祖国干杯!"

又有几个人同声高喊:"为我们伟大领袖毛主席的健康长寿干杯!"

"干杯!"一呼百应,杯筹交错,大家的情绪达到了高潮,不少同志流下了激动的泪水。

---

[1] 毛泽东:《毛泽东军事文集》第六卷,军事科学出版社、中央文献出版社1993年版,第332页。

1953年初，志愿军副司令员杨得志亲自带领中朝两军指挥人员视察部署反登陆作战的相关准备。照片为杨得志（左一）、张南生（右一）与朝鲜人民军副司令员崔庸健（左二）、朴一禹（右二）视察西海岸抗登陆作战部署时的合影

按照毛泽东的指示，志愿军成立了西海岸指挥部。为加强"西海指"的领导，《指示》明确指定：以志愿军代理司令员兼政治委员邓华，兼任西海岸指挥部司令员和政治委员。志愿军总部的工作由杨得志负责，调李志民任志愿军总部政治部主任，杜平任"西海指"政治部主任。杨得志、李志民这对老搭档再次在一起工作。根据当时的敌我态势，他们很快确定了"既稳扎狠打，又要放手作战"的战术方针，积极准备1953年的夏季战役反击。

"联合国军"在上甘岭的攻击失败后，克拉克又提出了在正面战场进行"空中地面协同作战实验"，称之为"斯麦克行动"，把目标定在铁原西北芝山洞南侧的丁字山，此处由第二十三军一个排防守。杨得志要求第九兵团做好充分准备坚决粉碎敌人的进攻。

1953年1月至4月间,志愿军和朝鲜人民军正面部队,共进行大小战斗770余次,歼敌5万余人,有力地配合了东西海岸反登陆作战准备的胜利完成。

战场上的节节胜利,使板门店停战谈判的冰冻开始消融。

4月26日,中断了6个月之久的停战谈判重新恢复。

1953年4月,中央决定将国内部队的部分高级干部与志愿军部分高级干部实行轮换。毛泽东任命李达为志愿军参谋长,原参谋长解方调任军委军训部副部长;杨勇调任志愿军第二十兵团司令员;王平调任第二十兵团政委。这个时候,志愿军反登陆作战的各项准备工作也已全部完成,足可保证反登陆作战的胜利。

盘马弯弓待箭发。

兵来将挡,水来土掩。

战场形势完全有利于朝中方面了。

3月31日,第九兵团司令员王建安致电邓华、杨得志并报中央军委、彭德怀,建议在5月上旬发动一次战役反击。当时,邓华在"西海指"主持反登陆准备工作。杨得志看着这封充满胜利信心的电文,好像看到了王建安这位老战友那双总是蕴含着自信、乐观的眼睛,又好像听到了他激动起来那滔滔不绝的洪亮声音,心里特别高兴。

4月1日,杨得志立即复电王建安,把他的建议上报中央军委并转邓华。杨得志在电文中说:

建安同志并报军委、彭总转邓:

3月31日电悉。建议发动一次战役反击甚好。如敌5月10日前不向我进攻时,我同意经军委批准后发动一次反击作战。惟我们认为最近二十三军、四十军、四十七军在"丁字山""老秃山""织女星山"等战斗,是经过较长时间周密组织与充分准备的,因而战斗较为顺利,达成预期目的,且均为敌一个连以下兵力;而对敌一个营阵地的反击,根据过去的经验要更为慎重，歼敌一个营的战例尚不多。关于反击时间，因新兵目前东北只集结47000人，西南10万新兵要在6月才能开抵东北完毕，且均未经过一定训练。为保证战斗发起有持续的兵员补充，至早应在5月下旬，而现在战备工作尚未全部完成，各军4月份仍须以战备为中心任务，目前不得牵扯部队这方面的精力。反击的准备则依前电在5月上旬进行。请充分准备意见与材料，届时志司准备专门召集会议研究。

以上是否有当，请军委指示。

4月4日凌晨，杨得志便收到了由彭德怀拟稿、经毛泽东审定后于3日晚11时发出的中央军委复电：

得志并建安同志：

建安3月31日电、得志4月1日电均悉。根据目前情况，在我确有充分准备下，举行小规模的歼灭战，每次歼灭敌一两个排至一两个连，例如丁字山、老秃山、织女星山一类的作战，使我九兵团及其他兵团取得新的战斗经验及促进停战谈判均有利……至于一次同时在全线打10个据点之敌的战役作战则以待至5月中旬或下旬为宜。

根据中央军委指示，杨得志等研究决定：继续加强东西海岸防御工事，随时准备粉碎敌人的进攻。同时采取针锋相对的方针，除继续进行个别的战术反击外，如5月上旬"联合国军"不向志愿军进攻，志愿军则于5月中下旬举行类似1952年秋季那样的战役性反击作战。

4月20日，为实施战役反击，志司预先向全军发出了战役指示，接着于4月30日召开了兵团干部会议。在"西海指"组织反登陆准备工作的邓华回来主持会议。参加这次会议的有"西海指"副司令员梁兴初、副政委杜平、参谋长王政柱，第三兵团（兼"东海指"）新任司令员许世友、副司令员王近山、副政委杜义德，第九兵团司令员兼政委王建安、参谋长胡炳云，第十九兵团新任司令员黄永胜、副司令员兼参谋长曾思玉、副政委陈先瑞，第二十兵团代司令郑维山、政委王平、参谋长肖文玖，炮兵指挥所司令员高存信，工程兵指挥所司令员谭善和，前方运输司令部司令员刘居英等。

杨得志清楚地记得："4月的朝鲜，春天刚到不久，大概是与严冬经过了较长时间抗击的缘故，给人一种来之不易的感觉，因而也就觉得这里的春天格外可爱。参加会议的兵团干部，心境恰似朝鲜的春天，清新、明丽，充满信心，洋溢着朝气。会上会下热火朝天，谈笑风生。大家一致认识到战场形势对我愈来愈有利，经过反登陆作战准备，我军可攻可守，在战略上更加主动。"

在会上，杨得志介绍了敌我双方的基本情况。此时，"联合国军"总兵力已达120万人，地面部队有24个步兵师，其中南朝鲜军大量增加，中

1953年5月，杨得志和志愿军总部其他领导在一起。左起依次为解方、李达、杨勇、李志民、杨得志、王平

朝军队总兵力为180万人（含朝鲜人民军45万人），地面部队有25个军（含朝鲜人民军6个军团）。杨得志特别提醒大家要注意，"敌人已经有了很丰富的挨打的经验教训"。

5月4日会议结束，研究、制定了战役指导方针和部署，坚持毛泽东为志愿军确定的方针："争取停，准备拖。而军队方面则应作拖的打算，只管打，不管谈，不要松劲，一切仍按原计划进行。"

5月5日，志司以邓（华）杨（得志）解（方）李（志民）的名义，下达了《举行夏季战役反击准备工作的补充指示》。这个补充指示，从战役目的和指导思想一直谈到攻击目标的选择，反击作战的具体方式，战术运用的各种要求，以及战役时间的预定。明确提出战役的目的是消灭敌人，锻炼部队，吸取经验，以配合板门店的谈判。根据敌人的分布，西线以打击美军为主，东线以打击南朝鲜军为主。战役指导的基本精神则只有四个字，即"稳扎狠打"。就是要以铁的事实告诉敌人，你打我陪，你拖我不怕，但你想要得到的东西，无论在谈判桌上还是在战场上都是痴心妄想。

天气渐渐暖和起来了。

在全军上下轰轰烈烈的战役准备中，脱掉棉衣棉裤的志愿军指战员信心百倍，意气风发，捋起袖子准备大干一场，那求战心情犹如朝鲜初夏的原野，蓬蓬勃勃，热情一天高似一天。他们大都觉得，这次战役很可能就是在朝鲜战场上的"压台仗"了，所以只能胜利不能失败，而且要取得彻底的胜利，痛痛快快的胜利。也只有不同凡响、扎扎实实的胜利，才能成为"压台仗"，才有可能在朝鲜战争这部史书上画个句号。因此，他们准备得格外用心。看到这样的情况，作为主管作战的志愿军副司令员，杨得志很高兴。

就在这个时候，从板门店传来了消息，美方代表反对朝中方面代表团提出的解决战俘问题的方案，并提出了"反建议"，谈判在战俘问题上又僵持住了。

回到作战室，邓华和杨得志、解方、李志民又坐在一起研究对策。

杨得志说："看样子，他们是不见棺材不落泪呀！"

邓华说："还记得，毛主席、周总理去重庆谈判的时候，刘伯承司令员和邓小平政委指挥的上党战役吧？刘司令和邓政委当时就讲过：'我们的仗打得越好，毛主席在谈判桌上的话就越有力量。'现在，我们也是要打胜仗！"

解方说："我记得李克农同志入朝参加谈判后多次对我说：'我那里是"君子动口不动手"，可我这个口是以你的手作后盾的！'"

邓华说："是啊！克农同志的话，是老同志的经验之谈，也是对我们在军事战线上工作的同志的希望和要求。现在就是我们大动手狠动手的时候了。"

经过讨论，大家决定：凡对敌连以下目标的攻击已完成准备的，即可开始作战；对其他歼击目标仍按照原定计划于5月30日前完成进攻准备，6月1日发起进攻。

在这个决定上签字时，解方特别兴奋，笑着说："各位首长，你们这个决心一下，我才真觉得是从板门店回来了。打！"

5月12日上午，郑维山给杨得志打来了电话，说："昨天的决定很好。再不提前，我就要放'炮'了。我们的干部战士已经嗷嗷叫了。"

话筒中，杨得志感到郑维山的声音似乎比任何时候都响亮，都更充满信心。

"叫得最响的恐怕还是你吧！"杨得志笑着问道，"你打算什么时候开始？"

郑维山说："明天。今天夜里我就把部队输送到潜伏区，给它来个迅雷不及掩耳。"

杨得志问道："计划先拿几个点？"

郑维山信心满满地回答："两个，先重点捏巴他两个。六十七军打科湖里，六十军干方形山。我已经给他们下了死命令，这两个点必须拿下，得手后必须拖到底，来来回回多杀他几批。其他的点敲边鼓，能抓一把就抓一把，绝不会空手的。"

郑维山的一通电话，把杨得志搅得心里热乎乎的。当天，他又接到第九兵团的报告，第二十三、第二十四军也准备于13日分别向预定的目标进攻。

就这样，1953年夏季反击战役于5月13日打响了。至5月25日，在第一阶段，志愿军一线部队先后对"联合国军"的20个目标攻击29次，共毙俘敌4100余人。第二阶段是从5月27日开始的，至6月15日结束。

志愿军反击作战的连续胜利，震惊了华盛顿，美国当局急忙给克拉克下达训令，撤回要求扣留朝鲜人民军被俘人员的方案，基本上接受了朝中方面的提案，停战谈判取得进展，谈判双方于6月8日达成了协议。剩下的问题就是重新划定军事分界线和拟定签订停战协定的细节了。

然而，南朝鲜李承晚集团却大肆叫嚣"反对任何妥协"，声言要"进军鸭绿江"，"单独打下去"，并在汉城、釜山等地导演了反对停战的"群众游行"。朝鲜战场出现了"主子要和"、"奴才要打"的新形势。

杨得志与邓华根据当前的变化，决定改变作战对象，将原以打击美军为主的计划改为以打击南朝鲜军为主，对英国及其他国家的军队暂不攻击，对美军也不作大的攻击。同时，命令新入朝的第十六、第五十四、第二十一军立即开赴第一线，准备投入作战。

邓华笑着对杨得志说："要告诉部队，不要觉得打李承晚没有什么油水可捞。我们这叫杀鸡给猴看，谁不老实就打谁，就惩罚谁！"

为了使志愿军正面各军尽快把战斗打击目标转移到南朝鲜军上，邓华和杨得志分别与各兵团通了电话，再三强调要抓紧时间痛打南朝鲜军，以促停战谈判早日签字。

这天，杨得志接通了第九兵团司令员王建安的电话，部署完工作之后，王建安告诉他："首长，三兵团许司令员和杜义德副政委在我这里观战、助战，要不要和他们讲话？"

杨得志没有忘记，入朝前在济南见面时，许世友还要他向朱总司令带话的事。在电话中，杨得志高兴地说："你到底到朝鲜来了。再不用向朱老总发牢骚、要任务了。"

杨得志知道许世友是个喜欢打大仗、打硬仗的将军，眼下停战谈判签字的可能性极大，要打只能打南朝鲜军，他肯定是不满足的。果不其然，许世友在电话中开口就说："我原来还想来摸一摸克拉克的骨头到底有多么硬呢，现在摸不成了。也好，早打早停，早停早好，中朝两国老百姓早就盼着这一天了。"

杨得志说："二十兵团新任司令员杨勇已经到了，郑维山准备交班，请你代我向他们二位问好吧。"

与许世友通完话，杨得志又给杨勇、郑维山打了电话。

6月10日，第二十兵团第六十军以3个团的兵力，进攻北汉江以东南朝鲜军第五师第二十七团阵地。为了争取战斗的突然性和减少伤亡，该军在9日夜间预先将6个连另2个排的兵力，秘密地投入敌阵地前和翼侧潜伏。10日晚，在259门火炮的支援下，他们采取多路多梯队的方式分别从东、北两个方向突然发起冲击，经过50分钟战斗，全歼守敌一个团，首创阵地战以来一次进攻歼敌一个团的范例。至6月15日，志愿军和朝鲜人民军先后对敌51个阵地攻击65次，共毙伤俘敌4.1万余人，扩大阵地面积58平方公里。

6月15日傍晚，杨得志正在作战室的沙盘前观察志愿军正面、左右翼部队的进展情况，忽然听到外边不知是谁大喊一声："快来看哟，我们的炮火把天打红了！"

作战室有好几个同志一听就赶紧跑了出去，杨得志也跟着走到了门口。出门一看，啊！多美的晚霞啊！到朝鲜两年多来，杨得志还是第一次看到这样的美景。只见西边半个天空像烧红的铁皮一样，小块的云彩像是要被烧化了似的，大块的乌云透出紫色，镶上了厚厚的金边。

"莫道桑榆晚，为霞尚满天。"正当杨得志看得出神的时候，杨凤安送了封电报，说："彭总来电了！"声音里透出些许的激动。

杨得志一边走，一边看电报。电报里说，停战谈判就军事分界线问题基本达成协议，从16日起坚守现阵地，停止主动攻击。同时，彭德怀提醒："须提高警惕，严阵以待，对敢于向我军阵地侵犯之任何敌军坚决给以歼灭之打击，切不可有任何疏忽。"

第二天清晨，还不到5点，杨得志就早早地起床了。早起，是他多年来养成的好习惯，然而，今天与往日似乎有些不同，杨得志好像是有点故意早起似的。他一口气跑到后边的山顶，眺望着透迤的群山。天空泛起了鱼肚白，四周寂静得很。在战场上，这种寂静是少有的，也是难得的，是用鲜血和生命换来的。

多少年过去了，杨得志还记得这个难忘的早晨，就像无法忘记昨日那个晚霞满天的黄昏。他说："往常战斗激烈的时候，是可以听到隆隆炮声的，即便没有炮击，也能感觉到前沿阵地的战斗气氛。即使战斗短暂地停止，两军处于对峙状态，也能感觉到空气中的那种硝烟焦灼味。说来也怪，此时就感觉不到了，仿佛大地在甜甜的沉沉的睡梦之中。我面向祖国的方向，伸展了几下双臂，又深深吸了几口气，踮起脚向远方看了看，好像能看到祖国一样，好像要向祖国说点什么。说什么呢？是向祖国报告我们胜利了，还是说点思念祖国之情，似乎都有。"

将军的本色是诗人，将军的血液里流淌着乡愁。

这天，志司作战室里的电话铃声也格外稀少，杨得志让参谋杨凤安往各兵团打电话问问情况，均回答没有什么动静。下午，又接到北京的电话，说彭德怀司令员近日起身来朝鲜参加签字仪式。这一重大喜讯，把志司全天的生活推向了高潮，从上到下都是喜气洋洋的。晚饭，炊事员特意多做了几个菜，在饭桌上居然还放了瓶茅台。

邓华说："哟嚯，要庆贺吗？是不是为时过早了些？"

李志民说："炊事员都着急了，可见是人心所向。"

杨得志高兴极了，又让炊事班拿来一瓶，笑着说："大家都可以多喝

杨得志与李志民在朝鲜

几杯,今天夜里不会把你们从被窝里拖出来的。"

接着,他们又把崔庸健副司令等朝鲜同志请了过来,合成了一个桌。同志们互敬互让、频频举杯,尽兴而散。大家清楚:虽然还没有最后签字,但胜利在即,两年多来出生入死得来的胜利多么不容易呀!

然而,没有想到的是,第二天、第三天接连传来了令人气愤、震惊的消息:李承晚集团武力劫走朝鲜人民军被俘人员2.7万余人,名义上是"就地释放",实际是强行扣留,补充到南朝鲜军中去了。这一举动,不仅严重破坏了战俘遣返协议,也充分暴露了李承晚集团企图破坏即将达成的停战协定的罪恶目的,这一举动遭到了国际社会的强烈谴责。

怎么办?

此时,彭德怀已于19日离开北京,20日下午抵达平壤。彭德怀给邓华打电话,在电话中,邓华向彭德怀建议再给李承晚一次军事打击,给他一点颜色瞧瞧。彭德怀也愤愤地说:"这个李承晚不识好歹,再给他点颜色看看是完全应该的。"

6月20日晚10时，彭德怀亲自致电毛泽东，建议"推迟停战签字时间""为加深敌人内部矛盾，拟再给李承晚伪军以打击""再歼灭伪军15000人"。毛泽东当即回复同意，"极为必要"。

于是，杨得志与邓华根据毛泽东、彭德怀的指示，决定发起夏季反击战役的第三次进攻，也称之为金城战役。

7月13日，第二十兵团的3个突击集团（中央和东路、西路），第九兵团第二十四军，在东起北汉江西岸、西至阳地村25公里的正面战场上同时发起攻击。至18日，经过5天激战，共毙伤俘敌2.8万余人，击溃敌人4个师，共攻占纵深10公里160余平方公里的阵地，缴获了许多装备和物资，给南朝鲜李承晚集团以严重打击，有力地配合了停战，受到中共中央和中央军委的祝贺。

金城战役毙伤俘敌7.8万余人，超过预定歼敌数量5倍以上。

7月27日，朝鲜战争停战协定在板门店签字，29日双方交换了签字文本。至此，历时2年9个月的抗美援朝战争胜利结束。

7月28日，彭德怀来到开城，在朝鲜战争停战协定和临时补充协议上签字。签完字，彭德怀告诉杨得志，今年十一是中华人民共和国成立四周年，也是朝鲜停战后的第一个国庆节，中央决定要志愿军组织一个观礼代表团回国观礼、汇报。

彭德怀亲切地对杨得志说："你入朝后没有回过国，两年多了国内的变化大得很哩！你们要多走一些地方，多了解一些祖国建设的情况，回来后好向部队传达、介绍、进行教育嘛！同时，要多向国内各条战线的群众汇报，让人民更多地了解志愿军的情况。国内的人民群众对志愿军感情深得很！你嘛，还要准备向政府汇报，向军委汇报，还要研究停战后的部队工作。"

杨得志说："全军的情况您都了解，向中央和军委汇报还是您讲好。"

彭德怀说："我讲，你也要讲。国庆节前中央人民政府要开会，主席

1953年8月1日，杨得志、李志民在朝鲜桧仓里中学参加庆祝停战大会，他们高兴地举起献花的朝鲜儿童

和总理要我讲一讲志愿军入朝参战以来的情况，是工作报告性质的。你嘛，我的意见重点讲一讲最近的情况，可以讲一讲停战前的这次夏季反击战役嘛。这个仗打得不错，出了不少英雄，讲一讲英雄们的事迹，多讲一讲战士们、基层的指挥员们。"

杨得志向彭德怀报告："停战协定签字前，我们和朝鲜人民军的同志商量好了，借八一的机会，我们一起开两次大会：一次是纪念八一建军节，朝鲜政府确定派一个人民代表团来，要向我们赠旗，我们这里邓华同志讲话；另一次是共同开一个庆祝朝鲜停战胜利大会，我讲一次话。"

彭德怀说："好嘛！这两个会都要开好。你和邓华的讲话，都要突出地感谢在金日成同志的领导下，朝鲜党、政府和人民对我们的大力支援。

要告诉大家,停战协定的字是签了,我们要严格执行。对方执行不执行啊?那还要看一看。我们欢迎他们执行,也要准备他们不执行。总归不能板门店签了字就马放南山了。"

杨得志说:"等两个大会开完了,我便尽快动身回国。"

"那好。"彭德怀说罢,突然笑了,"对了,他们告诉我,你爱人刚给你生了一个儿子,他们也盼你快点子回去!"

的确,杨得志的妻子申戈军一个多月前刚刚生下一个男孩,杨得志给儿子取名建华,日理万机的彭德怀居然把这件小事挂在心上,还把它作为要杨得志早一点回国的理由提出来,这是杨得志没有料到的,令他非常感动。

8月10日,作为志愿军国庆观礼代表团团长,杨得志率代表团离开志司,启程回国。跨过鸭绿江,一踏上祖国的土地,边城安东以盛夏八月炽烈的热情欢迎祖国优秀的儿女凯旋。锣鼓、鞭炮,震天动地;彩旗、鲜花,遮天蔽日;一条条五彩缤纷的标语,一阵阵发自内心的口号,一张张充满激情的笑脸,让杨得志和代表团的同志们禁不住热泪盈眶。

代表团走到哪里,哪里都是欢迎的人群;走到哪里,哪里都以英雄相待;走到哪里,哪里都给予莫大的荣誉。杨得志回忆说:"我们代表团中有好几位老同志,他们说抗日战争时期、解放战争时期我们住在群众家里,睡在老乡们的土炕上,和老乡们一个锅里摸勺子,完全是一家人,那感情真够深的。可这次回国的感觉和过去竟不一样。为什么呢?年轻一点的同志说:那是因为我们在国外作战。看来一个人离开老家可以找新家,离开自己的祖国可找不到一个新的祖国了。祖国只有一个啊!我说,祖国人民这样欢迎我们,是因为他们派我们出国作战,代表他们为保卫和平而战,我们的仗打得还不错,所以他们才高兴,才把同志们当成英雄!"[①]

是的,在抗美援朝战争中,志愿军全体指战员在武器装备极为落后、战场环境极为艰难的条件下,牢记党和人民的重托、肩负民族的希望,前

[①] 杨得志:《杨得志回忆录》,解放军出版社2011年版,第616页。

仆后继，舍生忘死，顽强地同敌人血战到底，谱写了气壮山河的英雄壮歌，涌现了大批英雄、模范和功臣。其中，全军荣立集体三等功以上的单位5953个、三等功以上人员302724名。由志愿军领导机关授予的英雄、模范称号和记特等功人员502名。在30多万名英雄、模范和功臣中，有23万多人获得了朝鲜民主主义人民共和国最高人民会议常任委员会颁发的各种勋章和奖章。其中，彭德怀、杨根思、黄继光、孙占元、杨连第、邱少云、伍先华、胡修道、杨春增、杨育才、李家发、许家朋等12人荣获"朝鲜民主主义人民共和国英雄"称号。抗美援朝期间，杨得志先后荣获朝鲜民主主义人民共和国授予的一级自由独立勋章和一级国旗勋章各3枚，共计6枚。

10月1日，志愿军代表团全体同志参加了庄严隆重的新中国成立四周年国庆观礼。当毛泽东、周恩来、刘少奇、朱德、董必武等党和国家领导人健步登上天安门城楼的时候，全场起立，整个会场响起了雷鸣般的掌声。

盛大的群众游行开始后，周恩来派人把杨得志请上了天安门城楼。一上楼，看见周恩来正向他走来，杨得志就赶紧立正，敬了一个军礼。

周恩来微笑着握住杨得志的手说："你出去两年多，辛苦了，身体怎么样？"

"很好，感谢总理的关怀。"杨得志充满感激地说。

"早就知道你回来了，彭总跟我说过，可一直没有找出时间来和你谈谈。今天是主席找你，他要见见你。"周恩来说着，就把杨得志领到毛泽东身边。

已经有近十年没有见到毛泽东了。杨得志清楚地记得上一次见面还是1944年的春天。那时，杨得志从冀鲁豫到陕北不久，毛泽东把他叫到延安枣园的住处，谈了半天时间。那天，毛泽东建议他"有机会到抗大或者党校去住一段时间"，"你才三十几岁，来日方长呀！"。

今天，杨得志发现毛泽东似乎胖了些，精神很好。

"欢迎你呀，得志同志！"满面含笑的毛泽东握着杨得志的手连晃了几下。

这时，刘少奇、朱德、董必武等都过来同杨得志握手。

毛泽东诙谐地说："你们都认识吧，此人大名叫杨得志，当年强渡大渡河的红一团团长，如今志愿军的副司令，德怀的助手。湖南人氏，我的乡里咪！"

周恩来补充说："得志是这次志愿军归国代表团的团长。"

毛泽东笑着说："此人一直是志愿军，上井冈山就是志愿去的，就是志愿军！"

刘少奇说："杨得志这个名字我也是强渡大渡河的时候才知道的。"

朱德说："好汉莫提当年勇嘛，让他讲一讲在朝鲜的事嘛！"

毛泽东接过话题，对杨得志说："这次请你们回来，就是要你们给我们讲一讲朝鲜的事。不但给我们讲，还要给群众讲。群众可是欢迎你们的！"

周恩来说："他们回国后已经走了一些地方，给群众作了些报告，国庆节之后还要在北京作报告。全国政协那里一定要得志同志去讲一次。"

"好嘛，"毛泽东说，"那就去讲一讲，让我们的朋友更多地了解我们。"

杨得志激动地点头答应。

10月中旬，杨得志在政协全国委员会举行的报告会上，作了题为《感谢祖国人民的支援和鼓舞》的报告。杨得志说，志愿军之所以能够取得这样的胜利，除了中国共产党的正确领导和朝鲜人民的大力支持外，祖国人民的支援和鼓舞是我军克敌制胜的力量的源泉。祖国人民称志愿军战士是最可爱的人，战士们则说："最可爱的人一定要办最可爱的事。"胜利属于我们的党和人民！

10月19日，杨得志离开北京返回朝鲜，25日到达桧仓志愿军总部。

三年前的10月19日，是彭德怀率领志愿军出国作战的日子。

三年前的 10 月 25 日，是志愿军打赢出国第一仗的日子。

这不只是一个时间的巧合，也是历史留给我们的思考。

又过了一个月，到了 11 月中旬，正在开城前线部队调研的杨得志接到邓华的电话，要他火速赶回志司，说有要事商量。他赶了 8 个小时的路到达后，邓华告诉他，中央军委来了命令要邓华回国。命令来得十分突然，邓华和杨得志都没有思想准备。彭德怀回国后，邓华一直是志愿军的代司令员兼政治委员，主持志愿军的工作。现在，邓华一走，工作的担子自然落到了杨得志的肩上。

杨得志和邓华都是湖南人，都是参加湘南起义后上井冈山的。长征胜利到陕北后，杨得志到红二师当师长，邓华任政治部主任，两人曾一起参加过著名的山城堡战斗。在朝鲜战场上，老战友再次并肩作战，在异国他乡建立了更加深厚的战斗情谊。现在又要分别，杨得志内心很是不舍，对邓华说："军委来了命令，我们当然要绝对服从，不过……"

邓华笑着说："得志，我回去和你也就是一江之隔，我在沈阳做你的洪学智——后勤部长嘛！"

11 月 18 日，杨得志送邓华回国，两人紧紧地拥抱告别。

又是一年芳草绿，又见橙黄橘绿时。

一年后的 1954 年 10 月底，中央军委任命杨得志为志愿军司令员。也就在这一年的这一个月，中央军委任命杨得志兼任军事学院战役系主任。两个多月前的 8 月 26 日，中央军委刚刚公布杨得志等 52 人为军事学院第一期战役系学员。

1954 年 11 月，杨得志才从朝鲜归来，真正踏入军事学院的殿堂，接受刘伯承院长给各位将军们"开小灶"，重新当起了学生，用科学文化知识这把"金钥匙"，打开世界的大门，继续攀登现代军事科学的高峰……

第五章 杨勇：斗智斗勇"压台戏"

沙场点兵 16

毛泽东命令杨勇赴朝,实现周恩来"三杨开台"
老将们争着要打最后一仗,彭德怀说听杨得志的

1953年4月26日,中断6个月之久的板门店停战谈判重新恢复了。

也就是在这个时候,杨勇接到了赴朝作战的命令。

命令是由毛泽东4月18日亲自签署的。时任解放军第二高级步兵学校校长的杨勇调任中国人民志愿军第二十兵团司令员。

又要带兵打仗了!接到命令,平日里倒头便睡的杨勇,一夜没有睡着觉。

闻战则喜。自从彭德怀率领志愿军雄赳赳气昂昂地跨过鸭绿江,一晃两年半的时间过去了,随着入朝部队一番番轮换,杨勇曾带过的老部队第十六军和第三十八军都先后入朝参战,昔日的老战友也都一个个闻到了火药味,多次请缨参战的他早就按捺不住了。你说,能睡得着吗?!

朝鲜战争打响的时候,杨勇正在南京军事学院高级系学习,快毕业时调任总高级步兵学校副校长,半年后赴石家庄任第二高级步兵学校校长。

养兵千日，用兵一时。其实，这句话都已经是老皇历了。现代化战争，养兵千日，用兵千日。真正的战士，必须时刻准备着去打仗！

一说起打仗，杨勇就来了精神。杨勇最突出、最擅长的本事就是打仗，而且喜欢打大仗、打恶仗。

早在1935年6月，长征路上，毛泽东就高兴地拍着杨勇的肩膀说："你真是员猛将，在关键时刻有那么一股子虎劲！"这年10月，毛泽东在陕北夸赞他"文武双全，真是个好同志！"新中国成立后，毛泽东对杨勇说："好你个杨勇！还是像过去那样耿直、刚毅，带着一股虎气。"

杨勇浓眉大眼，方脸大嘴，目光犀利，仪表堂堂，天生就有职业军人的帅气。

1913年出生的杨勇，比毛泽东整整小20岁。杨勇原名世骏，是湖南浏阳县人，出生于文家市清江一贫农家庭。1926年在里仁学校读书时，参加劳动童子军，任队长。1927年9月19日，毛泽东率领秋收起义部队退至文家市，驻杨勇就读的里仁学校。第二天早晨，毛泽东在里仁学校操坪向工农革命军第一师全体人员讲话，以司马光砸缸的故事，比喻当时之革命形势。毛泽东说："蒋介石好比是一口大水缸，我们好比是一块小石头。我们这块小石头，总有一天会把蒋介石那口大水缸打碎的！"其时，杨勇与童子军小伙伴骑坐于操坪的墙上，听到此处，对毛泽东的雄才大略佩服得五体投地，随即决定追随其一生。

毛泽东喜欢这位湖南老乡，周恩来也喜欢他。1951年初，当杨得志、李志民率第十九兵团入朝作战，周恩来在北京接见他们时，就曾说要把杨得志、杨成武、杨勇"三杨"都拿出去，并借"三阳开泰"来祝福"三杨开台"。

1950年，杨成武率领第二十兵团从天津出发，进驻东北，随后出国作战。后来，杨成武因病回国，由第十九兵团副司令员郑维山任代司令员，政治委员是张南生。所辖第六十七军和第六十八军，在三八线金城地区的北部担任防御任务。

现在，毛泽东、周恩来真的把"三杨"全部送到了朝鲜战场。接到紧急命令，杨勇一家乘坐飞机从石家庄飞到北京。说走就走，杨勇在北京来不及安家，甚至连一个落脚点都没有。好在和杨勇同时任命为第二十兵团政治委员的王平此时在华北军区任干部管理部部长。一到北京，王平就说："干脆到我家去住吧！我那还有地方。"就这样，两家十几口人就挤一挤，合住在一个院里。杨勇就把战争年代一直寄住在战友王秉璋那里的大儿子杨小平接回来，一家人终于团聚了。

此时，彭德怀因病回国，正在北京治疗。

5月5日，杨勇和王平应召，来见志愿军司令员彭德怀。

中南海的5月，春光明媚，万紫千红，旖旎秀丽。杨勇、王平来到彭德怀的住处，彭德怀已经在客厅等候。

"彭总，您好！"杨勇和王平一前一后走进来，向彭德怀敬礼。

"来了。请坐，坐！"彭德怀热情地和他们握手。

一落座，生性耿直的彭德怀就说："你们打算什么时候去朝鲜呀？"

没有寒暄，没有客套，这就是彭德怀的性格，说话办事从不拐弯抹角。他四四方方、轮廓分明的脸上露出了一种期待的神情。

杨勇说："我们想尽快去。"

彭德怀说："好啊！快点去。朝鲜问题还挺复杂。这些美国佬，还没被揍老实。谈不好好谈，打又不敢打，尽在那里耍花招。特别是那个战争狂人李承晚，穷叫喊'北进'呀'统一'呀，拖着美国捣乱，妄想依靠美军为他打天下，甚至还想'单独干'，真不知道天高地厚了。你们去了以后，要认真准备一下，我们还要好好教训教训他。"

杨勇和王平认真地听着，仔细领会彭德怀的意图。

彭德怀接着说："叫你俩去朝鲜，这是主席亲自批准的。主席的意思是多选几名老将去加强一下抗美援朝的斗争。由于美帝国主义坚持扣留朝中战俘，破坏停战谈判，并且妄想扩大侵朝战争，所以抗美援朝的斗争必须加强。主席说过，我们是要和平的，但是，只要美帝国主义一天不放弃它那种蛮横无理的要求和扩大侵略战争的阴谋,中国人民的决心就是同朝鲜人民一起,一直战斗下去。他们愿意打多少年,我们就跟他们打多少年,一直打到他们罢手的时候为止,一直打到中朝人民完全胜利的时候为止!"

"请彭总放心,也请转告毛主席:我们一定完成任务,直到取得光荣的胜利。"杨勇和王平表示了决心。

彭德怀笑着说:"周总理早就说过,要把'三杨'拿出去,让'三杨开台'。杨得志、杨成武已先期赴朝,现在,你杨勇要求参加志愿军也如愿以偿了。王平和你也是老搭档。我相信你们一定能干出名堂来。"

的确,杨勇和王平是一对老搭档了。早在1931年红军第一次反"围剿"时就相识了,曾一起活捉了国民党前线指挥官张辉瓒。他们俩也都是彭德怀的老部下。杨勇曾在彭德怀指挥的红三军团第四师第十团担任政治委员,而王平则在第十一团担任政治委员。在艰苦卓绝的岁月里,特别是在长征征途中,彭德怀察觉到张国焘有个人野心,十分担心党中央和毛泽东的安全。当部队行至巴西,彭德怀派王平所在的十一团隐蔽在毛泽东的驻地附近,以防不测。毛泽东巧妙地摆脱张国焘设下的圈套带领中央红军北上时,彭德怀又安排杨勇率第十团负责保卫毛泽东的安全。在革命的紧要关头,他们同担风险,共闯难关,交替掩护党中央和毛泽东走出草地,翻山越岭,直到胜利到达陕北。如今,他们又结伴而行,奔赴抗美援朝保家卫国的战场。

说到这里,彭德怀又叮嘱道:"到了朝鲜,一定要尊重朝鲜同志,特别要尊重金日成同志,拥护朝鲜劳动党。要记住主席的指示,爱护朝鲜的一山一水一草一木。"

彭德怀交代完毕,杨勇和王平起身要走,彭德怀一把拉着他们,说:"别走,都别走,多年不见了,难得一聚,没有什么好招待的,在我这里吃午饭,也算是为你们壮行吧!"

吃过午饭,告辞时,杨勇、王平请示彭德怀还有什么工作。

彭德怀笑着说:"没有什么指示,朝鲜的情况你们去了解,不给你们戴框框。我要想说的就是一句话,千万注意安全。去了朝鲜,你们一定要选一个好司机。朝鲜的道路不好,尤其是二十兵团那里,大多是山路,再加上美军轰炸得厉害,有个好司机就相对安全一些了。"

小事见精神。听了彭德怀细致入微的嘱咐,杨勇和王平没想到彭老总如此体贴、周到,十分感动。

5月11日,杨勇和王平雄赳赳气昂昂地跨过了鸭绿江。16日,他们抵达志愿军总部所在地桧仓。邓华代司令员、杨得志副司令员和政治部李志民主任,热忱欢迎他们的到来。

在欢迎的人群中,杨勇老远就看见了杨得志,兴奋地挥着手喊起来:"老杨哥,老杨哥!"

说起杨得志和杨勇,也是老战友了。两个湖南老乡,年龄也只差两岁。早在1936年,两人就相识,并肩作战,一起参加了平型关战役。在整

1953年,志愿军第二十兵团司令员杨勇(前中)、政治委员王平(前右)、二十四军代军长张震(前左)在朝鲜

编后的冀鲁豫军区的八路军第一纵队，杨得志担任司令员，杨勇为副司令员，解放战争又生死与共，结下了兄弟般的情谊。新中国成立后，一南一北，天各一方，一别就是四五载。今日，久别重逢，又在异国他乡，自然更加亲切。杨得志兴高采烈地把杨勇一行拉到自己的住处，"忆往昔峥嵘岁月稠"，有说不完的话。当然，最后言归正传，交谈的主题还是朝鲜战争。

作为主管作战的志愿军副司令员，杨得志向杨勇、王平介绍了战局和战况。他说："你们来得正是时候，现在朝鲜战局处于紧要关头。敌我双方经过长期的激烈斗争，特别是我军实施大规模的反登陆作战准备之后，因战俘问题长期中断的停战谈判现在又恢复了，从而打破了谈判僵局。"

杨勇睁着大眼睛，认真且直率地说："老杨哥，谈判又重新开始了，但是敌人不老实，还在继续进行讹诈，只有战场上打得好，谈判才可能谈得公平。"

杨得志点点头，说："是这样。在敌人营垒的内部，一些好战分子，如美军第八集团军前任司令范弗里特等人仍然公开反对妥协，极力鼓吹要取得军事上的胜利。李承晚集团更是极力反对停战，叫嚷要向鸭绿江进行一次全面的军事进攻，并说必要时单独作战。美国新当选的总统艾森豪威尔曾在竞选中许诺要亲自到朝鲜去赢得这场战争。艾森豪威尔曾在第二次世界大战中指挥过诺曼底登陆，又试图在朝鲜再显身手。"

王平说："和平不能靠乞求，要靠斗争。前阶段志愿军取得了许多重大胜利，我们要好好学习你们的经验。"

"李承晚集团在加紧准备进行全面进攻。为配合板门店停战谈判，促进停战的实现，中国人民志愿军决定对敌发起夏季反击战役。你们正是在这关键时刻到二十兵团就职的。"杨得志高兴地说，"二十兵团正面主要是李承晚的南朝鲜军，身负重任，光荣啊！"

杨勇着急地说："我们明天就去金化地区。"

杨得志说："好，但要注意安全。"

杨勇急着上前线，为了抢时间，他命令司机白天晚上都赶路，即使碰到敌机，不能走也得走。吉普车在坑坑洼洼的道路上颠簸着前进，仿佛是在波峰浪谷间航行的小船。

第二十兵团的驻地在一个名叫台日里的小村庄。那里紧挨着三八线，是一个只住着几户人家的荒僻的小山沟。兵团司令部坐落在群山环抱的山洞里。山上的树木被敌机轰炸得残缺不全，大片大片地被烧成焦木，已经看不出春天的模样了。

5月19日，风和日丽。杨勇、王平一行抵达台日里。

在杨勇、王平抵达台日里之前，夏季反击战役已于5月13日开始。

正是在战斗紧张进行之际，杨勇到了前线。

杨勇的住处就在兵团司令部旁边的一个山洞里，轰隆隆的炮声和激烈的枪声从不远的地方传来。置身于异国战场，听到久违的枪炮声，这让杨勇一下子找到了打仗的感觉，心潮澎湃，热血沸腾，甚至有了某种难以名状的亢奋，很快就进入临战状态。很少写战斗日记的他，也忽然有了某种写作的冲动，拿起纸笔，哗哗地写道："此乃对我新上战场之老兵是个学习和锻炼的良好机会。"

这个时候，朝鲜战场上可谓名将云集。杨勇还没有露脸的机会。

夏季反击战役经过两个回合的较量，到6月15日终于有了一个结果。这天晚上，从板门店谈判现场传来了一个好消息，双方谈判代表就军事分界线问题达成协议，标志着停战谈判的各项议程全部达成协议。为此，彭德怀专门从北京发来电报：按照双方实际控制线划定军事分界线的工作即将完成，以6月15日晚24时为准，双方占领之阵地均为有效，此后均为无效。我志愿军为促进停战实现，应从明日（16日）坚守阵地，不再主动攻击。

邓华代司令员和杨得志、洪学智副司令员接到彭德怀的指示，兴奋至极，立即发布命令："从6月16日起，各部队一律停止主动向敌人攻击，但对敌人向我发动的任何进攻，则应坚决地给以打击。"

本以为朝鲜停战谈判就要完成历史使命,杨勇的心中,既为看到和平的曙光感到高兴,也为没有仗可打而感到失落。

谁知天有不测风云,李承晚竟然在6月16日致电美国总统艾森豪威尔,拒绝接受停战协议。18日,又强行将朝鲜人民军被俘人员2.7万余人劫往南朝鲜军队训练中心,公然破坏协议,引起世界公愤。

板门店谈判又按下了暂停键,停战协定还是签不了字。

面对这个新的局面,杨勇对王平说:"为什么美国主子要和,而李承晚这个'看门狗'还要继续打?他有什么本事继续打下去?是他自己单独打?还是另有目的?恐怕还是有美国在背后支持。"

王平支持杨勇的看法。

的确,"联合国军"总司令克拉克似乎还有些不甘心,美军第八集团军新任司令泰勒也不服气。

在第五次战役后,志愿军采取了"零敲牛皮糖"的战术,可谓是"小打小闹",积小胜为大胜,逐步消灭了敌人的有生力量,给敌人造成了一些威胁。但始终这么打下去,似乎还没有把敌人打痛。从1952年秋季反击战后的一年多,敌我双方形成了对峙状态。现在,连李承晚都敢跳起来单干,态度强硬,不就是因为我们还没有更加有效地打击他,没有从根本上摧毁他的斗志吗?

夏季反击战役的原则是稳扎狠打,所以第一阶段反击的规模比较小,主要是对敌人的连排班发动反击。到了第二阶段,第六十军在张祖谅军长的指挥下,以三个团的兵力进攻北汉江,全歼敌人一个加强团,首创阵地战以来一次歼灭敌人一个团的范例。

这一次,杨勇到现场观战助阵,那真是心花怒放。毛泽东曾在1951年说,如果我们在1952年秋季能歼敌一两个排到一两个连,1953年就可能解决敌人一个团。如今真的实现了,志愿军总部立即向中央军委报告,同时以中朝军队司令部的名义通报表彰。

的确,打美军不容易,那是世界第一的军队啊!况且还是"联合国军"呢！消灭敌人一个团很是了不起。

6月4日，杨勇主持召开兵团作战会议，郑维山代司令员参加了会议。

会议一结束，郑维山就给在志司负责作战的志愿军副司令员杨得志打电话，说："我们二十兵团在6月4日召开了作战会议，重新调整了部署，准备集中力量打击位于北汉江两侧的南朝鲜军第八、第五两个师。我们这个会开得很好，也是个交接的会，我这个代司令可以不再代了。部队的情况我都向杨勇同志介绍了。"

杨得志说："杨勇同志到朝鲜时间不长，你可以在兵团多待些日子。"

郑维山说："不要了吧，我再多待几天，杨勇同志就捞不着打这一仗了。第一次进攻，他全看到了，以后的计划，他都清楚。他有经验，肯定会打得更好。你放心好了。"

杨得志说："那你也别急着回去，交代完了，你到志司来，等我们一起把这'压台戏'唱完，再给你喝饯行酒、凯旋酒。"

郑维山答应了，随即，杨得志又给杨勇讲了几句。

"老杨哥！"一接电话，杨勇就亲切地喊道。这声称呼让杨得志感到特别亲切。杨勇接着说："郑司令安排得很周到，情况介绍得很详细。我想留下他，等我们一起把这一仗打完再欢送他，可他急得很，只好听他的了。我对同志们讲了，我们把仗打好，用胜利为郑司令员送行。"

夏季反击战役开战以来，第二十兵团负责东线作战任务，不是重点方向。志愿军在朝鲜战争中的重点大多在西线和中线，且大多以打美军为主，战场原则是不要贪多，口不要张得太大，小打、多打、长打，打的是疲劳战、游击战。因为在第五次战役中，就曾因为口张得太大，受后勤补给、地理环境、制空力量和异国他乡等客观条件限制而吃过亏。

现在，对杨勇来说，机会来了。作战方向由西线改为东线，作战对象由打美军为主改为打南朝鲜军。敌我态势已经发生了变化，形势对志愿军越来越有利。第二十兵团可谓天时、地利、人和都齐了。

形势变了，打法也要跟着变。

战场上就是斗智斗勇，既靠实力，也靠智慧，还要靠勇气，这就是指挥的艺术。

于是，杨勇就天天拿着一个板凳坐在军事地图前琢磨。看着三八线上第二十兵团正面的那一块突出部发呆，有时一个小时一动不动。

李承晚破坏停战谈判，中国人民志愿军不答应，中国人民也不答应。这时，彭德怀刚刚抵达平壤，是准备来参加停战协定签字仪式的。现在，李承晚要耍么蛾子，耍赖皮，彭德怀不高兴了，立即致电毛泽东，决定再给李承晚一点颜色瞧瞧。

6月21日，一接到彭德怀的电报，毛泽东就立即紧急复电，指出："停战签字必须推迟，推迟至何时为宜，要看情况发展方能做决定。再歼灭伪军万余人，极为必要。"

6月22日，彭德怀从中国驻朝鲜大使馆连夜直奔志愿军司令部所在地桧仓。邓华、杨得志、洪学智、李达、许世友、杨勇、王平、张南生、王政柱等高级将领在洞口迎接。彭德怀立即主持召开志愿军党委会，研究如何在全线发起第三次反击，狠狠打击李承晚的南朝鲜军。

过去开会，彭德怀常常一边讲话，一边抽烟。今天，大家发现他的双手都静静地放在桌子上。坐在一旁的邓华习惯性地递过来一支烟，彭德怀摆摆手，说："戒了。"

话音刚落，大家都吃了一惊，诧异地看着彭德怀。

彭德怀大眼睛一瞪，说："怎么啦？不相信？"

原来，国内正在进行"三反"（反对贪污、反对浪费和反对官僚主义）运动，彭德怀学习文件后，要秘书和警卫员对照文件帮他找问题，还有什么贪污浪费行为。大家说你节俭出了名的，生活太苦了，有什么浪费！他说，比如我这抽烟就是浪费。假如我还能活10年，戒了烟，这10年中间也可以替国家节省一笔钱。于是，他就毅然决然地戒了烟。

话题转回到朝鲜战争，邓华问："彭总，你说我们怎么办？"

彭德怀一拳头砸在桌面上，气愤地说："李承晚这个老家伙，这个时候跳出来！反对朝鲜停战，反对世界和平，如果不给他狠狠打击，不给他点厉害尝尝，他的尾巴委翘到天上了！"

刚烈勇猛的许世友也是火冒三丈，说："彭总说得对！李承晚敢于跳出来向世界和平事业挑战，非得好好教训他一顿不可！"说着，他把袖子往上一捋，激动地说："彭总，我5年没有打大仗了，手都痒了。最后这一仗，不叫我过过瘾，要后悔一辈子。把作战任务交给我们三兵团吧！"

彭德怀笑眯眯地看看这位善于打恶仗、打大仗的三野名将，说："你刚刚入朝，赶上了这一仗，运气不错。不过不要着急，先研究一个方案。邓华，你先说说，看先打哪个地区的南朝鲜军好一些？"

来自四野的邓华，文武兼备，多谋善断。他站起来，走到地图前，指着金城以南地区说："敌人在金城以南、北汉江以西的4个师比较突出，态势也对我有利。也可以说是从上甘岭向东，一直到岩洞。把这一带凹进我方的战线切平。这样战线就好看一点了。"

凹，从另一侧来看就是凸，就是战线的突出部。

邓华的意思，要打，就要打这突出部。这突出部也正是杨勇天天坐在地图前看着发呆的地方。

听了邓华的介绍，在座的将领们都笑了，杨得志笑了，许世友笑了，杨勇也笑了。

彭德怀随手抓了几片茶叶，在嘴里不停地嚼着，扭头眯着眼睛看着邓华手指的地方，点点头，笑着说："你说得好轻松呀。"

大家又乐开了。

金城这一带地形，确实十分特殊。它的东北部是陡峭的山峰，山高坡陡，敌人居高临下，易守难攻；北部和西北部山脉较低；西南是一条大川，位于双方阵地之间，间距600米至1000米。金城川从西折向东南，与北汉江汇合。平时水深不足1米，雨季时水深1米以上。金城正南方向梨船洞高地就是这个突出部的核心。在杨勇眼里，这个突出部就像一个馒头，他想一口把它吃掉。

这个在地图标线上高高鼓起来的"馒头",正好在第二十兵团的正面。杨勇心想,这个"馒头"也太难看了,三八线一条线,怎么到我们的防区就鼓出来了,起码应该拉直它。他越看越不舒服,越看手越痒痒,越看越想把它吃掉。

然而,这个"馒头"不是面粉做的,是钢铁做的。它紧邻北汉江,水深达5米。南朝鲜军在这一突出部担任防御任务的有4个师,分别是首都师和第三、第六、第八师,全都是李承晚的精锐部队,都是曾经被志愿军大部击溃或歼灭后重新组建的。敌人在这一带构筑了坚固的坑道或半坑道工事,外加地堡、盖沟、堑壕、交通沟、铁丝网、地雷区,声称防线牢不可破。

烟不离手的邓华,瞅空点了一支烟,接着说:"我军对这一带的地形比较熟悉,第四次战役时,我们志司就在上甘岭呢。现在,我们已经侦察清楚敌人在第一道防线防御工事的情况。在这个方向,我们已经集中了4个军的兵力和400门大口径火炮。现在,我们是僧多粥少,完全有能力打一场中等规模的战役。二十兵团提出要打金城。"

彭德怀转头盯着杨得志、洪学智等人,问道:"怎么样,你们的意见呢?"

洪学智说:"我们都商量过了,就是这个意见。就等你老总拍板了。"

彭德怀看着大家,不紧不慢地说:"我同意这个意见,把上甘岭到岩洞的凹线拉平,可以攻占敌方数十平方公里面积。教训一下李承晚这个老家伙!"

这个时候,许世友又发话了。他站起来,亮开了大嗓门,大大咧咧地说:"彭总,就这么一桌子酒宴,还是让我们三兵团承包了吧!入朝前,毛主席跟我说,要我赶紧去,争取打最后一仗!我算是赶上了,你们谁也别争了,让俺老许打吧!"

许世友这么一说,会场气氛就更活跃了。王建安站起来说:"我赴朝也是来赶末班车的,把反击作战任务交给九兵团吧!"

王建安和许世友两人长征时曾一先一后当过红四军军长,陈伯钧是参谋长，洪学智是政治部主任。

比起许世友、王建安两位老将，第十九兵团副司令员曾思玉的资格要浅一些。见两位老将主动请战，他赶紧举手要求发言，彭德怀扭头看着他，笑了。

曾思玉说："我来开会时，三个军长都对我说，我们十九兵团一定要争取打最后一仗。彭总，你若不给我们，我难以向军长们交代呀！"

彭德怀的脸庞舒展开了，笑声更加开怀，嘴里却小声念叨了一句："你们这些家伙！"

这时，邓华给彭德怀递来一支香烟，他看都没看，一把推掉了。看着香烟在桌上滚了一圈，彭德怀对邓华说："戒了就是戒了，不要腐蚀嘛！"

彭德怀的一举一动，又把大家逗乐了。

看着大家如此主动请缨，彭德怀开心地说："怎么办？难办。我是来签字的。杨得志分管作战。得志，你发表个意见吧。"

彭德怀不愿意"得罪"诸位将军，把"皮球"推给了杨得志。

杨得志看了看邓华。

邓华笑着说："你说吧。"

没办法，"皮球"推不走了。杨得志憨厚一笑，说道："我入朝前，周总理对我说，大部分老同志要入朝轮番作战。你们十九兵团入朝后，还有杨勇、杨成武指挥的两个兵团也即将入朝。这样一来把'三杨'拿出去，叫作'三杨开台'。现在，我和成武都打过了，就缺杨勇。杨勇既然已经到了朝鲜，他不指挥打最后一场战役，怎么叫'三杨开台'呢？"

说完，杨得志自己笑了。杨勇听了，心里乐了，心想：老杨哥还真够意思，关键的时候没忘了我这好兄弟。

谁知，许世友又说话了："二杨一许也很吉利嘛！"

许世友话音一落，哈哈哈哈的笑声已经传到了窗外。

见状，彭德怀赶紧一锤定音，笑着对许世友说："还是听杨得志的吧。"

杨得志对许世友敬重有加,赴朝经过济南时,就专门拜访过他。他继续说:"这次战役,5~6个军就够了。许司令员的第三兵团只有2个军,王建安司令员的九兵团有二十三军、二十四军、十六军3个军,杨勇司令员的二十兵团有5个军。曾思玉司令员的十九兵团也是5个军,但前一段反击作战已有较大伤亡,还未补充。而且,二十兵团的第六十军、六十七军已经在金城附近,在敌人的正面。六十八军稍稍向前移动就可以了,五十四军和二十一军有两天路程就可抵达金城地区。所以,经过综合考量,还是把作战任务交给二十兵团比较合适。"

杨得志说完,没有人说话了,会场出现了一阵短暂的静默。

彭德怀环顾左右,看到身经百战的将领们都接受了志司的这个决定,就站起来,说:"看来你们都没有意见了。金城反击战就交给二十兵团了。杨勇和王平,你们两个要好好计划,好好准备,千万不可轻视敌人。当然,大家也都不会闲着,我军将全线发起第三次反击。其他各兵团,要按原预选目标进行战斗,准备就绪的,应该坚决歼灭之;新选目标,要抓紧时间进行准备,条件成熟即可发起进攻。不打无准备之仗;反击作战目标是南朝鲜军,对美军及其他外国军队仍然不去主动攻击,但人不犯我,我不犯人,人若犯我,我必犯人!对任何进犯之敌,必须予以坚决反击!"

本来已经准备按下停止键的战争,就这样又按下了回车键。

接着,作为分管作战的副司令员,杨得志又向大家介绍了当前的战局。他说:"现在,在金城以南西起金化、东至北汉江这一地区防守的南朝鲜军首都师和第六、第八、第三师4个师,经过志愿军夏季战役第一、二次战术反击,已遭到一定的打击,防御体系已被破坏。敌人的阵地,如今更加暴露突出,对我军实施进攻作战极为有利。同时,我们在金城地区已集中绝对优势的兵力和相当强大的炮火,并已查明了这一地区南朝鲜军纵深阵地的工事情况,掌握了南朝鲜军的防御特点,取得了进攻敌营团坚固阵地的经验。我军指战员在胜利形势下,斗志旺盛,信心很足,具有非常有利的条件。"

杨得志介绍完情况，邓华又简要地介绍了目前的敌我态势。他十分从容地说："为保证这次作战胜利，特给二十兵团加强火箭炮兵、高射炮兵各一个团，还有一些坦克、工兵等。加强后的金城正面我志愿军有5个军，共有82迫击炮以上火炮1094门，平均每公里44.8门，还有坦克20辆。南朝鲜军和我志愿军兵力对比为1比3，火炮对比为1比1.7。"

听完邓华的介绍，气氛更加活跃了，大家对打胜仗的信心更足了。

看到大家群情激奋，斗志昂扬，彭德怀兴奋地说："我们现在不是打小米加步枪的仗了，你们看，我们的炮兵也要显示一下威力了，让武装到牙齿的敌人也尝尝我们的战争之神的厉害……"

兵马未动，粮草先行。现代战争也是打后勤。作为分管志愿军后勤工作的副司令，洪学智现在说话也是底气十足。他信心满满地说："我们志后（即志愿军后勤部）的同志调集了10个汽车团，共2000辆汽车昼夜向前线抢运物资。现在，共前运物资约1.5万吨，其中包括各种炮弹70余万发，炸药124吨。我们保证金城前线指战员吃得好，用得充足……"

彭德怀说："好！现在我们就是要准备充分，万无一失。李承晚妄想堵住和平的大门，我们就要用实力把它打开。"

接着，彭德怀对这次金城反击战作了进一步部署。他指示，以第二十兵团指挥的4个军，即第六十七、第六十八、第六十、第五十四军，同时又加强给他们志司的预备队第二十一军，共5个军，在金城以南牙沈里到北汉江间22公里地段上实施进攻，拉直三八线金城以南的这个突出部，以歼灭当面南朝鲜军8个团另1个营为战役目的。作战时间为7月上旬前完成作战准备，10日左右发起战役。志愿军其他各军，此时只作进攻准备，但基本采取守势，如敌进攻则坚决歼灭之。

在志愿军党委会上，杨勇没有说什么。他知道，说什么都还早，打胜仗才是最好的回答。

17 万鼓雷殷

杀鸡用牛刀，杨勇大胆指挥抗美援朝"压台戏"
邓华来电：敌人被打得哇哇叫，要求签字，就停下来吧

志愿军党委会一结束，杨勇和王平连饭都没有吃，当夜就马不停蹄地乘坐缴获的美式吉普车赶回台日里。

第二天，也就是6月23日，按照彭德怀的指示和志司的要求，杨勇和王平主持召开了兵团党委扩大会，全体师以上干部到会，紧急研究金城反击战作战问题。

炎炎夏日，潮湿闷热。第二十兵团司令部会议室里的将军们也在摩拳擦掌。瞧！第二十一军军长吴泳湘、政委谢福林、第五十四军军长丁盛、政委谢明，第六十军军长张祖谅、副军长王诚汉，第六十七军军长邱蔚、政委旷伏兆，第六十八军代军长宋玉琳、代政委李呈瑞都来了，济济一堂，准备在朝鲜战场上大干一场。

对杨勇来说，其实他还面临着另一个挑战。那就是现在他指挥的这5个军，都不是他过去带过的老部队。部队有部队的传统，带兵打仗，不仅仅只靠一纸命令。能不能管、会不会管、服不服管，这里面有能力，有艺术，还有人格魅力。

杨勇虽然没带过这些部队，但对这些部队的情况还是非常了解的。第六十七、第六十八军在1951年6月就入朝了，在金城以南地区已经取得了防御作战的经验；第六十军1951年3月入朝，1952年10月归属第二十兵团，已经创造了防御作战以来一次歼灭敌军一个团的战例。第五十四军和第二十一军是新近入朝的，还未参加作战。

会议开始，杨勇首先传达了中央军委和毛主席的指示，传达了志愿军党委会议精神，传达了夏季反击战第三阶段的作战意图。

杨勇说："总部首长决定进行夏季战役第三次反击，把主要作战任务交给我们兵团，着重打击金城以南地区的南朝鲜军。今天请大家来，就是专门研究这个问题，希望大家发表意见。"

第六十七军军长邱蔚是一名虎将，打仗特别勇敢。尽管在第五次战役中，他的一个师伤亡较大，再打进攻战有一定的困难，但他站出来第一个表态："我完全赞同总部的决定，不给李承晚一点颜色看看，他就不老实。打！狠狠地打！部队早就急得嗷嗷叫了。"

邱蔚说完，大家都笑了。

王平笑着说："我看呀，叫得最响的恐怕还是你吧！"

邱蔚挠挠头，笑得更开心了。

杨勇站起来，指着悬挂在墙上的地图说："按照'集中优势兵力，各个歼灭敌人'的原则，集中4个军（后增加二十一军）和配属的炮兵、工兵和坦克。我们决定组成东路、西路和中央3个突击集团，突破敌阵地后，首先集中力量攻击金城西南梨船洞、北亭岭至金城川以北之敌，拉直金城以南战线。"

什么叫集中优势兵力？

什么叫杀鸡用牛刀？

关键战役，就必须采取关键步骤，拿出关键力量，赢得关键胜利。

3路突击集团,如何分配兵力呢?杨勇在研究各军战力和当面敌情之后,对金城反击战的兵力进行了具体部署:东路突击集团为第六十军和第二十一军(后增加),加强炮兵3个营、高炮2个营,由第六十军军长张祖谅指挥;以第六十七军并第五十四军第一三五师为中央突击集团,由第六十七军军长邱蔚指挥;以第六十八军并第五十四军第一三〇师为西路突击集团,由第六十八军代军长宋玉琳指挥。

"战阵之间,不厌诈伪。"在宣布各部队的主要作战任务之后,杨勇要求在战役准备过程中,继续向原定的对方营以下目标实施"零敲牛皮糖"式的小规模攻击,以麻痹敌人。

这一次金城反击战,作为第三阶段反击作战,动员4个军的力量就是要集中打击北汉江两侧的南朝鲜军队第八、第五两个师。杨勇曾在日记中这么写道:"金城反击战是自五次战役以来最大的一次,指挥和组织这样大的战役,无论是对兵团,还是对我都是第一次,缺乏经验,因此,更应该发挥部队的创造性、勇敢精神和各级指挥员的指挥艺术——切记。"[①] 金城以南,从三所里到金城川和北汉江汇合处,是敌人战线的突出部,其弧形正面约25公里,以轿岩山为主,是一片横断山区,天然屏障,易守难攻。西部和西北部好一些,山不那么高,地形开阔,可是双方阵地相距1000多米,给突击部队近距离接敌造成困难。敌突出部的核心是金城正南的梨船洞高地,其东侧是北汉江,水深流急,成为纵深战斗的最大障碍。

因此,对打第三阶段反击作战,大家既为终于能够打一场大仗而感到兴奋,同时也为作战物资的运输和供应有一点担心。

对此,杨勇底气十足地告诉大家:"这个问题志司已经帮助我们解决了,请大家放心。"

志愿军后勤司令部派副司令员吴先恩组成前方指挥所,进驻第二十兵团,在前线实施后勤统一指挥,调集了10个汽车团共2000辆汽车,赶运了1.5万吨作战物资。现在,各军也补入两万名新兵,他们正在抓紧战前

[①] 舒云:《杨勇上将》,解放军文艺出版社2005年版,第13页。

训练。另外，13个步兵团在抢修通往前线的公路。

这不是一次普通的党委会，既是作战动员，也是作战部署。

杨勇说："同志们，第三阶段反击作战的目的是什么？目的就是迫使克拉克彻底认输，就是迫使泰勒彻底认输，就是迫使李承晚老先生彻底认输！就是要叫他们乖乖地在停战协议书上签字！所以，这一台戏，是抗美援朝战争的'压台戏'！总导演是毛主席，是彭总！你们各军各师指挥员都是演员。现在有了好导演、好剧本，就看你们演员的水平了！"

王平说："同志们，和平是打出来的。这一仗是朝鲜战争的最后一仗，兄弟兵团都争着抢着要打这一仗，彭总和杨得志副司令给了我们二十兵团，是对我们兵团的信任！我与杨司令，过去都没有指挥过你们，但对你们的战绩是了解的。相信你们不会辜负彭总和志司的重托和希望。我同意杨司令的说法，这是抗美援朝战争的'压台戏'，我们二十兵团一定能够唱好！"

这次会议开得非常成功，但也有人不高兴了。求战心切的第五十四军军长丁盛在会上发了一句牢骚，说："给我们的任务太轻了，重要的任务都给了华北部队，这是搞'华北山头'嘛！"

会后，王平找丁盛谈话。在肯定其主动求战、渴望建功的态度之后，对其所言搞"华北山头"的牢骚也给予了批评。王平说："你这种讲法不妥当，也不利于团结作战。这次合成军作战，既有华北的部队，也有一野、二野、四野的部队，还有临时抽调的炮兵师，我们还要和朝鲜人民军配合。这么多部队，服从统一指挥很重要。再说，你说我搞'华北山头'还多少有点可能，你说杨司令，就不对了。他也不是'华北山头'的，他是二野的，他搞什么'华北山头'？"[①] 王平的分析有理有据，丁盛承认自己说得不对。

第二天，杨勇就向志司上报了夏季战役第三阶段反击战的部署，志愿军总部审阅后，考虑到雨季即将来临，江水上涨，临时把志愿军预备队第

---

① 舒云：《杨勇上将》，解放军文艺出版社2005年版，第16页。

二十一军拨给第二十兵团，又给第二十兵团加强了 1 个火箭炮团和 1 个高射炮团、2 个野榴炮营、3 个反坦克炮连，并配发了坦克、各式门桥、中型橡皮舟和折叠舟、制式浮桥等渡河器材。与此同时，中朝军队司令部向各部队通报了情况，要求他们钳制敌人，以配合打赢这场前所未有的金城反击战。

随后，杨勇一次又一次深入前沿阵地，了解情况，鼓舞士气。在他看来，战争中即使最精细的指挥员也不可能事先把一切问题全部设想到，只有充分发挥大家的智慧，胜利才会更有把握。为此，他走群众路线，发动大家出谋划策，集思广益，在部队召开"诸葛亮会"，广泛开展"提困难，想办法""出情况，想对策"的军事民主活动。

在前沿阵地，杨勇发现战士们在阵地前挖了一些藏身洞，就问："这是干什么的？"

连长回答说："既可以屯兵，也可以储藏物资，便于突然接敌。"

"好！"杨勇说，"你们真是好样的！"

很快，各部队纷纷推广，开挖屯兵洞。

到主攻部队，杨勇向基层指挥员提问："如何避免响声？""如何防止武器走火？""如何打据守坑道的敌人？""如何追歼敌人？"

听到指战员熟练地做了回答，杨勇很满意。他说："敌我交战，不仅是武器的较量，更是智慧的较量，所以要发挥群众的智慧，胜利才有把握。"

7 月 10 日，杨勇正式下达了作战命令。

然而，谁也没有想到，就在这节骨眼儿上，发生了一个意外，一位侦察参谋突然失踪了。此人是东北人，参加解放军之前，曾经给日本人当过翻译。因此，有人怀疑他是不是叛变投敌了。如果投敌了，那么这次金城反击战进攻轿岩山的主要作战企图就暴露了，怎么办？

杨勇陷入了沉思。他把作战处处长王树梁叫过来一起商量。失踪的这位参谋到底是不是叛变投敌了呢？王树梁不认为其叛变。为什么？他认为由其保管的唯一一份战地工事图并没有被带走，那一张地图非常大，不可能全部背下来，仅仅记住其中一点两点又没有什么意义。况且，他失踪的地方地形陡峭，敌人也经常打冷枪冷炮，很有可能是被子弹击中或者失足掉下了悬崖。因为没有情报证明，敌人掌握了我们的作战意图，其他方向的敌情也未发生变化。

于是，杨勇与王平商量，果断决定，一切按原计划进行，准时发起进攻！

7月13日，杨勇在日记中写道："我离开北京已经两个月了。两个月前，我由可爱的祖国跨过鸭绿江，来到了被敌人破坏的朝鲜。城市变成了废墟，顽强的朝鲜人民在敌人的炮火下满怀仇恨和信心在劳动、在斗争，憧憬着光明幸福的未来而生活着、战斗着。朝鲜本是一个青山绿水的美好地方，可是由于敌人的破坏和轰炸，使这美好的河山已破碎不堪，到处满目疮痍。此乃正激起吾人之勇敢，为国际主义、为捍卫自己祖国免遭蹂躏而战斗下去，直到完全胜利为止。"① 龙行有雨，虎行生风。

这一天，21时，金城前线，忽然雷电交加，大雨倾盆，天像完全漏了一样。

22时，在兵团作战指挥室，杨勇盯着作战地图，下达了进攻命令。

大雨中，1000多门隐蔽在各个山坳后侧的火炮瞬间怒吼起来，尤其是苏式喀秋莎火箭炮如闪电般呼啸着射向敌人阵地，铺天盖地，山崩地裂。瞬间，几平方公里的敌人阵地在大雨中燃烧起来，熊熊大火，染红了半边天，蔚为壮观。潜伏在冲击出发地的志愿军指战员们第一次看到如此雄壮的场景，十分振奋！在朝鲜战场上，这是志愿军第一次在地面炮火上占据了优势。东路突击集团平均每公里84门，是密度最大的，中央突击集团平均每公里42门，西路突击集团平均每公里32.6门。

炮火刚刚延伸，第二十兵团的3个突击集团就向南朝鲜军25公里的防御正面开始突击。不到一个小时，敌人的前沿阵地就被全面突破。

---

① 舒云：《杨勇上将》，解放军文艺出版社2005年版，第19—20页。

这一仗确实打得太好了！出其不意，攻其不备，打得敌人措手不及。

西路突击集团的第六十八军第二〇三师突击部队在师长杨栋梁的带领下，兵分8路，在雨幕中，前仆后继，迅速地攻占了栗洞和真木洞南山以北高地，歼灭南朝鲜军一个营。担任穿插任务的第二〇三师第六〇九团一营在副团长赵仁彪指挥下，突破敌军前沿阵地，沿公路向南朝鲜军白虎团二青洞防地直插过去！翌日凌晨，第二〇四师以单兵爆破，连续炸毁了敌军10多个火力点，攻占了敌军3个制高点。第二〇四师第六一〇团三营八班班长李银周带两个战士神不知鬼不觉地摸上了522.8高地，击毙了南朝鲜军著名的"白虎团"二营营长。

当时，对打金城反击战，也有两种意见：一种主张从正面层层剥洋葱，另一种就是打穿插，插到敌人后方去。杨勇主张后一种。他说，层层剥皮，剥到猴年马月，我们还要遭遇敌人的强大火力和空中支援，将付出更大牺牲。插到敌人身后，一直是我军的经典战法，是我们的制胜法宝，内外夹击，屡试不爽，敌人就害怕我们这一招。

敌人害怕什么，我们就打什么！

金城反击战，总的原则是大兵团阵地进攻战，正面突破，但在战术实施上，还应该采取更加灵活机动的手段，那就是打穿插。这也是杨勇打大仗、打硬仗时喜欢用的拿手好戏。这一次，他搞了三支穿插队伍，一支是营规模的，一支是连规模的，还有一支是排规模的。营规模和连规模的，人数多、目标大，很快就被敌人发现了，但是排规模的穿插十分成功。

谁穿插进去了，谁就获得胜利。

这天，第二〇三师在向劳通里方向进军突击，于23时52分占领了522.1高地及其以北诸高地后，第六〇九团一营和第六〇七团一个侦察班编成的穿插支队，迅速通过3000米的敌炮火封锁区，继续向南朝鲜军纵深疾进。途中，遭遇南朝鲜军1个连，穿插支队先头第五连当即以猛烈的火力将其大部歼灭。14日0时50分，穿插支队进至三南里后，第五连向上枫洞方向前进；第四、第六连在侦察班引导下，向二青洞猛插。1时40

分，在二青洞沟口与乘坐40余辆汽车的南朝鲜军机甲团第二营遭遇，当即对其首尾夹击，予以大部歼灭。由副排长杨育才带领的侦察班（12人），化装成护送美军顾问的南朝鲜兵，巧妙通过多道岗哨，冲破南朝鲜军增援部队阻拦，迅速插至南朝鲜军白虎团团部，趁其开会之际，突然开火，击毙白虎团团长，缴获了白虎团团旗，捣毁了该团指挥系统，使部署于周围的南朝鲜军失去指挥，士兵丢盔弃甲，四散奔逃。穿插支队在黑夜掩护下，乘机将位于该团部附近的美军第五五五榴弹炮兵营大部歼灭，于14日3时占领梨实洞、北亭岭以北诸高地。

第二〇三师穿插支队英勇顽强，勇猛迅速，机动灵活，独立作战，3个多小时穿插前进9公里，进行大小战斗11次，直插南朝鲜军防御核心，歼灭白虎团团部，打乱了南朝鲜军防御体系，对西路突击集团顺利完成战役第一步任务起到了关键性作用。这个故事，后来被改编成著名现代京剧《奇袭白虎团》，在20世纪五六十年代的中国曾妇孺皆知。

在这次奇袭中，副排长杨育才率领的侦察班化装成南朝鲜军，他自己则因为个子瘦高瘦高的，鼻子也比较高，就化装成美军顾问。早在1953年，杨育才排长就把自己的这段经历写成文章《直捣白虎团部》，参加了志愿军政治部组织的"志愿军一日"征文活动。我们不妨看看他的记述：

戴着李伪军的钢盔，穿上大头皮鞋，既笨重又难看，真不适合我们侦察员的性格；但是在今天夜里，这种特别的装束，却非常有助于袭击敌人。我们顶着雨，踩着泥，在敌人后方公路上飞快地前进，嘴里不时喊着"巴利，巴利"，整个穿插部队只我们"化装袭击班"有这个特权，可以喊上两句朝鲜话，抒发一下自己的兴奋情绪。跟在后面的大部队就闷声不响，他们只能肃静地行进。

快到"勇进桥"了，过桥不远就是白虎团团部。我不由得紧张起来，命令后面提高警惕，做好战斗准备！

突然，队列后尾骚动了一阵，联络员韩淡年同志押来一个头戴白虎团钢盔的俘虏，报告说："这家伙把我们当成了自己人，跟着队伍跑了半天，刚才敌人打照明弹才发觉了他……"

我命令询问白虎团当晚的口令，那个俘虏磕打着牙齿回答："古轮姆欧巴。"随后韩淡年同志向他讲了一阵子话，等他惊魂平定下来以后，又详细地问明了白虎团部的作战室、电台和警卫排所在位置。口供跟我们事先侦察到的情况相符，看来是老实话。这回我心里更有了底，马上命令全班无论碰到什么情况都不准停止，要迅速插到敌人团部。

走不多时，迎面开来两批满载着敌人增援部队的大卡车，足有四五十辆，我们没有理睬，从路旁杂草丛生的深沟里闪过去。

到了"勇进桥"，影影绰绰地看见警戒桥头的哨兵在游动；我正在打主意，走在我身旁的另一个联络员金大柱同志，机警地紧赶了几步，冲着敌人哨兵大声喝问：

"干什么的？口令！"

"古轮姆欧巴！"

两个敌哨兵望着我们这一队人，迟疑了一下，前边那个端起枪向我们走来，看样子是要查问。

我心里一忽闪，马上触起一个念头——干掉他！回头一看，几个侦察员正暗自掣出腰里的匕首。但就在这当儿，韩淡年从队列后面闪出来，神气十足地大步跨到哨兵面前，一手叉腰，厉声喝骂：

"干什么？还不赶快到前面去警戒，没见我们有紧急任务？瞎眼的东西！"给他这么劈头一骂，两个哨兵慌忙闪在一旁，我就势把手一挥，队伍从公路当中大摇大摆地走过去了。

一切都很顺利，很快就到了白虎团团部的沟口。

这一带的公路修得格外光坦，通向沟里的那条特别惹眼，几道铁丝网拦在公路两旁，看着倒挺严密的。

我们正要停下来布置战斗，忽然，随着一阵马达声闪出一串汽车灯光，六七辆载着敌军的大卡车，直冲我们开来，车上坐着的李伪军还吱哇吱哇地乱喊着。恰好在这个时候，我们后边响起了枪声，一定是我们大部队截住那两批汽车了。于是迎面开来的这几辆卡车也停下来了，正好堵住沟口，看样子是在分析情况。现在是紧要当口，一刻也不能犹豫。我命令两个人包打一辆，迅速动手，全部干掉它。队伍立刻散开，一阵自动枪和手榴弹的爆响，盖没了轰轰隆隆的汽车马达声。

车上的伪军士兵给这突然打击揍昏了，哇哇地狂叫着，像下饺子似的噗噔噗噔直往车下掉，分不清是栽倒的死尸还是跳车的活人。我们对着车上车下一阵猛扫，敌人不知往哪里钻才好，有的还嚷叫着："不要误会呀！是自己人。"真是见鬼，这群家伙临死还做梦哩！不到两三分钟，连人带车统统报销了。

我们趁着混乱插进沟里，分开三个小组，直奔敌人团部的作战室、电台和警卫排。规定以袭击警卫排的第一小组先开枪为号，各处一齐开火，不准跑掉一个敌人。

我带着第三小组扑向作战室。那里一片电灯光，特别是屋里那五百支光的大泡子，照得室外也明晃晃的。老远就看见许多人由里往外搬东西。门口停着两辆卡车。好兔崽子！敢情是准备跑哇！我们借着树木阴影隐住身子向屋里望去，只见一个瘦军官正在地图旁边打电话，另一个胖家伙手提一根指挥棒不住地走来走去，还有几个军官模样的人坐在桌旁，紧盯着打电话的那个人，像是查问刚才沟口发生了什么情况。

没等我们看仔细，袭击警卫排的枪声响了。我喊声打，就朝门口那岗哨和搬东西的匪徒们扫射起来。包月禄一个箭步蹿上去，对准窗口接连投进两颗手榴弹，轰轰两声，电灯熄灭了，屋里屋外霎时烟雾弥漫，号叫声混成一片。有两个敌人披散着头发，从窗口往外跳，被包月禄一梭子扫倒，跌落在窗外。李志紧跟着堵住门口，手榴弹、自动枪一顿猛打，里面很快就沉寂下来。他两个从窗口和屋门同时闯进去，拧亮手电一看，几个敌人横乱地躺在地板上，有的嘴里还在喷气，那个正在发报的报务员被打死在机座上；地图下旁的方桌上扔着电话机听筒，铃声还在不住地乱响。

我把外面胡窜乱藏的敌人收拾完了，走进作战室一看，包月禄正从墙角那个长方形铁架上，取下白虎团的"虎头团旗"，一面缚在腰上一面说："这是个证据，免得李承晚那老小子再赖账！"

李志在另一个屋角里搜索着。刚打开衣橱的门，只听他大吼一声，那排挂着的衣服便簌簌地抖动起来，他用枪口一拨，一个伪军官举起手哆哆嗦嗦地走出来。原来这就是伪白虎团人事课长，他证实倒在门口血泊里的就是自己的团长。

十分钟战斗结束。三个小组会合了，都带着一些俘虏。我们迅速地清查了一下，除开几个伪军士兵漏网外，其余都没逃掉。只可惜白虎团长和一个美军顾问全被我们当场击毙了，没有捉到活的。①

虽然白虎团团长崔喜寅和美军顾问没有抓到活的，但西路突击集团还是活捉了南朝鲜军首都师师长林溢淳。

很快，缴获的白虎团团旗送到了杨勇的手中。

杨勇下令给杨育才记特等功。后来，杨育才不仅被评为志愿军一级英雄，而且还被授予朝鲜民主主义人民共和国英雄。

7月14日拂晓，杨勇接到报告：中央突击集团的第六十七军第一九九师进攻轿岩山受阻，久攻不下；东路突击集团方向的第六十军第一梯队第一八一师突破后横越山脊，因进攻正面狭窄进展缓慢，未能控制金城公路。这时，"联合国军"正在调集兵力企图反扑，泰勒已下令美军第三师支援。

电闪雷鸣，大雨滂沱。在龙门山指挥所，汗流浃背的杨勇，浓眉紧锁。他一边抽着烟，一边看地图。瞬息万变的战场上，越是在不利的情况下，越需要冷静和勇气。要知道，轿岩山是金城川以北的要害，是核心阵地。只有拿下轿岩山，才能动摇和瓦解南朝鲜军第六师和第八师的军心。

---

① 《志愿军一日》编辑委员会：《志愿军一日》，解放军出版社2021年版，第1230—1232页。

杨勇的命令很快就发下去了：

邱蔚军长要立即组织二梯队不惜一切代价拿下轿岩山！

张祖谅军长要坚决攻占585.2高地和细岘里！

西路突击集团要快速向月峰山进攻！

在与敌人激战13个小时后，第一九九师终于把红旗插上了轿岩山主峰768.7高地。第五九五团一连战士李家发身上7处负伤，用自己的身体堵住了敌人机枪工事的射击口，为部队的进攻打开了通道，成为黄继光式的英雄。胜利的消息传到了兵团指挥部，王平政委激动得指挥大家集体唱起了《中国人民志愿军战歌》。

捷报一个接着一个传来。由张震指挥的第二十四军于当日黄昏控制了金城公路，保障了第二十兵团右翼的安全。中路突击集团强涉金城川，前仆后继，占领了梨船洞；东路突击集团冒着敌军密集炮火，连续冲击，占领了585.2高地；西路突击集团披荆斩棘，顽强战斗，占领了烽火山、月峰山阵地。经过21个小时的连续激战，志愿军全部突入敌军纵深阵地，推进9.5公里，拉直了金城以南战线，歼敌1.4万余人，完成了战役第一步计划。

接到前线的报告，杨勇一鼓作气，继续下令："各部队要迅速扩大战果！"

杨勇已经几天几夜没有合眼了，凹下去的两只大眼睛里布满了血丝，颧骨明显凸出来了，消瘦了许多。看到杨勇已经处于极度疲劳状态，王平心疼地劝道："老杨，你去睡一会儿吧，起码掉了5斤肉啦！"

杨勇嘿嘿一笑，说："等战斗结束了，我陪你去爬轿岩山，走起路来就能跟上你了嘛！"

这时，秘书王韶华给他送来一杯水和几块饼干，说："司令员，后半夜，我在这里守着，你去洞里睡一会儿，有电话，我马上去叫您。放心吧！"

杨勇勉强同意了。谁知，刚躺下，电话就来了。

——东路突击集团第二梯队第一八〇师连夜南渡金城川,突到黑云吐岭、白岩山以东至北汉江一线阵地,又向南推进了8公里。

——中央突击集团进攻顺利,向南推进到了602.3高地及后洞里一带。

——西路突击集团稳扎稳打,推进到新木洞、涧榛岘公路北侧。

然而,暴雨连绵,河水暴涨,南朝鲜军把金城川上的桥梁全部炸毁,给前线的运输、通信和炮兵运转带来了极大困难。

怎么办?

杨勇、王平和指挥部的同志们商量,认为我军已经达到了战役目标,决定停止进攻,就地转入防御,准备敌军反扑。

的确,在两三天的时间内,敌人损兵失地,整个战线面临崩溃,美军第八集团军司令泰勒和南朝鲜国防部长孙连一慌慌忙忙地赶到了前线。"联合国军"总司令克拉克在东京也坐不住了,紧急飞抵汉城,然后与李承晚一起乘汽车到南朝鲜军第二军团指挥所。不服输的敌人开始策划发动一场反扑,企图夺回金城以南失掉的阵地,扭转战局。

志愿军总部同意杨勇的意见,决定暂时停止进攻。志司认为,敌人的反扑规模及其激烈程度有可能会超过去年秋天的上甘岭战役,要求前线部队紧急行动起来,抢修新占领的阵地工事,组织炮火,加强交通运输和后勤补给,以利在敌人反扑时给予强有力的歼灭性打击。同时,志司命令其他正面各军,要有一盘棋思想,以积极的动作牵制当面之敌。

7月17日,"联合国军"6个团在100余架飞机和大炮的掩护下,向黑云吐岭、白岩山等一线的突出阵地发动猛攻。

敌人是狡猾的。

在黑云吐岭和白岩山担任防御任务的部队,是第六十军第一八〇师(师长李钟玄、政委唐明春)的第五三八团(团长庞克昌)和第五四〇团(团长周光普)。

又是孤立无援!

又是背水作战!

两年前，在第五次战役后期，第一八〇师就曾遭遇过这样的险境！那一次，因指挥失误，全师损失7000余人，惨痛的教训令彭德怀拍了桌子，撤了师长和政委的职。错误决不能重犯！历史决不能重演！

杨勇得知第五三八团和第五四〇团孤立无援的境况后，立即命令张祖谅军长速派部队进行增援！然而，天降大雨，金城川河水暴涨，桥梁全部被炸毁，第六十军已经没有机动兵力。怎么办？

关键时刻，张祖谅军长根据前线情况，一边向杨勇报告自己的处置，一边命令两个团坚决向注坡里、后洞里方向扩大战果，迅速向第六十军靠拢，以共同抗击敌军反扑。

可是，大雨毁掉了线路，无线电联系不上前线。事不宜迟，张祖谅立即派两名参谋各带一名通信员，马上出发，千方百计赶到前线，找到两个团的团长，及时下达了军部的命令！

战斗打得昏天黑地。山野间，炮声隆隆，黑烟滚滚。空中，敌机如乌鸦般在头顶翻飞；地面，敌军如羊群式蜂拥而上。第一八〇师官兵在得不到自己炮兵支援的情况下，不怕牺牲，忘我激战。

第五三八团五连一排在排长李金堂的指挥下，战至最后只剩下6名战士。在弹尽粮绝的情况下，他们用石头和缴获敌人的弹药坚持战斗到生命的最后一刻。在569.5高地，只剩下张常法、向述林、冯德金、吴德华4名战士，连续打退了敌军10余次进攻。最后，两名战士拉响了手榴弹，与敌人同归于尽。张常法牺牲时手中举着一块石头，向述林牺牲时双手依然卡在敌人的脖子上！

坚守黑云吐岭南侧无名高地的第五四〇团六连，在打退敌人数次反扑后，全连只剩下11人。在连排干部先后牺牲和受伤的情况下，战士赖永泽挺身而出代理排长指挥，直至最后只剩下他一人，仍坚守着30米长、5米宽的山头，击毙敌人100多人。援兵赶到时，他晕倒了，手中还紧握着两枚苏式手雷和两根爆破筒。等他醒过来，战友们问他："你一个人怎么坚守的？"他小声地回答："生命诚可贵，钢枪不可抛！"

战士的本色是诗人!

打了三天三夜,敌人以十几倍的兵力,也没能前进一步!

李承晚亲自到前线督战,把军团长丁一权骂得狗血喷头。

泰勒见黑云吐岭久攻不下,无奈之下,决定改变攻击目标,向志愿军中央突击集团发起袭击。他天真地以为,志愿军的阵地不可能每个都像黑云吐岭一样顽强!

又一场战斗开始了!

"联合国军"把第六十七军第二〇〇师第五九九团五连防守的602.2高地,作为首先攻打的目标。这个高地是梨船洞西山的天然屏障。接连两天,敌人每天以3个团的兵力,在400余架飞机、30多辆坦克和大量火炮的掩护下,连续强攻达1000余次。602.2高地几经易手,失而复得。南朝鲜军第十一师在战斗中也跟志愿军玩起了穿插战术,迂回到山后偷袭。敌人的行动,很快被前线指挥员识破,立即向师指挥所报告了敌情,请求火力支援。师指挥所马上组织炮兵向在山沟迂回的敌群开火,敌军死伤一大片。这时,狡猾的李承晚授予第十一师一面锦旗,企图以精神奖励来鼓舞士气,命令部队要跟着旗手冲锋。志愿军很快发现了李承晚的小九九,第五九九团立即组织神枪手专门打旗手,连续打掉敌人的5名旗手,直至这面锦旗被打得像一块拖布似的被扔在荒坡上,再也没人敢拿起来。

这次战斗,志愿军顶住了1万余架次敌机的空袭,始终坚守在阵地上。后来,《美国第八集团军简史》记载说:"令人难以置信的大量炮火在头上呼啸,在呼啸声中他们前赴后继攻击这个地区的大韩民国防线。在共军的猛攻下,前哨阵地一个接一个地被打垮了。"

美联社记者罗伯特·吉布逊在汉城发出的报道说:"攻击的部队通过在战场上的中国师向前推进,中国人的进攻经过仔细的演习,很巧妙地进行。首都师的副师长和一个团长在战斗中失踪了。许多美国顾问没能从这次残酷的战斗中回来……我以为这里没有一个人不想一枪打死李承晚以便战争结束,即使他坐在电椅上死去也不可惜。"

在金城反击战中，志愿军在全线攻击了敌人的 39 个目标。杨勇指挥的第二十兵团共歼敌 5 万余人，其中俘虏敌人 2000 多人，超过预定歼敌数量的 5 倍；击落敌机 80 多架，缴获飞机 1 架、坦克 30 多辆、汽车 200 多辆台、各种火炮 200 多门和大量弹药，收复失地 167 平方公里。

对于金城反击战，毛泽东也十分满意。在《抗美援朝的伟大胜利和今后的任务》一文中，毛泽东评价说："今年夏天，我们已经能够在一小时内打破敌人正面 21 公里的阵地，能够集中发射几十万发炮弹，能够打进去 18 公里。如果照这样打下去，再打它两次、三次、四次，敌人的整个战线就会被打破。"①

7 月 19 日凌晨，清脆的电话铃声打破了黎明的安静。

"杨勇吗？我是邓华。"

"邓司令，你这么早打来电话，有啥指示？"

"解方同志从板门店来电话，说敌人被打得哇哇叫，要求签字。"

"那你看怎么办？"

"你们就停下来吧，别再打了。"

"现在不给他签字，我们还可以再往前打一打。"

"算了吧，你把敌人打得认输了，不容易，过去他们趾高气扬，不买我们的账。这一仗打下来，敌人认了输，可以啦。"

"哎呀，正打得热闹呢，眼看就要把敌人的整个战线摧毁了。"

杨勇有些惋惜。

邓华感到遗憾。

彭德怀不甘心。

毛泽东也认为，接着打下去，对中朝更有利。

但，军事必须服从政治。

王平来了，杨勇告诉他："邓华副司令员来电话了，不让打了。真没

---

① 毛泽东：《毛泽东军事文集》第六卷，军事科学出版社、中央文献出版社 1993 年版，第 353 页。

想到，美军蛮横无理地在谈判桌上拖了两年多，现在眼看他们的整个战线就要被摧毁了，要讲和签字，真是便宜他们了！"

王平笑着说："他们总算知道了好歹。这叫牵着不走，打着倒退，敬酒不吃吃罚酒。"

不只是杨勇，前线的部队都不愿意停止进攻。洪学智回忆说："我们部队很早就想打个痛快仗了，已经憋了很大劲儿了。以前阵地战期间的反击，是小打小闹。上甘岭战役规模不小，还是防御战，要说反击战就是金城战役，不仅消灭了敌人，还收复了失地，大家都觉得扬眉吐气，高兴极了。"

许世友也打电话来了。在电话中，他开口就对杨勇说："我原来还想来摸一摸克拉克、李承晚的骨头到底有多硬呢，现在摸不成了。"

杨勇笑着说："许司令，你还是算了吧，我刚一伸手他就瘫了，哪能经得住你那双铁砂掌哟！"

许世友笑着说："也好，早打早停，早停早好，中朝两国老百姓早就盼着这一天了。"

停战的第二天，杨勇和王平就迫不及待地乘车来到轿岩山，这里是金城反击战战斗最为激烈的地方。

看见司令员和政委来了，战士们来不及换下褴褛的军衣，一身的硝烟，一脸的自豪，胜利的笑容像飘在湛蓝天空的白云一样。杨勇和他们一一握手，一个劲地说："同志们辛苦了，谢谢大家！"战士们感动得热泪盈眶。

看了自己的阵地后，杨勇坚持要上刚刚夺取的敌人阵地看看，看看敌人的设防和工事。因为战场还没彻底打扫，到处都是地雷，大家就劝他不要去。

杨勇说："这个地方，久攻不下，好几年突不破，我们第一次也没有打下来，第二次才攻破。我倒是要看看敌人到底是怎么打的，你们又是怎么攻的，不能光听汇报。我们还是要总结经验，着眼于准备打仗。"

金城反击战，作为朝鲜战争的最后一仗，南朝鲜人把此战比作二战的柏林战役，美国人说杨勇打仗很"鬼"。

杨勇以金城反击战为朝鲜战争画了一个句号。战争结束，杨勇到志愿军总部汇报工作，大家纷纷向他表示祝贺。杨勇总是笑着回答说："这次战役是彭总和志愿军首长指挥得好，部队打得好，朝鲜人民支援得好。至于我们，在组织指挥上仍有漏洞和失误，使部队增加了不必要的伤亡，我就是为此来检讨的。"

这就是杨勇的性格，打了胜仗，从来不提自己。

后来，有人写了一篇有关金城反击战的回忆文章，其中只是简要地提到杨勇指挥作战的情况。杨勇看了，斩钉截铁地要求作者必须删掉他的名字。他说："没有我杨勇，部队照样能打胜仗。"

1964年，阿尔及利亚总统本贝拉访问中国时，要求要见一见当年指挥金城反击战的将军。他知道这位将军的战绩，却不知道将军的名字。

18 凯旋入梦

爱护一草一木，杨勇用建设北京的心情建设平壤

撤出朝鲜，周恩来说：我们欢迎也不能少于 20 万

7月19日，美方发表声明，保证实施停战，并向南朝鲜施压。随后，南朝鲜政府被迫发表声明，接受停战协议。

7月27日，朝鲜停战协定在板门店签字，结束了历时2年9个月的抗美援朝战争。

停战协定终于签字了，战争是否真的停下来了呢？

纸上的协定能否落实到现实的行动呢？中国共产党和中国人民对帝国主义从来不抱幻想。

在朝鲜停战协议签字的前两天，毛泽东就向志愿军全体指战员作出指示："希望全军指战员防止骄傲，在停战协定签字并生效后，仍应提高警惕，一面自己严格遵守协定，一面防止敌人可能作出破坏的挑衅。"

"生于忧患，死于安乐。"在中朝人民庆祝胜利、欢呼和平的时刻，毛泽东没有放松应有的警惕。

事实正是如此，就在停战协定签字的那一天，美军飞机53批324架次，分别入侵中国东北地区的通化、吉林、长春、公主岭、沈阳、辽阳等地区上空进行侦察。

停战后，朝中方面一再提出从朝鲜撤出一切外国军队、和平解决朝鲜问题的建议，不仅遭到美国政府的无理拒绝，而且其还违反协定，仍向南朝鲜李承晚集团提供武器，并与之签订了侵略性的"共同防御"条约。在美国的支持下，李承晚的军队大肆扩充，由停战时的16个师增加到了21个师和10个预备师。

这是对朝鲜人民的公开挑衅，也是对东北亚和平的极大威胁。

面对这样的威胁，杨勇严阵以待。他对第二十兵团的指战员说，停战协定的签订是和平解决朝鲜问题的第一步，因而是有利于东亚和世界和平的。但是，爱好和平的人民，要想得到和平，唯有与侵略者进行坚决的、持久的斗争。所以，大家始终要提高警惕。他反复强调军队永远是一个战斗队的思想，反对松懈麻痹，绝对不能有"刀枪入库，马放南山"的念头。

在朝鲜，杨勇提出了一个口号，叫"停战不忘备战，学文更要习武"。

贺龙大为赞赏。

贺龙是以团长的身份，在这年11月率领中国人民第三届赴朝慰问团来到朝鲜的。慰问过程中，他对个别部队搞的一片"和平鸽"的气氛，很是恼火。

来到杨勇的第二十兵团，贺龙看到指战员们一直在抓战备，加固工事，进行军事训练，战斗气氛依然十分浓烈，十分高兴。他说："宣传和平是郭沫若他们的事情，我们军队开的是打仗铺，卖的是子弹头！你们驻朝鲜，面对的是美帝国主义，一定要认清它的本质，切实加强战备，准备作持久的斗争。二十兵团好，当兵就是要时时刻刻不能忘了打仗。我回去，要向毛主席汇报。"

1954年2月，中央军委任命杨勇担任志愿军副司令员兼参谋长，协助杨得志领导志愿军总部工作。

1955年4月29日,杨得志回国后,杨勇接任中国人民志愿军司令员,成为继彭德怀、邓华、杨得志之后的第四任司令员。让杨勇没想到的是,他不仅是志愿军最后一任司令员,也是在朝鲜任职时间最长的志愿军司令员。同年9月,杨勇被授予上将军衔,同时授予一级八一勋章、一级独立自由勋章和一级解放勋章。

担任志愿军司令员,这是杨勇没有想到的。位置升高了,责任更大了。杨勇深知,既然有能力打败敌人,签订停战协定,也就有力量维持并最终取得和平。此时,志愿军的总任务就是坚决维护停战协定,保卫祖国,保卫和平,继续增进中朝人民的团结友谊,协助朝鲜进行恢复和重建工作,并加强本身的现代化、革命化建设,随时准备应付突发事变。杨勇在日记中这么写道:"此乃新的环境,新的工作,尤其是对这样大范围的司令部工作毫无经验,只有本着学习的态度,从实际中摸索经验。"

在和平的环境中,如何加强部队的军政训练,保持和提高战斗力?杨勇殚精竭虑,求真务实,在编制、制度和装备上与时俱进,大胆革新。他说:"我们要做好各项工作,完成好各项任务,就必须认真抓好两件大事。第一件事,就是要以战斗的姿态加强战备,搞好军事训练,提高部队战斗力;第二件事,就是要更紧密地和朝鲜人民、朝鲜人民军团结在一起,战斗在一起。这两件事,无论哪一件没有做好,我们都会犯错误。"

面对朝鲜新的形势,杨勇不敢怠慢,有备无患。他马不停蹄地,沿着三八线,从东海岸走到西海岸,走遍所有阵地。

这一天,杨勇和王平在朝鲜人民军同志的陪同下,乘车去前线阵地,勘察地形。杨勇的车在前,王平的车在后。路是山道,又是上坡,就连美式吉普爬上去也很费劲。眼见前面就来到一处拐弯处,司机也放慢了速度。杨勇记得,离开北京时,彭德怀专门交代过,朝鲜的路不好,一定要找一个好司机。况且,邓华、洪学智、杨得志也都遭遇过车祸,所以他和王平接受了彭德怀的建议,挑选的司机都是老兵,经验丰富。安全无小事嘛!

谁知，就在杨勇的车刚刚拐弯时，朝鲜人民军的一辆马拉反坦克炮车迎面驶过来了。拉车的马儿或许是受到突然出现的汽车的惊吓，一声嘶鸣，两只钉着铁掌的前蹄一下子高高地扬起来，恰好落在了吉普车的车顶上，前挡玻璃瞬间被踏了个粉碎。玻璃碴如迎面吹来的冰雹一样溅到杨勇的脸上，顿时头破血流。幸运的是，因为上山车速缓慢，刹车及时，杨勇只是伤了表皮。杨勇被送到附近人民军医院做了包扎，整个脑袋缠上了绷带，好像一个重伤员。

杨勇遭遇车祸受伤的消息，很快就传到金日成那里。金日成赶紧派人送来药品和慰问品。后来，两人见面了，金日成还惦记着这件事儿，关心杨勇的伤好了没有。

杨勇说："没大事儿，这点小事真是让您费心了。"

金日成说："你是中国派来的特使，我们必须要重点保护啊！一旦出了什么事儿，我无法向毛主席交代啊！"

杨勇说："您放心，我命大，拿中国的话说，就是能逢凶化吉。"

金日成开心地笑了……

那时，志愿军总部还住在矿洞里，司令部和政治部隔着一个山包，山上是高射炮部队。住的条件艰苦不用说，吃的也十分单调。大家知道，志愿军的武器弹药和包括军装在内的所有物资，以及吃的粮食甚至咸菜都是从国内运来的。新鲜蔬菜常常因长途运输到了朝鲜就腐烂了。可是，不从国内运来，就没有蔬菜吃，只能吃海带、花生和干菜。虽然伙食有限，那也是全国人民节衣缩食省下来的。

杨勇说，战争停下来了，我们就不能再向祖国人民伸手了，不能再给中央添负担了。自己动手，丰衣足食。他想起了延安，想起了南泥湾，志愿军也应该搞大生产运动。

说干就干！杨勇给志愿军指战员定了一个指标——每人每年至少生产60斤蔬菜。他从国内有关部门要来了各种蔬菜的种子，很快就发了下去。

说到做到！杨勇带头在司令部附近的山坡上开了一片荒，种上了茄子、辣椒、白菜和西红柿。他一边干活一边笑着说:"朝鲜的镐头和陕北的差不多,我们不用学就能干活。"

从此,种菜,不仅成为杨勇业余生活的重要内容,也成为他下部队检查的一项工作。这一年,志愿军的蔬菜基本上做到了自给。

停战以后,美国仍然不断制造紧张,设置种种障碍,违反停战协定的事件屡屡发生。据统计,从1953年7月27日停战到1958年7月26日的五年间,美方在地面和空中越过军事分界线的挑衅活动达792起。杨勇率领志愿军与朝鲜人民军一道保持高度戒备,及时有效地击破了美方的各种挑衅活动,捕获美方特务和武装人员700余人,有效地保卫了军事分界线。

在杨勇的指挥下,志愿军和朝鲜人民军一起,积极修筑工事,加强军政训练,严阵以待。停战后的五年时间里,志愿军在撤军前共修筑坑道达1200多公里,挖各种堑壕、交通壕长达6000多公里,修建地堡10万个,挖土方6000多万立方米。有人计算了一下,如果把这些土堆成宽高各一米的长堤,可以围绕地球的赤道线转一圈半,被誉为"当代地下长城"。

胜利了,和平思想抬头了,大国主义和居功自傲的苗头也在一些人的头脑中出现了。为了防止这种问题发生,杨勇和王平商量,决定组织一个志愿军学习团,由杨勇担任团长,深入朝鲜各地参观访问,密切和朝鲜人民的友谊,加深对朝鲜人民的感情。

停战以后,毛泽东曾经告诫志愿军指战员,要爱护朝鲜的一草一木,检验你们工作的成绩,不是你们的报告,而是金日成为首的朝鲜人民的评价。

杨勇在志愿军师以上干部会议上说,毛主席说了,要爱护朝鲜的一草一木,如果金日成找我,我就要找你们。

加强纪律性,革命无不胜。人民军队之所以能够获得胜利,那是因为从人民军队诞生的那一天开始,就有了严明的纪律。因为有了三大纪律、八项注意,人民军队才得到人民群众的拥护和支持。杨勇深深地懂得人民军队的红色基因。

不忘毛泽东的指示，杨勇和王平从自身做起，带头尊重朝鲜劳动党和政府，重大事务都和朝鲜政府洽商，尊重朝鲜国家主权，不干涉朝鲜国家内政。他们和志愿军总部的同志共同商讨，参照志愿军入朝以来的有关规定和实践经验，制定了十条纪律：

（一）尊重朝鲜劳动党、国家政府和领导人；遵守朝鲜的政策法令（特别是货币政策）；爱护兄弟国家的一山一水一草一木；尊重人民的风俗习惯，严禁调戏妇女。

（二）不准干涉朝鲜内政，不准批评朝鲜国家领导人的缺点或议论是非，不得了解朝鲜党和国家的内部情况，严禁单独地做社会调查。

（三）不准擅自划禁区，必要时应通过朝鲜国家政府，由政府作出规定。

（四）部队个别人员犯有违法乱纪行为，应征求朝鲜政府意见，按朝鲜国家法律处理，必要时，直接送朝鲜国家政府惩处。

（五）对朝鲜人民中个别盗窃我军物资的人，一般应当面劝告了事，严重的应送请朝鲜国家政府处理，严禁私自扣留、打骂或开枪伤人。

（六）采取有效措施防止事故，特别要防止走火、车祸伤人。

（七）除紧急情况外，对群众进行助耕生产、发放救济物品等，应事先与政府协商，并通过政府办理，不要直接自行办理。

（八）要特别注意尊重朝鲜的民族自尊心，在一切接触中，要多讲人家对我们的援助，少讲我们对人家的援助，坚决反对以恩人自居的思想。

（九）对部队要经常地、具体地进行国际主义、爱国主义教育，时时警惕大国主义思想。

（十）在国内行之有效的群众纪律，在国外更应严格遵守，要做得更好。

杨勇牢记毛主席的嘱托，不能骄傲，尤其不能居功自傲。在他就任志愿军司令员后，第一件事就是去拜访金日成。

金日成住在大同江畔的牡丹峰。

金日成早早地站在门口，迎接杨勇的到来。

杨勇和金日成是同龄人，个头也差不多。两人见面，紧紧拥抱，好像多年不见的老朋友。手拉手走进了客厅，金日成请杨勇吃饺子。

那一天，金日成还邀请杨勇游览牡丹峰。

登高望远，杨勇连连感叹，实在太美了。三千里江山美如画啊！可惜的是，战争给这个国家和人民带来的创伤实在太重太大了。

金日成说："是啊！平壤受的打击太大了，恐怕多少年也难以全部恢复。"

杨勇说："请金首相放心，我们志愿军一定尽全力帮助朝鲜人民重建家园。美国人不是说，朝鲜100年也建不起来吗？我们10年就建起来给他们看一看！"

杨勇不是说大话，也不是放空炮。

敢在金日成面前说这话，那是因为杨勇有底气。

底气从何而来？

朝鲜停战后，中国政府决定将战时援助朝鲜的一切物资和费用无偿地赠给朝鲜政府，并在1954年至1957年间，再拨8万亿人民币（旧币）给朝鲜政府作为恢复国民经济的费用。杨勇带头，志愿军在供给标准内，节衣缩食，节约粮食100多万斤和衣物10多万件，捐献给了朝鲜人民。1956年，杨勇又动员志愿军指战员自愿集资、购买了500部双轮双铧犁赠送给朝鲜农业合作社。

在维护停战协定的同时，杨勇遵照中共中央和毛主席的指示，把率领在朝志愿军官兵帮助朝鲜人民重建家园、医治战争创伤作为一项重要的战略任务。他和王平号召，以建设北京的心情建设平壤，每一个同志要把自己的名字和这座英雄城市的名字联系在一起。

那时的平壤，伤痕累累，满目疮痍，弹坑一个接着一个，大的小的连成一片。杨勇提出重建平壤的口号，要求把所有没有爆炸的炸弹挖出来引爆，所有的弹坑都要填平，所有炸毁的房屋都要修复，一个也不能少，一个也不能漏。而且，都不能动用朝鲜的一草一木，连钉子、砖头都要从遥远的国内运来。

志愿军工程部队全力以赴，投入平壤、咸兴、元山等城市的重建工作，担负了修建办公大楼、医院、学校等大规模的建筑工程。在施工现场，杨勇摸摸木材，拍拍砖头，捏捏水泥，一个点一个点查看，一项工程一项工程验收。他对施工的部队说："坏了的砖头都要扔掉，一块也不能砌进墙里，我们干的是百年大计。"至今，朝鲜国防部大楼那一片，还是杨勇在时搞的。

在接近战区的许多地方，志愿军战士协助回乡的朝鲜农民起出敌人埋下的地雷等爆炸物，盖房子、平整农田，使他们尽快安居，恢复生产。志愿军铁道兵部队帮助朝鲜人民修复铁路线和火车站，新建铁路桥梁300多座，迅速恢复朝鲜北部的铁路交通运输。水利是农业的命脉，朝鲜是生产水稻为主的国家，杨勇和王平组织志愿军指战员突击修复了被敌人破坏的见龙、泰川等8座水库，修建了平南灌溉工程、胜湖里灌溉工程等大型水利设施，使朝鲜的农业很快得到恢复。

在朝鲜，杨勇和王平带头，参加义务劳动，为朝鲜人民修渠、筑坝、盖房、植树，与志愿军官兵和朝鲜人民群众一起，同吃同住同劳动，挥汗如雨，勠力同心。在战后的五年多时间内，志愿军共帮助朝鲜人民修建公共建筑物800多座，民房4.5万多间，恢复和新建各种桥梁4000多座；修建堤坝4000多条，全长400多公里；修建大小水渠2000多条，全长1200多公里；植树3600多万棵，运送各种物资6.3万吨，为群众治病188万余人次。

在朝鲜，杨勇每到一地，老百姓都饱含深情地聚集起来欢迎、欢送。遇到朝鲜群众，杨勇也总是用朝鲜语热情地跟他们打招呼。到驻地农民家中走访，他尊重朝鲜人民的风俗习惯，进门脱鞋，盘腿坐在热炕上，和他们一起聊家长里短话桑麻。有时农民客气地留他吃饭，他也不推辞，边吃边谈,亲如一家,真正做到了志愿军和朝鲜人民心连心,鱼水情深。

除了参加大型的国宴,金日成几乎很少陪人吃饭,却特意邀请并陪杨勇一起吃饭。席间,金日成还特地为杨勇亲自削了一个朝鲜苹果。

金日成说:"毛主席说志愿军要爱护朝鲜的一草一木,你是爱护朝鲜一草一木的模范将军、模范司令,这是特地从我们苹果园摘来的苹果,我削给你吃。"

杨勇说:"谢谢金首相,您太客气了。"

站在一旁的志愿军摄影记者杜心把这个镜头拍了下来,一边拍一边感动得掉泪。

告辞时,金日成握着杨勇的手说:"谢谢!谢谢你们!朝鲜永远不会忘记你们的深情厚谊。"

杨勇说:"朝鲜人民的英勇斗争不仅保卫了自己的祖国,同时也保卫了我们国家的安全。我们也应该感谢你们!"

1956年9月,杨勇作为志愿军代表回国出席了中国共产党第八次全国代表大会,并当选为中央候补委员。会议期间,毛泽东、刘少奇、朱德、周恩来、邓小平等党和国家领导人召见了杨勇,对志愿军的工作给予了高度肯定。毛泽东说:"中国人民志愿军在抗美援朝保家卫国的运动中,为祖国人民赢得了荣誉。无论是战时还是停战以后,都为维护世界和平作出了贡献,值得全国人民学习。"

进入1957年,随着朝鲜局势的缓和,中国政府开始和朝鲜政府商量撤军的问题。

这年11月2日,社会主义国家共产党和工人党代表会议以及各国共产党和工人党代表会议在莫斯科举行。毛泽东率领中国代表团访问苏联。会议期间,毛泽东和金日成商谈从朝鲜撤出中国人民志愿军的问题。毛泽东说:"鉴于朝鲜的局势已经稳定,中国人民志愿军的使命已经基本完成,可以全部撤出朝鲜了。朝鲜人民可以完全依据自己的力量来解决民族内部事务。"

杨勇在回国汇报工作时，国防部长彭德怀把准备撤军的意图告诉了他。于是，他和王平开始做准备工作。

其实，为了促进朝鲜的自主和平统一，中国政府始终坚持和平解决朝鲜问题、坚持一切外国军队撤出朝鲜的主张，从1954年9月起开始，志愿军就已经开始了主动撤军的行动，至1955年10月，志愿军先后分3批公开撤出6个军19个师，秘密撤出6个军18个师，以及炮兵、高射炮兵、铁道兵等技术兵种部队20个师。此后，为了稳固朝鲜局势，仍有5个军和一些后勤保障、技术兵种部队留在朝鲜。

1958年2月5日，朝鲜民主主义人民共和国政府发表声明，提出为缓和朝鲜的紧张局势及和平解决朝鲜问题，美军和包括中国人民志愿军在内的一切外国军队应当同时撤出南北朝鲜。此前，朝鲜不太同意志愿军撤军，他们担心美国不守信用、说话不算话；担心志愿军一撤走，美国和南朝鲜李承晚集团又兴风作浪，再次发动侵略战争。朝鲜方面的担心是可以理解的。在周恩来代表中国政府做出承诺之后，朝鲜才同意志愿军撤军。

2月7日，中国政府发表声明，表示完全赞同和支持朝鲜政府的声明。

2月14日，周恩来总理率领中国政府代表团访问朝鲜。跟随周总理出访的还有外交部部长陈毅元帅、外交部副部长张闻天和总参谋长粟裕大将。显然，这不是一般意义上的国事访问。周恩来总理就志愿军全部撤出朝鲜问题同朝鲜党、政、军方面进行了具体磋商，同朝鲜政府就中国人民志愿军撤出朝鲜问题达成一致意见。

就志愿军撤军的时间问题、如何撤出的问题，周恩来又专门征求了杨勇、王平的意见。

周恩来问道："志愿军准备在今年上半年全部撤出朝鲜，你们有什么意见？"

杨勇说："我们拥护中央的决定。不过，我有一个建议，志愿军最后一批撤出朝鲜的时间，能不能推迟几个月，安排在10月25日，那时正好是志愿军出国作战8周年纪念日。这样一来，志愿军还可以帮助朝鲜再建设几个月。"

杨勇的这个建议,经周恩来报告毛泽东后,中共中央采纳了。

在朝鲜访问期间,杨勇和王平陪同周恩来视察了志愿军部队,周总理对志愿军的工作满意极了。访问期间,恰逢是中国农历春节。周恩来决定留在朝鲜,和志愿军指战员一起过大年。

除夕之夜,在志愿军总部,杨勇主持召开欢迎大会,周恩来、陈毅、张闻天、粟裕相继讲话。这一夜,周恩来特别高兴,他举杯敬志愿军官兵,志愿军官兵举杯敬他,觥筹交错,他真喝,真干杯,接连喝了27杯茅台酒。高兴啊!开国第一仗,打出了国威军威,打出了中国人的精气神,打出了中国的国际地位,作为开国总理,他能不高兴吗?在国际舞台上,他的腰杆更硬了,底气更足了。

这一夜,不胜酒力的杨勇,醉了。

这一夜,周恩来和大家一起看了志愿军文工团的演出,看到高兴处,他走上了舞台,激动地舞起了大旗。陈毅、杨勇、王平等也被拉上了舞台,和朝鲜人民一起跳朝鲜舞。跳到快天亮时,年轻的军长们都累得不行了,周恩来总理依然兴致勃勃,意犹未尽。

2月19日,周恩来和金日成共同签署了中朝两国政府联合声明,向全世界宣布:中国人民志愿军将在1958年底前分批撤出朝鲜。

2月20日,中国人民志愿军总部发表声明:中国人民志愿军全体指战员完全赞同并热烈支持中朝两国政府的声明,并决定1958年底前分批全部撤出朝鲜。

志愿军总部的声明还说:"在我们即将开始撤出朝鲜国土的时候,我们愿意向朝鲜人民保证,虽然我们即将离开你们了,但是,我们的心将永远同你们在一起,我们仍然会像在朝鲜时一样,继续关注我们两国人民反抗侵略、保卫和平的共同事业。如果美帝国主义和他的追随者胆敢破坏朝鲜停战协定的尊严,再一次发动侵略战争,那时只要朝鲜人民和朝鲜政府认为需要,中国人民将会毫不迟疑地派出自己的优秀儿女,再一次跨过鸭绿江，同朝鲜人民军一起为粉碎敌人的侵犯而共同奋斗到底。"

志愿军总部的声明，在世界引起的反响十分强烈。

周恩来临回国时，握着杨勇的手说："再见了，杨勇同志，我们走了以后，这里的许多事情就交给你了，希望你们认真仔细地做好撤军工作。志愿军要做到交好、走好。有什么情况可以随时向朝鲜政府和国内请示报告。

杨勇说：请总理放心，我们一定做到。

1958年3月中旬，志愿军总部按照中朝两国政府联合声明的决定，作出了分3批撤出的计划安排：第一批撤出的时间为3月15日至4月25日，共撤出志愿军2个军（第九兵团第十六、第二十三军共6个师）和部分技术兵种部队等，共计8万人；第二批撤出时间为7月11日至8月14日，共撤出志愿军2个军（第二十兵团第二十一、第五十四军共6个师）和装甲兵指挥所、部分技术兵种部队，共计10万人；第三批撤出时间为9月25日至10月26日，共撤出志愿军司令部、政治部、后勤部、炮兵指挥所和志愿军1个军（第一军3个师）及后勤保障部队等，共计7万人。

撤军行动开始了。

距离离开朝鲜的日子越来越近了。

志愿军决定把1958年10月确定为中朝友好月。

从朝鲜撤军不仅涉及面广，部队行动复杂，而且具有重大的国际意义和历史意义，稍有疏忽便会造成国际影响。根据周恩来总理的指示，杨勇、王平决定以志愿军党委名义向全军发出了"不骄不懈，善始善终；军队撤出，友谊长存"的号召，要求部队做到"交好，走好，到好"。交好，就是除了武器装备和个人随身携带的物品以外，其余东西一律移交给朝鲜人民军；走好，就是要圆满安全地撤出；到好，就是回国受到人民欢迎不居功，防止骄傲，服从祖国需要。

与此同时，杨勇号召志愿军指战员为朝鲜尽最后一点力，抓紧时间为朝鲜人民做一件好事。一时间，"多出一把汗，多留一份友谊"成为志愿

作为中国人民志愿军最后一批撤离人员,杨勇在给朝鲜人民告别信上签名

军共同的口号。许多部队在撤出前的几天,仍然坚持每天劳动十一二个小时。战士们说,我们是代表祖国6亿人民劳动的,今后难得再有机会了。1958年,志愿军预定为朝鲜人民出工30万人次,至9月底,志愿军出工在160万人次以上。

告别的日子到了,志愿军战士把营具整理好,脏了的擦干净,坏了的修好。朝鲜人民军同志来了,战士烧好开水,热好炕,做好饭菜,列队夹道欢迎。每一个人把自己心爱的照片、日记本、纪念章等赠送给朝鲜人民军的战友。朝鲜的战友也把自己心爱的小刀、银戒指等礼物塞给志愿军官兵……

10月16日,双方交接工作圆满结束,欢送志愿军的朝鲜人民军代表团在大将金光侠的率领下,来到志愿军总部驻地桧仓。

10月17日，杨勇和金光侠分别代表中国人民志愿军总部和朝鲜民主主义人民共和国民族保卫省签署了联合公报。

回国前，杨勇带领志愿军总部全体同志到志愿军烈士陵园，向长眠在这里的志愿军烈士们做最后的告别。在朝鲜，杨勇每到一处，只要看到志愿军陵园、墓地，他都要停车，向烈士们三鞠躬，默哀，致敬。

站在毛岸英的墓前，杨勇久久不愿离去。这里是他来的最多的地方，毛岸英的墓位于志愿军总部的山包上。每次国内慰问团来，杨勇都要把他们带到这里。每次，杨勇都要给大家讲一讲毛主席的话："我的儿子应该像所有志愿军烈士一样，不要把他运回国内。"大家听了都忍不住泪流满面。1956年，朝鲜内阁副首相兼民族保卫相、共和国次帅崔庸健来到志愿军总部时，杨勇和他一起到毛岸英墓前扫墓。墓前放着一个酒杯，杨勇举杯提议，为毛岸英干杯。他流着眼泪说："第一杯敬给小毛，第二杯敬给小毛的夫人。"

为志愿军顺利安全地撤军，朝鲜党政军民以最热烈最隆重的礼仪欢送中国人民志愿军归国，专门组成了由内阁副首相郑一龙为首的欢送中国人民志愿军委员会，指示铁路沿线和各地区，为志愿军提供便利条件。

10月24日，平壤各界在国立艺术剧场隆重集会，金日成陪同杨勇和王平登上主席台。朝鲜劳动党中央委员会副委员长朴正爱把近700万朝鲜人民历时4个月完成的签名册，交给了杨勇。王平也把驻朝鲜全部志愿军指战员签名的给朝鲜人民的告别信交给崔庸健。杨勇代表中国人民志愿军全体指战员向朝鲜党政机关赠送了锦旗。

志愿军举行了盛大的告别宴会，金日成坚持以盛大的国宴欢送。

在宴会上，杨勇说："中国人民在抗美援朝战争中早已有切身的体会，美帝国主义不过是一只纸老虎。侵略成性的美帝国主义，不仅至今没有从南朝鲜撤走，反而又进一步在台湾海峡疯狂地向我国人民进行军事挑衅和战争威胁。如果美帝国主义敢于把战争强加到我们头上，那么，比在朝鲜战场上更惨重的失败就将无情地降临在它的头上。"

《解放军报》在第一版以《变战斗友谊为反侵略的巨大力量》为题,全文刊登了杨勇在告别宴会上的讲话。

朝鲜最高人民会议常任委员会举行隆重仪式,授予杨勇、王平朝鲜民主主义人民共和国最高勋章一级国旗勋章。

10月25日,是中国人民志愿军抗美援朝出国作战8周年纪念日。这一天,平壤市20万人民群众前来欢送志愿军。金日成陪同杨勇检阅了朝鲜人民军仪仗队。杨勇眼含热泪,发表告别演说:"中国人民志愿军全部撤出朝鲜的最后一趟列车就要启程了,我们怀着无限留恋的心情,向敬爱的首相告别!向朝鲜劳动党、共和国政府领导同志们告别!向亲密的战友人民军告别!向英雄的朝鲜人民告别!……我们在朝鲜美丽的国土上,同英雄的朝鲜人民一起战斗、一起生活了整整8年,在这分别的时刻,千言万语也难表达我们此刻的心情……"

是啊!千言万语怎么能够表达这共同战斗的情义?

"雄赳赳,气昂昂,跨过鸭绿江……"

1958年10月25日,金日成送杨勇归国

这天中午 12 时整，最后一列志愿军专列在这雄壮激昂的歌声中徐徐启动……

车上，车下，在场所有的人都哭了……

就连摄影记者也无一例外地哭了……

10 月 26 日中午，当志愿军归国的最后一列火车驶进边城安东时，车站上锣鼓喧天，鞭炮齐鸣，彩旗花束挥舞，口号声响彻云霄，各界人民群众热烈欢迎志愿军胜利归来。中国人民欢迎志愿军代表团在安东盛宴欢迎最后一批归国的志愿军。代表团团长廖承志和代表团成员康克清、老舍都来向杨勇等人敬酒。

杨勇致词后说："现在，我们已经回到了祖国的怀抱，我们保证，祖国需要我们到哪里去，我们就到哪里去，祖国需要我们做什么，我们就做什么。在今后保卫和建设祖国的社会主义事业中，我们会像执行抗美援朝任务一样，继续毫无保留地贡献自己的一切，永远保持祖国人民赐给我们的'最可爱的人'的光荣称号。"

根据中央的指示安排，由杨勇任团长，王平等志愿军首长和文工团以及各军代表六七百人组成志愿军归国代表团，在廖承志等领导的陪同下，乘车到北京向党中央、毛主席和全国人民汇报。列车向北京进发，路过沈阳、锦州、鞍山、天津等城市时，也无一例外地受到热烈欢迎。

周恩来总理说：平壤组织了 20 万人欢送，我们欢迎也不能少于 20 万。

首都北京以最热烈、最隆重的仪式欢迎英雄儿女凯旋。

10 月 28 日下午 3 时，列车驶进北京站。周恩来总理早早地来到了站台上，亲自迎接杨勇和王平率领的最后一批回国的志愿军。列车进站了，他亲自打着拍子，指挥陈毅元帅和许多老将军一起高唱《中国人民志愿军战歌》。列车还没有停稳，如潮的人群已经涌上去。

周恩来大步走过去，紧紧地握着杨勇的手，说："我代表党中央和毛主席、代表政府和全国人民，最热烈地欢迎你们——凯旋的英雄们！你们为抗美援朝画上了一个完美的句号！"

杨勇说:"谢谢总理,感谢祖国人民的盛情!"

代表团的汽车由火车站驶向北京饭店,受到首都20多万人民群众的夹道欢迎。在体育馆举行的欢迎志愿军归国盛大集会上,杨勇在朱德、周恩来、彭真、陈毅等党和国家领导人陪同下,受到了热烈的欢迎。杨勇的讲话一次又一次被雷鸣般的掌声所打断。面对祖国的亲人,他念了归国途中志愿军战士创作的一首《枪杆诗》——

枪擦亮,刀出鞘,
胸中怒火在燃烧,
祖国,我向你宣誓,
命令一下马上到!

1958年10月,毛泽东接见从朝鲜归国的杨勇

铁马金戈，士气如虹。雄姿英发，凯旋入梦。

在归国的日子里，面对鲜花和掌声，杨勇反复对志愿军归国代表团的同志说："最早入朝参战的志愿军指战员都已先期回国了，还有许多同志长眠在朝鲜的土地上，再也回不来了……仗主要是他们打的，功劳主要是他们的，现在却给了我们这样隆重的接待和崇高的荣誉，我感到很不安，希望同志们谦虚谨慎，努力为党为人民为祖国为社会主义建设多做工作，为部队建设贡献力量。"

10月29日下午，毛泽东在中南海怀仁堂接见志愿军归国代表团。在广场合影前，毛泽东和中央领导在小会议室接见了志愿军领导和战斗英雄代表。杨勇把在座的代表向毛泽东一一做了介绍。

毛泽东环视一周，说："这么少？都谁参加？"

杨勇说："中将以上，大家都在外面。"

毛泽东说："少将都进来嘛。"

在广场上等候的少将们听说毛主席叫他们，高兴得像幼儿园的孩子一样，一路笑着跑进来了。

毛泽东问道："都回来了吗？"

杨勇回答："我们全部回到祖国的怀抱。"

毛泽东说："好！回来好啊，热烈欢迎你们！"

朱德说："志愿军为我们赢得了荣誉，值得称颂和学习。"

杨勇说："光荣属于祖国和人民。"

毛泽东把杨勇和王平拉到身边坐下，听完他们的汇报之后，叮嘱他们一定要谦虚谨慎，戒骄戒躁，争取更上一层楼。

当天晚上，周恩来设宴招待志愿军归国代表团。他请大家喝庆功酒，又是一个一个地敬，一个一个地干杯，真有一醉方休的味道。席间，周恩来悄悄地告诉杨勇："把你派到毛主席身边，明天就上任，要把你们的好作风带回国内。"

是日，杨勇被任命为北京军区司令员。

结束语

人间正道是沧桑

抗美援朝，保家卫国，"打败美帝野心狼"，这不能不说是一个人间奇迹，这不能不说是一个胜战传奇。

为什么说这是一个人间奇迹呢？

为什么说这是一个胜战传奇呢？

抗美援朝战争之初，中国人民志愿军能不能打败以美国为首的"联合国军"，爱好和平的人们都捏着一把汗。但通过较量，这场保家卫国的战争打破了美国军队不可战胜的神话，极大地鼓舞了中国人民的斗志，医治了当时相当一部分人的"恐美症"。使全世界的人，包括新中国的敌人和朋友，对新中国都刮目相看。一个刚刚从战争废墟中走出来的新中国，经济还那么困难，军队装备又很落后，居然把世界一流强国的、具有现代化装备的美国军队打败。你说，这不是人间奇迹和胜战传奇吗？

大敌压境，国难当头。长期积贫积弱的中国，能不能支持得起现代化战争的大量消耗？这也是人们普遍担心的一个问题。而国民经济的恢复，不但没有因为抗美援朝而被延误推迟，反而在抗美援朝运动以及同时进行的土地改革运动和镇压反革命运动的推动下圆满完成，新中国不但有能力支撑现代化战争的消耗，而且有办法把战争对经济建设的影响减少到最低限度，实现"边打、边稳、边建"的战略方针，经济建设呈现出欣欣向荣的蓬勃生机。你说，这不是人间奇迹和胜战传奇吗？

在中国人民志愿军保家卫国、入朝参战的同时，在国内，群众性的抗美援朝运动轰轰烈烈地、深入持久地开展起来，党和国家的意志变成人民群众的自觉行动。从1951年6月1日开始掀起全国规模的捐献飞机大炮运动以来，至1952年5月底，全国人民节衣缩食，一年的捐款可购买3710架飞机。中国人民从来没有这样地团结在一起，从来没有这样高昂的民族自尊心和民族自豪感，从来没有像这样万众一心、意气风发、斗志昂扬，过去那种一盘散沙的局面一去不复返了。你说，这不是人间奇迹和胜战传奇吗？

军之大事，命在于将。本书从中国人民志愿军的五任司令员与朝鲜战争的视角,努力地为人们寻找这个答案。其实,这个答案本不需要寻找,因为它早就写进了历史。因此,在本书结束的时候,我们不妨再一次重温抗美援朝的整个历史,用战场上的客观数据和事实来做一个简单的对照和说明。

第一,从战争的正义性来看。新中国成立后,随着解放战争大规模作战任务的基本结束,党和国家开始集中精力医治战争创伤、恢复国民经济。1950年6月上旬召开的党的七届三中全会确定的中心任务是,以3年左右的时间,争取实现国家财政经济状况的根本好转。1950年6月25日,朝鲜半岛北南双方围绕国家统一问题,爆发大规模内战。6月26日,美国杜鲁门政府悍然派兵进行武装干涉,支援南朝鲜军队作战,同时派遣海军第七舰队侵入台湾海峡,侵占中国领土台湾。7月7日,美国在苏联代表缺席、中国的席位被台湾国民党蒋介石集团占据的情况下,操纵联合国安理会通过组成以美国为首的"联合国军"非法决议。8月27日起,美侵朝空军不断出动飞机轰炸中国东北边境城镇和乡村。9月15日,侵朝美军在仁川登陆,不顾中国政府多次严正警告,于10月7日大举越过三八线,直逼中朝边境的鸭绿江和图们江,朝鲜民主主义人民共和国处境危急,新生的中华人民共和国国家安全受到严重威胁。应朝鲜党和政府的请求,在新中国面临各方面严重困难的情况下,中共中央和毛泽东毅然决然组成中国人民志愿军,抗美援朝,保家卫国。1950年10月19日,根据中共中央决定和中国人民革命军事委员会主席毛泽东命令,中国人民志愿军在司令员兼政治委员彭德怀率领下,雄赳赳、气昂昂,跨过鸭绿江,开始了伟大的抗美援朝战争。因此,抗美援朝战争,是新中国成立之初帝国主义侵略者强加给中国人民的一场战争,是中国人民为了支援朝鲜人民反抗美国武装侵略、保卫中国国家安全、维护东方与世界和平,进行的一场反侵略的正义战争。

第二,从战争双方投入的兵力来看。以美国为首的"联合国军"(美国、英国、加拿大、澳大利亚、法国、比利时、荷兰、新西兰、土耳其、希腊、哥伦比亚、菲律宾、泰国、南非、卢森堡、埃塞俄比亚和南朝鲜)

陆、海、空三军联合立体作战，装备优良，投入战场兵力最高时达120万人。而中国人民志愿军主要依靠步兵加少量炮兵、坦克部队作战，后期有少量空军参战，投入兵力最多时为135万人。作战期间，志愿军在战争中学习战争，实行轮番作战和轮换作战，直接参加一线作战的步兵有25个军76个师；野战炮兵10个师共18个团；高射炮兵5个师又10余个团和60余个独立营以及1个探照灯团、2个探照灯营、1个对空监视团、9个雷达连；装甲兵9个坦克团；空军歼击机航空兵10个师共21个团，轰炸机航空兵2个师，另有铁道兵10个师，工兵15个团，公安部队2个师共11个团，经受现代战争锻炼的部队累计达290万人次。

第三，从战绩战果上来看。中国人民志愿军共毙伤俘敌71万余人，自身作战减员36.6万余人，敌我伤亡比例为1.9比1，击毁和缴获飞机4268架，坦克1492辆，装甲车92辆、汽车7949辆，缴获（不含击毁）各种炮4037门，共开支战费62.5亿元人民币（相当于当时25亿美元）、消耗作战物资560余万吨，而美国为战场战争开支战费高达400亿美元、消耗作战物资7300余万吨。

第四，从战争的进程来看。抗美援朝战争分为两个阶段。1950年10月25日至1951年6月中旬，为运动战阶段。志愿军和朝鲜人民军，采取以运动战为主，与部分阵地战、游击战相结合的方针，连续进行五次战役，将以美国为首的"联合国军"从鸭绿江边打回到三八线，并将战线稳定在三八线南北地区，共歼敌23万余人，其中志愿军歼敌18万余人，迫使美国接受停战谈判，为抗美援朝战争的胜利奠定了基础。1951年6月中旬至1953年7月27日，为阵地战阶段。双方举行停战谈判，朝鲜战场出现了长达两年的边谈边打、打谈交织的局面。志愿军和朝鲜人民军，按照"充分准备持久作战和争取和谈、达到结束战争"的指导方针和"持久作战、积极防御"的作战方针，以阵地战为主要作战形式，军事斗争与谈判斗争密切配合，先后进行了1951年夏秋季防御作战、反"绞杀战"、反细菌战、1952年春夏巩固阵地作战、1952年秋季战术反击作战、上甘岭战役、1953年反登陆作战准备和1953年夏季反击战役，共歼敌70余万人，其中志愿军歼敌53万余人，最终迫使以美国为首的"联合国军"于1953年7月27日签订朝鲜停战协定，抗美援朝战争胜利结束。

第五，从战争的意义来看。抗美援朝战争历时2年9个月，中国人民志愿军在中共中央和毛泽东的领导下，在志愿军总部的指挥下，在中朝两国人民全力支持下，同朝鲜人民军一道，以灵活机动的战略战术和一往无前的英雄气概，打败了以美国为首的"联合国军"，赢得了抗美援朝战争的伟大胜利，创造了世界战争史上以弱胜强的光辉范例，支援了朝鲜人民反抗美国侵略的斗争，保卫了朝鲜民主主义人民共和国和刚刚诞生的中华人民共和国的安全，谱写了近代以来中华民族历史上的光辉篇章，为世界和平与人类进步事业作出了巨大贡献。

英雄是战争的宠儿，英雄是胜战的坐标。在伟大的抗美援朝战争中，志愿军中涌现了许多了不起的英雄模范人物。他们面对强大而凶狠的对手，身处恶劣的环境，抛头颅、洒热血，舍生忘死，向死而生，前仆后继，血战到底，以"钢少气多"力克"钢多气少"，用生命谱写了气壮山河的英雄史诗。他们冒着枪林弹雨勇敢冲锋，顶着狂轰滥炸坚守阵地，用胸膛堵枪眼，以身躯做人梯，抱起炸药包、手握爆破筒冲入敌群，忍饥受冻决不退缩，烈火烧身岿然不动，敢于"空中拼刺刀"，用鲜血铸就了惊天地泣鬼神的英雄壮歌。其中，荣立三等功以上的单位达5953个，荣立三等功以上的人员有302724名。由志愿军领导机关授予的英雄、模范称号和记特等功人员502名。荣获朝鲜民主主义人民共和国英雄称号的有彭德怀、杨根思、黄继光、孙占元、杨连第、邱少云、伍先华、胡修道、杨春增、杨育才、李家发、许家朋。根据统计，抗美援朝牺牲的烈士有197653名。志愿军的英雄们说："我们的身后就是祖国，为了祖国人民的和平，我们不能后退一步！"这种血性令敌人胆寒，让天地动容！这种牺牲多么高贵，我们怎能忘记！

唇亡则齿寒，户破则堂危。抗美援朝战争是我们本不愿意打却又不能不打的一场战争。毛泽东说:"我们不要去侵犯任何国家,我们只是反对帝国主义者对于我国的侵略。大家都明白,如果不是美国军队占领我国的台湾、侵略朝鲜民主主义人民共和国和打到了我国的东北边疆,中国人民是不会和美国军队作战的。但是既然美国侵略者已经向我们进攻了,我们就不能不举起反侵略的旗帜,这是完全必要的和完全正义的,全国人民都已经明白这种必要性和正义性。"

"一件事不做则已,做则必做到底,做到最后胜利。"抗美援朝战争,是毛泽东一生最为艰难的一次决策,但也是毛泽东军事艺术、国际战略乃至治国方略中的绝妙之笔。1953年9月12日,他在中央人民政府委员会第二十四次会议上对抗美援朝做了总结,"抗美援朝战争的胜利是伟大的,是有很重要意义的",第一是守住了三八线;第二是"取得了对美国侵略军队实际作战的经验","我们摸了一下美国军队的底。对美国军队,如果不接触它,就会怕它。我们跟它打了33个月,把它的底摸熟了。美帝国主义并不可怕,就是那么一回事。我们取得了这一条经验,这是一条了不起的经验";第三是"提高了全国人民的政治觉悟";第四是"推迟了帝国主义新的侵华战争,推迟了第三次世界大战"。他警告美西方大国:"帝国主义侵略者应当懂得:现在中国人民已经组织起来了,是惹不得的。如果惹翻了,是不好办的。"

2020年10月23日,习近平总书记在纪念中国人民志愿军抗美援朝出国作战70周年大会上,对抗美援朝战争伟大胜利的历史意义作出了高度精准的概括。他指出:

抗美援朝战争伟大胜利,是中国人民站起来后屹立于世界东方的宣言书,是中华民族走向伟大复兴的重要里程碑,对中国和世界都有着重大而深远的意义。

经此一战,中国人民粉碎了侵略者陈兵国门、进而将新中国扼杀在摇篮之中的图谋,可谓"打得一拳开,免得百拳来",帝国主义再也不敢作出武力进犯新中国的尝试，新中国真正站稳了脚跟。这一战，拼来了山河无恙、家国安宁，充分展示了中国人民不畏强暴的钢铁意志！

经此一战，中国人民彻底扫除了近代以来任人宰割、仰人鼻息的百年耻辱，彻底扔掉了"东亚病夫"的帽子，中国人民真正扬眉吐气了。这一战，打出了中国人民的精气神，充分展示了中国人民万众一心的顽强品格！

经此一战，中国人民打败了侵略者，震动了全世界，奠定了新中国在亚洲和国际事务中的重要地位，彰显了新中国的大国地位。这一战，让全世界对中国刮目相看，充分展示了中国人民维护世界和平的坚定决心！

经此一战，人民军队在战争中学习战争，愈战愈勇，越打越强，取得了重要军事经验，实现了由单一军种向诸军兵种合成军队转变，极大促进了国防和军队现代化。这一战，人民军队战斗力威震世界，充分展示了敢打必胜的血性铁骨！

经此一战，第二次世界大战结束后亚洲乃至世界的战略格局得到深刻塑造，全世界被压迫民族和人民争取民族独立和人民解放的正义事业受到极大鼓舞，有力推动了世界和平与人类进步事业。它用铁一般的事实告诉世人，任何一个国家、任何一支军队，不论多么强大，如果站在世界发展潮流的对立面，恃强凌弱、倒行逆施、侵略扩张，必然会碰得头破血流。这一战，再次证明正义必定战胜强权，和平发展是不可阻挡的历史潮流！①

"人间正道是沧桑。"抗美援朝战争的伟大胜利，是正义的胜利，是和平的胜利，是人民的胜利！抗美援朝战争锻造形成的伟大抗美援朝精神——祖国和人民利益高于一切、为了祖国和民族的尊严而奋不顾身的爱国主义精神，英勇顽强、舍生忘死的革命英雄主义精神，不畏艰难困苦、始终保持高昂士气的革命乐观主义精神，为完成祖国和人民赋予的使命、慷慨奉献自己一切的革命忠诚精神，为了人类和平与正义事业而奋斗的国

---

① 《人民日报》，2020年10月24日。

际主义精神，是弥足珍贵的精神财富，凝聚着中华民族的苦难与辉煌、奋斗与牺牲、初心与使命、光荣与梦想，必将激励中国人民和中华民族克服一切艰难险阻、战胜一切强大敌人。

不忘初心，牢记使命。"一切向前走，都不能忘记走过的路；走得再远、走到再光辉的未来，也不能忘记走过的过去，不能忘记为什么出发。"① 在这里，我特别引用毛泽东1945年在党的七大上的讲话作为本书的结束语，向英勇的中国人民志愿军将士致敬，并与读者共勉——

无数革命先烈为了人民的利益牺牲了他们的生命，使我们每个活着的人想起他们就心里难过，难道我们还有什么个人利益不能牺牲，还有什么错误不能抛弃吗？

成千成万的先烈，为着人民的利益，在我们的前头英勇地牺牲了，让我们高举起他们的旗帜，踏着他们的血迹前进吧！②

2020年9月2日至2021年1月3日一稿
2021年1月18日至2月28日二稿
2023年7月三稿

---

① 《人民日报》，2016年7月2日。
② 毛泽东：《毛泽东选集》第三卷，人民出版社1991年版，第1097-1098页。

主要参考书目

1. 逄先知、金冲及：《毛泽东传 1949—1976》，中央文献出版社 2003 年版。

2. 《毛泽东选集》第三卷，人民出版社 1991 年版。

3. 《彭德怀传》编写组：《彭德怀传》，当代中国出版社 2006 年版。

4. 杨凤安、王天成：《彭德怀与麦克阿瑟》，解放军出版社 2014 年版。

5. 王波：《彭德怀入朝作战纪实》，中国社会科学出版社 2018 年版。

6. 张树德：《毛泽东与彭德怀》，中国青年出版社 2008 年版。

7. 陈赓：《陈赓日记》，解放军出版社 2003 年版。

8. 傅涯：《陈赓大将图传》，解放军出版社 2013 年版。

9. 《陈赓传》编写组：《陈赓传》，当代中国出版社 2007 年版。

10. 尹家民：《传奇大将陈赓》，当代中国出版社 2015 年版。

11. 罗印文：《邓华将军传》，中共中央党校出版社 1995 年版。

12. 《邓华纪念文集》辑委会：《邓华纪念文集》，军事科学出版社 2010 年版。

13. 杨得志：《杨得志回忆录》，解放军出版社 2011 年版。

14. 解海南、杨祖发、杨建华：《杨得志一生》，中共党史出版社 2011 年版。

15. 舒云：《杨勇上将》，解放军文艺出版社 2005 年版。

16. 杨迪：《在志愿军司令部的岁月里》，解放军出版社 2003 年版。

17. 张明金、刘立勤：《中国人民志愿军历史上的 27 个军》，解放军出版社 2014 年版。

18. 《志愿军一日》编辑委员会：《志愿军一日》，解放军出版社 2021 年版。

19. 吴东峰：《开国将军轶事》，解放军文艺出版社 2002 年版。

20. 张正隆：《一将难求：四野名将录》，白山出版社 2011 年版。

21. ［美］李奇微：《朝鲜战争》，军事科学出版社 1983 年版。

22. 中共中央文献研究室编：《毛泽东军事文集》，军事科学出版社、中央文献出版社 1993 年版。